리더와 말 말 말

leader &

speech

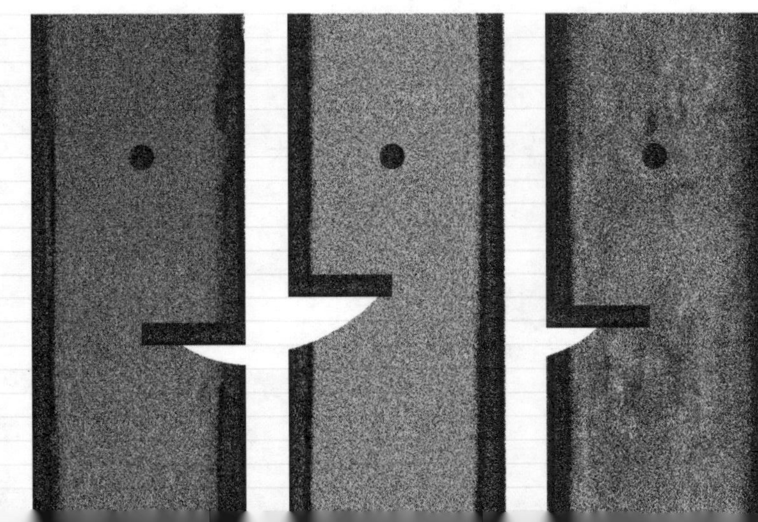

박경현 이석주 이주행 민현식 이충우 김혜숙 박재현 나은미

도서출판 역락

리 더 와 말 말 말

박경현 이석주 이주행 민현식 이충우 김혜숙 박재현 나은미

도서출판 역락

리더란 어떤 단체나 조직을 이끌어 가는 위치에 있는 사람이다. 대통령, 기업의 회장이나 최고경영자, 교장이나 대학 총장, 부모 등이 리더에 해당한다. 현대는 급격한 사회 변동으로 말미암아 복잡하고 다양한 사람이 일정한 조직이나 단체의 구성원이 되어 살아가는 시대이다. 탁월한 리더이어야 국가, 회사, 학교, 가정 등을 잘 경영할 수가 있다. 무능한 리더가 있는 단체나 조직은 구성원들이 각자의 능력을 최대한 발휘하지 못하기 때문에 발전하지 못한다.

유능한 리더가 되려면 무엇보다도 뛰어난 의사소통 능력을 지녀야 한다. 그런데 우리나라의 리더 중에는 국어로 의사소통을 하는 능력이 결여되어 있는 리더가 많다. 그러함에도 불구하고 오늘날 우리나라의 리더가 활용할 수 있는 리더의 스피치에 관한 저서가 드문 실정이다. 우리는 이러한 현실을 통감하여 우리나라의 리더가 의사소통 능력을 신장하는 데 도움을 주고, 집필자 가운데 한 분으로 리더 스피치를 부단히 연구하여 탁월한 업적을 쌓아 오고 있는 경찰대학 **박경현 교수님의 회갑**을 기리기 위하여 이번에 '리더와 말 말 말'이라는 책을 발간하게 되었다.

이 책은 모두 8장으로 구성되어 있다. 우리 사회가 전통적으로 리더들에게 바라왔던 언어 행위에 대해서 논의한 '제1장 한국 사회 리더의 언어 행위'는 경찰대학의 박경현 교수가 집필하였고, 기업의 최고경영자(CEO)의 스피치 전략에 대해서 논의한 '제2장 최고경영자의 스피치'는 한성대학교의 이석주 교수와 나은미 교수가 집필하였다. '제3장 부모와 자녀의 대화법'은 중앙대학교의 이주행 교수가 집필하였고, 예수 그리스도의 언어에 대해서 논의한 '제4장 성인(聖人)의 스피치'와 국어 교육을 통하여 리더십을 함양하는 방안에 관해서 논의한 '제8장 국어 교육과 리더십'은 서울대학교 민현식 교수가 집필하였다. '제5장 정치가의 스피치'는 관동대학교 이충우 교수가 집필하였고, '제6장 대학 총장의 스피치'는 동국대학교 김혜숙 교수가 집필하였으며, '제7장 리더십과 설득 커뮤니케이션'은 인하대학교 박재현 선생이 집필하였다.

우리는 앞으로 리더 스피치에 관한 저서를 부단히 발간할 것이다. 그리하여 스피치 능력이 뛰어난 리더가 많이 나와서 우리나라의 사회와 가정이 더욱 살기 좋은 터전이 되는 데 심혈을 기울이려고 한다. 독자 여러분께서 이 책의 부족한 점을 지적하여 주시면 수정 보완하여 갈 것이다.

출판계의 어려운 사정에도 불구하고 이 책을 흔쾌히 출판하여 준 역락출판사 이대현 사장님과 이 책의 원고를 편집하느라 수고하신 편집부 이태곤 팀장을 비롯하여 여러 편집부원께 깊이 감사의 마음을 표한다.

2006년 11월 24일
이주행 씀

리더와

말 말 말

한국 사회 리더의 언어 행위

원만한 언어행위[1]는 리더(leader)[2]가 반드시 갖추어야 하는 자질 가운데 하나이다.[3] 리더가 어떠한 언어행위를 하느냐에 따라, 리더 자신은 물론 그가 속해 있는 조직이나 단체까지 영광을 누릴 수도 하고 모욕을 당할 수도 있다.[4] 그런데 요즈음 한국 사회의 일부 리더들은 구성원들이 기꺼이 받아들이기 쉽지 않은 언어행위를 하고 있다.[5]

---

1) '언어행위'란 의사소통 과정에 필요한 '언어적 요소'뿐 아니라 음조, 강세, 말의 빠르기, 목소리 크기, 억양 등과 같은 '준언어적 요소'와 몸짓, 손짓, 자세, 얼굴 표정, 시선 등과 같은 '비언어적 요소'까지도 아우르는 용어로 사용한다.

2) 여기에서의 '리더'란 어떤 집단이나 조직에서 그 구성원에게 영향을 미치는 자리에 있는 사람을 통틀어 일컫는다. 크게는 국가 원수를 비롯해서 정치인, 행정가, 경영자, 단체의 대표, 조직의 관리자 등이고, 작게는 가장(家長), 조직의 간부, 모임의 사회자 등 이른바 '장'(長)의 자리나 그에 상응하는 지위에 있는 지도자나 지도층들을 말한다.

3) 凡擇人之法有四 …… 二曰言 言辭辯正〔唐書 選擇誌〕

4) 言行君子之樞機 樞機之發 榮辱之主也〔周易〕

5) 각종 언론에서 지적하는 '막말, 거짓말, 지나친 솔직 화법, 공격적 화법, 아리송 화법, 통역이 필요한 화법, 선문답식 화법, 캐주얼 화법, 개그화법, 직설적 구어체 화법, 맞고요 화법, 좌충우돌식 화법, 도전적 반어법, 현란한 비유법, 논지 이탈형 반문어법, 통속적 표현의 직설법, 즉흥적 표현, 애매모호한 표현, 선동적이고 자극적인 표현, 단도직입적 표현, 이분법적 단순 논리, 비틀고 꼬집기, 지나친 발언 횟수, 다혈질적인 언사, 비속어 사용, 되받아치기, 취중망언, 충성메모, 여성 비하 발언,

　　이런 시점에서 우리 사회가 전통적으로 리더들에게 바라왔던 언어행위
는 어떠한 것이었는지를 여러 문헌에서 찾아본다.[6] 그리고 이를 바탕으로
현재 리더의 자리에 있거나 앞으로 리더가 되고자 하는 이들에게 우리 사
회 문화에 어울리는 일반적인 언어행위 규범을 제공해 보고자 한다.[7]

1. 덕(德)을 바탕으로 말하기

　　전통적으로 우리 사회에서는 리더라면 덕(德)[8]을 갖춘 지도자이기를 바
란다. 덕이란 '곧은(直) 마음(心)'이라고 넓게 뜻매김할 수 있다. 여기에서의
'곧다'는 '바르다, 너그럽다, 어질다, 착하다, 공정하다, 포용성 있다, 인격
을 갖추고 있다, 인품이 좋다' 등을 뜻한다.

　　덕은 적으면서 높은 자리만 차지하고 있는 리더나, 아는 것이 별로 없
으면서 의욕만 큰 리더는 화(禍)를 당하기 쉽다.[9] 우리는 어떤 일을 실패
했을 때 그 원인을 분석하면서 능력이 부족하거나 운이 닿지 않은 탓이라
고 하는 경우가 있다. 물론 그런 것이 실패의 원인이 될 수도 있다. 그러
나 근원을 따져보면 덕이 부족해서 어려움에 부닥치는 경우가 적지 않다.

　　리더는 끊임없이 덕을 실러야 한다. 경제적인 부(富)로 집을 잘 꾸밀 수
있듯이, 리더는 덕으로 자신의 품위를 한껏 돋보이게 할 수 있다.[10] 누구

　　노인 폄하 발언, 지역감정 유발 언행, 말꼬리 잡기, 비아냥거리기, 상소리, 욕설,
　　맞장 답변' 등이 그 예이다.
6) 구체적 자료는 '참고문헌'에 열거한 책에서 인용한다.
7) 이와 관련 있는 선행 연구로는 이응백(1988), 박경현(1999), 이창덕 외(2000),
　　이주행(2002) 등이 보인다.
8) '덕'의 기본의미는 '德'의 옛글자가 '悳'인 것으로 보아 '直 + 心'이라 볼 수 있다. 이
　　런 의미가 확장되어 '너그럽다, 어질다, 착하다', '공정하고 포용성 있는 마음(품성,
　　기질, 성행, 인품, 품격), 본성, 덕택, 혜택, 어진 사람' 등의 뜻으로도 쓰인다. '인
　　(仁), 의(義), 예(禮), 지(智)'를 통틀어 '덕'이라고 하기도 한다.
9) 德微而位尊 智小而謀大 無禍者 鮮矣〔周易〕
10) 富潤屋 德潤身〔大學〕

나 자기 몸을 닦아 훌륭한 덕성을 지니게 되면 자연히 그를 따르는 사람들이 생기게 된다. 그래서 덕을 지니고 있는 사람은 외롭지 않고 반드시 이웃이 있다.[11] 그리고 그들에게 덕을 베풀 때는 항상 변함이 없고 어느 쪽으로 치우치거나 기울어짐이 없이 중용을 지켜야 한다.[12]

언어행위는 덕의 표출이다. 덕스러운 언어행위는 상대방이 부담 없이 자연스럽게 받아들인다. 리더에게는 덕을 갖추는 것이 말재주가 있는 것보다 더 중요하다. 그만큼 우리 사회에서는 말재주가 좀 부족하더라도 덕을 지닌 리더를 기대한다. 리더가 말솜씨로만 조직을 이끌어 가려 하면 구성원들에게 거부 반응을 일으키기 쉽다.[13]

덕을 지닌 리더가 하는 말은 반드시 들을 만하다. 그렇지만 말 좀 잘한다고 반드시 덕을 갖춘 사람이라고는 할 수 없다.[14] 덕을 지닌 사람은 늘 그 나름의 품위를 유지하고 있기 때문에 그것이 저절로 말로 표현된다. 그래서 그의 말은 은근하게 널리 퍼져 나가게 된다. 그러나 말깨나 한다는 사람은 교묘하게 꾸미거나 남의 비위를 맞추려 하기 때문에 알맹이가 없는 말을 하게 된다.

리더는 길에서 들은 하찮은 말이라도 곰곰이 음미해서 자기의 것으로 소화한 뒤에 남에게 전해야 한다. 금방 들은 일을 잘 생각해 보지도 않고서 곧바로 남에게 옮기는 것은 덕을 버리는 경박한 행동이다.[15]

2. 먼저 들은 다음 말하기

상대방이 하는 말을 제대로 이해할 줄 알아야 그의 '사람됨'을 알 수

---

11) 德不孤 必有隣〔論語 里仁〕
12) 中庸之爲德也 其至矣乎〔論語 雍也〕
13) 焉用佞 禦人以口給 屢憎於人 不知其仁 焉用佞〔論語 公冶長〕
14) 有德者 必有言 有言者 不必有德〔論語 憲問〕
15) 道聽而塗說 德之棄也〔論語 陽貨〕

있다.[16] 따라서 리더는 구성원들이 하는 말 속에 스며 있는 참뜻을 파악할 수 있어야 한다. 예컨대, 구성원에게서 한쪽으로 치우친 말을 들으면 그가 무엇을 감추고 있는가, 방탕한 말을 들으면 그가 어떤 상황에 빠져 있는가, 간사한 말을 들으면 그가 얼마나 바른 길을 벗어나고 있는가, 요리조리로 빠져나가려고 꾸며대는 말을 들으면 그가 무슨 목적으로 말하는가 따위를 알아내는 것이다.[17]

리더는 말하기 전에 먼저 상대방의 말을 귀 기울여 들어야 한다. 그런데 우리 사회 리더들은 상대방의 말을 경청하지 않는 경향이 있다. 이른바 '청문회(聽問會)'라는 것은 글자 그대로 먼저 듣고 난 다음에 묻는 모임이다. 그러나 우리 국회는 청문 대상자의 말은 제대로 듣지도 않고 자신에게 배당된 시간이 부족하다는 핑계를 대면서 막무가내로 자기주장만을 내세우는 장면을 심심찮게 보여준다. 이런 언어행위는, 말은 주로 높고 힘센 쪽에서 하는 것이고 낮고 약한 쪽은 그저 듣고만 있어야 하는 것이라는 인식이 널리 퍼져 있기 때문이다. 그래서 그런지 우리는 남의 이야기를 듣는 편보다 자기주장을 강력하게 내세우는 편에 서야 잘 난 사람이 되는 것처럼 생각한다. 그러나 한 쪽은 듣기만하고 다른 한 쪽은 말하기만 해서는 양쪽 사이에 높은 대화의 장벽이 생기기 쉽다. 리더는 구성원들이 어느 쪽에 있든 그들의 말을 잘 들어 주어야 오해나 불만 없이 원만한 관계를 유지할 수 있다.[18]

리더는 조직 내의 의사소통을 활발히 하여 구성원들의 의견을 충분히 수렴해야 한다. 그러려면 항상 그들의 말에 귀를 기울일 줄 알아야 한다. 구성원들이 스스로 말하지 않거나 누군가가 말을 못하게 하면 조직의 여론을 제대로 들을 수 없다.[19] 리더는 모르는 바가 있으면 부끄러움 없이 누구에게나 묻고, 대단치 않게 오고가는 말도 소홀히 흘려보내지 않고 성

---

16) 不知言 無以知人也 〔論語 堯曰〕
17) 何謂知言 曰詖辭知其所蔽 淫辭知其所陷 邪辭知其所離 遁辭知其所窮 〔孟子〕
18) 박경현, 리더의 화법, pp.170-9.
19) 下無言則上無聞 〔晏子 春秋〕

실히 살펴야 한다. 또한 남의 단점을 들으면 애써 숨겨주고 장점을 들으면 적극적으로 널리 드러내 주어야 한다.[20]

2.1 귀 기울여 듣기

듣기를 소홀히 해서는 원활한 언어행위를 할 수 없다. 그런데 우리 사회의 리더들은 남의 말을 그 사람 입장에서 공감하면서 듣기에 서툴다. 상대방이 말을 다 끝내지도 않았는데 '이 사람아! 나도 그거 다 알고 있어.'라고 젠체하며 말허리를 꺾곤 한다. 이런 으스댐은, 아는 것이 없고 가진 것이 적고 힘이 부치는 사람에게는 나타날 수 없는 현상이다. 이는 '나는 아는 것이 많다, 가진 것이 있다, 힘깨나 쓴다.'는 의식을 은연중에 드러내는 것이다.

리더는 다음과 같은 점을 유의하며 상대방의 말을 듣는 것이 좋다.

① 상대방의 말을 냉철하게 듣는다.[21]

사물을 대할 때 선입관에 빠지거나 욕심을 내거나 흥분하게 되면 올바른 판단을 하기 어렵다. 항상 냉철해야만 올바르게 참과 거짓을 가려내고 선과 악을 구별할 수 있다. 진실로 현명한 리더는 남이 나를 속이지 않을까 미리 경계하지 않고, 남이 나의 말을 믿어주지 않을까 미리 의심하지 않으며, 그러면서도 어떤 일이 발생하면 곧 그 잘못된 점을 먼저 깨닫는 지도자이다.[22] 그래서 리더는 의심이 나는 사람을 애당초부터 아예 고용하지 말고 일단 채용했으면 반드시 믿는다.[23] 아무리 믿지 못할 세상이라 할지라도 처음부터 남을 경계하거나 의심한다면 대인 관계가 부드럽지 못

---

20) 好問而好察邇言 隱惡而揚善〔中庸〕
21) 冷眼觀人 冷耳聽語 冷情當感 冷心思理〔菜根譚〕
22) 不逆詐 不億不信 抑亦先覺者是賢乎〔論語 憲問〕
23) 疑人莫用 用人勿疑〔明心寶鑑〕

하게 된다.

② 상대방 말의 의미를 정확하게 파악하면서 듣는다.

남의 말을 들을 때는 정확하고 확실하게 들어야 한다. 상대방의 말을 건성건성 들어서는 안 되고 그 말의 의미를 정확히 파악하면서 들어야 한다. 그렇게 해야 사물에 대한 인식이 분명하고 판단이 확실해진다.[24] 리더는 구성원의 말을 마땅히 정신을 차리고 자세히 들어야 한다. 느슨하고 희미하게 들어서 후회하는 일이 없도록 한다.[25] 또한 남의 말을 평가하면서 듣고, 그의 표정을 관찰하면서 겸허한 태도로 경청한다.[26] 그리고 여러 사람들 속에서 노련하고 성숙한 말을 하는 이가 있거든, 그의 말은 반드시 존경스러운 마음으로 공손하게 듣는다. 그리고 그 말이 다소 진부한 이야기일지라도 조롱하지 않는다.[27]

③ 상대방이 하는 말을 의연한 태도로 듣는다.

리더는 남이 자신을 속이는 것을 알면서도 말로 나타내지 않고, 남에게 모욕을 받아도 표정에 나타내지 않아야 한다.[28] 남이 나를 속이는 것을 알면서도 묵묵히 있으면, 그것은 이미 속임을 당하는 것이 아니다. 남이 나를 모독하는 것을 알면서도 상대하지 않으면, 그것은 이미 상대방을 자기보다 낮게 여기고 있는 것이다. 모욕을 받아도 성내지 않고 안색을 평안히 가지는 것이 좋다. 물론 이것은 어려운 일이지만 마음의 여유를 가지고 이렇게 한다면 무한한 능력을 갖춘 리더라고 할 수 있다.

리더는 착한 것을 보거든 목마를 때 물 본 듯이 하고 악한 것을 듣거든

---

24) 聽思聰〔論語 季氏〕
25) 凡有所聽 宜留神諦聽 勿漫然糊塗 以取後悔 此聽之則也〔悟堂集〕
26) 察言而觀色 慮以下人〔論語 顔淵〕
27) 與人群居 人或有老成之言 必敬恭聽也 不可嘲之爲腐陳〔士小節〕
28) 覺人之詐 不形於言 受人之侮 不動於色〔菜根譚〕

귀머거리같이 한다.[29] 그리고 남의 말을 올바르게 듣기 위해서 반드시 그 사람의 행동거지를 본다. 그렇게 하면 말하는 자가 감히 허투루 말을 하지 않게 된다.[30]

2.2 골고루 듣기

리더는 여러 사람의 말을 골고루 들어야 한다. 어느 한 쪽 말만 듣지 말고 양쪽 말을 다 듣는다. 만약 한 쪽의 말만 들으면 평소 가까운 사람이라도 자칫 멀어지기 쉽다.[31] 큰소리와 작은 소리, 칭찬과 비난, 찬성과 반대 등 모두 골고루 듣는다. 결코 큰소리에만 현혹되지 말고 작은 소리에도 귀를 기울인다.

구성원들의 말을 일일이 들어보지 않고서는 어리석은 자와 지혜로운 자를 분별하기 쉽지 않는다.[32] 특히 측근의 말만을 그대로 다 듣지만 말고, 구성원들이 별것도 아닌 듯이 하는 이야기도 귀 기울여 들어야 한다. 그들의 말 속에는 다 제 나름대로의 뜻이 있기 때문이다. 그리고 측근의 말이라도 전폭적으로 믿지 말고 충분한 근거나 타당성이 있는가를 살펴 들어야 한다.

2.3 들은 것 실천하기

리더는 들은 것을 체득하고 실행하여야 한다. 리더는 귀로 들은 것을 마음에 새겨서 온 몸으로 실천하는 것을 익혀야 한다. 귀와 입 사이가 네 치밖에 안 된다고 귀로 들어온 것을 바로 입으로 내보낸다면, 일곱 자나 되는 몸은 품위를 갖출 수 없다.[33]

---

29) 見善如渴 聞惡如聾〔明心寶鑑〕
30) 聽言之道 必以事觀之 則言者不敢妄言〔尹宣擧 混定編錄〕
31) 若聽一面說 便見相離別〔明心寶鑑〕
32) 一聽則愚智不分 責下則人臣不參〔韓非子〕

리더는 들은 것에 성급히 반응하지 않는다. 자신을 헐뜯는 소리를 듣더라도 상대방을 미워하지 않아야 한다. 미워하면 자칫 그들의 분풀이 대상이 될 수 있다. 자신을 칭찬하는 말을 듣더라도 그들에게 성급하게 다가가지 않아야 한다. 자칫 잘못된 선택을 할지도 모른다.[34]

리더는 들은 사실을 철저히 검토하여야 한다. 눈으로 직접 본 일도 다 진실이라고 단정하기 두렵거늘, 보이지 않은 곳에서 한 말을 깊이 믿어서는 안 된다.[35] 보고 들은 사실들을 잘 검토하지 않으면 구성원들의 진심을 알 수 없다. 그리고 그들의 말을 직접 듣지 못하게 중간에 문지기처럼 거쳐야 할 사람이 낀다면, 진심을 아는 길은 막혀 버리고 만다.[36]

2.4 칭찬을 들을 경우

자신이 잘한 일이 별로 없는데도 칭찬을 받는 것보다는 악한 짓을 하지 않았어도 차라리 미움을 받는 것이 낫다.[37] 우리는 상대방의 칭찬을 들으면 감사하게 받아들이기보다는 '여러 모로 부족합니다, 송구스럽습니다, 부끄럽습니다, 별 말씀을 다하십니다, 당치 않은 말씀입니다' 등과 같이 겸손하게 말하곤 한다. 그러나 지나칠 정도로 상대방의 칭찬에 미적지근하게 반응하거나 자신을 무턱대고 낮추는 것은 바람직하다할 수 없다. 리더는 적절한 수준을 고려하여, 자신에 대한 칭찬은 최소화하고 자신에 대한 비방을 극대화하여야 한다.[38]

---

33) 君子之學也 入乎耳 著乎心 布乎四體 ……口耳之間 則四寸耳 曷足以美七尺之軀哉〔荀子〕
34) 聞惡不可就惡 恐爲讒夫洩怒 聞善不可急親 恐引奸人進身〔菜根譚〕
35) 經目之事 恐未皆眞 背後之言 豈足深信〔明心寶鑑〕
36) 觀聽不參 則誠不聞 聽有門戶 則臣壅塞〔韓非子〕
37) 無善而致人者譽 不若無惡而致人毀〔菜根譚〕
38) 이른바 '겸양의 준칙(maxim of modesty)'과 상통한다.

2.5 충고를 들을 경우

　사람들은 대체로 자기를 칭찬하면 즐거워하고 비판하면 싫어한다. 그러나 좋은 점을 말하여 주는 사람이 고마운 이 같지만 사실은 해롭게 하는 이다. 오히려 나쁜 점을 지적해 주는 이가 스승이나 다름없다.[39] 예로부터 남에게서 충고 한 마디 듣는 것이 황금 천 냥보다 낫다고 하였다.[40]

　요즈음에 일부 리더들은 자기를 추어주고 아첨하는 이를 더 좋아한다. 잘못을 말해주는 사람은 오히려 괘씸죄를 뒤집어씌워 미워한다. 참으로 리더답지 못한 행위이다. 항상 귀에 거슬리는 말을 기꺼이 듣고, 다소 마음에 거북스러워도 달게 받아들이는 자세는 덕행을 닦는 숫돌과 같은 것이다. 그러나 마음에 들게 해주는 것만 좇는다면, 자신의 몸에 독극물을 묻히는 것과 같다.[41]

　리더는 충고를 들은 다음에는 자신의 허물을 고쳐야 한다. 부드럽게 타이르는 말을 좋아하되 그 말의 참뜻을 찾는 것도 중요하다. 기뻐하기만 하고 충고의 참뜻을 찾아내지 못하고, 그 뜻을 따르면서도 자기의 잘못을 고치지 않는다면 아무 소용이 없다.[42] 그리고 리더는 남의 충고를 받거나 좋은 말을 들었을 때 감사할 줄 알아야 한다. 자신의 잘못을 일러주는 사람에게 고마움을 표시하는 것이 예의다. 공자의 제자 자로(子路) 같은 이는 다른 사람이 자기 잘못을 알려 주면 기뻐했고, 우(禹)는 좋은 말을 들으면 절을 했다고 한다.[43]

---

39) 道吾善者 是吾賊 道吾惡者 是吾師 〔明心寶鑑〕
40) 黃金千兩未爲貴 得人一語勝千金 〔明心寶鑑〕
41) 耳中常聞逆耳之言 心中常有拂心之事 纔是進德修行的砥石 若言言悅耳事事決心
　　便把此生 埋在鴆毒中矣 〔菜根譚〕
42) 法語之言 能無從乎 改之爲貴 巽與之言 能無說乎 繹之爲貴 說而不繹 從而不改 吾
　　未如之何也已矣 〔論語 子罕〕
43) 子路人告之以有過則喜 禹聞善言則拜 〔孟子〕

리더는 자신을 비난하는 소리를 들을 때 의연히 대처하여야 한다. 설령, 상대방이 옳거니 그르거니 종일 비난을 퍼붓더라도 대꾸하지 않으면 그 소리는 저절로 사라지고 만다.[44] 자신에게 아무런 잘못이 없는데도 남들이 비방하고 헐뜯는다면 두려워할 것 없다. 그것은 마치 한 조각의 구름이 밝은 해를 가리는 것과 같으니 조금만 기다리면 자신의 처신이 온 누리에 명명백백해질 것이다. 그러나 면전에서 아양을 떨고 아첨하는 사람은 극히 경계해야 한다. 그 해독은 마치 창틈에서 스며드는 찬바람 같아서 깨닫지 못하는 사이에 큰 손실을 입을 수 있다.[45]

리더는 자신을 비방하는 소리에 즉각적으로 반응하지 않아야 한다. 비방을 들더라도 곧바로 성내지 말며 칭찬을 들더라도 즉시 기뻐하지 않는다. 누가 남의 나쁜 점을 말하더라도 이에 부화뇌동하며 듣지 않는다. 그러나 남의 좋은 점을 들으면 적극 호응하고 더 나아가 함께 기뻐한다.[46] 악의로 자신을 비난하는 소리에는 맞대응하지 않는다. 그러면 마음이 맑고 조용해진다. 그렇지만 비난하는 사람의 입은 뜨겁게 끓어오른다. 이는 마치 하늘을 향해 침을 뱉으면 도로 제 몸에 떨어지는 것과 같다.[47] 남에게 욕설을 들더라도 거짓 귀먹은 체하고 말대꾸를 하지 않는 것이 좋다. 허공에서 타는 불은 끄지 않아도 저절로 사라질 뿐이다.[48]

리더는 남을 비방하는 말과 거짓말을 곧이곧대로 믿어서는 안 된다. 은연중에 물이 배어드는 것같이 남을 헐뜯는 말과, 아픈 상처를 참는 듯 호소하는 거짓말을 곧이들어서는 안 된다. 이런 말들을 잘 간파(看破)하여야

---

44) 是非終日有 不聽自然無〔明心寶鑑〕
45) 讒夫毁士 如寸雲蔽日 不久自明 媚子阿人 似隙風侵肌 不覺其損〔菜根譚〕
46) 聞人之謗 未嘗怒 聞人之譽 未嘗喜 聞人之惡 未嘗和 聞人之善 則就而和之 又從而 喜之〔明心寶鑑〕
47) 惡人罵善人 摠不對 不對心淸閑 罵者口熱沸 正如人唾天 還從己身墜〔明心寶鑑〕
48) 我若被人罵 佯聾不分說 譬如火燒空 不救自然滅〔明心寶鑑〕

모든 일을 밝게 통찰할 수 있고 원대한 일까지 내다볼 수 있다.[49]

2.7 명령을 들을 경우

리더는 자신보다 더 윗자리에 있는 사람에게 명령을 받았을 경우에는, 그 사람이나 조직의 입장을 의식하며 명령을 수행하여야 한다. 예로부터 명령을 따르면서 윗사람을 이롭게 하는 것을 '순종'이라 하였고, 명령을 따르면서 윗사람을 불리하게 하는 것을 '아첨'이라 하였고, 명령을 어기면서 윗사람을 이롭게 하는 것을 '충성'이라 하였다. 그리고 명령을 어기면서 윗사람을 불리하게 하는 것을 '찬탈(簒奪)'이라고 하였다. 명령을 수행하면서 윗사람이나 조직의 영욕을 염두에 두지 않고, 그저 영합하여 무사안일한 자세로 봉급만 타 먹는 자는 '나라의 도둑'이라고 하였다.[50]

3. 준비하고 말하기

리더는 말을 하기 전 무엇을 어떻게 말할까 미리 준비하고 있어야 한다. 특히 공식적인 말하기(public speech)에서는 더욱 그렇다. 준비 없이 말해 놓고 '두서없이' 이야기했다고 양해를 구하는 것은 실례(失禮)이다. 어떤 일이든 미리 튼튼한 바탕이 마련되어 있으면 성공적으로 이룰 수 있지만, 그렇지 않으면 실패하기 쉽다. 말도 성실하게 미리 준비하고 하면 실천되지 않는 일이 없다.[51] 준비하지 않은 상태에서 함부로 지껄이거나 뇌까리면 자칫 설화(舌禍)를 저지르게 된다.

---

49) 浸潤之譖 膚受之愬不行焉 可謂明也已矣 浸潤之譖 膚受之愬不行焉 可謂遠也已矣
　　〔論語 顔淵〕
50) 從命而利君 謂之順 從命而不利君 謂之諂 逆命而利君 謂之忠 逆命而不利君 謂之
　　簒 不卹君之榮辱 不卹國之臧否 偸合苟容 以持祿養交而已耳 謂之國賊〔荀子〕
51) 凡事豫則立 不豫則廢 言前定則不跆〔중용〕

준비하고 말하면 말실수를 예방할 수 있다. 말실수는 엄청난 결과를 불러올 수도 있다. 요즈음 우리 사회의 리더들이 심심치 않게 실언하고 심지어는 망언까지 하고 있는데, 이런 언어행위는 개인은 물론 조직 전체에 치명적인 악영향을 끼친다. 리더는 말 한 마디로 지혜로워지기도 하고 그렇지 않게도 되니 말을 조심하려 하지 않을 수 없다.52) 말 한 마디로 나라를 흥하게 할 수도 있고 나라를 잃을 수도 있다.53) 더 나아가 말 한 마디로 천지의 조화를 해칠 수도 있다. 그러므로 리더는 말 한 마디 한 마디 조심스럽게 해야 한다.54)

리더는 자신이 한번 입을 떼고 입을 다무는 자질구레한 언어행위라도 구성원 모두가 엿보고 살피고 의심하고 흠을 찾으려 한다는 점을 명심해야 한다. 특히 국가를 이끌어가는 리더의 말은 밀실에서든 사석(私席)에서든 어디에서 하든 온 나라에 거침없이 퍼진다. 그러므로 그는 집 안에 있을 때까지도 늘 말조심을 해야 하고 공직(公職)을 수행할 때는 더욱 신중해야 한다.55)

말은 잘못하면 그 결과는 그대로 자기에게로 되돌아온다.56) 반 마디라도 그릇된 말은 평생 쌓아온 덕을 허물어뜨린다.57) 입과 혀는 화와 근심의 근본이며 몸을 망치는 도끼와 같은 것이다.58) 리더는 실언이나 망언을 늘 경계해야 한다. 말에는 말하는 이의 내면 감정이 그대로 표출된다. 마음속에 있는 기쁨과 노여움을 입 밖으로 내보낸 것이 말이다. 따라서 말은 늘 신중하게 해야 한다.59)

---

52) 君子一言以爲知 一言以爲不知 言不可不愼也〔論語 子張〕
53) 一言而興邦 …… 一言而喪邦〔論語 子路〕
54) 一言而傷天地之和 …… 最宜切戒〔菜根譚〕, 言行君子之所以動天地也 可不愼乎〔周易〕, 言有禍也…… 君子愼其所立乎〔荀子〕
55) 爲民上者 一動一靜 一語一默 在下者 皆伺察猜摸 由房而門 由門而邑 由邑而達於四境 布於一路 君子居家 尙當愼言 況居官乎〔牧民心書〕
56) 言悖而出者 亦悖而入〔大學〕
57) 半句非言 誤損平生之德〔明心寶鑑〕
58) 口舌者 禍患之門 滅身之斧也〔明心寶鑑〕
59) 喜怒在心 言出於口 不可不愼〔明心寶鑑〕

말을 신중히 하면 어떤 효용이 있는가를 생각해 본다.

첫째, 말을 신중히 하면 무슨 일을 하든 편안해진다. 입은 사람을 상하게 하는 도끼이며 말은 혀를 베는 칼과 같다. 입을 막고 혀를 깊이 감추면 어느 곳에 있든 편안하다.[60]

둘째, 언행을 신중히 하면 명예나 이익을 얻을 수 있다. 그르치고 뉘우칠 언행을 하지 않으면 인격 수양은 물론 어떤 보상까지도 기대할 수 있다. 여러 사람의 말을 많이 들어서 의문을 없애고 말을 삼가면 허물이 적다. 많이 들어서 위태함을 적게 하고 행동을 삼가면 후회가 적다. 이처럼 말을 신중히 하면 허물을 덜고 후회를 미리 막는 효과를 얻는다.[61]

셋째, 신중히 말하면 남을 다스릴 수 있는 자격을 갖출 수 있다. 예로부터 하나도 버릴 것 없는 말을 하는 사람은 세상을 다스리는 데 반드시 참여시켜야 한다고 하였다.[62]

리더는 말을 하기 전에 다음과 같은 점을 고려해야 한다.

3.1 듣는 이 의식하기

리더는 늘 구성원들을 염두에 두고 말하여야 한다. 듣는 쪽의 반응에 상관없이 혼자 떠들어서는 안 된다. 리더는 질박하고 정직하여 의(義)를 좋아하며, 구성원들이 하는 말을 잘 살피어 상황을 파악하는 지도자이어야 한다.[63]

① 여러 사람의 의견을 적극적으로 청취한다.

리더는 많은 사람의 의견을 적극적으로 들어야 한다. 여론은 차단하기

---

60) 口是傷人斧 言是割舌刀 閉口深藏舌 安身處處牢〔明心寶鑑〕
61) 多聞闕疑 愼言其餘則寡尤 多見闕殆 愼行其餘則寡悔 祿在其中矣〔論語 爲政〕
62) 有無棄之言者 必參於天地也〔列子〕
63) 質直而好義 察言而觀色 慮以下人〔論語 顏淵〕

어려운 것이다. 따라서 적극적으로 청취하는 것이 순리다. 밑 빠진 항아리는 막을지언정 코 아래 가로질린 입은 막지 못한다.[64]

리더는 많은 사람들이 의심한다 하여 자신의 견해를 굽히지 말아야 한다. 그렇다고 너무 자신의 의견만을 고집하여 다른 사람의 의견을 무시해서도 안 된다. 또한 사사로운 감정에 얽매여 대업을 망쳐서도 안 되며, 여론을 이용하여 자신의 이익을 지키기 위하여 남을 공격해서도 안 된다.[65] 공사를 구별할 줄 알고 신념과 감정을 분별할 줄 알아야만 나라의 큰일을 맡을 수 있다.

리더는 자기만의 주장을 내세우기보다 구성원 공통의 의사를 모을 수 있어야 한다. 리더는 자신의 생각만을 절대시(絶對視)하지 않고 구성원의 생각을 잘 정리할 줄 아는 사람이다. 집단 사고는 개인의 일방적인 사고가 낳을 수 있는 오류를 피할 수 있다. 그리고 다양성을 유발하여 새로운 것을 창조하는 데 이바지한다. 리더는 여러 사람들이 고심해서 짜낸 결론보다 자신의 판단이 스스로 걸출하다고 느끼더라도 중지(衆智)를 선택하는 것이 최선의 방법임을 명심해야 한다.

② 상대방이 이야기를 나눌 만한 대상인가를 알아본다.

우리는 대화를 하면서 서로의 마음을 주고받는다. 그러나 대화할 만한 사람이 있는가 하면 그렇지 못한 사람이 있다. 자신의 말을 알아듣고 받아들일 수 있는 사람은 대화 가능한 사람이다. 그러나 자신의 말을 알아듣지도 못하고 거부감까지 지니고 있는 사람은 대화 상대가 못 된다. 남의 말에 아예 귀를 막고 있는 사람에게는 천 마디 만 마디 이야기를 해봤자 말만 잃어버리는 결과를 낳기 쉽다. 이런 사람과 대화해서는 아무런 도움도 얻을 수가 없고 시간과 정력만 낭비하게 된다. 함께 이야기할 만한 사람인

---

64) 寧塞無底缸　難塞鼻下橫〔明心寶鑑〕
65) 毋因群疑而阻獨見　毋任己意而廢人言　毋私小惠而傷大體　毋借公論以快私情〔菜根譚〕

데도 그와 말을 하지 않으면 '사람'을 잃는 것이요, 함께 이야기할 만한 사람이 못 되는데도 그와 말을 하게 되면 '말'을 잃는 것이다. 그러므로 지혜로운 리더는 사람도 잃지 않고 또 말도 잃지 않는다.66)

③ 상대방의 수준을 고려하면서 말한다.

리더는 상대방의 수준에 걸맞은 말을 해야 한다. 공자(孔子)는 중인(中人) 이상은 높은 도(道)를 말해 주어도 괜찮으나 그 이하의 사람에게는 높은 도를 말할 것이 못 된다고 하였다.67) 여기서 이상과 이하는 단순히 지식 수준의 높낮이만이 아니라 '사람 됨됨이'를 기준으로 삼은 것 같다. 공자 자신은 누구에게나 도를 전해 주고 싶지만 질이 낮은 사람에게는 도를 전해 주어도 알아듣지 못하니 효과가 없다고 하였다. 공자는 조정에 나가 아랫사람과 말할 때는 화평하고 즐거운 듯하였고, 윗사람과 말할 때는 존경하는 의미에서 온순한 태도를 취하였다. 그러나 옳고 그름을 따질 때는 조금도 양보 없이 명백하고 거침없이 말했다.68)

④ 상대방의 태도에 따라 적절히 응대한다.

리더는 상대방의 태도를 잘 살피면서 말하여야 한다. 예로부터 악한 것을 묻는 자에게는 대답하지 말고, 악한 말을 하는 자에게는 묻지 말며, 악한 이야기를 하는 자의 말은 듣지 말고, 다투는 기가 있는 자와는 말씨름을 하지 말라고 하였다. 함께 이야기해서는 안 될 때 말을 하는 것은 '시끄러움'이라 하고, 함께 이야기할 만할 때 말을 하지 않는 것은 '숨김'이라 하고, 기색을 살펴보지도 않고 이야기하는 것을 '장님'이라고 하였다.69)

---

66) 可與言而不與之言 失人 不可與言而與之言 失言 知者不失人 亦不失言 〔論語 衛靈公〕
67) 中人以上 可以語上也 中人以下 不可以語上也 〔論語 公冶長〕
68) 朝 與下大夫言 侃侃如也 與上大夫言 誾誾如也 〔論語 鄕黨〕
69) 君子不傲 不隱 不瞽 謹順其身 〔荀子〕

이와 같이 리더는 상대방에 따라 시끄럽지 않고 숨기지 않고 눈멀지 않고 신중하게 순리대로 언행을 한다. 또한 리더는 음흉한 태도로 말을 하지 않고 있는 사람에게 허심탄회하게 이야기한다거나 자신의 약점을 털어놓지 않는다. 또 잘난 체 떠드는 사람들 앞에서는 아예 입을 다문다.[70]

3.2 상황에 적응하기

리더는 상황에 어울리게 말하여야 한다. 가장 효과적인 언어행위는 때와 곳에 잘 적응하는 것이다. 말은 그 기회를 맞추지 못하면 한 마디 말이라도 많은 법이다.[71]

상황에 어울리게 말하기 위해서는 다음과 같은 점에 유의한다. 첫째, 자신이 말하여야 할 때가 아닌데 조급하게 먼저 말하지 않는다. 둘째, 자신이 말하여야 할 차례일 경우 말을 하지 않아서는 안 된다. 셋째, 상대방의 표정을 보면서 말한다. 예로부터 아직 말할 때가 아닌데 말을 먼저 꺼내는 것은 '조급함'이라 하고, 말을 해야 할 차례인데도 하지 않으면 '숨김'이라 하고, 상대방의 표정을 보지 않으면서 일방적으로 말하는 것은 '눈치가 없는 것'이라고 하였다.[72]

리더는 말을 해야 할 상황에서는 반드시 말해야 한다. 말하지 않아야 할 경우에 말하는 것은 말로 욕망을 충족시키려는 것이고, 정작 말을 해야 할 때 말하지 않는 것도 말을 하지 않음으로써 욕망을 달성시키려는 것이다. 이는 다 담 구멍을 뚫거나 담을 넘어가는 도둑의 무리와 같다고 하였다.[73]

---

70) 遇沈沈不語之士 且莫輪心見悻悻自好之人 應須防口〔菜根譚〕
71) 話不投機一句多〔明心寶鑑〕
72) 待於君子有三愆 言未及之而言 謂之躁 言及之而不言 謂之隱 未見顔色而言 謂之瞽〔論語 季氏〕
73) 士未可以言而言 是以言餂 可以言而不言 是以不言餂之也 是皆穿窬之類也〔孟子〕

3.3 일관성 유지하기

수시로 말을 바꾸는 리더가 적지 않다. 말에 대한 책임감이 없기 때문이다.[74) 자신이 한 말에 대하여 책임을 질 줄 알아야 한다. 말은 입으로 하는 것이지만, 그 내용과 형식은 인격 전체에서 우러나오는 것이다. 리더는 깊이 생각한 다음 말하고, 일단 말한 것에 대해서는 책임지고 실행하는 태도를 지녀야 한다.

리더는 조리에 맞게 말하여야 한다.[75) 이치에 맞지 않는 말을 하느니 차라리 말하지 않는 것이 더 낫다.[76) 우리 사회에는 구렁이 담 넘어가는 식으로 말의 내용을 모호하게 해 놓고 은근슬쩍 넘어가는 경우가 적지 않다. 조리에 맞지 않는 말은 언젠가는 그 말의 참과 거짓이 드러나게 마련이다. 옳은 말도 못다 하는 세상에 불합리한 말을 함부로 지껄여서는 안 된다.

리더는 자기만의 단골이야기를 할 때에는 상대방이 그것을 이미 들은 적이 있는가를 파악하여야 한다. 이야기하는 도중에 상대방이 들은 것 같으면 반복해서 말하는 이유를 밝힌다. 무작정 이야기를 끌고 나가서는 안 된다. 상대방에게 이미 했던 말을 또 다시 반복해서 하면 사람들은 의아하게 여기거나 듣기 싫어한다. 이런 언어행위는 스스로 부족하고 경솔함을 드러내는 것이다.[77)

3.4 말을 아끼기

리더는 함부로 말하지 않고 별로 유익하지 않은 말은 삼가야 한다. 입

---

74) 人之易其言也 無責耳矣〔孟子〕
75) 夫人不言 言必有中〔論語 先進〕
76) 言不中理 不如不言〔明心寶鑑〕
77) 慣習一種話頭 對人戱言 後又對其人 忘前所言 而又復道之 如此屢效 則其人必厭
    聽焉 訝其重複 此雖聰明 不足之致 亦復心氣粗率之病也〔士小節〕

을 병(瓶)과 같이 지켜서 그 속에 든 것을 함부로 밖으로 내보내서는 안 된다.[78] 한번 입 밖으로 나간 말은 마치 엎질러진 물처럼 수습하기 어렵다. 입을 함부로 놀리지 말고 조심하여야 한다. 더욱이 나라가 평화로울 때는 말도 행동도 마음 내키는 대로 대담하게 할 수는 있다. 그러나 나라가 어지러울 때는 행동은 절조를 지켜 깔끔하게 해야 하고 말은 부드럽게 하는 것이 좋다.[79] 이는 부드럽게 표현하여 어지러운 세상에 자극을 주지 않기 위해서이다.

리더는 말을 아껴 필요한 말만 하여야 한다. 당장 하지 않아도 되는 쓸데없는 말[80], 그리고 유익하지 않은 말은 삼간다.[81] 많은 말을 하면 열에 하나쯤 또는 백에 하나쯤은 옳은 말이라고 믿어 줄 것이라 생각하지 말고, 한 마디 말이라도 신중히 해야 한다.[82] 구성원들을 많이 거느리는 리더일수록 말을 아껴야 한다. 말은 많이 할수록 가벼워진다. 특히 취중에 불쑥 내뱉은 말이 치명적인 불이익을 불러오기 쉽다. 술에 취했을 때 말을 늘어놓지 않는 사람이 참다운 리더이다.[83] 반면에 말을 적게 하면 주위 사람들은 그를 두려워하고 함부로 대하지 못한다. 그가 앞으로 어떤 식의 언행을 할는지 가늠할 수 없기 때문이다. 말을 적게 하면서 실수하는 사람은 드물다.[84]

말을 많이 하면 상대방이 듣기를 소홀히 하게 된다. 말이 많으면 똑같은 내용이 중첩되어서 마치 바람이 귓전을 스쳐가듯 상대방이 귀 기울이지 않기 때문이다. 리더는 자기가 할 말을 상세히 조리 있게 정리하고, 줄거리를 간단명료하게 말해야 한다. 그래야 듣는 사람이 싫증도 내지 않고 전달하는 내용을 충분히 알아듣고 어떤 일을 처리할 수 있다.[85] 리더는

---

78) 守口如瓶 〔明心寶鑑〕
79) 邦有道 危言危行 邦無道 危行言孫 〔論語 憲問〕
80) 無用之辯 不急之察 棄而勿治 〔明心寶鑑〕
81) 無益之言 莫妄說 〔明心寶鑑〕
82) 一言不中 千語無用 〔明心寶鑑〕
83) 酒中不言 眞君子 〔明心寶鑑〕
84) 以約失之者 鮮矣 〔論語 里仁〕

구성원들에게 필요한 만큼의 정보를 제공하고 그 이상의 불필요한 정보는 삼가는 것이 좋다.[86] 말을 번거롭고 경솔하게 하는 것은 마음의 밑바닥이 안정되지 않았기 때문이다. 따라서 '삼감[愼]'과 '간결함[簡]'을 말하기의 요결로 삼아야 한다.[87] 리더가 말을 간결하게 하면 그 자신의 마음도 안정된다.[88]

말을 많이 해서 입을 수 있는 폐단은 크다.[89] 세상인심이란 열 마디 말 중에서 아홉 마디가 적중하여도 칭찬하지 않는다. 그러나 한 마디 말만 어긋나도 사방에서 비난이 빗발치듯한다. 그러므로 리더는 차라리 침묵을 지킬지언정 사람들 앞에서 떠들지 않아야 한다.[90] 달변보다는 눌변이 오히려 진실할 수가 있다.[91] 말이 좀 뜬 리더가 어진 지도자인 경우도 적지 않다.[92]

꼭 필요할 때 말을 무게 있게 하기 위하여 보통 때는 침묵을 지키는 것이 효과적이다. 침묵이란 말할 것이 없어서가 아니라 부질없는 말을 삼가는 것이다. 침묵을 해보아야 침묵의 중요함을 깨닫게 된다.[93]

4. 진실하게 말하기

진심에서 우러나온 말이 진실한 말이다. 말이 진실해야 남에게 신뢰를 얻을 수 있다.[94] 사리가 밝고 논조가 분명한 말을 하더라도 진실하지 않

---

85) 凡對人言多則聽稀何也 以其重重疊疊 若風過耳也 不若詳其理 擧其槪 簡言之也
　　然則所聽之人 不厭于耳 盡其所授而行之也〔靑莊館全書〕
86) 이른바 '양의 준칙(maxim of quantity)'과 상통한다.
87) 言語煩率 心無底定也 愼簡二字 爲口業要訣〔靑莊館全書〕
88) 君子言簡而心靜〔靑莊館全書〕
89) 多言多慮 最害心術〔擊蒙要訣〕
90) 十語九中 未必稱奇 一語不中 則愆尤騈集 …… 君子所以寧默毋躁〔菜根譚〕
91) 剛毅木訥近仁〔論語 子路〕
92) 仁者其言也訒〔論語 顔淵〕
93) 養默而後 知多言之爲躁〔菜根譚〕

으면 그것은 헛된 말이다.[95]

진실하게 말하는 리더는 어디에서든 그가 지향하는 목표를 달성할 수 있다. 더 나아가 다른 조직에서도 그를 알아준다. 말을 충실하고 믿음성 있게 하며 행동이 돈독하여 공경스러우면, 비록 적대적(敵對的)인 관계라도 그를 인정한다. 그러나 말이 신실하지 아니하며 행동이 돈후하지 아니하면 비록 가까운 관계라도 인정하지 않는다.[96]

4.1 꾸며대지 않기

지나치게 꾸미는 말은 진실성이 없다.[97] 아무리 아름답게 꾸민 말이라 할지라도 본래의 뜻을 제대로 나타내지 못하였다면 그 말은 이미 '말'로서의 의미를 상실한 것이다.[98] 의사 표현할 때는 지나치게 수식을 덧붙여 미사여구를 구사하는 것보다는, 자신의 뜻을 명확하게 나타내는 것이 중요하다.

말이란 요점을 들어서 하면 되는 것이다.[99] 말을 번드르르하게 하면 요점에 적중되지 않는다.[100] 믿음직스러운 말은 아름답지 않고 아름다운 말은 믿음직스럽지 못하다. 선량한 말은 매끄럽지 못하고 매끄러운 말은 선량하지 못하다.[101]

리더는 욕망을 솔직히 드러내거나 말로 꾸며대는 것을 삼가야 한다.[102] 교묘하게 꾸며낸 말은 진실하지 못하다. 자신을 돋보이게 하려는 화려한 미사여구보다 한마디 진심이 담긴 말이 우리를 감동시킨다. 진짜 말을 잘

---

94) 言思忠〔論語 季氏〕
95) 言語辨 聽之說 不度於義 謂之窕言〔韓非子〕
96) 言忠信 行篤敬 雖離蠻貊之邦行矣. 言不忠信 行不篤敬 雖州里 行乎哉〔論語 衛靈公〕
97) 凡言語 勿先作仮辭〔士小節〕
98) 辭達而已矣〔論語 衛靈公〕
99) 言語要而已〔青莊館全書〕
100) 言之淋漓 豈中也哉〔青莊館全書〕
101) 信言不美 美言不信 善者不辯 辯者不善〔道德經〕
102) 君子疾夫舍曰欲之 而必爲之辭〔論語 季氏〕

하는 사람은 허세를 부리지 않고 자신을 솔직하게 드러내 보여 남의 감동
을 불러일으킨다.

예로부터 듣기 좋게만 말을 하고 보기 좋게 얼굴빛을 꾸미고 지나치게
공손한 것을 부끄럽게 여겼다.[103] 상대방이 그냥 웃는 얼굴로 대해 주고
또 듣기 좋은 말로 추켜 주면, 우리는 흔히 무조건 상대방을 좋게 볼 때가
많다. 그러나 진심이 아닌 거짓으로 말과 표정을 꾸미는 사람은 아름다운
독버섯과 같은 존재로 여러 사람을 해치기 쉽다. 복잡한 현대사회에서는
현란한 말보다는 오히려 소박하고 진심 어린 말이 상대방에게 감동을 줄
수 있다.

진실성이 없는 말을 하게 되면 덕을 어지럽힌다.[104] 교묘하게 꾸며대는
말은 자기 자신의 품성을 해칠 뿐만 아니라 듣는 사람의 시비 판단도 흐
트러뜨린다. 말로 아첨하거나 보기 좋은 안색을 지어 아양을 떠는 것은 진
실과는 거리가 멀다.[105] 남의 비위나 맞추려는 가식적인 행위는 필경 위선
이 될 수밖에 없다. 그런 언어행위를 하는 리더에게는 어진 마음이 깃들
수가 없다.

또한 진실성이 없는 말을 하게 되면 구성원들을 가르치기 어렵다. 리더
가 덕을 갖추고 있으면 굳이 명령을 내리지 않아도 구성원들이 스스로 따
라 감화(感化)한다. 이것이 다스림의 근본적인 방법이다.[106]

4.2 부풀리지 않기

사실을 부풀려 이야기하면 신뢰를 받을 수 없다. 우리는 될 수 있는 한
과장해서 실제보다 더 크고 우람하게 보여서 상대방을 압도하는 것이 유
능하다고 착각하는 경향이 있다. 그러나 실천이 따르지 못하는 허언(虛言)

---

103) 巧言令色足恭 …… 恥之〔論語 公冶長〕
104) 巧言亂德〔論語 衛靈公〕
105) 巧言令色 鮮矣仁〔論語 陽貨〕
106) 聲色之於以化民 末也〔中庸〕

은 곧 남에게 싫증과 실망을 주게 되고 말하는 이 스스로도 실수를 저지르고 만다. 말은 마음속에서 우러나와야지 혀만 굴러서는 안 되는 것이기 때문이다. 마음속에서 우러나온 진실한 말은 남을 감동시키지만 혀로 나불거리는 빈말은 남의 귀를 간지럽게 하는 데 지나지 않는다. 마음속에서 우러나오는 말은 그 사람의 인격이 실려 있기 때문에 무게가 있고 진실성이 있지만, 혀끝에서 새어나오는 말은 알맹이가 없어 바람과 같이 가볍다. 그래서 옛말에 그런 말은 피리와 같다고 하였다.107)

그런데도 오늘의 언어 상황에는 사실을 사실대로 말하지 아니하고 과대 포장한 표현의 말이 난무하고 있다. 대단치 않은 내용을 조금이라도 대중에게 관심을 끌기 위하여 과대 표현한다. 그러나 그것이 사실과 다를 때는 일종의 범법행위가 될 수 있다. 말이란 우선 사실에 맞아야 한다. 과대 선전, 자기 과신, 자기 자랑을 늘어놓으며, 걸핏하면 '세계 제일', '최첨단', '동양 제일'을 찾는다. 실제 사물을 직접 접해 보는 것이 말로만 듣는 것보다 낫다. 리더는 이러한 사실 제일주의, 검증 제일주의 사고를 바탕으로 사실에 부합되는 말을 하여야 한다.

4.3 말과 행동 일치하기

말과 행동이 일치해야 진실한 말이 된다. 리더는 말로는 할 수 있으나 실천할 수 없는 것은 말하지 않아야 한다.108) 말이란 생각을 전하는 것이다. 말과 생각이 따로 논다면 흉측한 일이다.109) 말이라는 것은 행동의 표현이고 행동은 말의 실상이다.110) 이처럼 언행일치 강조하는 것은 말에 대한 책임감이 따라야 하기 때문이다.

말은 반드시 충실하고 신뢰할 수 있어야 하고, 말한 내용을 반드시 실

---

107) 巧舌如簧
108) 可言也 不可行 君子弗言也 〔禮記〕
109) 言者以諭意也 言者相離, 凶也 〔呂氏春秋〕
110) 言者 行之表 行者 言之實 〔論語 集注〕

 리더와 말 말 말

천할 수 있는가를 돌아보아야 한다.111) 아무리 좋은 말과 훌륭한 생각을 가지고 있다 하더라도 그것을 실행에 옮기지 않으면 아무 소용이 없게 된다. 마찬가지로 남에게 좋은 말을 들었다 하더라도 그 뜻을 되새겨 보며 실행에 옮겨야 빛이 나는 것이다.112)

리더는 말보다 실천을 우선으로 하여야 한다. 먼저 실행하고 그 말은 뒤에 따라야 한다.113) 말만 해 놓고 행동이 따르지 않는다면 빈말이 된다. 거짓말을 하는 것이다. 그렇기 때문에 지각 있는 사람은 말을 함부로 하지 않는다. 실천하지 못할 경우를 두려워하기 때문이다.114) 리더들의 말은 무게가 있고 신빙성이 있어야 한다. 행동이 따르지 못하는 말을 입 밖에 내서는 안 된다. 큰소리를 쳐 놓고, 그 말에 실천이 따르지 못해도 부끄러워할 줄 모르는 사람은 자기 말에 대한 실천이 따르기 어렵다.115) 그러므로 말은 꼭 실천 가능할 때 하는 것이다.

리더는 말을 반드시 미덥게 하며 그 말을 실천할 때는 반드시 무식한 사람들이 하듯이 밀어붙여야 한다.116) 리더는 말로는 모든 것을 충분히 표현하기를 어렵다는 것을 알고 실천에 더욱 치중해야 한다.117) 말을 하면서 실천을 어떻게 할 것인가를 생각해보고 실천을 하면서 자신이 한 말을 다시 돌아보아야 한다.118) 말보다 실천을 먼저 하려면 말이 다소 뜨더라도 행동은 민첩하여야 한다.119)

리더는 말 잘한다는 점만 고려하여 사람을 천거해서는 안 된다. 또 사람이 좀 시원치 않다고 여겨 그가 하는 말까지도 묵살해서는 안 된다.120)

---

111) 凡語 必忠信 …. 出言 必顧行 〔明心寶鑑〕
112) 有聞 未知能行 唯恐有聞 〔論語 公冶長〕
113) 先行其言 而後從之 〔論語 爲政〕
114) 古者言之不出 恥躬之不逮也 〔論語 里仁〕
115) 其言之不怍 則爲之也難 〔論語 憲問〕
116) 言必信 行必果 硜硜然小人哉 (論語 子路)
117) 君子恥其言而過其行 〔論語 憲問〕
118) 言顧行 行顧言 〔中庸〕
119) 君子欲訥於言 而敏於行 〔論語 里仁〕, 敏於事而愼於言 〔論語 學而〕
120) 君子不以言擧人 不以人廢言 〔論語 衛靈公〕

사람을 판단하는 데는 그 사람의 말만 믿어서는 안 된다. 반드시 그 사람의 행실을 잘 살펴보아야 한다. 그리고 그가 정말 말과 행동을 함께 하고 있는가를 알아야 한다.121)

예로부터 말을 잘 하고 몸소 그것을 실행하는 사람은 '나라의 보배[國寶]'이고, 말을 잘 하지는 못하지만 몸소 그것을 실행하는 사람은 '나라의 그릇[國器]'이고, 말은 잘 하나 몸소 그것을 실행하지 못하는 사람은 '나라의 쓰임[國用]'이고, 입으로는 선한 것을 말하나 자신은 악한 짓을 행하는 자는 '나라의 요물[國妖]'이라 하였다. 그래서 나라를 다스리는 리더는 국보를 공경하고 국기를 아끼며 국용에게 임무를 주되, 나라의 요물은 제거해 버려야 한다고 하였다.122) 이와 같이 리더는 말로는 착한 체하고 행동은 악한 짓을 하는 사람은 철저히 가려내야 한다. 또한 말과 행동이 어긋나는 구성원들은 용서 없이 벌을 내려야 한다고 하였다.123) 설사 말보다 더 크고 훌륭한 일을 하였다 하더라도 처벌해야 한다고 하였다. 그 까닭은 말과 행동이 부합되지 않았기 때문이다.

리더가 하루 종일 하찮은 잡담이나 재담을 즐기는 것은 바람직하지 못하다.124) 진실한 말은 대의구현(大義具現)을 위하여 주고받는 말이다. 지나가면서 아무렇게나 하는 말들, 혹은 부담 없이 이야기하는 담화라고 할지라도 우러러 하늘에 부끄러움이 없는 내용이어야 한다. 은밀히 속삭이는 밀어 가운데도 상대방을 속이는 내용은 누군가가 환히 들여다보고 있다. 사람의 사사로운 말도 하늘은 우레와 같이 듣고, 어두운 방에서 속이는 마음이라도 귀신은 번개와도 같은 눈으로 본다.125)

진실한 말은 당장의 목표 달성에는 효과가 적을지 모른다. 그러나 평소의 언행이 진실하면 상대방은 리더에게 높은 신뢰감을 느끼게 된다. 상대

---

121) 始吾於人也 聽其言而信其行 今吾於人也 聽其言而觀其行〔論語 公冶長〕
122) 口能言之 身能行之 國寶也 口不能言 身能行之 國器也 口能言之 身不能行 國用也 口言善 身行惡 國妖也 治國者 敬其寶 愛其器 任其用 除其妖〔荀子〕
123) 功當其事 事當其言 則賞 功不當其事 事不當其言 則罰〔韓非子〕
124) 群居終日 言不及義 …… 難矣哉〔論語 衛靈公〕
125) 人間私語 天聽若雷 暗室欺神目如電〔明心寶鑑〕

방은 평소 신뢰하고 있는 리더가 하는 말은 증거가 없어도 믿게 되며, 평소에 신뢰하지 않는 리더가 하는 말은 아무리 강력한 증거를 제시해도 믿지 않는다. 따라서 장기적으로 볼 때는 진실한 말이 가장 효과적인 언어행위이다.

4.4 거짓말 삼가기

거짓말을 자주 하면 진실성을 의심받는다. 우리는 어려서부터 거짓말을 해서는 안 된다고 늘 배워왔다. 성경이나 불경 같은 경전에서도 '거짓말하지 말라.'는 꼭 지켜야 할 계율 중에 하나이다. 그러나 살다보면 이런 가르침은 참으로 무모한 설교에 지나지 않는다는 것을 알게 된다. 한번도 거짓말을 안 한 사람이 없기 때문이다. 현실적으로 거짓말 한 마디도 하지 않고 살기란 여간 힘든 일이 아니다. 그래서 "사람들이 거짓말할 때마다 이가 하나씩 빠진다면, 이 세상에는 이가 성한 사람은 하나도 없을 것이다."라는 우스갯소리도 있다.

거짓말은 사전의 뜻풀이대로 '사실이 아닌 것을 사실인 것처럼 꾸며 하는 말'만이 아니다. 진실을 잘못 전달하는 말도 거짓말이라고 한다. 비밀을 털어놓지 않는 말도 거짓말이라고 한다. 자신이 사실이기를 바라는 것을 사실처럼 전달하는 말도 거짓말이라고 한다. 진실이 너무나 빨리 변하기 때문에 진실이라고 전달한 말이 금방 거짓이 되어버리는 말도 거짓말이라고 한다. 잘못 알고 있는 사실을 전달하는 말도 거짓말이라고 한다. 그리고 보면 우리는 입만 열면 의도적이건 아니건 거짓말을 하게 되는 셈이다.

거짓말하는 사람이 많은 사회에 사는 사람들은 서로를 두려워하게 된다. 바로 이와 비슷한 증세가 우리 사회에 널리 퍼져있다. 사회적으로 물의를 빚은 사건에 대한 청문회나 각종 수사기관의 조사에서 밝혀진 사실이 무엇이었던가를 우리는 잘 알고 있다. 사건에 연루된 지도층 인사들이 너나

할 것 없이 모두 거짓말을 천연덕스럽게 늘어놓는다는 사실이다. 심지어는 하나님을 섬긴다고 자처하는 사람조차도 성경에 손을 얹고 거짓말을 밥 먹듯이 하고 있다.

공직자의 한마디 거짓말은 엄청난 결과를 불러올 수 있다. 가령, 건축담당 일선공무원이 자신이 집행한 공무의 결과에 대해서 책임을 회피하기 위해 거짓 보고를 하게 되면 자칫 그 결과는 아파트가 무너지거나 다리가 내려앉는 참극의 원인이 될 수도 있다. 단 한 마리의 파리가 한 접시의 요리를 못 먹게 망치고 미세한 바이러스가 건강한 사람을 죽게 만들듯, 한 마디의 거짓말만으로도 세계의 평화는 깨질 수 있다. 모든 죄악의 싹은 거짓말에서부터 돋아난다.

누구든 습관성 거짓말쟁이로 일단 낙인이 찍히게 되면 그가 아무리 진실을 말한다 해도 사람들이 믿어주지 않는 양치기 소년 신세가 된다. 한번 추락한 신용을 다시 찾기 위해서는 몇 배의 노력이 필요하다. 과장된 말은 인플레 같고, 약속을 실천하지 못하는 말은 부도수표와 같고, 의식적인 거짓말은 위조지폐와 같은 것이다. 그러므로 말은 신용이 있어야 하고 특히 공직자의 말은 보증수표와 같이 정확해야 한다.

거짓말은 감추면 감출수록 새끼를 친다. 이미 해버린 거짓말을 계속 정당화하기 위해서는 또 거짓말을 해야 하기 때문이다. 그래서 한 가지 거짓말을 참말처럼 만들기 위해서는 항상 스무 개의 거짓말을 지어내야 한다. 그러나 거짓말은 결국 꼬리가 잡히고 만다. 아무리 머리가 좋은 천재라 하더라도 거짓말을 계속 이어 맞출 수는 없기 때문이다. 거짓말 잘 하는 조직에 소속되어 있는 사람들은 자기도 모르게 노련한 '거짓말 제조기'가 되어야 살아남을 수 있게 된다.

우리는 곤란한 처지에 빠졌을 때 간단하게 벗어나가기 위해 거짓말을 한다. 다른 사람에게 욕을 당하지 않으려고 거짓말을 하기도 한다. 어떤 상대에게 연민의 정을 느꼈을 때 부득이 거짓말을 하기도 한다. 어느 때는 자기의 활발한 공상을 만족시키고자 하는 마음에서 거짓말을 한다. 그러나 부당하게 이익을 얻기 위해 남을 속이는 새빨갛거나 시커먼 거짓말은 신용을 추락시키고 사회까지 어지럽힌다.

진실을 말할 용기가 없는 사람들이 거짓말쟁이가 되기 쉽다. 딱 부러지게 말하지 못하고 애매하게 얼버무리는 사람이 거짓말쟁이다. 그런 사람은 성을 잘 내고 쉽게 화를 낸다. 흥분도 잘 한다. 논리가 박약하기 때문이다. 거짓말을 잘 하는 사람들은 맹세나 다짐을 자주 한다. 가만히 있으면 정서적으로 불안해져 결의대회니 촉구대회 같은 것을 심심치 않게 연다. 우리는 누군가가 거짓말을 하고 있다고 의심이 가면 믿는 체하는 것이 좋다. 그러면 거짓말쟁이는 점점 더 대담해져서 훨씬 더 심한 거짓말을 하게 되고 결국에는 정체가 드러나게 되기 때문이다.

진실하지 못한 말을 하면 상대방의 신뢰를 얻지 못한다. 불확실한 사실이나 허위로 날조된 사실을 바탕으로 이야기한다면 머지않아 그 진실이 드러나게 되고, 상대방의 비난을 면치 못할 것이다. 무슨 수를 써서라도 상대방을 반드시 설득하고야 말겠다는 마음으로 우선 상대를 설득해 놓고 보자는 생각에서 거짓 증거를 들이대거나 마음에도 없는 말을 하다가는 언젠가 그 거짓됨이 탄로 나게 되고, 더 이상 상대방의 신뢰를 얻지 못한다. 특히 리더는 자기 조직의 구성원들에게 신뢰를 받아야 한다. 리더가 거짓말을 하면 구성원들은 따르지 않는다.[126] 따라서 리더는 진실한 정보만을 제공하도록 노력하고, 거짓이라고 생각되는 말을 삼가고, 증거가 불충분한 것은 말하지 말아야 한다.[127]

5. 북돋우는 말하기

칭찬, 격려, 충고, 질책, 간언(諫言) 등은 상대방을 북돋워 주는 말이다.

---

126) 박경현, 거짓말 공화국, 수연칼럼, 수사연구.
127) 이른바 '질의 준칙(maxim of quality)'과 상통한다.

반면에 비방, 비난, 폭로, 중상(中傷), 음해(陰害), 악담, 험담 등은 상대방을 해치는 말이다. 사람을 이롭게 하는 말은 일언반구라도 천금보다 값지다. 한 마디의 말로 어려운 처지에 있는 사람들을 위로하고 격려한다면, 마치 극심한 추위에 떨던 이가 두둑한 솜바지 저고리로 언 몸을 녹이는 것과도 같다. 그러나 남을 상하게 하는 말은 가시에 찔리는 것같이 따갑고 칼로 베이는 것같이 아프다.[128]

리더는 구성원을 북돋워 주는 말을 아끼지 말아야 한다. 그러려면 먼저 리더 자신이 귀감이 되어야 한다. 리더는 선한 일이라면 자신이 먼저 그것을 베푼 뒤에 남들에게도 선해지기를 바라야 한다. 악한 일이라면 자신이 먼저 그것을 없앤 뒤에 남의 악함을 꾸짖어야 한다.[129]

5.1 꾸짖기

꾸짖음의 목적은 잘못된 점을 개선하도록 하는 데 있다. 그런데 상대방에게 모욕을 주기 위해 질책한다면, 당하는 입장에서는 실망하고 반발을 하게 마련이다.

꾸짖을 때는 의연한 태도로 그리고 상대방에 대하여 애정을 가지고 있다는 기분을 가지고 꾸짖어야 한다. 상대방이 처한 상황을 고려하지 않고 꾸짖으면 역효과가 난다. 분노를 폭발시키는 것보다 가벼운 주의를 되풀이해 상대방이 은근히 알아차리도록 하는 것이 최선의 꾸짖음이다.

질책을 할 때에는 꾸짖어도 좋은 경우가 있고 그렇지 않은 경우가 있다. 질책을 받으면 앞으로 성장 가능성이 있는 경우, 잠깐 충격을 받더라도 회복 능력이 있는 경우, 내용이 화급을 요할 경우, 내용이 다른 사람에게 영향을 끼칠 우려가 있는 경우에는 꾸짖어도 좋다. 그러나 상대방이 스스로

---

128) 利人之言 煖和綿絮 傷人之語 利如荊棘 一言半句 重値千金 一語傷人 痛如刀割 〔明心寶鑑〕
129) 君子有諸己而后 求諸人 無諸己而后 非諸人 〔大學〕

알아차리고 반성하고 있는 경우, 반발이 강하고 받아들일 소지가 없는 경우, 약점을 이용하여 꾸짖고자 할 경우, 사실을 확인하기 어려운 경우, 꾸짖음을 듣는 쪽의 기분이 좋지 않은 경우에는 꾸짖지 않는 것이 좋다.

리더는 다음과 같은 점을 유의하여 질책하는 것이 효과적이다.

① 리더는 남을 꾸짖는 마음으로 자신을 꾸짖어야 한다.

사람은 누구나 남을 꾸짖기는 잘 하나 자신을 책망하기는 쉽지 않다. 남을 꾸짖는 마음으로 자기를 꾸짖고, 자기를 용서하는 마음으로 남을 용서하면 훌륭한 리더가 된다.[130]

리더는 남을 꾸짖기는 가볍게 하고 자신을 꾸짖기는 엄하여야 한다. 상대방을 지나치게 꾸짖으면 원한을 사기 쉽다. 대개의 사람은 자기 자신에게는 너그러이 하고 남에게는 엄격하게 한다. 그러나 이런 언행은 상대방에게 저항감을 일으키게 한다. 사람을 사귈 때도 자기 허물을 모르고 남의 허물만을 말하다가는 실패한다. 자신을 꾸짖기는 엄하게 하고, 남의 잘못을 가볍게 책망하면 남의 원망하는 소리를 멀리 할 수 있다.[131] 남을 책망하기만 하는 이는 사귐을 온전히 하지 못하고, 스스로를 용서하기만 하는 이는 허물을 고치지 못한다.[132]

② 남의 단점 · 결점 · 약점 · 비밀 · 과오 등만을 말하지 않는다.

리더는 남의 허물을 보고 듣고 말하기를 좋아해서는 안 된다. 귀로는 남의 그릇됨을 듣지 아니하고 눈으로는 남의 단점을 보지 아니하고 입으로는 남의 허물을 말하지 않아야 리더로서의 최소한의 자질을 갖추는 것이다.[133] 눈을 경계하여 다른 사람의 그릇됨을 보지 말고, 입은 경계하여

---

130) 人雖至愚 責人則明 雖有聰明 恕己則昏 爾曹 但當以責人之心 責己 恕己之心 恕人則不患不到聖賢地位也 〔明心寶鑑〕
131) 躬自厚而薄責於人則遠怨矣 〔論語 衛靈公〕
132) 責人者不全交 自恕者不改過 〔明心寶鑑〕

다른 사람의 결점을 말하지 말아야 한다.134) 남의 조그만 허물을 책하지 말고, 남의 비밀을 들추어내지 말며, 남의 지난 날 잘못을 새겨 두지 말아야 한다. 이 세 가지를 하지 않으면 덕을 기를 수 있고 해로운 일을 멀리할 수 있다.135)

사람은 누구에게나 단점은 있기 마련이다. 그러므로 리더는 단점을 감싸줄 수 있는 아량이 있어야 한다. 만일 남의 단점을 들추어내어 세상에 알린다면, 자신의 단점을 가지고 남의 단점을 공격하는 것과 같다.136) 자신에게는 더 큰 허물이 있음에도 불구하고 남의 조그만 허물을 비난하고, 또 자신은 애써 숨기려 하는 비밀이 있음에도 불구하고 다른 사람의 사소한 비밀까지도 들추어내기 좋아하는 리더는 남에게서 존경받을 수 없다. 또 다른 사람의 좋은 점이 있어 사귐에도 불구하고 그 사람의 과거 잘못을 끄집어내어 비아냥거린다면 그 사귐이 오래 갈 수 없다.

남을 꾸짖기 전에 먼저 내가 그럴 자격이 있는가를 생각해 본다. 남을 헐뜯어 해치는 말은 도리어 저 자신을 해치는 것이다. 가령 피를 머금어 남에게 뿜으려고 들면 상대방을 더럽히기 전에 먼저 제 입부터가 더러워지는 법이다.137)

③ **근거 없는 말을 지어내서 남을 속이고 헐뜯어서는 안 된다.**

리더는 상대방을 속여서, 없는 것을 있는 것같이 하고, 작은 것을 큰 것같이 하고, 앞에서는 옳다 하고 뒤에서는 그르다 하여서는 안 된다. 또한 남의 사사로운 비밀이나 터무니없는 사실을 폭로하거나 남의 묵은 잘못을 말하기를 기뻐해서도 안 된다.138)

---

133) 耳不聞人之非 目不視人之短 口不言人之過 庶幾君子〔明心寶鑑〕
134) 戒眼莫看他非 戒口莫談他短〔明心寶鑑〕
135) 不責人小過 不發人陰私 不念人舊惡 三者可以養德 亦可以遠害〔菜根譚〕
136) 人之短處 要曲爲彌縫 如暴而揚之 是以短攻短〔菜根譚〕
137) 欲量他人 先須自量 傷人之語 還是自傷 含血噴人 先汚其口〔明心寶鑑〕
138) 造言誣毁 誣人過惡 以無爲有 以小爲大 面是背非 …發揚人之私隱 無狀可求及喜

④ **먼저 나서서 질책하지 않는다.**

옳거니 그르거니 말썽을 일으키는 사람이 따로 있지 않다. 나에게 스스로 찾아와서 누가 옳거니 누가 그르거니 말하는 사람 이러한 사람이 곧 말썽을 일으키는 사람이다.[139] 그러므로 리더는 자진해서 남의 시비를 왈가왈부하지 말고, 또 나에게 자진해서 다른 사람의 시비를 알려주는 사람도 경계해야 한다.

⑤ **남의 잘못을 다른 사람에게 전달하지 않는다.**

남의 허물을 듣게 되거든 부모님 성함을 들은 것같이 하여, 귀로는 들었을지언정 입으로는 말하지 말고 소중히 간직한다.[140]

⑥ **상대방이 감당할 수 있는 능력이 있는가를 생각하며 꾸짖는다.**

상대방의 나쁜 점을 지적하고 꾸짖을 때, 너무 엄하면 오히려 반감을 사기 쉽다.[141] 그러므로 상대방이 들어서 자신의 잘못을 뉘우치고 행실을 고칠 수 있는가를 고려해야 한다. 또 사람에게 좋은 일을 가르칠 때도 지나치게 강요하지 말고 그 사람이 배워서 이해하고 행할 수 있는 정도에 맞추어야만 한다. 꾸짖을 때나 가르칠 때 지나침은 약이 되지 못하고 오히려 해가 된다. 리더는 다른 사람에 대한 비방을 최소화하고 칭찬을 극대화하여 상대방과의 관계를 유지해 나가야 한다.[142]

談人之舊過〔朱子增損呂氏鄕約〕
139) 來說是非者 便是是非人〔明心寶鑑〕
140) 聞人之過失 如聞父母之名 耳可得聞 口不可言也〔明心寶鑑〕
141) 攻人之惡毋太嚴 要思其堪受〔菜根譚〕
142) 이른바 '찬동의 준칙(maxim of approbation)'과 상통한다.

5.2 충고하기

비교적 많이 깨우치고 있는 리더가 물질로는 남을 구제하지 못하더라도 어리석은 사람이 곤란할 때 한 마디 말로 깨우쳐 주고, 위급한 사람을 만났을 때 한 마디 말로 구해준다면, 그것은 끝없는 공덕을 쌓는 일이다.[143]

리더는 상대방이 자신의 충고를 잘 받아들이지 않으면 즉시 삼간다. 그렇지 않으면 언젠가는 욕을 당하게 될지도 모른다.[144] 또한 동료에게 지나치게 자주 충고하지 않도록 한다.[145] 좋은 말도 자꾸 되풀이하면 싫증이 나는데 하물며 귀에 거슬리는 말을 많이 들으면 좋아할 리 없다.[146]

5.3 옳은 말하기

리더 자기보다 윗자리에 있는 사람에게 옳지 못하거나 잘못된 일을 고치도록 직언·건의·충언·간언(諫言) 등의 옳은 말을 해야 할 경우가 있다. 이런 경우 리더는 다음과 같은 점을 유의하는 것이 좋다.

① 신임을 받은 뒤에 간(諫)한다.

우선 윗사람의 신임을 받은 뒤에 간한다. 평소에 신임을 얻은 후에 윗사람의 잘못을 간하면 진심에서 하는 간이라고 인정을 받는다. 그러나 신임을 받기도 전에 간하면 윗사람은 도리어 자기를 비방하는 것이라 생각하게 된다.[147]

---

143) 士君子 貧不能濟物者 遇人痴迷處 出一提醒之 遇人急難處 出一言解救之 亦是無量功德〔菜根譚〕
144) 忠告而善導之 不可則止 無自辱焉〔論語 顔淵〕
145) 朋友數 斯疏矣〔論語 里仁〕
146) 善言之支離 聽之者尙厭之 況惡言之多者乎〔士小節〕
147) 信而後諫 未信則以爲謗己也〔論語 子張〕

 리더와 말 말 말

② 사실을 사실대로 간한다.

사실을 속이지 말고 사실을 사실대로 이실 직고(以實直告)한다. 윗사람은 자신의 잘못을 지적하는 구성원을 좋아할 리가 없다. 도리어 그 간언으로 말미암아 미움을 받기가 쉽다. 그래서 간혹 윗사람이 하는 일이 그릇된 것인 줄을 알지만 그의 비위를 건드리는 것이 두려워서 말을 하지 못하는 예가 적지 않다. 그래도 속이지 말고 얼굴을 대놓고 간하여야 한다.[148]

③ 정당한 소신을 피력한다.

자신의 소신이 받아들여지지 않을 때에는 깨끗이 그 자리를 그만 두어야 한다. 특히 공직에 있는 사람이 직무를 소신껏 수행할 수 없으면 그 자리를 그만 두어야 한다.[149] 옛날에는 임금의 비리(非理)를 바로잡기 위해서라면 설령 서슬이 푸른 도끼가 내려지더라도 간할 것은 간하였다. 설령 끓는 가마에 삶아지더라도 할 말을 다 하였다. 이런 사람을 충신이라고 하였다.[150] 오늘날에도 윗사람에게 견디기 어려운 고초를 무릅쓰고라도 바른대로 간하는 것이 진정한 조직의 구성원일 것이다.

④ 자주 간하지 않는다.

아무리 좋은 이야기라도 상대방이 잘 받아들여야 효과를 얻을 수 있다. 상대방이 역겹게 느낄 정도로 자주 간언이나 충고를 하면 소기의 목적을 달성하기 어렵고 도리어 부작용이 날 우려가 있다. 옛 시대에는 임금을 섬기는데 자주 간하면 욕을 보고, 친구에게 자주 충고를 하면 사이가 멀어진다고 하였다.[151]

---

148) 勿欺也 而犯之 〔論語 憲問〕
149) 有官守者 不得其職則去 有言責者 不得其言則去 〔孟子〕
150) 迎斧鉞而正諫 據鼎鑊而盡言 此謂忠臣也 〔明心寶鑑〕
151) 事君數 斯辱矣 朋友數 斯疎矣 〔論語 里仁〕

⑤ 이미 끝난 일은 간하지 않는다.

이미 이루어진 일에 대하여서는 말하지 않는다. 끝을 맺은 일이라면 윗사람이나 남에게 간하지 않는다. 그리고 이미 지나간 일은 그 허물을 탓하지 않는다.[152]

5.4 칭찬하기

리더는 칭찬에 인색해서는 안 된다. 우리 사회는 칭찬보다 비난하고 비판하는 데 익숙하다. 그래서인지 각종 매스컴에서 '칭찬합시다' 캠페인을 유행처럼 벌이고 있다.[153]

칭찬은 좋은 점을 잘 한다고 추어주는 것이다. 사람은 잔소리를 들으며 일하는 것보다 칭찬을 들으며 일하기를 좋아한다. 끊임없이 칭찬을 해주고 격려를 해준다면 능력이 가장 잘 발휘된다. 능력은 비난 속에 시들고 말지만 격려 가운데서는 꽃을 피우는 법이다.

칭찬을 아끼지 않으면 원만한 인간관계를 유지하고 생활의 활력을 얻는다. 상대방에게 기대 수준을 한 차원 높이 두고 불가능한 점을 지적하고 있는 동안은 그 사람의 장점이 보이지 않는 법이다. 상대방이 가지고 있는 장점을 찾아 일단 입 밖으로 내보내면 지향하는 방향이 확실해진다.

칭찬은 받는 사람에게는 자신을 갖게 하고 의욕을 북돋워 그의 성장을 도울 수 있다. 칭찬하는 사람에게는 남의 장점이나 본받을 점을 보는 안목이 생기고 도량이 넓어진다. 칭찬처럼 상대방을 격려하고 인정해주는 것만큼 서로 가까워지는 방법은 없다. 금전은 순간의 기쁨을 주지만 칭찬은 평생의 기쁨을 준다.

칭찬은 자신을 기쁘게 하고 상대방을 행복하게 하여 상생(相生)의 길을

---

152) 成事不說 遂事不諫 既往不咎 〔論語 八佾〕
153) 계주하듯 칭찬을 이어가자는 '칭찬 릴레이', 하루에 세 번 이상 칭찬하자는 '3찬', 꼬리에 꼬리를 무는 칭찬을 하자는 '꼬꼬칭' 등이 그 예다.

터준다. 칭찬에 인색하지 않고 칭찬을 효과적으로 잘 할 줄 아는 리더는 남에게서 사랑과 존경을 받는다. 구성원들에게서 아홉 가지의 잘못을 찾아 꾸짖는 것보다는 단 한 가지의 잘한 일을 발견하여 칭찬해 주는 것이 그 사람을 올바르게 인도하는 데 큰 힘이 될 수 있다.

칭찬은 부정적이고 소극적인 마음을 긍정적이고 적극적인 사고로 바꿔 준다. 칭찬을 주고받다 보면 네가 내가 되고 내가 네가 되어 모두가 하나 가 된다. 칭찬은 사랑하는 마음의 결정체이고, 비난은 원망하는 마음의 결 정체이다. 한 방울의 꿀은 많은 벌을 끌어 모으지만, 1만 톤의 가시는 벌 을 모을 수 없다. 칭찬만큼 인간관계에 좋은 보약은 없다.

칭찬은 조직의 고품격 문화를 형성하는 지름길이다. 칭찬은 조직 내 인 적 자원의 시너지(synergy) 효과를 일으키는 효율적인 투자이다. 칭찬은 직 장 분위기를 신바람 나게 일할 수 있게 하고, 조직의 기를 살리는 고농축 비타민이다.[154]

많은 말 중에서 가장 귀하고 아름다운 말은 격려의 말이다. 그래서 사 람들은 격려의 말을 예술이라고 표현하는 데 주저하지 않는다. 요즈음 많 은 사람들은 격려와 칭찬과 긍정적인 말에 목말라하고 있다. 그러나 리더 는 구성원들을 칭찬하여 격려하되 너무 지나치게 않게 한다.[155]

그리고 리더는 다음과 같은 점을 염두에 두고 구성원을 칭찬하면 효과 적이다.

① 칭찬거리를 찾는다.

칭찬에 익숙해지려면, 우선 상대방에게서 칭찬거리를 찾는 노력이 필요 하다. 마음에 들지 않는 사람, 까다로운 사람에게도 마음의 문을 열고 보 면 칭찬거리를 찾을 수 있다. 우선. 사소한 일이라도 인정하며 칭찬한다. 아무리 작은 일을 했더라도 그것을 칭찬받으면 사람들은 즐거워하는 법이

---

154) 박경현, 칭찬의 고품격 문화, 수연칼럼, 수사연구.
155) 教人以善毋過高〔菜根譚〕

다. 큰일에 대해서만 칭찬하려고 하면 칭찬할 가치는 그만큼 줄어들게 마련이다.

② 진심에서 우러나오는 칭찬을 한다.

진심이 들어 있지 않은 칭찬은 상대방을 기쁘게 하기는커녕 불쾌하게 할 수도 있다. 건성으로 말하지 말고 상대방 마음에 닿도록 진실하게 칭찬한다. 속 보이는 칭찬은 상대방에게 아무런 감동도 주지 못한다. 자칫 칭찬이 거짓말이나 아부로 오해받기 쉽다. 숨은 의도를 가지고 칭찬하면 역효과를 낳을 수도 있다. 비행기 태우기 식의 지나친 칭찬은 평소에 하던 칭찬마저 그 진실성을 잃게 하므로 잘한 일에 대해서만 칭찬하는 것이 좋다.

③ 구체적으로 칭찬한다.

칭찬은 구체적으로 어떤 점이 훌륭한지 확실하게 한다. 모호한 칭찬은 자신이 무엇 때문에 칭찬 받는지 알지 못하기 때문에 잘 받아들여지지 않는다. 구체적으로 칭찬을 해야만 상대방이 진정으로 자신을 알아준다고 여기게 된다. 칭찬을 구체적으로 하는 것이 좋지만 너무 장황하면 효과가 적다. 비록 칭찬일지라도 말이 많아지면 사람을 짜증나게 할 수 있다. 그러므로 간결하고 진지하게 칭찬하는 것이 더 깊은 인상을 주며 기억에도 오래 남는다.

④ 즉시 여러 사람 앞에서 칭찬한다.

칭찬할 일이 생기면 그 자리에서 곧바로 칭찬하는 것이 좋다. 칭찬은 타이밍(timing)를 맞추는 것이 중요하다. 한참 지나간 일을 가지고 재활용해 칭찬해서는 효과가 적다. 여러 사람 앞에서 칭찬하면 효과가 더욱 커진다.

 리더와 말 말 말

⑤ 적절한 보상을 한다.

칭찬은 말의 잔치로 끝나서는 효과가 없다. 칭찬에 걸맞은 적절한 보상이 따라야 칭찬 받는 사람은 더욱 힘이 난다. 칭찬을 받을 만한 공이 있는 사람에게는 꼭 상을 주고, 벌을 줄 만한 사람에게는 꼭 벌을 준다.

⑥ 자신이 속해 있는 조직을 비하하지 않는다.

자기가 속해 있는 조직을 스스로 낮추어서는 남을 칭찬할 자격을 스스로 잃게 된다. 자신과 조직에 애정을 가져야 한다. 내가 종사하는 직업과 내가 근무하는 직장의 장점을 찾아 다른 사람들에게 떳떳하게 내세울 수 있는 칭찬거리를 찾아야 한다.

6. 품위 있게 말하기

우리는 남과 더불어 살아가면서 수직적·수평적 순서의 인간관계를 맺고 있다. 이러한 순서는 개인이 자신의 편리에 따라 정하는 것이 아니라 함께 살아가는 사람들이 약속해서 정하는 것이다. 이런 순서의 질서를 예의(禮儀)라고 한다. 예의가 바르게 서 있을 때 그 사회는 평화롭고 구성원들은 상호 존중의 미덕을 발휘할 수 있다.

예의는 타인을 존중하는 마음이다. 따라서 모든 덕행(德行)의 시작이다. 대대로 사람이 사람다운 것은 예의가 있기 때문이다. 예의의 시초는 얼굴과 몸을 바르게 하고, 낯빛을 온화하게 하며, 말소리를 순하게 하는 데에 있다. 156)

예의는 자신을 억제하는 마음에서 시작된다. 자신을 극복하지 않고서는 진정한 예의에 이를 수 없다. 감정이 격화되어 말을 함부로 하거나, 사소

---

156) 禮儀之始 在於正容體 齊顔色順辭令 〔小學〕

한 이익 앞에서 자신만을 생각하며 행동하는 것 등은 모두 극기(克己)하지 못하는 것이다.[157]

우리 사회는 용모나 말씨에 법도가 있음을 귀하게 여겨왔다. 그 까닭은 그것을 통해 마음을 다스릴 수 있기 때문이다. 용모나 말씨를 온화하고 신중하게 가꾸면 마음 또한 그렇게 된다. 그런데 요즘 우리 사회에는 불순하고 예의를 갖추지 못한 언어행위가 거리낌 없이 퍼져 있다. 이러한 풍조는 청소년층들뿐 아니라 정치, 경제, 문화, 학계 등의 리더들에게도 나타난다는 점이 큰 문제이다.

6.1 언어예절 지키기

리더는 우리의 전통적인 언어예절에 맞게 말을 하여야 한다. 말을 예절에 맞게 바로 하면 억지 논리나 야비한 표현을 멀리 할 수 있다.[158] 옛 문헌에서는 다음과 같이 언어예절을 중히 여겼다.

① 여럿이 모여 앉아 있는 자리에서 특정인끼리만 통하는 화제는 삼간다.

공적인 모임에서 옆 사람 귀에다 입을 댈 정도로 귓속말을 주고받아서는 안 된다. 다른 사람들에게 마치 무슨 모의를 하는 것 같아 불쾌감을 주기 쉽다.[159]

② 상대방과 관련 있는 말을 할 경우 그 사람 바로 앞에서 직접 한다.

당사자가 없는 데서 말하는 것은 좋지 않은 일이다. 남 몰래 허점을 찌르는 짓이다. 어떤 사람이 이야기하는 것을 들으면서 조그만 흠이라도 찾고 있다가, 그가 자리를 뜨면 기다렸다는 듯이 비웃는 행위는 불여우가 모

---

157) 김태훈, 덕 교육론, p.63
158) 出辭氣 斯遠鄙倍矣〔論語 泰伯〕
159) 稠坐中 勿與人附耳偶語〔士小節〕

래를 머금고 사람에게 쏘아 해치는 것 같다.[160]

③ 웃어른과 문답할 때에는 더욱 예절을 지켜야 한다.

웃어른이 앞에서 무엇을 묻는 경우 앉아 있을 때는 일어나서 대답하고, 서 있을 때는 조금 앞으로 나아가 두 손을 올려 가슴 앞에 겹치고 온화한 얼굴로 공손하고 찬찬하게 구체적으로 대답한다. 난폭하거나 떠들어서는 안 된다.[161]

6.2 거친 말 삼가기

리더는 거친 말을 삼가야 한다. 국가, 사회, 가정 등 조직의 구성원 사이에 말이 순조롭게 오갈 때, 부드럽고 밝은 분위기 속에서 모든 일이 무리 없이 진행된다. 명분(名分)이 바르지 않으면 말이 순조롭지 못하고, 말이 거칠어지면 모든 일이 제대로 될 리 없다.[162] 그래서 예로부터 다음과 같은 점을 유의하라고 하였다.

① 입은 다물고 소리는 조용히 낸다.[163]

'소리를 조용히 낸다.'는 것은 다음과 같이 하는 것이다. 첫째 표정을 가다듬고 캑캑 기침을 하는 등 잡소리를 내지 않는다.[164] 둘째 목소리를 안정감 있게 정중하게 내고, 거칠고 사납게 내지 않는다.[165] 셋째 부드럽고 온순하며 거칠고 거세지 않게 한다. 낮지도 작지도 말 것이며 그렇다고

---

160) 對人言 先點檢其小瑕 待其去 卽嘲之者 號曰狐蜮之倫 〔靑莊館全書〕
161) 尊長之前 凡有所問 坐則起答 立則稍進 拱手和顔 恂恂緩言 具實以對 毋暴毋喧 〔童子習〕
162) 名不正則言不順 言不順則事不成 〔論語 子路〕
163) 口容止 聲容靜 〔禮記〕
164) 當整攝形氣 不可出嗽咳等雜聲 〔擊蒙要訣〕
165) 欲其聲必安重 不粗暴也 〔順菴集〕

높이 소리치거나 시끄럽게 떠들지 않는다.[166]

그런데 일부 종교계에서 아직도 쉰 목소리로 고래고래 소리 지르듯 설교하는 리더들이 있다. 첨단 음향시설을 이용하여 청아한 목소리로 설교할 수도 있을 터인데 무슨 까닭으로 그러는지 이해하기 어렵다. 목소리는 조용조용 부드럽게 내야 한다. 목소리나 음색은 마음의 상태를 드러내는 것이다. 그것을 가다듬으면 마음도 가다듬을 수 있다.

② 가볍고 빠르지 않게 묵직하고 천천히 말한다.

마음이 안정된 사람은 말을 묵직하고 천천히 한다. 그렇지 않은 사람은 말을 가볍고 빠르게 한다.[167] 같은 사람이라도 경쾌한 기분 또는 노기(怒氣)가 폭발했을 때는 대체로 빠르게 하고 점잖은 좌석이나 신중을 기해야 할 때는 대체로 느리게 하는 경향이 있다.[168]

③ 말은 우물우물하지도 조잘조잘하지도 않는다.

산만하지 않게 하며 너무 느려터지지 않게 한다. 얼크러지지 않으며 토막토막 떨어지지 않게 한다. 무기력하지 말 것이며 지나치게 급하지도 않게 한다.[169]

④ 말과 웃음은 간결하고 무게 있게 한다.

시끄럽게 하여 절도를 지나치는 일이 있어서는 안 된다.[170]

---

166) 和順而不麤厲也 勿低 勿微 勿高叫 勿喧囂 此聲之則也〔嘐堂集〕
167) 心定者 其言重而徐 不定者 其言輕而疾〔近思錄〕
168) 이응백, 속 국어교육사연구, p.15.
169) 言語不可呢喃 不可啁啾 不可散漫 不可遲滯 不可綿纏 不可絶落 不可低殘 不可暴急〔士小節〕
170) 言笑當簡重 不可喧譁以過其節〔擊蒙要訣〕

지금 우리 사회는 엄청난 언어비용(言語費用)을 치르고 있다. 그 해결책을 찾아보기 위해, 앞에서 여러 문헌에 나타난 우리의 전통적인 언어행위 규범을 정리해 보았다. 이밖에도 우리 사회에 관습적으로 내려오는 규범이 있다. 그것은 다만 성문화(成文化)되지 않았을 뿐 우리의 의식에 깊숙이 배어들어 있다.

우리는 리더라면 덕을 갖추고 그것을 바탕으로 말하기를 바란다. 구성원들의 말을 먼저 듣고 자신의 말은 나중에 하고, 말하기 전에 미리 철저히 준비하기를 기대한다. 그리고 무엇보다도 진실하게 말하고, 구성원들을 북돋워주고 품위 있게 말하기를 원한다. 앞에서 살펴본 언어규범 중에서 오늘의 현실에서도 유용한 것을 간추리면 다음과 같다.

(1) 리더는 덕을 바탕으로 말하여야 한다.

① 우리 사회에서는 리더라면 전통적으로 덕을 갖춘 지도자이기를 바란다.
② 리더는 남에게 들은 하찮은 말이라도 곰곰이 음미해서 자기 것으로 소화한 뒤에 구성원에게 전해야 한다.

(2) 리더는 말하기 전에 먼저 구성원의 말을 들어야 한다.

① 리더는 구성원들이 하는 말 속에 스며 있는 참뜻을 파악할 수 있어야 한다.
② 리더는 모르는 바가 있으면 부끄러움 없이 누구에게나 묻고, 대단치 않게 오고가는 말도 소홀히 흘려보내지 않고 성실히 살펴야 한다.
③ 리더는 남의 단점을 들으면 애써 숨겨주고 장점을 들으면 적극적으로 널리 드러내 주어야 한다.
④ 리더는 조직 내의 의사소통을 활발히 하여 구성원들의 의견을 충분히 수렴해야 한다.
⑤ 현명한 리더는 남이 나를 속이지 않을까 미리 경계하지 않고, 남이 나의 말을 믿어주지 않을까 미리 의심하지 않으며, 그러면서도 어떤 일이 발생하면 곧 그 잘못된 점을 먼저 깨닫는 지도자이다.
⑥ 리더는 구성원들이 말하는 내용의 의미를 정확하게 파악하면서 들어야 한다.

⑦ 리더는 구성원들이 하는 말을 의연한 태도로 들어야 한다.

⑧ 리더는 남이 자신을 속이는 것을 알면서도 말로 나타내지 않고, 남에게 모욕을 받아도 표정에 나타내지 않아야 한다.

⑨ 리더는 여러 사람의 말을 골고루 들어야 한다.

⑩ 리더는 귀로 들은 것을 마음에 새겨서 온 몸으로 실천하는 것을 익혀야 한다.

⑪ 리더는 들은 것에 성급히 반응하지 않는다.

⑫ 리더는 자신을 헐뜯는 소리를 듣더라도 상대방을 미워하지 않아야 한다.

⑬ 리더는 들은 사실을 철저히 검토하여야 한다.

⑭ 리더는 자신이 잘한 일이 별로 없는데도 칭찬을 받는 것보다는 악한 짓을 하지 않았어도 차라리 미움을 받는 것이 낫다.

⑮ 리더는 충고의 참뜻을 바르게 이해하고 자신의 허물을 고쳐야 한다.

⑯ 리더는 남의 충고를 받거나 좋은 말을 들었을 때 감사할 줄 알아야 한다.

⑰ 리더는 자신을 비난하는 소리를 들을 때 의연히 대처하여야 한다.

⑱ 리더는 자신을 비방하는 소리에 즉각적으로 반응하지 않아야 한다.

⑲ 리더는 남을 비방하는 말과 거짓말을 곧이곧대로 믿어서는 안 된다.

⑳ 리더는 자신보다 더 윗자리에 있는 사람에게 명령을 받았을 경우에는, 그 사람이나 조직의 입장을 의식하며 명령을 수행하여야 한다.

(3) 리더는 말하기 전에 무엇을 어떻게 말할까 준비하고 있어야 한다.

① 리더는 자신이 한번 입을 떼고 입을 다무는 자질구레한 언어행위라도 구성원 모두가 엿보고 살피고 의심하고 흠을 찾으려 한다는 점을 명심해야 한다.

② 리더는 실언이나 망언을 늘 경계해야 한다.

③ 리더는 늘 구성원들을 염두에 두고 말하여야 한다.

④ 리더는 많은 사람의 의견을 적극적으로 들어야 한다.

⑤ 리더는 많은 사람들이 의심한다 하여 자신의 견해를 굽히지 말아야 한다. 그렇다고 너무 자신의 의견만을 고집하여 다른 사람의 의견을 무시해서도 안 된다.

⑥ 리더는 자기만의 주장을 내세우기보다 구성원 공통의 의사를 모을 수 있어야 한다.

⑦ 리더는 자신의 말을 알아듣고 받아들일 수 있는 사람을 상대로 대화하여야
한다.

⑧ 리더는 상대방의 수준에 걸맞은 말을 해야 한다.

⑨ 리더는 상대방의 태도를 잘 살피면서 말하여야 한다.

⑩ 리더는 상황에 어울리게 말하여야 한다.

⑪ 리더는 말을 해야 할 상황에서는 반드시 말해야 한다.

⑫ 리더는 수시로 말을 바꾸지 않아야 한다.

⑬ 리더는 조리에 맞게 말하여야 한다.

⑭ 리더는 자기만의 단골이야기를 할 때에는 상대방이 이미 들은 적이 있는가
를 파악해야 한다.

⑮ 리더는 함부로 말하지 않고 별로 유익하지 않은 말은 삼가야 한다.

⑯ 리더는 말을 아껴 필요한 말만 하여야 한다.

⑰ 리더는 자기가 할 말을 상세히 조리 있게 정리하고, 줄거리를 간단명료하게
말해야 한다.

(4) 리더는 진실하게 말하여야 한다.

① 리더는 욕망을 솔직히 드러내거나 말로 꾸며대는 것을 삼가야 한다.

② 리더는 사실 제일주의, 검증 제일주의 사고를 바탕으로 사실에 부합되는 말
을 하여야 한다.

③ 리더는 진실한 정보만을 제공하도록 노력하고, 거짓이라고 생각되는 말을
삼가고, 증거가 불충분한 것은 말하지 말아야 한다.

④ 리더는 말로는 할 수 있으나 실천할 수 없는 것은 말하지 않아야 한다.

⑤ 리더는 말보다 실천을 우선으로 하여야 한다.

⑥ 리더는 말을 반드시 미덥게 하며 그 말을 실천할 때는 반드시 무식한 사람
들이 하듯이 밀어붙여야 한다.

⑦ 리더는 말 잘한다는 점만 고려하여 사람을 천거해서는 안 된다. 또 사람이
좀 시원치 않다고 여겨 그가 하는 말까지도 묵살해서는 안 된다.

(5) 리더는 구성원을 북돋워 주는 말을 아끼지 말아야 한다.

① 리더는 구성원을 북돋워 주는 말을 아끼지 말아야 한다.

② 리더는 칭찬에 인색해서는 안 된다.

③ 리더는 자신의 정당한 소신이 받아들여지지 않을 때에는 깨끗이 그 자리를
   그만 두어야 한다.
④ 리더는 남을 꾸짖는 마음으로 자신을 꾸짖어야 한다.
⑤ 리더는 남을 꾸짖기는 가볍게 하고 자신을 꾸짖기는 엄하여야 한다.
⑥ 리더는 남의 허물을 보고 듣고 말하기를 좋아해서는 안 된다.
⑦ 리더는 상대방을 속여서, 없는 것을 있는 것같이 하고, 작은 것을 큰 것같
   이 하고, 앞에서는 옳다 하고 뒤에서는 그르다 하여서는 안 된다.
⑧ 리더는 남의 사사로운 비밀이나 터무니없는 사실을 폭로하거나 남의 묵은
   잘못을 이야기하기를 기뻐해서도 안 된다.
⑨ 리더는 자진해서 남의 시비를 왈가왈부하지 말고, 또 나에게 자진해서 다른
   사람의 시비를 알려주는 사람도 경계해야 한다.
⑩ 리더는 다른 사람에 대한 비방을 최소화하고 칭찬을 극대화하여 상대방과
   의 관계를 유지해 나가야 한다.
⑪ 리더는 상대방이 자신의 충고를 잘 받아들이지 않으면 즉시 삼간다.

(6) 리더는 품위 있게 말하여야 한다.

① 리더는 우리의 전통적인 언어예절에 맞게 말을 하여야 한다.
② 리더는 거친 말을 삼가야 한다.

위와 같은 언어행위를 요즘 일부 리더들은 소홀히 하는 경향이 있다.
그래서 한 마디로 그들이 '막말'을 일삼고 있다고 한다. 막말의 '막'은 '막
과자, 막국수, 막소주, 막걸리' 등에서처럼 '거칠다, 품질이 낮다', '막일,
막벌이, 막노동' 등에서처럼 '준비하지 않고 닥치는 대로 한다', '막가다,
막살다' 등에서처럼 '주저 없이, 함부로'라는 의미로 쓰인다. 따라서 막말
은 거친 말이고 품위가 낮은 사람이 하는 말이고 미리 준비하지 않고 생
각나는 대로 하는 말이고 별생각 없이 함부로 지껄이는 말이다.

일부 리더들이 우리의 전통적인 언어행위를 이미 알고 있으면서도 일부
러 안 지킨다면, 그것은 개인의 취향 탓으로 돌릴 수밖에 없다. 그러나 잘
몰라서 따르지 못하고 있다면, 그들에게는 반드시 학습할 기회를 주어야

할 것이다.

우리가 리더들에게 바라는 언어행위는 기본적으로 '말'보다는 말하는 이의 '사람됨'에 중심을 두고 있다. 곧 리더의 언어행위에는 품위나 품격이 담겨 있어야 한다. 따라서 말을 유창하게 '잘' 하는 것보다 '올바르게' 하려는 노력이 필요하다. 특히 정치 분야의 리더들은 더욱 반듯하고 신중한 언어행위를 해야 한다. 그들의 말 한 마디가 때로는 사회의 안정과 국가 운명을 좌우할 정도로 영향력이 크기 때문이다.

참고문헌

James Legge(1892), The Four Books(論語 大學 中庸 孟子), 皇家圖書有限公司, 台北.

대양서적(1972), 순자 · 한비자, 세계사상대전집 5.

대양서적(1972), 열자 · 관자, 세계사상대전집 21.

이가원 감수(1977), 신석 논어, 홍신문화사.

이동환 역(1979), 명심보감, 현암신서 6, 현암사.

안광제 역주(1983), 채근담, 동아문예.

이응백(1988), 개화기 이전의 언어생활 교육에 관한 연구, 속 국어교육사연구, 신구문화사.

최근덕(1990), 논어인간학, 열화당.

박일봉 역저(1992), 대학 · 중용, 동양고전신서 3, 육문사.

이덕무 · 김종권 역(1993), 사소절(士小節), 명문당.

김상대(1997), 동양 언어관의 특성, 국어교육 95, 한국국어교육연구회.

김상대(1998), 언어의 진실성에 대하여, 국어교육연구 제5집, 서울대국어교육연구소.

김태훈(1999), 덕 교육론, 양서원.

박경현(1999), 군자의 언어생활에 대한 고찰, 경대 논문집 19집, 경찰대학.

박경현(2000), 리더의 화법, 삼영사.

이창덕 · 임칠성 · 심영택 · 원진숙(2000), 삶과 화법, 박이정.

이주행(2002), 공자와 그의 제자들의 화법관에 대한 연구, 화법연구 4, 한국화법학회.

김상대 교수 정년퇴임 기념 논총 간행위원회(2003). 언어와 진실, 국학자료원.

박경현(2003), 군자의 화법, 언어와 진실, 국학자료원.

김상대 · 성낙희(2003), 동양 고전의 이해, 국학자료원.

최현섭(2004), 상생화용론서설, 국어교육 113호, 한국국어교육연구학회.

박경현, 수연칼럼〔말 잘 듣는 경찰(2000.04), 정겨운 사투리 정갈한 표준어(2000.05), '친절' 이 개혁의 열쇠(2000.06), 거짓말공화국(2000.07), 마음을 열어야 생각이 바뀐다 (2000.09), 욕설과 상소리의 심리(2000.10), 언어예절(2001.02), 은근한 꾸짖음 (2001.03), 칭찬의 고품격 문화(2001.04), 충성의 뜻매김(2001.06), 군자와 소인 (2001.07), 나는 리더인가 보스인가(2001.08), 이런 부하에 그런 상사(2001.09), 눈맞춤의 신비(2001.10), 가장 행복한 사람(2001.11), 떳떳한 상 마땅한 벌(2001. 12), 법 밑에서 법 몰라서야(2002.02), 이름을 남기고 싶거든(2002.03), 사라져 가 는 직장 예의(2002.04), 나는 도덕적인가 아닌가(2002.06), 부하를 설득하려면 (2002.08), 구패(九敗)(2002.11)〕, 수사연구.

제 2 장

최고경영자의 스피치

1. 최고경영자의 조건

1.1 최고경영자의 지위와 역할

어떤 조직이든 각 구성원들은 지위가 있게 마련인데, 구성원들 각각이 그러한 지위에 맞는 역할을 수행할 때, 조직이 원활하게 운영되고 발전한다. 예를 들어 학교라는 조직을 생각해 보자. 학교에는 교장선생님, 교감선생님, 선생님, 학생들이 있고, 이 구성원들은 각각의 지위에 걸맞는 역할이 있다. 교장 선생님은 교장 선생님의 역할이 있고, 선생님은 선생님의 역할이, 학생은 학생의 역할이 있는 것이다. 우리말에 '아무리 나이 먹은 사람이라도 부모 앞에서는 어리광을 피우라'고 한 것은 이러한 역할에 따른 행동을 말한 것이다. 아무리 나이가 많아도 부모에게는 자식인 것이고, 자식의 역할이 있기 때문이다.

그러므로 최고경영자의 역할을 알아보기 전에 최고경영자가 조직에서 어떤 지위인지를 생각해 볼 필요가 있다. 어떤 지위인지에 따라 그러한 지위에 걸맞는 역할이 무엇인지를 말할 수 있기 때문이다.

최고경영자는 영어로 'CEO(Chief Executive Officer)'라고 말한다. 최고경영자(CEO)는 대외적으로 기업을 대표하고 대내적으로 이사회의 결의를 집행하며, 회사 업무에 관한 결정과 집행을 담당하는 등 대표이사와 유사한 지위 또는 권한을 갖는다.

최고경영자의 대내적 지위를 비유적으로 말하자면 조직구성원의 허브(hub)라고 할 수 있다. 기업은 수많은 사람들로 구성된 거대한 네트워크라고 할 수 있는데, 최고경영자는 그 네트워크의 허브와 같은 존재인 것이다. 네트워크의 중심 또는 그 연결체라는 개념으로 광범위하게 사용되고 있는 '허브'라는 개념은 원래 '바퀴의 축'을 지칭한 것이다. 바퀴의 구조를 보면 알겠지만 바퀴의 살들은 중심을 향해 모아져 있다. 그리고 중심에는 그러한 살들을 모으는 축이 있다. 이 중심축이 돌아가면서 바퀴가 회전 운동을 하게 되고, 이 운동에 의해 물체가 움직이는 것이다.

그런데 물체가 잘 움직이기 위해서는 두 가지 조건을 갖추어야 한다. 하나는 바퀴의 축과 살이 잘 맞물려야 한다는 것이고, 다른 하나는 움직이고자 하는 방향을 잘 잡아야 한다는 것이다. 물체가 앞으로 나아가기 위해서는 바퀴의 축이 바퀴살들의 균형을 맞추고 조정해야 할 뿐 아니라 나아갈 방향을 정확히 잡아야 하고, 물체가 넘어지지 않게 중심을 잡아야 하는 것이다. 직원들을 적재적소에 배치하는 일은 바퀴 축이 바퀴살들의 균형을 맞추고 조정하는 것과 같으며, 경영계획을 세우는 일은 바퀴 축의 방향을 잡는 것과 같다고 볼 수 있다.

또한 대외적 지위로 보자면 최고경영자는 전쟁터의 장수와 같은 존재이다. 수많은 기업들이 살아남기 위해 경쟁하는 환경에서 최고경영자는 병사들이 믿고 따르는 장수라고 할 수 있다. 전쟁에서 장수는 전쟁을 이기기 위해 전략을 짜고, 그러한 전략을 실행하게 된다. 하지만 적군은 우리의 예상대로 움직이지 않는다. 예상치 못한 복병을 만날 수도 있고, 그래서

다 이긴 듯한 전쟁에서 질 수도 있다. 그러한 상황에서 병사들의 사기는 땅에 떨어질 수밖에 없을 것이다.

기업 환경도 마찬가지이다. 예상치 못한 일 때문에 오랫동안 투자한 일이 물거품이 될 수도 있고, 경쟁사의 선전으로 상대적으로 뒤처지고 있다는 느낌을 받을 수도 있다. 이러한 상황에서 최고경영자의 역할은 더욱 중요해진다. 최고경영자는 직원들의 떨어진 사기를 북돋워 주고 다시 도전할 수 있는 용기와 힘을 줄 수 있는 사람이 되어야 한다. '사기(士氣)'란 한 방향으로 움직이려는 힘이 있다. 그래서 잘 되어 가고 있을 때는 쉽게 더 나은 방향으로 나아가지만, 힘든 상황에 기(氣)가 빠지면 더 좋지 않은 방향으로 나아가기 쉽다. 최고경영자는 이러한 어려운 상황에서도 좌절하지 않는 태도를 보여야 할 뿐 아니라 다른 방향으로 가고 있는 '기(氣)'의 방향을 바꿀 정도의 힘이 있어야 하는 것이다.

1.2 최고경영자의 자질

1.1.에서 우리는 최고경영자의 역할이 무엇인지에 대해 살펴보았다. 여기서는 이러한 역할을 효과적으로 수행하기 위해서 어떠한 자질이 필요한지를 살펴보겠다.

1) 리더십과 자신감

최고경영자가 갖추어야 할 첫 번째 자질로 리더십을 들 수 있다. '리더십'이란 어떤 능력을 말하는가? 기업의 카운슬러인 벤턴은 리더십이란 '그들이 있는 곳에서 가야만 하는 곳으로 회사와 종업원을 이끄는 것'이라고 말한다. '그들이 있는 곳'이란 현재의 기업 상황을 말하는 것이고, '가야만 하는 곳'이란 기업의 미래 상황을 말한다. 즉 최고경영자는 기업의 현재 상황이라는 현실 인식과 동시에 미래에 대한 비전을 제시하고 기업을 그러한 미래로 이끌어갈 수 있는 리더십이 있어야 한다.

그런데 보통 누군가 리더십이 있다고 말할 때는 사람들을 억지로 끌고 가는 것이 아니라, 스스로 따라 오게 하는 힘을 말한다. 리더십이 있는 사람들이 어떠한 능력이 있기에 사람들이 그들을 따르는 것일까? 경찰과 군인들을 위한 권총용 가죽 케이스와 벨트를 만드는 회사인 비앙카 인터내셔널의 최고경영자였던 존은 어렸을 적에 커피숍에서 점원으로 일한 적이 있는데, 그는 최고경영자들의 특징이 무엇인지 궁금했다. 그래서 자주 오는 최고경영자들의 행동을 관찰했다고 한다. 그가 최고경영자들에게서 찾아낸 공통점은 '자신감'이었다.

자신감은 어떻게 생기는 것일까? 자신감이 생기는 과정을 보자. 어떤 목표를 정해 놓고 그 목표를 성취하기 위해 아마 최선의 노력을 할 것이다. 그리고 그 일을 성공하였다면 아마 자신감이 조금 생길 것이다. 이러한 자신감은 새로운 일을 만났을 때 효력이 나타나게 된다. 예컨대, 새로운 일이 지난번에 해결했던 일보다 더 쉬운 일이라면 쉽게 자신감을 가질 수 있을 것이고, 어렵지 않게 성공할 것이다. 그리고 새로운 일이 지난번 일보다 어려운 일이라면 지난번의 경험을 바탕삼아 더 구체적이고 강도 높은 계획을 세울 것이다. 그리고 만약 두 번째 일을 성공했다면 자신감은 더 높아질 것이다. 물론 계획을 잘못 세우거나, 다른 변수가 생겨 실패할 수도 있다. 그리고 이러한 실패가 반복된다면 자신감이 떨어질 수도 있다. 하지만 자신감이 성공 후에 주어진다는 것을 아는 사람들은 실패하지 않기 위해 더 구체적인 계획을 세우고, 또 실천하게 될 것이다. 중요한 것은 성공도 실패도 새로운 일에 대한 도전 의식, 즉 '할 수 있다'는 자신감 다음에 온다는 것이다.

2) 타인에 대한 배려와 매너

최고경영자가 갖추어야 할 두 번째 자질로 타인에 대한 배려와 매너를 들 수 있다. '배려'란 '도와주거나 보살펴 주는 마음'을 말하며, '매너'란 '배려하는 마음이 표현된 행동'을 말한다. 성공한 사람들은 성공의 필수적인 덕목으로 '성공적인 인간관계'를 꼽는다.

미국 컬럼비아대학 MBA 과정에서 유수 기업 최고경영자들을 상대로 '당신의 성공에 가장 큰 영향을 준 요인이 무엇인가'라고 질문했는데, 응답자의 93%가 '대인관계의 매너'를 꼽았다고 한다. 또한 같은 대학이 최근 벌인 또 다른 조사에서도 최고경영자들 중 85%는 '원만한 인간관계 및 다른 사람과의 공감 능력'을 최고의 성공 요인으로 내세웠다고 한다. 한번 만나면 두 번 만나고 싶고, 누군가에게 그를 안다고 말하고 싶고, 누군가에게 추천하고 싶은 사람들이 있다. 이런 사람들을 우리는 '인간관계'가 좋다고 말한다. 그런데 이런 사람들의 특징은 타인에 대한 배려심과 좋은 매너를 가지고 있다는 점이다.

그렇다면 왜 사람들은 타인을 배려하고, 좋은 매너를 가진 사람을 좋아하는 것일까? 알다시피 배려하는 마음은 상대의 입장에서 생각하는 마음, 즉 역지사지(易地思之)의 마음에서 나온다. 역지사지의 마음은 상대의 입장에서 생각해야 가능하며, 이러한 마음은 그 사람에 대한 관심에서 나온다. 사람은 자신에게 관심을 갖는 사람에게 호감을 느끼기 마련이다. 더구나 나의 입장이 되어 생각하고 대해 주는 사람에게 좋은 감정을 느끼는 것은 너무나 당연한 일이다.

다음에 인용하는 사례는 타인을 배려하는 마음과 좋은 매너에 대한 사람들의 평가가 어떠한지를 잘 보여준다.

같이 근무하다 외국계 회사의 상무로 자리를 옮긴 분이 있다. 어느 날 그 상무님 일행이 프로젝트를 논의하러 우리 회사를 방문했다. 팀장이 급하게 나오더니 내게 '커피 5잔만 가져다 달라'고 했다. '커피 심부름에 너무 예민해지지 말자'고 다짐해지만, 막상 외국인과 내 또래 남자직원까지 앉아 있는 모습을 보니 마음이 복잡해졌다. 그때였다. 상무님께서 모두가 알아들을 수 있도록 영어로 말씀하셨다. "이 분은 A사의 크레디트 애널리스트입니다. 다음 번에는 함께 프로젝트를 진행하게 되겠지요. 고맙게도 우리에게 커피를 가져다 주셨으니 모두 땡큐라고 해 주세요." 썰렁하던 분위기가 순식간에 바뀌면서 모두 내게 고맙다는 인사와 함께 박수까지 쳐 주었다. 상무님이 너무도 고마웠다.

- 주간동아 제 512호, 커버스토리 '매너가 경쟁력이다' -

3) 인재를 알아보는 혜안과 도량

최고경영자가 갖추어야 할 세 번째 자질로 인재를 알아보는 혜안과 도량을 들 수 있다. 기업을 잘 경영하기 위해서는 다양한 방면의 수많은 인재들이 필요하다. 아무리 능력이 뛰어난 최고경영자라 하더라도 혼자서 기업을 운영할 수 없으며, 한 분야에 뛰어난 인재가 다른 분야에서도 뛰어난 능력을 발휘하기도 어렵다. 그래서 인재를 발탁하여 적재적소에 배치하는 일은 최고경영자의 역할 중 매우 중요한 일이다.

또한 최고경영자는 혈연이나 지연, 학연에 의존하거나, 개인적인 감정 등에 좌우되지 않아야 하며, 때로 과거에 자신과 적대관계에 있었던 사람까지도 그의 능력이 필요하다면 수용하고 받아들일 수 있는 있는 넓은 마음이 있어야 한다. 즉, 최고경영자는 사적인 감정과 공적인 이익을 분리할 줄 알아야 하며, 의도적인 것이 아니라면 한 번의 실수쯤은 덮어 줄 수도 있어야 한다. 물론 어떤 실수는 기업에 막대한 손실을 초래할 수 있다. 하지만 능력이 있는 직원이라면 언젠가 기업에 큰 이익을 만들어 줄 것이며, 자신의 실수를 보상하기 위해서라도 더욱 열심히 일할 것이다.

4) 멀리 볼 수 있는 안목

최고경영자는 또한 먼 곳까지 볼 수 있는 안목이 있어야 한다. '안목'이란 '사물을 보고 분별할 수 있는 견식'을 말한다. 즉, 최고경영자는 바로 앞이 아니라, 미래의 상황에 대해서도 분별할 수 있어야 한다.

최고경영자가 멀리 볼 수 있어야 하는 이유는 기업의 장기적인 성장과 관련되기 때문이다. 어떤 일은 단기적으로 기업에 이익을 가져다 줄 수 있지만 장기적으로 보았을 때 기업에 치명적인 손실을 줄 수도 있다. 그리고 어떤 일은 단기적으로 손실을 초래할 수도 있지만 장기적으로 볼 때 그

손실을 상회하고도 남을 만한 큰 이익의 바탕이 될 수도 있다.

녹말 이쑤시개 개발에 성공하여 우량 중소기업으로 떠오른 (주)진그린은 미래를 내다보는 최고경영자의 안목을 잘 보여준 예라고 할 수 있다. (주)진그린은 환경친화제품이라는 미래의 새로운 시장을 만들어 이쑤시개로 하나로 국내 시장에서만 30억원 대의 매출을 올리고 있으며, 해외에서 60억원 가량의 수출계약을 맺는 등 우량기업으로 급성장하고 있다(지호준 2001). 하지만 이 회사가 처음부터 승승장구했던 것은 아니다. 이 제품을 개발할 당시에는 우리나라에 일회용품 규제가 없었기 때문에 1994년에 시작해서 4년여 기간이나 계속되는 연구와 50억원이나 되는 투자는 누가 봐도 무모한 투자처럼 보였을 것이다. 그런데 신사장이 녹말 이쑤시개를 개발하고 생산설비를 갖춘 1999년에 일회용품에 대한 정부의 규제 방침이 발표되었던 것이다. 이러한 결과는 단순한 운이 아니라, 21세기에는 '환경친화적 상품'이 각광받을 것이라는 것을 예측할 수 있었기에 가능한 일이었던 것이다.

5) 국제적 감각과 열린 사고

최고경영자는 또한 국제적인 감각과 다양한 문화를 수용할 수 있는 열린 사고의 소유자여야 한다.

동아일보는 2006년 신년 특집으로 21세기를 이끌어갈 파워엘리트를 선정했는데, 그들은 국제적 감각을 갖추고 있으며, 다양한 가치가 혼합된 유연한 사고를 하며, 자신이 속한 네트워크 안에서 역량을 키워나간다는 공통점이 있었다고 한다. 이 기사를 쓴 사회학자 박길성 교수는 글로벌 스텐다드를 장악하는 엘리트가 세계를 장악하며, 우월한 표준이 곧 권력이라고까지 말하고 있다.

한편, 글로벌 스텐다드 못지않게 중요한 것이 있다. 그것은 문화적 다양성을 수용하고 융합하는 열린 사고이다. 문화마다 어떤 것을 인식하는 기준이 다르기 때문에 자신이 속한 문화의 인식 잣대를 다른 문화에 적용하여 낭패를 보거나 손해를 보는 경우가 많이 발생하곤 한다.

21세기 기업은 더 이상 한 문화권에 속해 있지 않다. 기업은 이제 수많은 나라들과 무역을 하고 있으며, 다국적 기업과 같이 여러 나라에 국적을 두고 기업 활동을 하는 경우도 있다. 특히 다국적 기업의 경우에는 여러 나라에서 현지 종업원들을 채용하기 때문에 다양한 문화에 대한 인식과 적극적인 수용 태도는 이제 간과할 수 있는 중요한 요소가 되고 있다.

다른 문화권 사이의 사람들이 겪는 의사소통의 장애를 통문화적 의사소통(cross-cultural communication) 장애라고 하는데(에드워드 홀 2000), 이러한 장애는 문화간 교류가 많아질수록 높아질 것이고, 그럴수록 이러한 장애를 보다 효율적으로 해소하는 사람들이 국제 사회에서 선호될 것이다. 즉, 교류가 일어나는 두 문화권의 문화를 모두 이해하고 적절하게 대응할 수 있는 사람들이 경쟁력을 확보하게 되는 것이다. 국제변호사나 컨설턴트가 21세기 파워엘리트 직종으로 떠오르는 이유도 이러한 점 때문이다.

6) 의사소통 능력

의사소통능력은 최고경영자가 갖추어야 할 많은 자질 중에서 가장 기본적이고도 중요한 자질이라고 할 수 있다. 성공한 많은 리더들이 뛰어난 의사소통능력을 갖춘 사람들이었다는 점은 리더들의 능력 중 의사소통 능력이 얼마나 중요한지를 잘 보여준다. 링컨, 처칠, 카네기 등이 그 예라고 할 수 있다. 영국 언론은 존 메이저 수상이 재선에 실패한 이유를 당시 야당 후보였던 토니 블레어의 강한 대중적 흡인력 때문이라고 분석했으며, 클린턴이 임기 내내 각종 비리와 여성들과의 염문에도 불구하고 인기가 식을 줄 몰랐던 이유를 대중을 사로잡는 독특한 매력 때문이라고 보기도 한다. 이러한 예는 의사소통능력이 때로 다른 능력을 보완할 정도로 강력한 힘이 되기도 한다는 것을 보여준다.

2. 최고경영자의 의사소통 능력

2.1 최고경영자의 의사소통 능력의 필요성

2005년 3월 31일 KAIST 학생들을 대상으로 한 강연에서 진대제 전 정보통신부 장관은 최고경영자를 뜻하는 CEO의 약자를 이용하여, CEO의 자질은 'C : Clarity, Communication, E : Empower, O : Organize'로 요약할 수 있다고 설명했다. 진대제 씨가 최고경영자(CEO)의 사전적 의미와 달리 이렇게 요약한 것은 최고경영자가 갖추어야 할 자질을 명시적으로 보이기 위해서일 것이다. 의사소통능력은 최고경영자가 갖추어야 할 기본 자질 중 하나인 것이다.

기업은 다양한 개인들로 구성된 거대한 조직이다. 그리고 그 조직이 외부의 변화에 얼마나 유연하게 대처하느냐는 그 조직의 활성화 정도에 달려 있으며, 이러한 활성화는 조직 구성원의 의사소통 정도에 달려 있다. 1.1.에서 언급했듯이 최고경영자는 네트워크의 허브(hub)와 같은 존재이다. 네트워크에서 '연결'이라는 개념은 매우 중요하다. 조직의 의사소통망이 곧 조직의 유연성과 체계성으로 이어지기 때문이다. 최고경영자는 조직의 유연성 및 체계성에 가장 큰 영향을 미치는 사람이라고 할 수 있다.

기업의 성패에 의사소통이 미치는 영향이 얼마나 큰지는 우리나라 기업의 최고경영자들이 종업원들과의 의사소통을 위해 얼마나 노력하고 있는지를 통해서도 알 수 있다.

기업들은 커뮤니케이션을 '혈액 순환', '피돌기'에 비유하며 건강을 챙기고 있다. 큰 병이 없는 줄 알고 약간 불편해도 지나가지만, 쌓이고 쌓여 어느 순간 갑자기 한 곳이 꽉 막히며 순환이 안 되는 경우 큰 문제에 봉착하고 나면 그 치료는 너무 많은 시간과 비용 지불은 물론 어쩌면 건강을 회복하기조차 힘들기 때문이다.　　　　　　　　　　　　　　　　　　　　 -머니투데이, 2005. 2. 22-

효성은 최근 들어 조직 내 커뮤니케이션 활성화를 통해 직원들의 '기 살리기'
에 적극 나서고 있다. 대내외적 경영 환경 악화로 회사가 직면한 위기를 조직
활성화와 목표 공유를 통해 극복해 보자는 복안이다. 이 같은 효성 변화의 중심
에는 이상운 그룹총괄 사장이 있다. ……생산 현장을 직접 둘러보며 현장 근무
자들과 스킨십 경영에 나섰다.

또 지난 3월부터 매월 초 그룹 전 임직원에게 'CEO레터'라는 제목의 e메일
을 직접 보내고 있다. ……그는 특히 임직원들에게 익명으로 답장을 보낼 수 있
도록 해 그들이 갖고 있는 생각을 자유롭게 밝힐 수 있도록 하고 있다.

- 한국경제신문, 2005. 6. 8 -

노사장(LG화학)은 직원들이 침체된 분위기에 있으면 업무처리 능력도 떨어
질 수밖에 없다는 판단에서 각 사업본부별로 직원들의 사기 진작과 즐거운 일
터를 만들기 위한 다양한 활동을 펼치고 있다. ……게시판을 통해 사원들의 목
소리를 수렴하고 이를 직접 CEO가 답변한다. ……팀웍 다지기를 위한 '드림팀
한마당(MDT Making a Dream Team)' 프로그램을 실시하고 있다. 다채로
운 게임과 퀴즈를 통해 팀원간 유대감을 높인다는 취지다. 특히 '너와 나를 알
고'라는 게임은 일상에 마주치면서도 서로 잘 알지 못했던 팀원들 간에 서로를
배워가는 좋은 시간으로 직원들의 호응이 높다.

- 제일경제신문, 2005. 4. 24 -

최근 외국인 CEO 사이에서 한국어 배우기 열풍이 뜨겁다. …… 은행간 치
열한 경쟁에서 이기기 위해서는 직원과의 의사소통이 필수라는 인식이 퍼져서
다. 실제로 일체감을 높이고 적재적소에 인력을 배치하기 위해 불가피한 면이
있다.

- 매일경제신문, 2005. 5. 5 -

정태영 현대카드 사장은 좀 독특한 '취미'가 있다. 휴일에 집 주위의 한적한
카페를 찾는 것, 직원들과 이메일 대화를 하기 위해서다.

- 한국경제신문, 2006. 1. 17 -

 리더와 말 말 말

효과적인 의사소통을 위한 만병통치약이 있는 것은 아니다. 화법도 마찬가지이다. 최고경영자라는 특정한 역할에 어울리는 화법이 있을 뿐이다. 최고경영자의 지위에 어울리는 화법이란 무엇일까?

첫째, 최고경영자는 신중한 사람으로 보이게 말할 필요가 있다. 신중하게 보이기 위해서는 잠시 생각한 후에 말하고, 그러한 상황을 충분히 생각해 보았다는 것을 보일 필요가 있다. 말을 하기 전에 잠시 멈추고 무슨 말을 할 것인지 생각하면 결과를 고려해 볼 시간적 여유를 가질 수 있으며, '생각해 본 것처럼' 말하면 신중한 사람으로 보일 확률이 높다.

둘째, 최고경영자는 말을 할 때 자신이 결정권자이며, 그러한 결정에 책임을 질 의지가 있다는 것을 보이게 말할 필요가 있다. 자신이 결정권자임을 나타내고, 또한 그러한 결정에 대해 책임질 의지가 있다는 것을 보이기 위해서는 단호하게 말하는 것이 좋다. 물론 모든 결정이 옳을 수는 또는 온당할 수는 없다. 중요한 것은 그것이 어떠한 결정이든지 자신의 판단을 믿는다는 것을, 그리고 그 판단에 대한 책임을 지겠다는 의지가 보이게 말하는 것이다. 최고경영자가 스스로 믿지 못하는 일을 종업원들이, 그리고 소비자 또는 투자자들이 믿고 따를 리 없다는 것은 너무나 당연한 일이다.

셋째, 정서적인 공감이 생기도록 말하는 것이 좋다. 정서적으로 공감이 생기도록 말하라는 것은 설득하는 것이 아니라 듣는 사람들이 스스로 공감함으로써 내용에 동의하게 하라는 것이다. 이러한 방법에 가장 효과적인 것은 일화나 우화를 드는 방법이다. 일화나 우화는 스토리 구조로 이루어져 있기 때문에 기억하기 쉽다는 장점이 있으며, 내용을 비유적으로 전달하기 때문에 말하는 사람이 듣는 사람을 직접적으로 설득한다기보다는 듣는 사람이 스스로 판단하여 동조하게 하는 힘이 있다.

'최고경영자(CEO)들의 성공 요인이 무엇이라고 생각하느냐'는 벤튼의 질문에 많은 CEO들은 '적절한 시기에 적절한 지위에 있었기 때문에' 또는

'운과 적절한 시기'라고 대답했지만 레이건은 이렇게 대답했다고 한다.

"성공이란 대문 앞에 서서 기다리는 것과 같다. 어떤 사람은 성공할 수 있는
자질과 자세를 갖추고 있으면서도 기다리고 서 있을 대문을 잘못 선택한다. 대
문이 정확히 3시간 뒤에 열릴 것이라고 생각하고, 3시간 동안 대문 앞에서 기
다린다. 3시간 뒤에 문이 열리지 않으면 어떻게 할까? 떠난다. 그런데 그로부
터 2분 뒤에 문이 열릴 수 있다. 2분만 더 기다리면 문이 열리리라는 걸 누가
미리 알 수 있으랴? 성공이란 적절한 대문을 선택하고, 다음에 그 대문 앞에서
언제까지 기다릴지 판단하는 능력이 합쳐져서 이루어진다. 나는 다행히 적절한
대문을 선택했다. 어떤 사람은 평생 한 대문 앞에서 기다리고 있지만 문은 열리
지 않는다."

말의 길이로만 보자면 '운과 적절한 시기'라는 말이 훨씬 짧다. 그럼에
도 불구하고 왜 벤튼은 레이건을 기억하는 것일까?

일화나 우화를 이용한 말하기는 두 가지 측면에서 효과가 있다. 하나는
'정보의 선별성'이다. 정보가 많을수록 사람들은 정보를 선별적으로 기억
하게 되는데, '특이성'은 선별성에 영향을 줄 수 있다. 레이건은 보통 최고
경영자들이 대답하는 것과 다른 방식으로 대답했다는 점에서 '특이성'을
획득하고 있다. 또한 일화나 우화는 재미가 있는데, 이러한 점 역시 정보
의 선별성에 영향을 미칠 수 있다.

다른 하나는 '기억의 용이성'이다. 우화나 일화들은 이야기 구조로 되어
있어 쉽게 기억된다. 단순한 이야기 구조를 보이는 설화나 민담 등이 기억
에 의존하여 구전된다는 점은 이러한 특성을 잘 보여준다.[1]

---

1) 그런데 이러한 일화나 우화를 이용한 말하기는 장점이 있기도 하지만, 잘못 사용하
면 역효과가 날 수도 있다. 그래서 일화나 우화 등을 이용할 때는 몇 가지 주의해야
할 점이 있다. 하나는 '상황의 적절성'이다. 즉 인용하고자 하는 일화나 우화가 말하
고자 하는 상황을 적절히 비유하는 것이어야 한다. 일화나 우화는 말을 직접적으로
지시한다기보다 상황을 지시하게 된다. 그리고 청자는 일화나 우화의 상황과 말하
는 상황을 비교하여 화자가 하고자 하는 말을 적절하게 해석해 내는 것이다. 그래
서 만약 일화나 우화가 말하고자 하는 상황을 적절하게 비유하지 못하면 청자가 잘

 리더와 말 말 말

넷째, 최고경영자는 말을 할 때 '침묵'을 적절히 활용할 필요가 있다. 사람들은 대체로 최고경영자는 기업의 모든 분야를 잘 안다고 생각한다. 하지만 한 명의 최고경영자가 기업의 모든 분야를 잘 알기는 어렵다. 어떤 것에 대해 잘 알지 못하면 핵심에서 벗어난 말을 할 수가 있다. 그래서 부적절한 예를 들거나 잘못된 숫자를 제시할 수도 있다. 문제는 보통 사람들의 말과 달리 최고경영자의 말은 기업에 대한 평가 자료가 된다는 것이다. 때로 어떠한 사안에 대해 침묵함으로써 전략을 노출시키지 않거나 부정확한 정보를 말하지 않는 방법도 전략이라고 할 수 있다.

3. 최고경영자 스피치의 실제

최고경영자는 매우 다양한 상황에서 말을 하게 된다. 말하기 상황은 분류 기준에 따라 여러 가지 층위로 나뉠 수 있지만 화자와 청자의 수만으로 분류를 하면 크게 두 가지로 나눌 수 있다. 하나는 청자가 여러 사람들인 대중적 말하기 상황이고, 하나는 청자가 특정한 사람인 개인적 말하기 상황이다.[2] 전자를 '대중적 말하기', 후자를 '개인적 말하기'라고 하겠다.

못된 해석을 할 수가 있기 때문에 일화나 우화를 이용할 때는 상황의 적절성이 매우 중요하다. 다른 하나는 '청자의 수준'에 대한 문제이다. 일화나 우화를 이용한 말하기는 화자가 말하고자 하는 내용을 청자가 올바르게 해석할 것이라고 예측하고 하는 것이기 때문에 청자가 그러한 능력이 충분히 있어야 한다.

2) 엄밀하게 하자면 단순히 청자의 수로 구분하기 어렵긴 하다. 실제 상황에서는 한 사람에게 말을 하지만, 주변에 잠재적 청자들이 있을 수 있으며, 연설과 같이 대중을 대상으로 말을 하지만 의도적으로 개인적인 청자라는 느낌이 들게 말을 할 수도 있다. 또한 말하기의 다양한 변수들이 개입될 수 있기 때문에 이러한 분류가 지나치게 단순하게 보일 수 있다. 그럼에도 불구하고 이러한 분류는 말하는 상황을 예측할 수 있고, 그러한 상황에 대해 준비할 수 있다는 장점이 있다.

3.1 최고경영자의 대중적 말하기

대중적 말하기는 설명, 연설, 강연 등과 같이 여러 사람 앞에서 주로 혼자 이야기하는 말하기를 말한다. 이러한 말하기는 말하는 목적이 무엇인가에 따라 설명적 말하기, 설득적 말하기 등으로 나눌 수 있다.

최고경영자의 대중적 말하기 유형은 구체적인 정보를 전달하기보다 기업의 전반적인 경영 전략이나 비전 제시와 같이 큰 틀을 보여주는 말하기가 대부분이다. 그래서 굳이 연설 목적에 따라 분류하자면 설득적 말하기로 분류할 수 있다. 경영전략을 제시하거나 신년사를 하는 이유는 1차적으로 어떤 내용을 전달하는 것이겠지만, 궁극적인 목적은 청자들의 호의적인 태도 변화에 두고 있기 때문이다. 여기서는 설득적 말하기를 중심으로 살펴보겠다.

1) 대중적 말하기의 상황 분석

대중을 대상으로 한 설득적 말하기는 청중의 신념이나 태도, 행동을 변화시키려는 것에 목적이 있다. 따라서 말하기 전에 청중이 어떠한 신념이나 태도를 지니고 있는지, 어떤 행동을 하고 있는지는 물론이고 청중의 이러한 신념, 태도, 행동 등에 영향을 미치는 심리적, 사회 경제적, 문화적 요인들까지 분석해야 한다(이창덕 외).

청중 분석이 끝나면, 말하는 이는 원하는 목적을 효과적으로 달성할 수 있도록 목적을 구체적으로 명확하게 설정해야 한다. 예를 들어 이미 가지고 있는 청중들의 신념을 강화할 것인지, 아니면 그러한 신념을 바꾸게 할 것인지, 새로운 신념이나 태도를 갖게 할 것인지 등을 구체적으로 세워야 한다.

예를 들어 선거 유세 연설을 위한 준비과정을 살펴보자. 만약 청중들이 말하는 이가 소속된 당의 지지 집단이라면 청중들이 지금까지의 신념이나 태도를 바꾸지 않도록, 즉 현재의 신념이나 가치를 '강화'하는 계획을 세워야 하겠지만, 다른 당을 지지하는 집단이라면 지금까지의 신념이 잘못되었음을 설득하여 신념을 바꾸도록 유도해야 할 것이다. 그리고 아직 어떠한 당을 지지할 지 결정하지 못한 집단이라면 자신이 속한 당이 내세운 안이 어떠한 점에서 상대 당이 내세운 안보다 나은지를 설득하여 자신의 당을 선택하도록 해야 할 것이다.

2) 대중적 말하기의 전략

청중을 분석하고 연설의 구체적인 목적을 세웠다면 연사는 구체적으로 어떠한 방법으로 전달할 것인지를 결정해야 한다. 아리스토텔레스는 그의 저서 수사학(修辭學)에서 효과적인 설득 요소로 로고스(logos), 파토스(pathos) 그리고 에토스(ethos)를 들고 있다. 로고스는 논리적 근거를 들어 청자를 설득하는 논리적 설득 방법이며, 파토스는 청자의 감성에 호소하는 설득 방법이다. 그리고 에토스는 화자 자신의 인격이나 권위, 전문성, 신뢰성 등 화자가 갖춘 어떤 능력에 호소하는 방법이다.

그런데 어떠한 설득 방법이 가장 효과적인지는 단순하게 말하기 어렵다. 왜냐하면 설득 방법은 말하기의 여러 가지 변수에 따라 달라질 수 있기 때문이다. 그리고 때로 하나의 설득 방법을 사용하는 것보다 두 가지 이상의 설득 방법을 함께 사용하거나 시차를 두고 사용함으로써 설득의 효과를 배가시킬 수 있다.

1968년 4월 4일 인디아나폴리스의 흑인 거주 지역에서 에드워드 케네디(J.F. 케네디 대통령의 동생)의 연설은 이러한 변수와 설득 방법의 관계를 잘 보여준다. 그 때의 상황은 이렇다. 케네디가 연설하기로 한 몇 시간 전에 흑인 인권지도자인 마틴 루터 킹 목사가 백인에 의해 살해당한 사건이 발생한다. 당시 케네디의 연설을 듣기 위해 기다리던 사람들은 대부분 흑인이었으며, 킹 목사의 죽음 소식을 들은 청중들의 상황은 금방이라도 폭동이 일어날 것 같은 분위기였다. 사람들은 케네디에게 연설을 취소해야 한다고 권유하였다. 하지만 케네디는 다음과 같은 짧은 연설로 폭풍 전야와 같은 청중들의 감정을 잠재웠다.

흑인 여러분은 이런 억울한 사태에 대해 백인에 대한 분노가 들끓기 시작하고 있습니다. 저는 여러분에게 이 한마디만은 꼭 말씀드릴 수 있습니다. 나도 여러분과 똑 같은 감정을 느끼고 있는 것입니다. 제 가족도 암살을 당했습니다. 암살범은 백인이었습니다.

케네디는 논리적 설득 방법과 감성적 설득 방법을 절묘하게 사용하고 있다. 예컨대, 이 연설문은 '동일한 상황에 처한 사람은 동일한 감정을 느낀다. 나도 여러분과 동일한 상황에 처해 본 적이 있다. 그래서 여러분의 마음을 안다'라는 논리 구조를 이용하고 있으며, 또한 동시에 흑인 청중들이 느끼고 있을 감정과 똑 같은 감정을 느껴본 적이 있다는 점을 들어 청중들의 감성에도 호소하고 있는 것이다.

케네디는 갑자기 변한 연설 상황(킹 목사의 죽음으로 인해 감정적으로 격해 있는 청중)을 고려하여, 연설의 시작 내용을 바꾸었던 것이다. 감정이 격해질 대로 격해진 청중들을 상대로 '여러분 진정 하십시오'와 같은 말로 연설을 시작했더라면 상황이 어떠했을지는 짐작하고도 남을 일이다.

3) 대중적 말하기의 실제

최고경영자의 대중적 말하기 유형 중 대표적인 것은 '신년사'를 들 수 있다. '신년사'의 사전적 의미는 '새해를 맞이하여 하는 공식적인 인사말'로, 보통 기업의 장(長)인 회장·사장 또는 최고경영자(CEO)가 하게 된다.

신년사는 대체로 새해 인사와 지난해에 대한 평가 그리고 새해에 대한 계획 및 당부의 내용으로 구성되어 있다.[3] 즉 일정한 틀이 있다는 것이다. 신년사는 해마다 하는 것이기 때문에 일정한 틀이 있는 것이 효과적일 수

---

3) 〔부록〕에 국내 기업 두 곳의 회장 신년사 전문을 실었다. 내용은 길지만 이러한 구성으로 되어 있음을 알 수 있다.

있다. 사람들이 일정한 틀을 만드는 것은 인지적 스트레스를 덜기 위한 전략이다. 반복적으로 일어난 일들을 처리할 때, 처리에 관한 일정한 절차를 정해 놓으면 정보를 좀 더 용이하게 수용할 수 있기 때문이다.

하지만 정보의 습득에서 적당한 인지적 스트레스는 필요조건이기도 하다. 일정한 틀 속에 내용마저 변화 없이 일정하다면, 또는 변화가 있다 하더라도 변화를 인지하지 못할 정도로 유사하다면 사람들을 그 차이를 인식하지 못하게 된다. 그래서 신년사와 같이 일정한 틀이 있는 연설의 경우에는 상대적으로 내용이 새로워야 한다.

아래에 제시한 글은 국내 몇몇 기업들의 신년사 도입 부분이다. 이 신년사들은 크게 '도입-전개-결말'로 구성되어 있는데, 대체로 도입은 새해 인사로 이루어지며, 전개 부분은 지난해에 대한 평가와 신년 계획으로, 결말은 신년 계획에 대한 당부와 끝인사로 이루어져 있다.

[A 그룹 2006년 신년사]
○○가족 여러분!
2006년의 새 아침이 밝았습니다.
희망찬 새해를 맞아 임직원 여러분과 여러분의 가정에 행복이 가득하기를 바랍니다. 또한 지난 한 해 세계 곳곳에서 글로벌 경쟁력 강화에 온 힘을 다해 주신 임직원 여러분에게 감사드립니다.

[A 그룹 2005년 신년사]
○○가족 여러분!
밝은 새 아침과 함께 2005년이 시작되었습니다.
희망찬 새해를 맞아 국내외 임직원 여러분과 여러분의 가족에 행복이 가득하기를 바랍니다.
그리고 지난 한해 세계 시장 곳곳에서 글로벌 ○○의 뿌리를 내리고 그룹의 경쟁력 강화에 최선을 다해 주신 임직원 여러분에게 감사드립니다.

[B 그룹 2005년 신년사]

사랑하는 ○○가족 여러분!

2006년 병술년의 새 아침이 밝았습니다. 희망찬 새해를 맞아 우리 ○○가족 여러분과 여러분들의 가정에 건강과 행복이 가득하길 기원합니다. 그리고 ○○ 그룹의 미래비전을 전 계열사에 뿌리내리고 그룹의 성장발판을 마련하는데 최선을 다해주신 모든 ○○가족 여러분께 진심으로 감사드립니다.

[C 그룹 2004년 신년사]

친애하는 ○○○○ 임직원 여러분!

2004년 갑신년(甲申年) 새 아침이 밝았습니다.

올해도 임직원 여러분과 여러분의 가정에 건강과 행복이 가득하기를 기원합니다.

[C 그룹 2006년 신년사]

친애하는 임직원 여러분, 2006년 병술년 새해가 밝았습니다. 새해에도 여러분과 여러분의 가정에 건강과 행운이 가득하시기를 기원합니다.

사람들은 이미 알고 있는 정보를 들으면 집중하지 않는다. '병술년'이니 '새해가 밝았습니다'와 같은 말은 자기 회사의 신년사가 아니더라도 이미 많이 들었을 것이다. 신년사를 시작하자마자 어떤 내용이겠거니 한다면 그 신년사는 실패했다고 봐도 과언이 아니다. 늘 반복되는 새해, 반복되는 내용이라면 누가 관심을 갖겠는가?

대중 연설의 달인이라 칭해지는 카네기는 성공적인 대중 연설을 위해서는 첫머리에서 대중을 사로잡아야 한다고 말한다. 사실 이 말은 카네기를 인용하지 않더라도 대중 연설에 관한 수많은 저서 속에서 쉽게 볼 수 있는 내용이다. 하지만 위의 신년사들은 첫머리에서 대중을 사로잡았다고 보기는 어렵다.

인생이란……

여러분! 인생이란 공중에서 5개의 공으로 져글링하는 게임이라고 상상해 보
십시오.

위 예문은 네티즌들 사이에 좋은 신년사라고 알려져 여기저기 돌아다니
고 있는 모 다국적기업의 2000년 신년사 시작 부분이다. 이 신년사는 위
에서 예로 든 우리나라의 전형적인 신년사와는 매우 다르다.[4] 직원들은
자기 회사의 최고경영자가 이러한 내용으로 신년사를 시작한다면, '무슨
말을 하려고 하지?', '5개의 공은 뭔가?', '왠 져글링 이야기?' 등 수많은
상상을 하며 연설 내용에 귀를 쫑긋 세울 것이다.

각각의 공들은 일, 가족, 건강, 친구, 그리고 신념이라고 불리는 것입니다.
여러분은 그 모든 공들을 공중에서 떨어뜨리지 않고 있습니다. 당신은 그 중 일
이라는 공이 고무공이라는 것을 곧 알게 될 것입니다. 만약 당신이 그 공, 즉
일이라는 공을 떨어뜨리면 바로 튀어 오를 것입니다. 그러나 나머지 공들, 즉
가족, 건강, 친구, 그리고 자신의 가치관이나 믿음이라는 공은 유리로 되어 있
다는 것 또한 알게 될 것입니다. 만일 당신이 그 중 하나라도 떨어뜨리면 돌이
킬 수 없게 망가지거나 망가지지 않더라도 자국이 남을 것이고 심한 경우에는
산산조각이 나 버릴 것입니다. 그 공들은 절대로 떨어지기 전과 동일하게 될 수
는 없을 것입니다. 당신은 이러한 사실을 깨달아야 하고, 그래서 인생에서 이
다섯 개의 공들이 서로 균형을 유지하도록 노력해야 합니다.

이 연설의 또 다른 미덕은 '다음 내용이 무엇일까?'라는 궁금증을 계속
갖게 한다는 것이다. 위의 인용 내용에서 두 번째, 세 번째 문장까지 들었
을 때, 사람들은 회사의 신년사이니 다섯 개의 공들 중에서 가장 중요한

---

4) 신년사라고 밝히지 않으면 어느 곳에나 어울릴 수 있는 연설이긴 하다. 신년사이든
   일반인을 상대로 한 대중 연설이든 중요한 것은 청중들이 들어야 한다는 것이다.
   어떤 연설이 아무리 좋은 내용으로 구성되어 있다 해도 그 내용을 청중들이 듣지
   않는다면 소용이 없기 때문이다.

것이 '일'이라고 하겠거니 생각할 것이다. 하지만 그 다음 문장을 들으면 자신들이 '섣부른 판단'을 했음을 알게 된다. 다음 문장에서 최고경영자는 나머지 다섯 개는 떨어지면 산산 조각이 날 수 있는 유리공이라고 말하고 있는 것이다. 여기까지 듣게 되면 사람들은 이 연설에서 정말 하고 싶은 말이 무엇인지를 알기 위해 끝까지 집중하게 될 것이다.

아무리 좋은 형식에 좋은 내용을 담아도 청중들이 듣지 않는다면 의미가 없다. 문화적인 차이가 있겠지만, 어쨌든 이 연설은 우선 청중들의 시선을 잡는 데 성공했다고 볼 수 있다. 특히 신년사와 같이 의례적인 틀이 있는 경우에는 내용이 새롭거나, 형식적인 틀에 변화를 줄 필요가 있다.

아래 내용은 한국을 대표하는 대기업 중 하나인 A그룹 직원들 사이에 전해져 오는 우화이다.[5]

바다거북은 산란기가 되면 바닷가로 올라와 500개에서 많게는 1천 개에 이르는 알을 낳는다. 어미 거북은 먼저 모래 속 깊이 구덩이를 판 다음 100개 정도의 알을 무더기로 낳은 후 모래를 끌어 모아 그 위를 덮는다. 이런 식으로 10여 차례에 걸쳐 알을 낳는다. 그런데 이렇게 무더기로 낳은 알에서 부화한 새끼거북들은 어떻게 모래웅덩이를 빠져 나올까. 100마리나 되는 새끼들이 뒤엉킨 상태에서 과연 그 좁은 구덩이를 빠져 나올 수 있을까. 동물학자들이 관찰한 결과 새끼거북들은 역할분담과 협력을 통해 빠져 나온다는 것이 밝혀졌다. 구덩이에서 막 깨어난 새끼들 중 꼭대기에 있는 녀석들은 천장을 파내고, 가운데에 있는 것들은 벽을 허물고, 밑에 있는 새끼들은 떨어지는 모래를 밟아 다지면서 다 함께 모래 밖으로 기어 나오더라는 것이다. 또 실험하면서 알을 한 개씩 묻어 놓았더니 27%, 두 개씩 묻어 놓았을 때에는 84%, 네 개 이상을 묻어 놓으면 거의 100%가 알에서 깨 구덩이 밖으로 탈출했다고 한다. 이처럼 새끼거북들은 협력을 통해 구덩이에서 탈출하는 데 성공한다.

이 우화에 이어지는 후반부 내용은 다음과 같다.

---

5) 이 내용은 그 그룹 홈페이지에서 가져온 것이다.

오늘날 세계의 흐름 역시 반목과 대립에서 벗어나 경쟁자에게도 내 것을 주고 협력함으로써 더 큰 것을 얻는 방향으로 가고 있다. 그러나 국내 사정을 돌아보면 우리는 아직도 좁은 테두리의 소모적 상쟁(相爭)에서 벗어나지 못하고 있다. 파이를 키우기보다 얼마 되지도 않는 파이를 나누는 데 귀중한 시간과 정력을 소비하고 있다. 원래 나눌 몫이 적다 보면 피를 나눈 가족 간에도 이기적인 갈등과 대립이 생기게 마련이다. 아직 우리는 파이를 더 크게 키우는 일에 힘을 쏟아야 하는 단계에 있다.

대승적 차원에서 서로 양보하고 화합하는 상생의 길이 장래 더 큰 몫을 가져다 주는 지름길이 될 것이다.

후반부 내용은 좋은 내용이지만 한번쯤 들어 보았음직한 평이한 내용이다. 만약 이러한 내용만으로 연설을 했다면 오랫동안 직원들에게 구전으로 전해오지는 않았을 것이다. 즉, 이 강연은 평이한 내용을 우화를 이용함으로써 전달 효과를 높인 좋은 예라고 할 수 있다.

3.2 최고경영자의 개인적 말하기

개인적 말하기 즉, 대화는 상대방과 마주하고 이야기하는 것을 포괄적으로 말한다. 이 유형은 다양한 말하기 유형 중 가장 높은 비율을 차지하는 말하기 방식인데, 대화 상황의 격식성 유무에 따라 크게 두 가지 유형으로 구분할 수 있다. 하나는 여러 사람들이 비공식적으로 만나서 시사 문제나 취미에 관해 주고받는 담소, 환담, 담화 등 일상대화이다. 다른 하나는 방송 대담, 회견, 면담, 면접 등 공식대화이다(이창덕 외). 여기서는 공식, 비공식 상황에 대한 구분 없이 직원들과의 일상적인 말하기를 중심으로 살펴보겠다.

직원들과 대화는 조직의 의사소통 활성화 수단으로 매우 중요한 요소이다. 특히 기업의 말초 신경이라고 할 수 있는 직원들의 의견을 수렴하는 일은 이제 기업 경영에서 매우 중요한 전략으로 떠오르고 있다. 그리고

2.1.에서 살펴보았듯이 이러한 사실을 최고경영자들이 충분히 인식하고 있는 듯하다. 하지만 일상적 대화는 업무적인 보고나 지시와 달리 상대에 대해 어느 정도의 친밀감이나 신뢰가 형성되지 않고는 쉽게 이루어지지 않기 때문에 그리 쉬운 일은 아니다. 여기서는 어떻게 하면 직원들의 친밀감과 신뢰를 얻을 수 있는지를 중심으로 살펴보겠다.

1) 최고경영자의 유형과 선호도

국내 대기업 직원이 가장 선호하는 최고경영자(CEO)는 어떠한 유형일까? 경영전문지 월간 CEO가 국내 100대 기업 직원을 대상으로 한 조사에 따르면 직원들은 똑똑하면서 가슴이 따뜻한 '똑따형(52.6%)'의 CEO를 가장 선호하는 것으로 나타났다(서울신문 2005. 12. 28).

이 조사 결과는 직원들이 똑똑하지만 따뜻한 최고경영자(CEO)를 좋아한다는 것을 보여준다. 필자가 '똑똑하지만 따뜻한 사람'이라고 쓴 이유는 사람들이 대체로 '똑똑함'과 '따뜻함'이 공존하기 힘들다고 생각하는 것을 보이기 위해서다. 우리는 지성은 차가운 것이라고 말하곤 한다. 실제로 똑똑하면 차가워 보일 확률이 높고, 따뜻하게 대하면 똑똑함은 가려질 수 있다. 선호하는 최고경영자의 유형과는 다르게 실제 최고경영자의 유형이 '똑부형(84.2%)'이라는 것이 이러한 사실을 잘 말해 준다. 또한 자기 회사의 최고경영자가 '똑부형(84.2%)'이라고 응답한 직원이 대부분인 반면, 선호하는 최고경영자의 유형은 '똑따형(52.6%)'으로 나타난 것으로 보아, 최고경영자의 선호도에 가장 큰 영향을 미친 요소가 '따뜻함'이라는 것을 알 수 있다.[6]

그러면 사람들은 어떠한 사람에게 따뜻함을 느끼는 것일까? 누군가를

---

[6] '똑똑함'은 업무에 대한 평가이고, '따뜻함'은 인간성에 대한 평가일 것이다. 대체로 사람들은 CEO는 당연히 똑똑하다고 생각하는 경향이 있기 때문에 '똑똑함'이 '따뜻함'에 비해 상대적으로 낮게 나타난 것으로 보인다. 흥미로운 것은 똑똑하면서도 부지런한 '똑부형(21.1%)'보다는 똑똑하면서도 게으른 '똑게형(26.3%)'의 CEO를 더 좋아한다고 대답한 것이다.

따뜻하게 느낀다는 것은 그 사람과 인간적인 친밀감이 생겼다는 것을 의미한다. 그러므로 먼저 직원들이 최고경영자에게 친밀한 느낌이 들게 하는 것이 중요하다.

2) 관계 형성과 친밀감

어떻게 하면 직원들이 최고경영자에게 친밀한 감정을 느낄까? 심리학에서는 사람을 움직이는 힘을 다섯 가지로 분류하고 있다. 첫째는 보수 파워이다. 상사가 부하를 평가하고 승진에 영향을 줄 수 있는 파워, 교수가 학생에게 성적을 주는 파워 등과 같이 사회적, 금전적 보수에 의한 파워가 여기에 해당한다. 둘째는 강제 파워이다. 상사의 말을 따르지 않거나 어떤 일을 실패했을 때 부하가 싫어하는 일을 시키거나, 좌천시키는 등의 벌을 줄 수 있는 파워이다. 셋째는 권리 파워이다. 약속과 계약으로써 상대에 대한 권리를 행사하는 파워이다. 야근이나 휴일 근무와 같이 상사의 힘으로 부하의 의지와 상관없는 일을 시킬 수 파워이다. 넷째는 전문 파워이다. 이는 전문 지식이 뒷받침된 권위가 가져다주는 파워이다. 어떤 일에 대해 누구에게도 지지 않을 경험·지식·기술을 가지고 있고, 주위 사람들에게 정보와 어드바이스를 제공함으로써 간접적인 형태로 영향을 주는 파워이다. 다섯째는 관계 파워이다. 상대에게 호감을 사서 자신처럼 되고 싶다는 생각이 들게 만드는 파워로 상사의 일 처리와 인간성 등, 부하의 존경을 받음으로써 생기는 파워이다.

이러한 파워 중 보수 파워, 강제 파워, 권리 파워는 특정한 지위에 따르는 파워라고 할 수 있다. 즉 특정한 자리에 있으면 누구나 가질 수 있는 파워이다. 그래서 이러한 파워는 다분히 강제적이다. 그리고 네 번째 파워인 전문 파워도 최고경영자라면 누구나 갖고 있는 파워라고 할 수 있다. 왜냐하면 최고경영자는 이미 최소한 하나의 분야에서 전문가인 사람만이 갈 수 있는 자리이며, 설사 없다하더라도 사람들은 그러한 능력이 있다고 믿고 있기 때문이다. 이 중에서 진정한 리더가 가져야 할 파워는 '관계 파워’라고 할 수 있다. ‘관계 파워’가 형성되면 ‘그를 위해서라면 어떤 일이든 하겠어’라는 마음이 들게 된다(토미시 켄이치 2003).

어떻게 하면 ‘관계 파워’를 만들 수 있을까? 심리학자 토미시 켄이치(2003)는 부하와 상사 사이에 관계 파워를 구축하는 방법으로 ‘자기 개시’를 권한다. 자기 개시란 자신의 경력·고민·가족 등 사적인 정보를 부정적인 면도 포함하여 상대에게 전하는 의사소통 방법을 말한다. 쉽게 말해 자기 개시란 말 그대로 ‘있는 그대로의 자기를 열어 보이는 것’이다. 누구나 다른 사람에게는 말하고 싶지 않은 개인적인 부분이 있게 마련이다. 더구나 그 상대가 나보다 우월하다는 생각이 들 때에는 더더욱 그렇다. 그리고 이러한 부분은 어느 정도의 사적인 친밀감이 생기지 않으면 좀처럼 드러내지 않는다.

그렇다면 ‘자기 개시’는 누가 먼저 해야 하는가? 자기 개시는 힘의 균형 관계에서 우월한 사람이 했을 때 의미가 있다. 상사와 부하의 관계에서 권력은 당연히 상사가 더 많이 가지고 있다. 그래서 자기 개시는 ‘상사’가 먼저 하는 것이 좋다. 상사의 자기 개시를 듣는 부하는 대체로 자신도 자기 개시를 하게 된다.

자기 개시는 내가 당신을 좋아하고, 믿고 있다는 것을 보여주는 행위이다. 호감은 상호적이기 때문에 누군가 나를 좋아한다는 것을 알면 나도 좋아하게 되어 있다. 그것도 자신보다 권력을 많이 가진 사람이 보인 호감의 위력은 매우 크다. 상사가 자기에게 실패했던 경험이나 가족사와 같은 개인적인 이야기를 하게 되면 이를 듣는 부하는 “이런 것까지 나에게 숨기지 않고 이야기 해 주시다니. 과장님은 나를 신뢰하고 있어”라고 느끼며 “이렇게까지 사적인 얘기를 해준 사람이 나에게 나쁜 일을 할 리는 없어”라고 생각하게 될 것이다(토미시 켄이치 2003).

자기 개시를 할 때는 ‘내’가 ‘너’에게 말하는 느낌이 들게 말하는 것이 좋다. 자기 개시는 사적 관계로 들어 갈 때 하는 노크와 같은 것이기 때문에 상사로서, 최고경영자로서가 아니라, 한 인간이 한 인간에게 다가가는 느낌이 들게 말할 때 효과가 더 좋다.

3) 거리감 조정과 관계 설정

최고경영자는 적당한 권위가 느껴지게 말하는 것이 좋다. 인간관계에서 친밀한 감정이 아무리 중요하다 해도 최고경영자와 직원의 관계는 상사와 부하의 관계이다. 즉 아무리 친밀해져도 최고경영자와 직원과의 관계가 친구일 수는 없다는 것이다. 친구가 된다는 것은 동등하게 되었다는 것인데, 최고경영자와 직원 사이에 '관계 파워'를 만들라는 것은 인간적인 면에서 동등할 수 있음을 보이라는 것이지 동등하다는 것을 의미하는 것은 아니다. 그래서 최고경영자는 친밀함이 느껴지도록 말해야 하지만 동시에 말에 그 지위에 맞는 '권위'가 실려 있어야 한다.

권위란 '남을 지휘하거나 통솔하여 따르게 하는 힘'이다. 그래서 누군가를 통솔해야 하는 자리에 있는 사람에게 권위란 너무 넘쳐도 안 되지만, 너무 없어서도 안 된다. 리더에게 권위는 일종의 필요악과 같은 것이다.

그런데 권위는 자신이 만드는 것이 아니라, 타인이 인정하는 것이다. 그래서 직원들이 상사의 권위를 인정하지 않는다는 것은 상사로써 인정하지 않겠다는 것과 같다. 권위를 표면적으로 드러내지 않고도 통솔할 수 있는 것이 진정한 리더이겠지만, 어떠한 상황에서는 자신의 권위를 의도적으로 드러낼 필요가 있다. 가장 좋은 방법은 사적인 면에서 '친밀함'을 느끼게 하면서도, 공적인 면에서 '권위'를 인정하게 하는 것이다. 그러기 위해서는 친밀할 때와 권위를 보일 때를 구별해야 할 것이고, 그러한 구별에 일관성이 있어서 직원들이 그러한 기준을 알아차리게 해야 한다.

거리감을 조정하는 문제와 관련하여 최고경영자가 신경 써야 할 또 다른 문제는 대화 상대와의 관계 설정에 관한 문제이다. 사람과 사람의 관계는 하나의 관계만이 있는 것이 아니기 때문에 어떠한 상황에서 어떠한 관계를 설정해야 하는지를 결정하는 문제는 쉽지 않다.

　더구나 사람은 자기중심적으로 생각하기 쉽기 때문에 상대가 생각하는 관계와 내가 생각하는 관계가 늘 일치하는 것은 아니다. 대화에서 관계 설정이 중요한 이유는 이 관계 설정이 제대로 되지 않으면 오해와 갈등이 생기게 되며, 오해와 갈등은 의사소통의 장애 요소가 되기 때문이다.

　학교 선후배이면서 직장의 상사와 부하 사이인 사람들을 생각해 보자. 후배는 선배라고 생각하고 다른 부하직원과 다르게 대해주길 바랄 수 있다. 하지만 상사는 후배이기 전에 부하직원이라고 생각하고 다른 부하직원들과 동등하게 대해줄 수 있다. 물론 어떤 상황이 공적인 상황인지 사적인 상황인지를 구분하는 것이 좋을 것이다. 하지만 실제로는 어떤 상황이 공적 상황인지 사적 상황인지를 구분하는 것이 쉽지 않을 뿐 아니라, 구분한다 해도 구분에 대한 기준은 두 사람이 다를 수 있기 때문에 여전히 쉬운 문제는 아니다.

참고문헌

나은미(2001), '광고 담론의 이데올로기 표현 방식', 한국화법학회.

박경현(2002), 리더의 화법, 삼영사.

안은표(2005), 나의 가치를 높여주는 화술, 시아출판사.

안철수(2004), 지금 우리에게 필요한 것은, 김영사.

이석주(2000), '신체 언어와 의사 전달', 국어교육 101, 한국국어교육연구회.

이응백·이주행(1992), 말을 어떻게 할 것인가, 현대문학사.

이은희(2003), '상사와 부하의 대화법', 화법 연구 6, 한국화법학회.

이창덕 외(2000), 삶과 화법, 박이정.

신유근(1996), '한국기업 최고경영자의 행동특성과 리더십 스타일-성공기업 및 실패기업을 대
　　　상으로 -', 인사조직연구 4권 2호.

지호준(2001), 알기 쉽게 배우는 21세기 경영학, 범문사.

정광호 편(2005), 위기 때 열어보는 지혜주머니 CEO 경영우언, 매일경제신문사.

데브라 벤튼/강혜정 옮김(2003), 리더를 만드는 카리스마, 달과 소

데일카네기 지음/홍석표 옮김(2003), 성공·화술을 겨냥하라, 솔로몬북.

로버트 치알디니 지음/이현우 옮김(2002), 설득의 심리학, 21세기북스.

리처드 도위스 지음/허경호 옮김(2002), 스피치에 강한 리더가 성공한다, 삼진기획.

버튼 & 딤블비 지음/이주행 외 옮김(2005), 인간 관계와 의사 소통, 한국문화사.

에드워드 홀/최묘선 옮김(2000), 침묵의 언어, 한길사.

에드워드 홀/최묘선 옮김(2000), 문화를 넘어서, 한길사.

오오마 토모미치 지음/국제금융센터·윤민호 옮김(2003), 유머도 글로벌 스탠다드로, 매일경
　　　제신문사.

제임스 C. 흄스 지음/이채진 옮김(2003), 링컨처럼 서서 처칠처럼 말하라, 시아출판사.

토미시게 겐이치 지음/이윤미 옮김(2003), 뛰어난 리더는 심리학으로 사람을 움직인다, 가산
　　　출판사.

피터 어스 벤터·로버트 A. 드레즈 지음/김효명 옮김(2001), 말 잘하는 사람 말 못 하는 사람,
　　　아이디북.

A. L. 바라바시 지음/강병남·김기훈 옮김(2002), 링크, 동아시아.

Benton, D.A.(1996), How to Think Like a CEO The 22 Vital Traits You Need to
　　　Be the Person at the Top, Warner Business Books.

D. A. 벤턴 지음/이순주 옮김(2002), CEO 정상의 법칙, 세종서적.

주간동아 제 512호(2005. 11. 29), 커버스토리 '매너가 경쟁력이다'.

[부 록]

(1)

○○가족 여러분! 2006년의 새 아침이 밝았습니다. 희망찬 새해를 맞아 임직원 여러분과 여러분의 가정에 행복이 가득하기를 바랍니다. 또한 지난 한 해 세계 곳곳에서 글로벌 경쟁력 강화에 온 힘을 다해 주신 임직원 여러분에게 감사드립니다.

세계적인 경제 불안과 혼란 속에서도 사상 최대의 경영 성과를 거두었습니다. 이제 세계 일류 기업들과 어깨를 나란히 할 수 있게 된 것입니다. 그러나 우리의 꿈은 여기에 머물 수 없습니다. 세계 초일류 기업, 세계 시장을 리드하는 영원한 기업 ○○, 이것이 바로 우리가 이루어야 할 진정한 미래인 것입니다. 나라 전체적으로는 새 시대로 가는 전환기의 변화 속에서 제몫 찾기의 진통을 겪었고, 계층과 세대를 아우르는 관용과 화합이 아쉬운 한 해였습니다. 우리 역시 치열한 국제 경쟁에서 살아남기 위해 그동안 앞만 보고 달려오면서 이웃 사회와 함께 상생의 길을 걷는 데 소홀하지는 않았는지 돌이켜 보아야 할 것입니다.

임직원 여러분! 올 한해 우리는 앞으로 나아가느냐, 뒤로 처지느냐 하는 분수령에 서 있습니다. 21세기에 들어와 가속화된 디지털의 발전과 인터넷의 확산은 사회 전반을 송두리째 바꿔 놓고 있습니다. 이러한 흐름은 날로 빨라지고 있으며 산업의 벽, 시장의 벽을 무너뜨리고 심지어 그 구조마저 뒤바꾸고 있습니다. 기업은 물론 개인이나 국가, 누구든 이 변화의 물결에서 뒤처지면 오그라들거나 힘없이 사라지는 시대가 된 것입니다. 우리 ○○은 오랫동안 선진기업들을 뒤쫓아 왔으나 이제는 쫓기는 입장에 서 있습니다. 아직 가야할 길이 멀고 넘어야 할 산이 많은데도 세계의 경쟁자들은 힘을 합쳐 우리를 견제하고 있으며, 그 움직임은 앞으로 더 거세질 것입니다. 이제 우리는 앞선 자를 뒤따르던 쉬운 길에서 벗어나 새로운 길을 개척하는 선두에 서서 험난한 여정을 걸어야 할 운명입니다.

○○가족 여러분! 우리의 미래는 분명합니다. 어떠한 어려움에도 흔들리지 않고 세계 시장을 리드하는 기업, 도전과 창조의 정신으로 가득한 일터, ○○가족 모두의 꿈과 희망이 실현되는 터전, 이것이 바로 우리가 꿈꾸는 모습이자 반드시 이루어야 할 미래인 것입니다. 지금부터 미래를 준비하고 도전해 나갑시다. 과거의 성공에 도취하고 현재의 편안함에만 안주한다면 정상의 자리는 남의 몫으로 넘어 갈 것입니다. 부가가치가 낮은 분야는 과감히 버리고, 기술적으로 더 고도화되고 가치가 높은 분야를 향해 끊임없이 경쟁력을 높여 나갈 때만이 정상은 우리의

몫이 될 것입니다.

창의력은 혁신의 씨앗이자 성장의 원동력입니다. 창조적 인재를 더 많이 키워 미래를 대비하는 한편, 실패를 두려워하지 않는 풍토를 만들어 가야 합니다. 그리하여 변화와 혁신, 창조의 정신이 기업문화로 자리잡을 때 ○○은 세계적 일류기업으로 자리매김하고, 우리 사회와 국민 경제를 이끌어 가는 힘이 될 것입니다.

지난 2년간 우리는 글로벌 일류기업 구현을 경영방침으로 정하고, 이를 달성하기 위해 노력해 왔습니다. 올해에는 해외 곳곳에 제2의 ○○을 건설하고 세계 1등 제품을 더 많이 늘려서 진정한 글로벌 기업으로 자리잡아야 할 것입니다. 이를 위해서는 의사결정과 기술개발을 더욱 빠르게 하는 한편, 디자인, 브랜드, 이미지와 같은 소프트 경쟁력을 높여 나가야 합니다. 이와 더불어 수출과 고용을 늘리고 국가 경제를 앞에서 이끌어 우리 사회의 미래에 믿음과 희망을 줍시다.

임직원 여러분! 정기업은 고객의 사랑과 사회의 믿음 속에서 커갑니다. 법과 원칙을 지키는 것은 물론 도덕적으로 존경받는 바른 경영을 실천할 때 비로소 사랑과 믿음을 얻을 수 있을 것입니다. 나아가 사회의 아픔에 귀 기울이고 그늘진 곳에 관심을 가져야 합니다. 우리의 경영성과와 지식, 기술까지 이웃 사회와 함께 나누는 상생의 경영을 펼쳐 나간다면 사회의 지지와 성원은 자연히 따를 것이며, 이는 우리의 앞길에 커다란 힘이 될 것입니다.

존경하는 ○○가족 여러분! 우리는 지난 날 짧은 기간에 세계 정상에 오른 반도체 신화를 일구었습니다. 우리 모두의 자랑이요 자부심이 아닐 수 없습니다. 그러나 앞으로 제2, 제3의 신화를 창조하지 못한다면 지금까지의 성공도 의미없는 과거사에 불과하게 될 것입니다. 수많은 위기를 이겨낸 ○○정신을 되살려 또 다른 ○○의 신화를 만드는데 힘과 지혜를 모읍시다.

끝으로 새해에 ○○가족 모두의 소망이 뜻대로 이루어지고 가정마다 기쁨과 행복이 함께 하기를 기원합니다. 감사합니다.

2006년 1월 2일
회장 ○○○

(2)

사랑하는 ○○가족 여러분! 2006년 병술년의 새 아침이 밝았습니다. 희망찬 새해를 맞아 우리 ○○가족 여러분과 여러분들의 가정에 건강과 행복이 가득하길 기원합니다. 그리고 ○○그룹의 미래비전을 전 계열사에 뿌리내리고 그룹의 성장발판을 마련하는데 최선을 다해주신 모든 ○○가족 여러분께 진심으로 감사드립니다.

돌이켜보면, 지난해는 참으로 다사다난했습니다. 대외적으로는 테러위협이 확산되고 예기치 못한 자연재해가 세계 곳곳에서 발생하면서 갈등과 혼란이 끊이질 않았습니다. 대내적으로는 경기가 회복세를 보였음에도 불구하고 고유가로 인해 실질소득이 줄어들어 오히려 체감경기는 악화됐고, 호남지역의 이례적인 폭설피해와 줄기세포 연구 파동으로 우리 사회는 큰 아픔을 겪기도 했습니다.

이렇게 나라 안팎이 어수선하고 ○○ 내부에도 여러 어려움이 있었음에도 불구하고 전 계열사가 수익성 위주의 알찬 성장을 보이며 2년 연속 흑자경영을 달성하는 쾌거를 이루었습니다. 또 단순한 실적주의에 빠지지 않고 각사가 효율적이고 투명한 경영시스템을 강화해 건전한 기업윤리를 바로 세운 것도 큰 성과였습니다. 이는 2010년 매출 20조 달성이라는 그룹의 미래비전을 향해 우리 ○○가족 모두가 용기와 자부심으로 일사분란하게 움직였기에 가능했습니다. 이 자리를 빌려 지난해 보여주신 여러분들의 노고에 진심으로 감사드립니다.

하지만 우리는 여기에 만족하고 안주할 수 없습니다. 이젠 경영안정과 함께 과감한 변화와 성장을 동시에 추구해 나가야 합니다. 이러한 변화와 자기혁신을 통해 기업 가치를 스스로 높여가는 것이 바로 진정한 ○○그룹의 미래인 것입니다.

○○가족 여러분! 새해에도 경영환경은 결코 순탄치 않을 것입니다. 고유가와 환율불안 등 불투명한 경영여건은 피해갈 수 없는 현실이 되었습니다. 이럴 때일수록 우리는 외부의 돌발변수에 움츠리지 않고 보다 공격적인 경영으로 미래의 성장기반을 확보하는데 그룹의 모든 역량을 집중시켜 나가야 할 것입니다. 이를 위해 우리 ○○그룹은 올해를 "변화와 성장의 해"로 삼고 ▲ 핵심사업 경쟁력 강화 및 신성장사업 발굴, ▲ 전략적 핵심사업에 집중 투자, ▲ 핵심인재 육성 등을 경영방침으로 정했습니다. 물론 우리가 나아가는 길에 예기치 못한 많은 난관이 있을 것입니다. 하지만 냉혹한 경제현실에서 우리 ○○그룹이 생존하기 위해서는 하루빨리 규모의 경제를 갖추고, 세계적인 기업들과 당당히 경쟁할 수 있는 글로벌 경쟁력을 확보하는 것이 매우 중요하고 시급한 일이기에 우리는 변화하고 성장해야만 하는 것입니다.

우리는 지난 1947년 설립된 ○○그룹의 모태인 ○○건설을 중심으로 일찍이 해외시장을 개척해 국가경제발전에 크게 기여해온 ○○그룹의 저력을 갖고 있습니다. 전 ○○가족들이 특유의 "창조적 도전정신"과 "하면된다"는 적극의지를 새롭게 다져 다시한번 ○○그룹의 위상을 세계에 널리 떨칠 것을 믿고 기다리고 있습니다. 앞으로 벌어질 ○○그룹의 변화와 성장에 ○○가족 모두 능동적으로 대처하고, 그 과정에서 발생하는 실수는 두려워하지 마십시오. 시련 없는 성공은 있을 수 없습니다. 다만 ○○가족 여러분들은 각자 맡은 분야에서 최고의 전문가인 만큼 실수를 성공의 디딤돌로 삼아 반드시 큰 성과를 이루어 주시면 됩니다. 전 ○○그룹이 활기차게 움직이고, 무엇보다도 여러분들이 지닌 재능을 맘껏 펼칠 수 있도록 합리적인 인사제도와 교육제도를 마련하고 핵심인재 육성에 전폭적으로 지원해 나갈 것입니다. ○○그룹의 명성을 되찾아 그룹의 중장기 비전을 달성하는데 ○○가족 여러분들의 변함없는 지지와 협조를 부탁드립니다. 다시 한번 강조하지만, 2006년 한해는 우리 ○○그룹에게 많은 변화와 성장이 뒤따를 것입니다. ○○그룹의 힘찬 웅비를 위해, ○○가족 개개인의 발전을 위해, 그리고 국가경제의 활력을 위해, 우리 모두 힘을 합쳐 잘해 나갑시다.

변화와 성장을 향한 도전과 최선을 다하는 뜨거운 열정이 우리 ○○그룹을 이끌어 가는 원동력임을 가슴에 깊이 새기며, 부디 올 한해도 ○○가족 모두가 일하는 기쁨과 성공의 보람을 성취할 수 있는 희망찬 한해가 되길 기원합니다.

새해 복 많이 받으십시오.
감사합니다.

(3)
인생이란……
공중에서 5개의 공으로 저글링하는 게임이라고 상상해 보십시오.
각각의 공들은 일, 가족, 건강, 친구, 그리고 신념이라는 불리는 것입니다. 여러분은 그 모든 공들을 공중에서 떨어뜨리지 않고 있습니다. 당신은 그 중 일이라는 공이 고무공이라는 것을 곧 알게 될 것입니다. 만약 당신이 그 공, 즉 일이라는 공을 떨어뜨리면 바로 튀어 오를 것입니다. 그러나 나머지 공들 즉, 가족, 건강, 친구, 그리고 자신의 신념은 유리로 되어 있다는 것 또한 금방 알게 될 것입니다. 만일 당신이 그 중 하나라도 떨어뜨리면 다시는 원래 상태로 돌아갈 수 없게 망가지거나, 망가지지 않더라도 자국이 남을 것이고, 심한 경우에는 산산조각이 나 버릴 것입니다. 그리고 그 공들은 절대로 떨어지기 전과 동일하게 될 수는 없을 것입니다. 당신은 이러한 사실을 깨달아야 하고, 그래서 인생에서 이 다섯 개의 공들이 서로 균형을 유지하도록 노력해야 합니다.

어떻게?

하면 그렇게 할 수 있을까요? 먼저 당신 자신을 다른 사람들과 비교하여 과소 평가하지 마십시오. 우리들 모두는 서로 다르며, 우리들 모두는 특별한 존재이기 때문입니다. 당신의 목표를 다른 사람들이 중요하다고 여기는 것에 두지 마십시오. 어떤 것이 당신에게 최선인지 아는 사람은 오직 당신뿐입니다. 당신의 마음에 가장 끌리는 어떤 것들을 그저 그러려니 하고 지나가지 마십시오. 당신의 인생이니 애착을 가지십시오. 왜냐하면 그것들이 없으면, 인생자체가 무의미해지지 때문입니다.

과거나 미래에 살면서 당신의 인생이 의미 없이 그냥 지나게 버리게 하지 마십시오. 하루하루가 모여서, 당신의 일생이 되는 것입니다. 아직 줄 수 있는 것이 있다면 인생을 포기하지 마십시오. 당신이 노력을 중지하지 않는 한 어떤 것도 결코 끝나지 않을 것입니다. 당신이 완벽하지 못하다는 것을 인정하는 것을 두려워하지 마십시오. 우리들을 묶고 있는 것은 끊어지기 쉬운 실타래입니다. 위험에 맞서는 것을 두려워하지 마십시오. 이것은 우리가 용기를 배울 기회를 잡음으로써 가능해집니다.

사랑을 찾을 수 없다고, 당신의 인생에서 사랑을 포기하지 마십시오. 사랑을 받는 가장 좋은 방법은 사랑을 하는 것이고; 사랑을 가장 빨리 잃을 수 있는 방법은 사랑에 너무 집착하는 것이며; 사랑을 지키는 최선의 길은 그 사랑에 날개를 다는 것입니다.

당신이 어느 곳에 있는지, 어디를 가고 있는지도 모를 정도로 인생을 바삐 살지 마십시오. 사람이 정서적으로 가장 필요한 것은 남들이 당신에게 고마움을 느끼고 있다는 것을 느끼는 것입니다. 시간이나 말을 아무렇게나 사용하지 마십시오. 어떤 것도 다시는 회복되지 않습니다. 인생은 빨리 달리기 경주가 아니고, 한 걸음, 한걸음 의미를 새기면서 천천히 여행하는 긴 여정입니다. 어제는 우리의 흔적이고, 내일은 우리가 가야할 알 수 없는 길이며, 오늘이 바로 선물입니다. 그것이 우리가 현재를 선물이라고 부르는 이유입니다.

(3)의 원문
Life is......
Imagine life as a game in which you are juggling five balls in the air. You name them : work, family, health, friends, and spirit and you're keeping all of them in the air. You will soon understand that work is a rubber ball. If you drop it, it will bounce back. But the

other four balls - family, health, friends, and spirit are made of glass. If you drop one of these, they will be irrevocably scuffed, marked, nicked, damaged, or even shattered. They will never be the same. You must understand that and strive for balance in your life.

How?

Don't undermine your worth by comparing yourself with others. It is because we are different that each of us is special. Don't set your goals by what other people deem important. Only you know what is best for you. Don't take for granted the things closest to your heart. Cling to them as your life, for without them, life is meaningless.

Don't let life slip through your fingers by living in the past or for the future. By living your life one day at a time, you live ALL the days of your life. Don't give up when you still have something to give. Nothing is really over until the moment you stop trying. Don't be afraid to admit that you are less than perfect. It is this fragile thread that binds us together. Don't be afraid to encounter risks. It is by taking chances that we learn to be brave.

Don't shut love out of your life by saying it's impossible to find. The quickest way to receive love is to give; the fastest way to lose love is to hold it too tightly; and the best way to keep love is to give it wings.

Don't run through life so fast that you forget not only where you've been, but also where you are going. Don't forget that a person's greatest emotional need is to feel appreciated. Don't use time or words carelessly. Neither can be retrieved.

Life is not a race, but a journey to be savored each step of the way. Yesterday is History, Tomorrow is a Mystery, and Today is a gift; that's why we call it - the Present……

제 3 장

부모와 자녀의 대화법

1. 머리말

리더란 어떤 단체나 조직에서 그 구성원들을 이끌어 가는 위치에 있는 사람이다. 국가의 최고 통치자, 최고 경영자(CEO), 대학 총장, 회사의 회장이나 사장, 교장, 교사, 부모 등이 리더(leader)에 속한다. 훌륭한 리더는 구성원들의 의사를 충분히 수용하여 상호 이해와 공감대를 형성할 줄 안다. 따라서 그러한 리더는 구성원들에게 긍정적인 양향을 끼친다.

가정은 일정한 사회와 국가의 모체이며, 그러한 가정의 리더는 부모이다. 한국의 부모는 자녀와 함께 있을 때 자부심을 느끼고(29.5%), 자녀를 위해 자상한 배려를 하며(26.8%) 부모로서의 책임감(24.4%)을 많이 가진다. 이외에도 자녀를 사랑스럽게 생각한다(박영신·김의철, 2004 : 197). 모든 부모는 자녀가 유능하고, 책임감이 있으며, 믿음직스럽고, 사려가 깊으며, 예의 바르고, 명랑하며, 건강한 사람이 되길 바란다.

자녀는 태아 적부터 부모의 지(知)·정(情)·의(意)의 영향을 직·간접적으로 양향을 받으면서 성장한다. 특히 부모의 말 한마디는 자녀의 일생을 좌우할 수 있다. 그러기에 부모의 언동, 사고 방식, 가치관 등은 자녀에게 모범이 되어야 한다.

맹자는 일찍이 인(仁), 의(義), 예(禮), 지(智)를 골고루 갖춘 존재가 사람다운 사람이라고 하였다[1]. 인간이 갖추어야 할 네 가지 요소 중에서 한 가지라도 결여되어 있으면 사람다운 사람이 아니라고 하였다. 그런데 오늘날 우리나라의 부모 중에는 상당수가 자녀의 출세에 대해서 가장 관심이 많아 '지(智)'를 가장 중시하면서 자녀를 양육하고 있는 실정이다.

모든 부모는 자신들의 자녀가 사람답게 살기를 원하면 자녀가 어릴 적부터 인(仁), 의(義), 예(禮), 지(智)를 골고루 갖추도록 도와주어야 한다. 즉 부모는 자녀로 하여금 남을 사랑하며, 양심에 부끄러운 일을 한 경우에는 부끄러워할 줄 알고 비양심적인 언동을 하는 이를 보면 미워할 줄 알며, 모든 사람에게 예의 바른 언동을 하며, 옳음과 그름을 가릴 수 있는 지적인 능력을 갖춘 존재로 성장하도록 솔선수범하여야 한다.

인간 관계 중에서 가장 기본이 되는 것은 부모와 자녀와의 관계이다. 의사소통을 잘하려면 무엇보다도 화자와 청자 간의 관계가 돈독하여야 한다. 이 글에서는 이것을 전제로 부모가 자녀와 어떻게 대화를 하는 것이 바람직한 것인지에 대해서 살펴보고자 한다.

인간은 성장 단계에 따라 심리적 특성이 다르다. 부모의 자녀에 대한 대화법도 자녀의 성장 단계에 따라 자녀의 심리적 특성을 중시하여 논의

---

1) 孟子의 盡心章句篇에는 다음과 같은 말이 있다.
  "無惻隱之心 非人也(남을 측은하게 여기는 마음이 없으면 사람이 아니고) 無羞惡之心 非人也(양심에 부끄러운 일을 한 경우에는 부끄러워할 줄 알고 남이 비양심적인 언동을 할 적에는 미워할 줄 아는 마음이 없으면 사람이 아니며) 無辭讓之心 非人也(겸손하게 예의를 갖추어 응하지 않거나 받아들이지 않는 마음이 없으면 사람이 아니고) 無是非之心 非人也(일의 옳고 그름을 가릴 줄 아는 마음이 없으면 사람이 아니다.)
  惻隱之心 仁之端(측은지심은 仁의 근본이고) 羞惡之心 義之端(수오지심은 義의 근본이며) 辭讓之心 禮之端(사양지심은 禮의 근본이고) 是非之心 智之端(시비지심은 智의 근본이다.)

하여야 함에도 불구하고 지금까지 부모의 대화법에 관해서 논의한 논문이나 저서2)를 살펴보면 대부분 이를 고려하지 않고 논의하고 있다. 발달심리 분야에서 일반적으로 연령별 단계를 출생 이전의 태아기, 출생 후부터 약 2세까지의 영아기(嬰兒期), 2세부터 6~7세경까지의 유아기 또는 입학 전 아동기, 6~7세경부터 12~13세까지의 아동기, 12~13세경부터 22~23세경까지의 청년기, 23세 이후 40세까지 성인 전기, 40세부터 60~65세까지 성인 중기 또는 중년기, 60세 이후의 성인 후기 또는 노년기 등으로 구분한다(Irwin & Simons, 1994. Santrock, 1995. 송명자, 1996 : 17~18 재인용). 이 글에서는 인간의 연령별 단계를 영아기(출생에서 2세 이전)와 유아기(2세 이후 7세), 아동기(8세 이후 11세 이전), 청년기(12~23세), 성년기(24세 이후)로 나누되 영아기부터 부모의 영향을 많이 받는 청년 중기(12~18세)까지의 자녀의 성장 단계별 인지적·언어적·심리적 특성을 고려하여 부모의 자녀에 대한 화법에 관해서 살펴보고자 한다.

2. 자녀의 발달 단계별 대화법

2.1 영아기·유아기 자녀와의 대화

이 시기는 인간의 발달 단계 중에서 가장 중요한 시기이다. Piaget는 영아기(0~2세)를 인지 발달 단계 중에서 '감각운동기'라 명명하고 영아(嬰兒)들은 대상에 대한 외현적 활동을 통해 세계를 이해한다고 한다. 또한 아기가 태어날 때부터 생물학적으로 부여된 몇 개의 단순한 반사 기능은 감각운동기 동안에 물건을 잡고 빠는 등 여러 형태의 신체적 활동에 의해 다양한 감각 운동적 도식으로 변화하며 마침내는 의도적이며 체계적인 인지

---

2) 부모와 자녀 간의 대화법에 고찰한 논저로는 Gorden & Gorden(1976), Covey, S.R.(1997), 구현정(2000) 등을 들 수 있다.

적 행동으로 발달하여 간다고 한다. Ross(1980)에서는 12~24 개월 사이의 영아가 가구와 사과를 구별하는 범주적 지식을 갖추고 있음을 보여 주고 있다.

영아는 사람의 음성에 대한 높은 선호도와 음성 언어 지각 능력을 갖추고 있다. 영아는 출생 후 1년 사이에 발성 능력을 발달시켜 간다. 영아는 생후 5~6개월이 되면 옹알이를 한다. 영아는 옹알이 시기가 지나 생후 1년이 되면 주위에 있는 사람이 알아들을 수 있는 소리를 낸다3). 영아는 음성언어를 사용할 수 있기 이전에는 주로 표정·몸짓·응시 등의 신체언어(body language)와 울음 등을 중요한 의사소통 수단으로 사용한다. 생후 이 시기까지의 영아는 자기가 음성언어를 구사하지 못하더라도 상대의 언동에 대해서 인지하고 신체언어나 준언어로 의사소통을 하려고 한다. 따라서 부모는 이런 영아의 특성을 고려하여 아이가 표현하고자 하는 의미를 파악하고 아이에게 항상 정겹고 바른 말을 구사하여야 한다. 영아는 1세 전후에 단어를 사용하기 시작한다. 이 시기의 언어 발달 단계는 일어문기(一語文期, one-word utterance phase), 이어문기(二語文期, two-word utterance phase), 이어문기 이후 언어 발달기 등 세 단계로 나누어진다.

일어문기(一語文期)는 영아가 첫 단어를 말하기 시작하는 10개월에서 13개월경으로부터 두 개의 단어를 연결해서 사용할 수 있게 되는 약 18개월

---

3) 권경안·이연섭·손미령(1979)에서는 3세 이전에 순음(脣音), 치음(齒音), 연구개음(軟口蓋音), 후음(喉音)을 습득하고, 4세경에 경구개음(硬口蓋音), 5세경에 마찰음(摩擦音), 유음(流音) /ㄹ/을 획득한다고 한다. 권경안(1981)에서는 영아와 유아가 모음을 'ㅏ→ㅣ→ㅜ→ㅓ→ㅗ→ㅐ→ㅡ→ㅔ1)' 순서로 습득한다고 한다.
이인섭(1986 : 68~92)에서는 우리나라의 영아가 생후 1년 5개월에서 생후 2년 사이에 파열음 중에서 경음인 'ㄲ, ㄸ, ㅃ'을 가장 먼저 습득하고, 그 다음으로 격음인 'ㅋ, ㅌ, ㅍ'을 습득하고, 맨 나중에 평음 'ㄱ, ㄷ, ㅂ'을 습득한다고 한다. 파찰음 중에서 는 평음인 'ㅈ'을 습득한 뒤에 'ㅊ'을 습득한다고 한다. 비음은 'ㅁ→ㄴ→ㅇ'의 순서로 습득한다. 모음은 'ㅏ→ㅓ→ㅜ→ㅐ→ㅗ→ㅡ→ㅣ→ㅔ' 등의 순서로 습득한다고 한다. 권경안(1981)과 이인섭(1986)에서는 영아와 유아가 모음 중에서 맨 먼저 습득하는 것이 'ㅏ'이고 가장 늦게 습득하는 것이 'ㅔ'라는 것에 의견을 같이하고 있다.

전후까지의 시기를 뜻한다. 이 시기에 영아는 한 번에 하나의 단어로 자신의 의사를 표현한다. 실제로 영아가 알아듣는 단어 수는 아이가 사용하는 단어의 수보다 많다. 이것은 평소에 부모가 영아를 대할 적에 다양한 구상어로 대화를 많이 하면 영아의 언어 습득에 도움이 많이 된다는 것을 뒷받침하는 것이다.

영아는 옹알이 시기를 지나 1세가 되면 한 개의 단어를 발화하기 시작하는데, 그 산출 시기와 지속 기간은 개인차가 심하다. Bateman(1917)에서는 첫 단어(first word)가 뜻하는 것은 사람에 관계되는 것—daddy, mama, papa 등—이 40%이고, 사람의 행위에 관계되는 것—hello, bye-bye 등—이 51%이며, 그 나머지는 동물이나 기계에 관계되는 것이라고 한다. 이 첫 단어는 대체로 국제성을 띠는 것이고, 중요한 의미는 '부모, 먹을거리, 수면' 등으로서 욕구와 결부되어 있다고 한다(이인섭, 1986 : 95~96 재인용).

단일 단어 시기의 어린이는 한 번에 하나의 단어만을 말할 수 있으므로 일정한 상황에서 가장 적절한 정보인 새로운 정보를 언어로 부호화하고, 이것을 언어적·비언어적 맥락에서 주어지는 정보와 연결하여 자신의 소통 의도를 효율적으로 표현한다.

생후 약 18개월을 전후해서부터 영아가 사용하는 단어의 수가 폭발적으로 증가한다(Markman, 1991. 송명자, 1996 : 186~187). 영아는 추상명사보다 구상명사를 더 빨리 습득한다. 영아는 자신이 획득한 단어를 부적절하게 사용한다. 하나의 단어를 적절하지 않은 다른 대상에까지 일반화시켜 사용하는 오류를 범한다. 이를 과잉 확대(over extension)라고 한다. 예를 들면 영아가 '개'를 고양이, 송아지 등 다른 대상을 지칭하는 데 사용하기도 하는 것이다. 영아는 어떤 범주에 속하는 하나의 단어를 그 범주 전체가 아닌 특정 대상에 국한하여 사용하려는 지칭 오류를 범하기도 한다. 이것을 과잉 축소(under extension)라고 한다. 예를 들면 자신의 집에서 기르는 진돗개를 '개'라고 부르는 영아가 다른 종류의 개는 '개'가 아니라고 고집하고 부르기를 거부하는 것이다.

영아의 언어 표현 능력이 늘어나면서 영아는 두 단어를 조합하여 발화하기 시작한다. 영아는 이를 '의미 관계의 어순 배열'이라는 책략으로 해결한다. 이승복(1997 : 58~66)에서는 두 단어 조합의 언어 표현 유형으로 '행위자-행위', '대상-행위', '행위자-대상', '행위자-장소' 등 다섯 가지를 제시하고 있다. 그 보기를 들어 보면 다음의 (1)과 같다.

(1) ㄱ. [행위자-행위] 엄마 어부바. 아빠 줘.
    ㄴ. [대상-행위] 빵 줘. 까까 줘.
    ㄷ. [행위자-대상] 엄마 밥. 아빠 밥.
    ㄹ. [장소-행위] 바까 쪼쪼.
    ㅁ. [행위자-장소] 아빠 학교. 어마 바까.

영아(嬰兒)가 두 단어의 조합으로 말하기 시작한 후 2~3개월이 지나면, 세 단어 이상의 조합 형식으로 말하기 시작한다.

(2) ㄱ. 아빠 전화 하야.
    ㄴ. 엄마 물 주까?

어휘량의 증대는 3세 이전까지 완만하다가 3세 이후에 가속적인 발달을 보인다. 연간 500~600개씩 어휘를 습득하여 유아 말기(6세)에 이르면 약 3,000개의 어휘를 습득하게 된다. 유아의 어휘 증가 수에 대한 여러 견해를 제시하면 다음의 [표 1]과 같다. 3세 이후의 어휘 발달은 어휘의 양적 증가와 더불어 의미의 분화·확대·심화를 가져온다. 구상어에서 추상어로, 특수어에서 일반어로 발달한다. 따라서 3세 이전의 영아와 대화를 할 적에는 가급적 구상어로 대화를 하여야 한다.

[표 1] 유아의 어휘 증가 수

연령	Smith(1926)		久保良英(1922)		이상금 외(1972)	
	사용 어휘	연간 증가 수	사용 어휘	연간 증가 수	사용 어휘	연간 증가 수
2~3	896		885		1,105	
3~4	1,540	644	1,675	790	1,595	491
4~5	2,072	532	2,050	375	2,487	891
5~6	**2,562**	490	**2,289**	239	**3,120**	633

이상의 [표 1]을 통해 3세 이후에 어휘량이 가속적으로 증가함을 알 수 있다. 이상금 외(1972)에서는 한국 유아의 이어수(異語數)가 많은 것은 한국에서는 중류 이상의 가정에서 자란 유아를 대상으로 삼고, 조사 연대가 다르기 때문이라고 한다.

본격적인 구문기(構文期)에 들어가는 시기는 2세 이후이다. 영아와 유아는 다음과 같이 3단계를 거치면서 문법을 습득한다.

1) 한 단어 문장 발화 단계 : 소통의 의도를 드러내기 시작하는 단일 단어 문장을 발화한다.

(3) (포대기를 잡고) '어부바야'라고 함. 〔1년 3개월〕

2) 두 단어 문장 발화 단계 : 두 단어로 의미 관계를 어순으로 나타낸다.

(4) 아빠 어부바(행위자–행위). 빵 줘(대상–행위). 〔 1년 11개월〕

3) 문법적 의도를 습득하는 단계 : 이 단계는 유아가 문법 형태소를 습득하는 단계이다. 격조사를 습득하는 시기는 1년 9개월부터 2년 5개월 사이이다. 조사를 습득하는 순서는 공동격 조사 '랑'과 보조사 '도' → 처소

격 '에'와 여격 '한테' → 주격 조사 '가'와 '이', 보조사 '은/는' →목적격
조사 '을/를'→도구격 '(으)로(써)'이다(이승복, 1997 : 74).

　　(5) 귀신이 올까 봐 왔어. 〔2년 8개월〕

주어를 나타내는 조사로 '가'가 사용된다는 규칙을 터득한 유아는 선행
어의 말음이 어떤 것이든 '가'를 사용한다.

　　(6) ㄱ. 엄마**가** 와.
　　　　ㄴ. 바람**이가** 분다.

한 가지 통사 규칙을 깨달은 영아와 유아는 자신의 깨달음을 일관성 있
게 지키려고 한다. 이를 통해 영아와 유아는 능동적으로 언어를 습득함을
알 수 있다.

　　(7)　　아이(2년 1개월)　　　　　　엄마
　　　　"나도는 똑똑"　　　아빠 "준규도 똑똑"
　　　　"나도는 똑똑"　　　아빠 "아니야, 나는 똑똑"
　　　　"나도는 똑똑"　　　　　　"나는 똑똑" (이승복, 1997 : 73)

격조사를 습득하고 나면 유아는 문장의 표준 어순을 지키지 않고도 심
리적으로 중요하다고 인식하는 정보를 앞세운 표현을 할 수 있게 된다.

　　(8) 엄마 빨리 감춰 이거(이승복, 1997 : 75).

용언의 형태소 중에서 가장 먼저 습득하는 것은 종결어미 '-아/어, -라, -
자' 등이다. 그 다음에는 완료상을 나타나는 선어말어미 '-았/었-'이고 관
형사형 전성어미 '-ㄹ', 피동접미사 '- 이 -, -히-' 등이다. 가장 나중에 습

득하는 형태소는 관형사형 전성어미 ‘-는’과 종결어미 ‘-ㄴ다/는다’이다.

영아와 유아는 부정부사 ‘아니’를 익힌 뒤에 ‘못’을 익힌다.

    (9) ㄱ. 세수 **안** 해야지. 〔3년 2개월〕
        ㄴ. 이거 **안** 볼래. 〔2년 3개월〕
        ㄷ. 약 **못** 먹었어. 〔4년 2개월〕

영아와 유아는 피동문 형성 규칙을 2세 전후에 습득한다.

    (10) ㄱ. 내가 이것을 뺐어. → 이거 빼졌어.
        ㄴ. 아가가 지갑을 잘 연다. → 지갑이 잘 열어진다.

유아는 피동문 형성 규칙을 습득한 다음에 사동문 형성 규칙을 습득한다.

    (11) ㄱ. 엄마 빨리 입어 줘. 〔2년 2개월〕
        ㄴ. 아빠 옷을 벗겨 줘. 〔2년 2개월〕

이어문기(二語文期)가 지나면서 아동은 3개 이상의 단어를 연결하여 길고 복잡한 문장을 만들어 사용하기 시작한다. 따라서 이 시기에는 정확한 문법적 지식이 필요하게 되며, 더욱 높은 수준의 의미론적 지식이 요구된다. 이 시기에 문법적 지식과 구사 능력은 대단히 중요한 의미를 가진다. 문법적 지식이 체계적인 순서로 발달해 간다. 따라서 이 시기의 부모는 자녀에게 문법에 맞는 바른 말을 하여야 한다.

Piaget는 유아기(2세~7세)를 인지 발달 단계 중에서 ‘전조작기’라 명명하고 이 단계를 다시 2~4세경의 전개념적 사고 단계와 4~7세 사이의 직관적 사고 단계로 구분하고 있다(Piaget & Inhelder, 1969 송명자, 1996 : 102 재인용). 전개념적 사고기는 내재적으로 형성된 표상을 유아가 여러 형태의 상징 또는 기호로 표현하는 기호적 기능(semiotic function)이 인지 발달의 주축을 이루는 시기이다. 직관적 사고기에는 어떤 대상이나 사태가 가지는 단 한 가지의 가장 현저한 지각적 속성으로 그 대상이나 사태의 성격을 판단한다. 유아는 모든 현상의 한 가지 측면만 고려하기 때문에 두 개 이상의 측면을 동시에 고려하여 이를 통합하는 조작적 사고가 결여되어 있다. 유아는 자신의 입장에서만 사물을 이해할 뿐 타인의 입장에서 보이는 사물의 모습을 추론하지 못하는 사고의 한계를 보인다. 자기 중심성, 비가역성 등의 한계를 지닌다고 한다. 따라서 부모는 유아의 이러한 특성을 고려하여 대화를 하여야 한다. 자녀가 자기 고집대로 언동을 하면 부모는 우선 인내심을 가지고 자녀가 그러한 언동을 하면 좋은 점과 나쁜 점에 대해서 이야기하게 하고 성실히 경청하여야 한다. 우리나라의 부모 중 상당수는 강압적으로 유아의 언동을 교정하려고 한다. 자녀가 말을 듣지 않으면 폭언이나 폭력을 구사하는 부모가 많다. 그러므로 성인이 되어서 다치적인 사고를 하지 못하고, 타인의 말을 존중하면서 경청할 줄을 모르며, 대화를 통해 타협할 줄 모르는 사람이 많다. 영아가 발음을 잘못하거나 어법에 어긋나게 말할 경우에 꾸짖거나 흉보지 말아야 한다. 영아가 좋아하는 '아이스크림'은 발음하기가 매우 어려운 단어이다. 영아가 이 단어를 '아이시, 아이슈 …'라고 발음하면 '아, 이, 스, 크, 림' 등 다섯 개의 음절을 한 개씩 따라서 발음하게 하여 영아가 각 음절을 바르게 발음하면 '아이스크림'을 연이어 천천히 발음하여 보게 한다. 발음하기를 싫어하거나 잘못하면 강압적으로 발음을 교정시키려 하지 말고, 영아가 틀리게 발음할 적마다 따뜻한 어조로 "아이스크림, 아이스크림 줄까?"라고 반복하여 말하면 어느 정도 시간이 흐른 뒤에 그 영아도 '아이스크림'을 정확히 발음하게 된다. 또한 어법에 어긋나게 말할 경우에도 어법에 맞게 고쳐 말하면 영아가 따라서 하게 된다.

　유아는 2세기경부터 대상과 상황에 맞게 의사소통을 하여 가는 기술을 갖추고 있다. 2세인 유아는 상대와의 관계에 따라 자신의 언어적 표현을 조정하는 말하기 능력을 지니고 있다. 자기보다 어린 동생에게 말할 때와 어머니에게 말할 때 상이한 표현을 사용한다(Dunn, 1988. 송명자, 1996 : 197 재인용). 유아는 자기보다 어린 2세 아동에게 이야기할 경우에 또래나 성인에게 말할 때보다 쉬운 낱말과 짧은 문장을 사용하려고 애쓴다(Shatz & Gelman, 1973. 송명자, 1996 : 197 재인용). 유아는 단순히 대상의 특성에 맞게 자신의 표현을 적응시킬 뿐만 아니라 상대방의 반응을 감지하고 이에 따라 자신의 말을 조정하는 능력을 지니고 있다. 유아는 성인이나 또래가 자기의 말을 못 알아듣는다고 느꼈을 때 성인에게는 좀더 어렵게 표현을 바꾸는 대신에 또래에게는 좀더 쉽게 설명하려고 시도한다(Warren-Lenbecker & Bohannon, 1989. 송명자, 1996 : 198 재인용). 이렇듯 유아는 상황과 대상 등을 고려하여 맥락에 맞게 의사소통을 하려고 한다. 부모는 이러한 특성을 이해하고 유아 앞에서는 대화의 맥락에 맞게 대화하는 모습을 보여 주고 가르쳐 주어야 한다. 특히 부모는 화자, 청자, 제3자 등을 고려하여 대우법에 맞는 말을 하여야 한다. 상대의 처지를 배려하면서 언어 예절에 맞게 말하여야 한다. 그러면 자녀도 남을 배려하면서 언어 예절에 맞게 말하는 것이 습관화될 것이다. 영아와 유아에게 반말 즉 '해체'보다 '해요체'로 높여서 말하면 어린 시절부터 남을 존중하는 마음을 가지게 하는 데 도움이 된다. 다음의 예문 (12ㄱ)이 반말 즉 '해체'로 말한 것이고, (12ㄴ)은 상대를 높여 대우하는 '해요체'로 말한 것이다.

(12) ㄱ. 빨리 씻어. 옷을 입어. 밥을 먹어.　　〔반말＝해체〕
　　　ㄴ. 빨리 씻어요. 옷을 입어요. 밥을 먹어요. 〔해요체〕

　유아 중에는 언어 장애(language disorder)가 있는 아이가 있다. 그러한 아이는 사회적 접촉 상황을 회피하는 경향이 있다. 언어 장애는 정신적 지체, 청각 손실, 뇌 손상 또는 정신분열과 자폐증(自閉症) 등과 같은 행동 장애와 관련이 있으므로 이러한 자녀를 둔 부모는 자녀가 전문가에게서 진단과 치료를 받도록 하여야 한다. 손상된 청각은 의사소통 장애의 원인이 된다. 유행성 이하선염(耳下腺炎,) 홍역, 천연두 등과 같은 바이러스성 질병이 감각신경성 난청(難聽)으로 인한 청각 장애를 유발할 수 있다. 청각 장애가 있는 자녀를 둔 부모도 전문가에게서 치료를 받도록 하여야 한다. 선천적으로 언어 장애나 청각 장애가 있는 자녀가 같은 또래의 다른 자녀와 같이 말을 유창하게 하지 못한다고 윽박지르거나 흉을 보면 그 증세가 더욱 악화된다. 이런 자녀와 대화를 나눌 적에는 반드시 전문가의 조언에 따라 하여야 한다.

영아는 생후 1년 6개월경에 자신과 주변에 대한 신뢰감이나 불신감이 형성된다. 이 시기에 형성된 기본적 신뢰감 또는 불신감은 일생을 통해 지속되며, 다음 단계의 성격 발달에 직접적인 영향을 미치게 된다. 일단 형성된 불신감은 변화되기 어려운 비가역적 특성을 가진다(Erikson, 1950. 송명자, 1996 : 227 재인용). 따라서 부모는 영아에게 믿음을 주는 언동을 하여야 한다. 부모는 즉흥적으로 자녀와 지킬 수 없는 약속을 하여서는 안 된다. 자녀와 약속한 것은 반드시 지켜야 한다. 예를 들면 일요일에 자녀가 가고 싶어 하는 놀이터에 함께 놀러 가기로 약속하였으면 천재지변이 없는 한 자녀와 함께 놀이터로 놀러 가야 한다. 자녀가 소변을 화장실 변기에 보지 않고 그 외의 곳에서 보면 자녀가 좋아하는 아이스크림을 주지 않기로 약속하였을 경우에 자녀가 소변을 변기에 보지 않으면 아무리 어린 자녀가 떼를 쓰더라도 그 이유를 알기 쉽게 설명하여 주고 아이스크림을 주지 않아야 한다.

Erikson(1950)에서는 6세에서 11세 사이는 자아 성장의 결정적인 단계로서 열등감(sense of inferiority)의 위기를 경험하게 된다고 한다. 이 시기에 어린이는 자신에게 주어진 일에 적절한 성취감을 맛보지 못하면 열등감에 빠져들게 된다. 따라서 부모는 자녀에게 질책의 말보다 칭찬과 격려의 말을 더욱 많이 하여야 한다. 부모는 평소에 자녀의 언동을 주의 깊게 관찰하고 칭찬할 만한 언동을 하면 즉시 칭찬하여야 한다. 가급적 다른 사람이 있는 상황에서 칭찬하는 것이 더욱 효과적이다.

　부모가 자녀를 질책할 경우에는 사전에 그 자녀가 어떤 언동을 할 경우에 질책한다는 것을 그와 약속하는 것이 좋다. 가급적 자녀가 약속한 것을 지키지 않았을 경우에 한하여 질책한다. 자녀가 어떤 잘못을 하였을 경우에는 그러한 언행을 한 이유에 대해서 자녀로 하여금 이야기하게 한다. 자녀가 그 사유를 말하지 않을 경우에는 그러한 언행을 하는 것이 나쁜 이유를 다정한 어조로 말하여 준다. 질책할 적에는 자녀와 단둘이 있을 경우에 하여야 한다. 부모가 질책하여도 자녀가 반복해서 그릇된 언동을 하면 부모가 직접 그러한 언동이 초래하는 나쁜 결과를 보여 준다. "부모와 자녀가 꼭 알아야 할 대화법"의 저자인 이정숙 씨는 자신의 어린 두 아들이 높은 담 위에서 놀지 말라고 함에도 불구하고 계속 놀자 그녀는 달걀 한 꾸러미를 들고 담 위를 거닐면서 그 아래로 달걀 한 개를 떨어뜨려 깨지는 장면을 아이들이 보게 하였다고 한다. 그의 자녀들이 그 장면을 본 뒤부터 다시는 담 위에서 놀지 않았다고 한다. 이러한 사례는 질책보다 부모가 몸소 실천하여 보여 주는 것이 더욱 효과적이라는 것을 입증한다.

　어린 자녀들이 문제 있는 언동을 할 적마다 부모가 그들에게 언어적·육체적 폭력을 가하면 그들은 성장하면서 죽을 때까지 언어적·육체적 폭력을 자유자재로 구사한다. 그리고 성인이 되어서도 열등의식에 빠져 모든 일에 의욕을 잃고 살며 세상을 어두운 눈으로 바라보게 된다. 따라서 부모는 자기의 자녀가 화나는 언동을 한 경우에 먼저 자녀로 하여금 그러한 언동을 한 이유에 대해서 경청한다. 그리고 이성을 가지고 고운 말과 바른 말로 타일러야 한다. 자녀가 사사건건 그릇된 언동을 할 적마다 나무라는 것은 바람직하지 않다. 더구나 체벌을 가하는 것은 삼가야 한다. 체벌은 공격성을 강화할 우려가 많다. 약속하지 않은 경미한 것은 10번 이상 잘못할 경우에 한하여 질책하여야 한다. 자녀가 자기를 사랑하기 때문에 부모가 질책하는 것이라고 질책을 당하는 자녀가 인식하는 범위에서 질책하여야 한다.

　요사이 부모들 중에는 상당수가 맞벌이를 하기 때문에 부모로서 의무를

다하지 못하는 죄책감으로 인하여 자녀의 그릇된 언동을 간과하는 경향이
농후하다. 이것은 자녀가 잘못할 적마다 질책하는 것보다 더 나쁘다. 모
텔레비전 방송사에서 매주 방영하는, 문제 어린이들을 치료하는 것에 관한
프로그램을 보면, 문제아의 공통된 원인은 부모가 자녀의 그릇된 언동을
방임한 데서 찾아볼 수 있다. 말이 잘 달릴 수 있도록 하려면 당근과 회초
리가 필요하듯이 자녀가 인간다운 인간으로 성장하게 하려면 부모가 자녀
를 효과적으로 칭찬하고 질책할 필요가 있다.

칭찬은 자녀가 칭찬할 만한 언동을 하였을 경우 그때그때 칭찬하는 것
이 좋다. 칭찬은 가급적 여러 사람이 있을 적에 하는 것이 더욱 효과가 있
다. 칭찬이 질책보다 자녀에게 긍정적인 영향을 끼치지만 칭찬할 가치도
없는 것마저 칭찬을 과도하게 하면 자녀가 오만한 사람으로 성장할 수 있
다. 모든 것을 허용하는 부모에게서 성장한 아이는 사려 깊지 않고, 스스
로 문제를 해결하는 능력이 없으며, 책임감이 없는 아이로 성장할 가능성
이 많다. 따라서 칭찬도 자녀가 칭찬받을 만한 언동을 하였을 경우에 한하
여 하여야 하고, 자녀가 잘못하였을 경우에는 적절히 질책하여야 한다.

질책과 칭찬의 잣대는 일관성이 있어야 한다. 부모가 기분이 좋다고 하
여 자녀가 잘못하여도 방관하다가 기분이 나쁜 경우에는 자녀가 크게 잘
못도 하지 않았는데 나무라게 되면 자녀에게 커다란 상처를 준다. 칭찬과
질책의 잣대가 일정하지 않으면 자녀가 우유부단한 사람으로 성장할 가능
성이 높다.

영아도 이타성(altruism)을 가지고 있다. 이것은 타인의 행복에 대해 관심
을 가지고 배려하는 내재적인 심리적 특성이다. 이것은 사회적 관계에서
개인이 집단 구성원에게서 사랑과 존경을 받고 수용되는 중요한 것이다.
이타성이 행동으로 나타날 때 이것을 친사회적 행동(prosocial behavior)이라고
한다. 일상생활에서 어머니가 다쳤다든가 몹시 화가 나서 우는 어머니에
대한 영아의 반응을 살펴보면 2세 이전의 영아는 자기의 어머니와 함께
우는 것과 같은 공감적 반응을 보이며, 2세 전후에는 위로하고 도와주려는

행동이 나타난다. 어머니가 영아의 요구에 민감할수록 영아의 공감적 반응의 정도도 높다(Rheingold, 1988). 그렇다고 부모가 자녀의 모든 요구를 덮어 놓고 들어주면 자립심이 결여되고 조그만 실패에도 좌절하게 될 것이다. 부모가 자녀의 처지를 이해하고 자녀가 아파할 때 함께 아파하고, 슬퍼할 때 함께 슬퍼하며, 다른 이를 돕고 격려하는 모습을 자녀에게 보여 주면 자녀의 이타성 발달에 도움을 준다. 필자의 자녀가 어릴 적에 이타성을 가지게 하기 위하여 한겨울에 홀로 눈을 치우는 아파트 경비원을 도와 함께 눈을 치우기도 하고, 집에서 부침개를 하면 걸음마를 갓 배운 자녀와 함께 아파트 경비원에게 갖다 주었다. 그랬더니 그 후 어린 자녀들이 슈퍼마켓에서 아이스케이크를 여러 개 사 가지고 오다가 경비원에게 한두 개씩 주곤 하였다. 성인이 된, 필자의 자녀는 이타적인 언동을 많이 한다. 부모 자신은 이기적인 언동을 하면서 어린 자녀에게는 이타적인 사람이 되라고 하면 별로 효과가 없다. 부모가 이타적으로 언동하는 것을 솔선수범하는 것이 대단히 중요하다. 오늘날 많은 부모가 이기적인 언동을 하다 보니 갈수록 이기적인 언동을 하는 청소년이 증가하고 있다. 아무리 부모가 자녀에게 이타적인 언동을 하라고 많이 권하는 것보다 부모가 스스로 자녀가 보는 곳에서 남에게 이타적인 언동을 하는 것을 한 번이라도 하는 것이 더욱 효과가 있다. 이타적인 언동을 하려면 자신보다 상대의 처지를 배려하는 자세를 지녀야 한다4). 부모는 사양지심(辭讓之心)을 지니고 상대의 처지를 배려하면서 언동을 하여야 한다. 그리고 어린 자녀가 이타적인 언동을 하면 이내 칭찬을 하거나 보상을 하여 준다. 이렇게 하면 자녀의 이타성이 강화된다. 예를 들면 어떤 유아에게 과자를 주니 그 아이가 옆에 있는 다른 유아에게 과자를 주는 것을 보면 이내 "○○는 아주 착하구나!"라고 칭찬하면서 ○○에게 과자를 먼저보다 더 많이 주는 것이다.

우리 민족은 세계의 수많은 민족 중에서 지능지수가 높고 매우 근면한

---

4) 상대의 위치나 관점에서 현상을 이해할 수 있는 조망 수용 능력은 친사회적 행동을 결정하는 데 중요한 요인이 된다.

민족에 속한다. 그럼에도 불구하고 아직도 문화 선진국이 되지 못한 요인은 상당수의 국민에게 이타성이 결여되어 있는 데 있다. 모든 사람에게 이타성이 있으면 협동과 화합도 잘 될 것이다. 그러나 모든 국민에게 이타성이 결여되어 있으면 갈등과 분열이 증폭되어 국가가 발전할 수가 없는 법이다. 특히 어린 자녀를 둔 부모는 무엇보다도 자녀에게 이타성을 지니도록 솔선수범하는 데 힘써야 한다.

2.2 아동기 자녀와의 대화

우리나라의 부모 중에서 상당수는 자기 자녀의 적성과 흥미보다도 학교 공부에 가장 관심이 많다. 그러다 보니 학교의 국어·수학 등의 교과목 성적이 우수하지 못하면 자녀를 무능한 아동으로 인식하고 자녀의 학교 성적을 올리기 위하여 자녀가 원하지 않는 교과의 보충 학습을 시키는 데 온 심혈을 기울인다. 그러함에도 불구하고 자녀의 성적이 향상되지 않으면 자녀를 구박한다. 이로 말미암아 다른 분야에 재능이 뛰어난 아동이 열등의식에 사로잡혀 문제아가 되어 아동기를 보낸다[5].

부모는 아동기에 있는 자녀가 어떤 일이든 잘하면 칭찬을 하여야 한다. 학업 성적이 부진한 자녀가 전보다 성적이 조금이라도 향상되었을 경우에는 "야, 성적이 전보다 올랐구나. 노력하면 이렇게 잘할 수 있구나!"와 같은 말로 진심으로 칭찬하여 주어야 한다. 그리고 부모는 자녀에게 어떻게 도와주면 더 잘할 수 있는지 물어서 자녀의 학습을 도와주기 위해 힘써야 한다. 7~11세 아동은 학교나 가정에서 자신에게 주어진 일에 적절한 성취감을 느끼지 못하면 열등감에 빠져들게 된다. 이러한 점에서 Erikson은 아

---

5) 일반적으로 초등학교 2학년경부터 아동은 학업 성적을 비롯한 교과와 관련되는 모든 성취도를 다른 아동과 비교하고, 그 결과를 자신의 능력을 평가하는 준거로 삼기 시작한다. 다른 아동과 비교하여 자신의 성취가 바람직하다고 평가할 경우에는 긍정적인 학업적 자아 개념을 형성하지만, 반대의 경우에는 자신감을 잃고 부정적인 학업적 자아 개념을 가진다(송명자, 1996 : 266).

 리더와 말 말 말

동을 격려하며, 재능을 발견하고 복돋우어 주는 부모나 교사의 태도를 중
시한다(송명자, 1996 : 229). 학교의 교과목 성적만 우수하다고 경쟁력이 있는
사람, 인간다운 인간으로 성장하는 것이 아니다. 자녀가 교과목 성적이 우
수하지 않으면서 학교 공부를 싫어할 경우에 부모는 그 자녀에게 어떤 적
성과 흥미가 있는지를 파악하여 적성이 뛰어나고 흥미가 있는 분야의 실
력을 키우도록 도와주어야 한다.

Piaget는 아동기(7~12세)를 인지 발달 단계 중에서 '구체적 조작기'라 명
명하고 이 시기에 체계적인 논리적 사고가 발달한다고 한다. 부모는 아동
의 이러한 특성을 고려하여 어떤 일을 위하여 자녀를 설득시켜야 할 경우
에는 자녀의 성격에 따라 다음과 같이 논리적인 방법과 감성적인 방법을
적절히 활용하여 설득시켜야 한다.

(ㄱ) 좀처럼 납득하지 않는 자녀는 미리 자녀에게 결론을 말하지 말고
문제를 제기하여 스스로 해결 방안을 찾아보게 한다.

(ㄴ) 반항적인 자녀는 납득시키려는 어떤 사실에 대한 결론을 거꾸로 내
리고 자녀로 하여금 그 결론을 부정하게 한다. 그렇지 않으면 자녀의 자주
성을 존중하고 자녀로 하여금 대안을 제시하게 한다.

(ㄷ) 지나치게 감정에 흐르는 자녀인 경우에는 그의 감정을 자극하거나
평소에 밝고 명랑한 가정 분위기를 밝고 명랑하게 조성한 뒤에 설득시킨
다. 이때 자녀의 생각과 감정을 최대한 존중하고 공감하면서 설득한다.

(ㄹ) 지나치게 성급한 자녀는 먼저 간단하고 명료하며 솔직하고 침착하
게 먼저 이유를 말하고 서사적으로 결론에 이르게 한다.

(ㅁ) 심술이 사나운 자녀에게는 부모가 자기를 차별한다고 생각하지 않
도록 공평한 대안을 제시한다.

이타적 행동은 4~6세경부터 증가하기 시작하여 9~10세경에 가장 높
은 수준을 보인다(Bar-Tal et al., 1982. 송명자, 1996 : 231). 이타성은 인생을 값
지게 사는 데 대단히 중요한 성격이므로 앞에서 기술한 바와 같이 초등학

교에 다니는 자녀를 둔 부모도 자녀의 이타성을 강화시키는 데 심혈을 기울여야 한다. 그러기 위하여 부모는 자녀의 처지를 배려하고 다정하게 대화를 하여야 한다. 예를 들면 어린 자녀가 어머니 앞에서 귀한 도자기를 실수로 떨어뜨려 깨뜨렸을 경우에 '어머니' 중에는 다음의 (13)이나 (14)와 같이 말하는 이가 있을 것이다.

(13) 어머니 : (자녀가 어디 다치지 않았는지 걱정하는 마음으로) 어디 다친 데는 없니?
자녀 : 응, 다친 데가 없어, 엄마. 다신 안 그럴게.
어머니 : (다정히) 다행이다. 다음부터는 다치지 않도록 주의하렴.

(14) 어머니 : (분노하여) "아니, 얘가 미쳤나? 그 귀한 물건을 깨뜨리면 어떻게 하니? 어쩌다가 깨었니?
자녀 : 엄마, 미안해. 다음부턴 조심할게.
어머니 : (비정한 말투로) 네 아버지가 알면 넌 죽었어. 이 도자기가 얼마나 비싼 건데.

부모는 이상의 예화 (13)과 같이 우선 자녀가 어디 다치지 않았는지 걱정하는 말을 하여야 한다. 그리고 자녀가 자신의 잘못을 반성하면 실수를 되풀이해서 하지 않도록 다정한 말투로 당부하는 말을 하여야 한다. 이상의 예화 (14)와 같이 속된 말로 비정하게 말하면 자녀에게 깊은 상처를 줄 우려가 있다. 이러한 가정의 자녀는 비정한 사람으로 성장할 가능성이 높다.

심리학자들은 공격성이 천성적인 것이라고 한다. 그러기에 공격성을 없애는 것은 불가능하다고 볼 수 있다. 강압적인 부모일수록 자녀의 공격성이 강화된다고 한다[6]. 부모는 자녀가 큰 잘못을 할 경우에 심한 욕설을 퍼붓거나 체벌을 해서는 안 된다. 부모는 화를 가라앉히고 자녀가 잘못을

---

6) 아동과 청소년들은 부모의 강압적인 언동뿐만 아니라 영화나 텔레비전의 폭력적 내용을 통해서도 지대한 영향을 받는다.

 리더와 말 말 말

하게 된 사유를 공감적 경청을 한 뒤에 반복하여 그와 같은 잘못을 해서는 안 되는 이유에 대해서 간단명료하게 이야기하여 준다. 혹은 '나-전달법'으로 자녀에게 말한다. 이와 같은 말에는 (ㄱ) 자녀가 한 행동을 객관적으로 설명한 것, (ㄴ) 자녀의 행동이 '나'에게 미치는 구체적인 영향, (ㄷ) 그 결과에 대한 '나'의 느낌이나 감정 등이 포함되어야 한다. 다음의 예화 (15)는 '나-전달법'에 맞게 말한 것이지만, (16)은 그렇게 하지 않은 것이다.

(15) (ㄱ) 네가 이렇게 방을 지저분하게 쓰면
     (ㄴ) 엄마가 네 방을 청소하느라 매우 힘들어서
     (ㄷ) 엄마는 매우 속상하단다.

(16) 너는 어떻게 생겨 먹어서 늘 방을 돼지우리처럼 해 놓니? 당장 깨끗이 청소해!

자녀가 남을 공격할 수 있는 상황에서 남을 용서하고 이타적으로 언동을 하면 칭찬하고 보상하여 주어야 공격성이 감소한다. 이와 함께 부모는 이타적인 언동을 자녀에게 보여 주어야 한다. 갈수록 이타성보다 공격성이 강한 사람이 증가하는 것은 무엇보다도 부모가 공격적으로 살기 때문이다. 필자는 어느 가정의 초등학생 자녀가 자신의 어머니와 나누는 대화를 여러 번 들은 적이 있다. 그 가정의 모자는 상호 처지를 배려하고 다정한 어조로 대화를 하기 때문에 언쟁을 벌이는 경우를 본 적이 없다. 그런데 어떤 가정의 모녀는 언쟁을 자주 벌이는 것을 보았다. 그 가정의 모녀는 상대에게 어떤 것을 요구할 적에 먼저 상대의 처지를 이해하지 않고 일방적으로 요구하는 경향이 농후하다.

(17) 딸 : (큰 소리로) 엄마, 나 밥 줘.
    어머니 : (화난 음성으로) 조금 기다려. 빨래를 다한 뒤에 해 줄게.
    딸 : 배고파 죽겠어. 빨리 해 줘.

어머니 : (냉엄한 어조로) 기다려!

    이 가정의 모녀도 상호 처지를 배려하지 않는다. 딸은 어머니가 빨래를 하고 있는 것을 무시하고 일방적으로 밥을 달라고 요구하고 있다. 어머니는 다정하게 “무척 배가 고픈가 보구나. 빨래를 빨리 마친 뒤에 줄게. 좀 기다려. 참기가 힘들면 저기에 있는 빵이나 과일을 좀 먼저 먹어.” 등과 같이 딸이 배고파하는 것을 이해하고 그 딸의 양해를 구하는 말을 하여야 한다. 이와 같이 말하면 딸이 막무가내로 밥을 달라고 요구하지는 않을 것이다. 그리고 어머니를 미워하지 않고 어머니를 이해할 것이다. 이 가정의 딸과 어머니 간에 의사소통이 원만히 이루어지지 않는 책임은 딸보다 어머니에게 있다. 그 딸이 이타적인 언동보다 공격적인 언동을 많이 하는 것은 영아 시절부터 아동기에 접어들어서까지 어머니의 이타적인 언동보다 공격적인 언동을 많이 경험하였기 때문이다. 부모의 이타적인 언동을 보고 들으면서 자란 아동은 누구에게나 이타적인 언동을 하기 마련이다.

2.3 청년기 자녀와의 대화

    청년기는 폭풍 노도의 시기라고 한다. 청년기는 전반기와 후반기로 나뉜다. 전반기는 사춘기부터 18세까지를 뜻하고 후반기는 18세부터 22세까지이다. 사춘기는 신체적·정신적으로 아동기를 지나 청년기로 옮아가는, 10~16세 가량의 시기이다. 여아는 대체로 10세경부터, 남아는 12세경부터 사춘기가 시작된다고 한다(송명자 , 1996 : 325). 사춘기부터 18세까지는 급속한 신체 변화가 일어나고 동년배의 승인이 중요시되기 때문에 집단 정체감 대 소외(group identity vs. alienation)의 심리사회적 위기가 해결되어야 한다고 한다. 18세부터 22세까지는 가족에게서 자율성을 획득하고 개인적 정체감을 확립하는 개인적 정체감 대 역할 혼란의 심리사회적 위기를 해결하여야 한다고 한다(Newman & Newman, 1984. 장휘숙, 1999 : 198).

사춘기 이전까지의 아동은 부모에게 순종하고 부모를 가장 중요한 동일시 대상으로 인식한다. 그러나 청년기의 자녀들은 부모로부터 점진적으로 독립하고 그들과 새로운 관계를 형성함으로써 새로운 동일시 대상을 발견하려고 한다. 자녀가 사춘기에 접어들면 부모의 강력한 명령이나 벌은 자녀를 양육하는 데 더 이상 효과를 발휘하지 못한다. 한때는 좋은 효과를 보았던 보상도 더 이상 자녀의 흥미를 끌지 못한다. 벌을 받는 상황에 직면하게 되면 자녀는 반항한다. 사춘기 자녀를 둔 부모는 아무런 무기가 없는 빈손이 된다. 어릴 때부터 자녀를 길들이는 방법(훈육)에 많이 의존해 온 부모는 놀랍게도 자녀가 사춘기에 들어서면 이미 사용할 힘이 하나도 남아 있지 않다는 사실을 발견하게 된다. 그래서 사춘기 자녀를 둔 부모는 자주 좌절감과 긴장감 그리고 혼란에 휩싸이게 된다. 부모가 힘에 의존하여 자녀를 길들이는 것은 자녀에게 영향을 끼치지 못한다.

청년기 초기에 있는 청소년들은 반동 형성(reaction formation), 치환(displacement), 억압(oppression), 주지화(intellectualizaion), 금욕주의(asceticism) 등의 방어 기제(defense mechanism) 등을 빈번하게 사용한다(장휘숙, 1999 : 168~170). 이러한 방어 기제들 중에서 부모가 자녀와 대화를 할 적에 특히 유의할 것은 치환7)과 금욕주의8)를 제외한 반동 형성, 억압, 주지화 등이다.

반동 형성은 자신의 느낌이나 생각과 정반대로 표현하고 행동하는 방어 기제이다. 예를 들면 부모를 지극히 사랑하고 부모에게서 정서적 지원을 구하는 청년기의 자녀가 부모의 관심에 대해 적개심을 표현하고 반항하는 행위가 이것에 해당한다. 상당수의 부모는 아동기 적에 순종하였던 자녀가 사춘기에 접어들어 사사건건 부모에게 반항을 하면, 부모는 그 자녀에게 폭언을 하거나 폭력을 행사한다. 그러면 자녀가 문제아가 될 확률이 높다.

---

7) 치환은 충족될 수 없는 무의식적 욕구를 다른 대상물을 통하여 충족시킴으로써 긴장을 완화시키는 방어 기제이다.
8) 금욕주의는 일종의 자기 부정으로 본능적 충동의 노예가 될지도 모른다는 공포 때문에 성적 소망이나 무의식적으로 연합된 행동을 거부하는 자아 방어 기제이다. 신경성 식욕 감퇴증, 수면 거부, 성적 행위 거부 등은 이것에 해당한다.

사춘기에 있는 자녀를 둔 부모는 자녀가 특별한 이유 없이 부모에게 반항할 경우 사춘기 특성을 이해하고 너그러운 마음으로 자녀를 대하여야 한다.

(18) 어머니 : 이번 주말에 온 가족이 함께 야외로 놀러 갈까?
    아들 : (단호하게) 싫어요. 전 혼자 집에 있을래요.
    어머니 : 우리 온 가족이 즐거운 시간을 가진 지도 오래되었잖니?
    아들 : (비웃는 투로) 엄마나 즐겁게 지내세요.

이와 같이 '아들'이 '어머니'에게 대하는 것은 모자간에 사랑과 신뢰가 없기 때문이다. 부모가 이러한 상황에 처하게 되면 자녀의 무례한 언동이나 반항의 원인을 먼저 부모 자신들에게서 찾아본다. 그리고 자녀와 1 대 1 대화의 시간을 가지고 자녀가 부모에 대해서 어떠한 감정과 태도를 지니고 있는지를 경청한다. 누구에게나 타인이 경청하고 이해하는 것은 매우 기분 좋은 일이다. 그래서 말하는 이는 정성을 다해 열심히 듣는 경청자에게 따뜻한 감정을 가지게 된다. 경청하되 공감적 경청을 하여야 한다. 공감적 경청이란 다른 사람이 가진 준거 틀의 내면에 들어가 듣는 것이다. 다른 사람의 관점을 통해서 사물을 보는 것, 즉 그들이 세상을 보는 방식에 입각하여 세상을 보는 것이다. 의사소통 중에서 메시지가 차지하는 비율은 10%, 음성언어가 차지하는 비율은 30%, 신체언어가 차지하는 비율은 60%라고 한다. 이렇듯 공감적 청자는 귀, 눈, 가슴으로 듣는 것이다. 그렇게 하면 상대의 패러다임(paradigm) 즉 인식 체계를 이해하고, 그가 느끼는 감정도 이해하게 된다. 자녀의 말을 공감적 경청을 하는 것은 자녀의 생각을 이해하는 것을 가장 중시하면서 듣는 것이다. 부모는 화를 내거나 자녀의 생각을 심하게 비판하거나 반박하여서는 안 된다. 부모는 너그러운 마음을 가지고 자녀가 무례한 언동을 하는 원인이 어디에 있는지를 알고 자녀가 그러한 언동을 하지 않도록 도와주어야 한다.

억압은 수치심, 죄책감, 증오 등을 불러일으키는 생각을 무의식 속으로 밀어 넣음으로써 심리적 긴장으로부터 벗어나려고 하는 방어 기제이다. 따라서 부모는 자녀가 언제든 자신의 생각이나 느낌을 거리낌 없이 말할 수 있는 부모와 자녀 간의 친밀한 유대 관계를 형성하기 위하여 힘써야 한다. 이러한 관계는 자녀가 영아 때부터 형성되는 것이 바람직하다. 그렇게 하려면 부모는 자녀와 자주 1 : 1 만남의 시간을 가져야 한다. 그리고 자녀가 어처구니없는 말을 하더라도 비난하거나 비판하지 말고 사랑하는 마음을 가지고 진지하게 경청을 하는 자세를 가져야 한다. 코비(Covey)는 그의 딸 샌드라가 학교에서 나쁜 행위를 한 것을 고백하자 "그렇게 오랫동안 그런 이야기를 네 속에만 갖고 있기가 얼마나 힘들었니? 너를 도와줄 수 있게 좀더 일찍 내게 이야기해 주었으면 좋았을 걸 그랬다."라고 말하고 해결책을 만들어 주었다고 한다(Covey, 1997). 이와 같이 부모는 자녀가 언제든 자신의 고민을 부모와 상의할 수 있도록 자녀를 인정하고 사랑하며 격려하여 주어야 한다. 그러면 자녀는 부모를 믿고 마음의 속의 이야기를 거리낌 없이 털어 놓게 된다.

Gordon & Gordon(1976)에서는 14살 난 한 소녀의 학교의 일과 과제로 인한 문제를 부모에게 다음의 (19)와 같이 이야기할 경우 부모가 사용하는, 의사소통을 방해하는 12가지 걸림돌(roadblocks)9)을 다음의 [표 2]와 같이 제시하고 있다.

(19) 저는 숙제를 차분히 끝낼 수가 없어요. 숙제도 싫고 학교도 싫어요. 숙제를 한다는 것은 아주 지겨운 일이에요. 인생살이에 필요한 것은 하나도 가르쳐 주지 않고 쓸데없는 것들만 가르쳐 주어요. 나이가 차면 학교를 그만두겠어요. 이 세상에서 남보다 앞서가기 위해서 반드시 학교를 다닐 필요가 없다고 생각하니까요.

---

9) 의사소통의 걸림돌이란 자녀가 문제를 소유하였을 때 즉 자녀가 고통을 받고 있거나, 좌절하거나, 두려워하거나, 당황하거나, 즐거워하지 않거나 혹은 자녀의 욕구가 실현되지 못하였다고 느낄 때에 부모가 자녀에게 보이는 전형적인 언어 반응을 뜻한다(김인자, 2005 : 52).

[표 2] 의사소통의 걸림돌

반 응	걸림돌 형태
"너는 학교를 그만두려고 하지만 나는 허용하지 않겠어."	명령, 지배, 강요
"학교를 그만두면 내게서 경제적 도움을 기대하지 않는 게 좋을 거다."	경고, 위협
"배움이라는 것은 모든 사람에게 가장 가치 있는 경험이 되는 거란다."	설교, 훈계
"숙제를 할 적에 계획을 세워서 해 보는 게 어떻겠니?"	충고, 해결책 제시
"대학 졸업생은 고등학교 졸업생보다 수입이 두 배나 더 된단다."	강의, 가르침, 사실 제공
"너는 안목이 좁고 사고하는 것도 아직 미성숙하구나."	판단, 비판, 비난
"너는 많은 잠재력을 지닌 훌륭한 학생이란다."	칭찬, 부추김
"너는 마치 깡패처럼 말하는구나."	욕하기, 비웃기
"넌 노력하는 것이 싫어서 학교를 좋아하지 않는 것 같다."	해석, 분석
"네가 어떻게 느끼는지 안다. 상급생이 되면 좀 괜찮아질 것이다."	안심시키기, 동정, 달래기
"교육도 받지 않고 무엇을 할 수 있겠니? 어떻게 살아가려고 하는 거니?"	질문, 탐색, 심문
"식사 때에는 문젯거리를 말하지 말자! 요사이 야구 연습은 어떻게 되어 가고 있지?"	회피, 전환, 분산

Gordon & Gordon(1976)에서는 이상의 [표 2]에 제시된 의사소통의 12가지 걸림돌이 자녀에게 다음과 같은 영향을 줄 수 있다고 한다.

· 자녀가 더 이상 말을 하지 않게 만든다.
· 자녀를 방어적으로 만든다.

 리더와 말 말 말

· 자녀가 논쟁하려 하고 반격하게 된다.
· 자녀가 무능하고 열등하다고 느끼게 된다.
· 자녀를 화나고 분개하게 한다.
· 자녀로 하여금 있는 그대로 수용될 수 없다고 느끼게 한다.
· 자녀가 자기의 문제 해결 능력이 부모에게 불신 받고 있다고 생각한다.
· 자녀가 부모에게 자기가 이해 받지 못하고 있다고 느끼게 된다.
· 자녀가 자기의 감정이 정당화될 수 없다고 느끼게 된다.
· 자녀가 부모에게 방해받거나 거절당했다고 느끼게 된다.
· 자녀가 좌절하게 된다.

그런데 부모와 자녀의 관계에 문제가 없을 경우에는 이상의 [표 2]에 제시된 12가지 걸림돌이 의사소통에 장애가 되지 않는다. 그러므로 부모는 자녀와 상호 사랑하고 신뢰하는 인간 관계를 유지하도록 노력하여야 한다. 그리고 부모는 언제나 자녀와 열린 의사소통을 하여야 한다.

부모 중에서 상당수가 질책, 비난, 경고, 위협, 도덕적 훈시, 판단, 확신 등에 익숙하여 있다. 이로 말미암아 자녀가 부모와 대화하기를 꺼린다. 부모와 자녀 간에 의사소통이 잘 이루어지게 하려면 부모가 늘 공감적 경청을 하여야 한다. 부모가 공감적 경청을 하면 자녀도 공감적 경청을 하게 되는 법이다.

  (20) 자녀 : 전 학교에 다니기가 싫어요. 요리 기술을 익혀 탁월한 요리사가
        되고 싶어요.
      부모 : 탁월한 요리사가 되고 싶어서 학교에 다니기가 싫은가 보구나.
      자녀 : 네. 학교에선 요리하는 법을 전혀 배울 수가 없어요.
      부모 : 너희 학교에선 요리하는 법을 전혀 가르치지 않아서 학교에 다
        니기가 싫은 모양이로구나.

이상의 예화 (20)에서 부모는 자녀의 메시지를 판단하거나 비난하지 않고 공감적 경청으로 반응을 하였다. 이와 같이 공감적 경청을 하는 부모에

게 자녀는 어떤 문제가 생겼을 때마다 꺼리지 않고 부모와 이야기를 하고
자 한다.

주지화는 개인이 갈등을 경험하고 있는 문제에 대해 지적 논쟁을 벌임
으로써 불안을 회피하려는 방어 기제이다. 이로 말미암아 아동기에 부모의
조언과 충고를 고분고분 듣던 자녀는 부모가 조언을 하거나 충고를 할 적
마다 정색을 하고 말대꾸를 하고 토론을 벌이려고 한다. 이러한 점을 모르
는 부모는 자녀가 반항한다고 판단하여 화를 내거나 자녀를 심하게 꾸짖
는다. 사춘기에 있는 자녀를 둔 부모는 자녀의 주장을 존중하면서 잘 경청
하고 보편 타당한 논거를 들어 말함으로써 자녀가 자신의 생각에 문제가
있는 것을 스스로 깨닫도록 대화를 나누어야 한다. 어떤 고교생의 어머니
는 외국어 고등학교에 긍지를 느끼고 잘 다니던 딸이 어느 날 갑자기 자
퇴를 하고 검정고시를 준비하겠다고 하여 몹시 황당하였다고 한다. 정신을
가다듬고 딸에게 그 이유를 물으니 대입 제도가 바뀌어 내신 성적이 좋지
않은 학생은 대학 입시에 불리하게 되었기 때문이라고 말하였다고 한다.
그 딸의 말도 일리가 있어 부부가 밤늦도록 그 딸과 함께 자퇴 문제에 대
해서 허심탄회하게 이야기를 나누고 담임 교사의 의견을 들은 뒤에 딸이
스스로 결정하게 하였다고 한다. 3일만에 그 딸이 스스로 고교에 계속 다
니기로 결정하고, 그 후 학교 생활을 열심히 해서 가고 싶은 대학에 합격
하였다고 한다. 그 딸이 자기의 갈등을 증폭시키지 않고 슬기롭게 해결할
수 있었던 것은 그 딸의 부모가 딸의 갈등을 이해하고 함께 그 해소책을
강구하였기 때문이다. 만일 그 딸이 고등학교를 자퇴하겠다는 생각을 부모
가 무조건 무시하고 비난하였다면 갈등이 더욱 심해지고 부모와 딸의 관
계가 악화되었을 것이다. 부모는 자녀가 어떤 문제로 갈등에 시달릴 적에
는 자녀의 처지를 충분히 이해하고 자녀의 입장에서 그 갈등을 해소하기
위해 힘써야 한다.

부모는 자녀와 친밀한 유대 관계를 맺고 자주 1 : 1 대화 시간을 가지
는 것이 바람직하다. 늘 부모와 자년 간에는 소통의 문이 열려 있어야 한

다. 그리하여야 자녀가 부모에게 자유자재로 마음속의 이야기를 털어 놓게
된다. 자녀가 부모에게 이야기를 할 때마다 부모가 늘 공감적 경청을 하
면, 자녀가 부모를 가장 좋은 대화의 상대자로 인식하게 된다.

3. 맺음말

지금까지 이 글에서는 자녀의 발달 단계에 따라 나타나는 심리적·언어
적 특성을 고려하여 부모가 자녀와 어떻게 대화를 하여야 하는가에 대해
서 살펴보았다. 그 결과를 요약하여 적어 보면 다음과 같다.

영아·유아기의 자녀와 대화할 적에 유의할 점은 다음과 같다.
(1) 생후 6개월 이전의 영아는 신체 언어나 준언어로 의사를 표현하므
  로 부모는 이러한 언어에 유의하면서 영아와 의사소통을 하여야 한
  다.
(2) 2세 이전의 영아와 대화를 할 적에는 되도록 구상어를 사용한다.
(3) 질책보다 칭찬을 더 많이 하여야 한다.
(4) 칭찬과 질책은 일관성이 있어야 한다.
(5) 영아나 유아가 잘못하였을 경우 우선 그 사유를 듣고 질책하되 가급
  적 단둘이 있을 적에 하여야 한다. 그런데 칭찬은 여러 사람 앞에서
  하는 것이 더욱 효과가 있다.
(6) 바른 말과 고운 말을 구사하여야 한다.
(7) 영아나 유아가 비문법적인 말을 한 경우에는 지적하지 말고 바른 말
  로 고쳐 말해 주어야 한다.
(8) 믿음을 주는 언동을 하여야 한다.

아동기의 자녀와 대화할 적에 유의할 점은 다음과 같다.

(9) 자녀의 성격을 고려하여 논리적인 방법과 감성적인 방법을 적절히 활용하여 설득하여야 한다.

(10) 자녀가 자신의 잘못을 반성하면 실수를 되풀이해서 하지 않도록 다정한 말투로 당부하는 말을 하여야 한다.

(11) 부모는 이타적인 언동을 한다. 그리고 자녀가 남을 공격할 수 있는 상황에서 남을 용서하고 이타적으로 언동을 하면 칭찬하고 보상하여 준다.

청년기의 자녀와 대화할 적에 유의할 점은 다음과 같다.

(12) 사춘기 자녀를 둔 부모는 무엇보다도 자녀와의 관계를 돈독히 하도록 힘써야 한다. 가급적 부모는 자녀의 일을 간섭하고 비난하고 평가하거나, 자녀에게 명령하고 훈시하는 일 등은 삼가야 한다. 자녀와 1 : 1로 보내는 시간을 자주 가져야 한다. 그리고 자녀를 신뢰하고 인정하며 사랑하여야 한다.

(13) 부모는 자녀가 언제든 자신의 고민을 부모와 상의할 수 있도록 열린 마음을 가지고 공감적 경청을 하며, 자녀를 인정하고 사랑하며 격려하여 주어야 한다.

(14) 자녀가 그릇된 언동을 할 경우 부모는 꾸짖지 말고 그것을 너그럽게 용서하고 그런 언동을 한 사유를 듣고 자녀와 함께 해결책을 찾기 위해 노력하여야 한다. 부모가 해결하여 줄 수 없는 문제는 전문가의 조언을 들어 도와준다.

자녀와 의사소통을 잘하려면 무엇보다도 자녀가 태어나자부터 자녀와의 관계를 돈독하게 하여야 한다. 그리고 자녀에 대한 패러다임을 바꾸어야 한다.

자녀와 상호 믿고 사랑하는 관계를 맺으려면 자녀와 1 : 1 만남의 시간을 많이 가져야 한다. 특히 자녀가 부모와 함께 생활하기를 원할 적에 1 : 1로 만나 생활을 공유하면 부모와 자녀의 유대 관계가 돈독해진다.

자녀는 부모의 분신이 아니라 독립된 인격체이다. 자녀는 부모의 소유물이 아니다. 자녀에게는 그 나름대로의 생각과 느낌이 있다. 부모는 이것을 분명히 인식하고 자녀를 소중한 인격체로 대하여야 한다. 부모는 자녀에게 마음은 줄 수 있지만 생각은 줄 수 없다. 자녀는 독자적으로 생각하는 독립된 인격체이기 때문이다. 부모는 자신들의 의견을 자녀에게 강요하거나 억지로 받아들이도록 설득하여서는 안 된다. 만약 자녀가 부모의 의견을 받아들이지 않는다고 욕을 하거나 폭력을 행사하여서는 안 된다.

부모는 초능력을 지닌 존재가 아니다. 항상 옳아야 하고, 모든 질문에 답변할 수 있어야 하며, 자녀의 존재에 완전히 책임을 져야 하고, 자녀가 실패하는 경우에는 부모가 그 비난을 받아야 한다고 생각하는 것은 잘못이다. 부모는 자녀의 행동을 고쳐 주어야 할 의무를 지니고 있지 않다. 자녀에게 문제가 있을 때 부모가 모두 해결하여 주려고 하지 말고 훌륭한 상담자가 되어 자녀로 하여금 스스로 해결하도록 도와주어야 한다.

참고문헌

구현정(2000), 대화의 기법, 경진문화사.

권경안·이연섭·손미령(1979), 한국아동의 음운 발달(Ⅰ), 한국교육개발원.

권경안(1981), 한국아동의 음운 발달(Ⅱ), 한국교육개발원.

김문성 역(2005), 심리학의 즐거움 3, 휘닉스.

김성찬(1997), "통사 규칙 발달". 새국어생활 7-1, 국립국어연구원, pp.81~101.

김영선(1999), 몬테소리 유아교육, 서울 : 학지사.

金泰蓮·章輝淑(1989), 발달 심리학, 박영사.

나은영(2005), 인간 커뮤니케이션과 미디어, 한나래.

박경현(1997), 리더의 화법, 대한문화사.

박영신·김의철(2004), 한국인의 부모 자녀 관계, 교육과학사.

박혜경·김영실·김진영·김소양(1999), 유아 언어 교육, 서울 : 양서원.

박홍자·김미애·김연진·권세경(2001), 유아 언어 교육, 동문사.

서울특별시교육위원회(1990), 유아를 위한 언어 교육 활동.

송명자(1996), 발달심리학, 학지사.

이기정(1997), "음성·음운 규칙 발달". 새국어생활 7-1, 국립국어연구원, pp.81~101.

이상금 외 3인(1972), 3, 4, 5세 아동의 회화에 나타난 어휘 조사, 이화여대 한국문화연구소
    논총 19.

이승복(1997), "언어 습득의 책략과 발달 과정", 새국어생활 7-1, 국립국어연구원, p.74.

이연섭·강문희(1997), 유아의 언어 교육, 창지사.

이완기(1996), 초등영어교육론, 문진당.

이응백·이주행(1992), 말을 어떻게 할 것인가, 현대문학사.

이인섭(1986), 한국 아동의 언어 발달 연구, 고려대 박사학위논문.

이정숙(2005), 부모와 자녀가 꼭 알아야 할 대화법, 나무생각.

이주행·이규항·김상준(2003), 표준 한국어 발음 사전(개정판), 지구문화사.

이주행(1999), "한국 사회계층별 언어 특성에 관한 연구", 사회언어학 7권 1호, 한국사회언어
    학회.

이주행(2000), 방송 화법, 역락출판사.

이주행 외 5인(2003), 언어와 사회, 역락출판사.

이주행 외 6인(2003), 교사 화법의 이론과 실제, 역락출판사.

이주행(2004), 한국어 문법의 이해, 월인출판사.

이주행(2005), 한국어 사회방언과 지역방언의 이해, 한국문화사.

이주행(2006), 한국어 문법, 월인출판사.

이차숙·노명환(2000), 유아언어교육론. 서울 : 동문사.

장휘숙(1999), 청년심리학, 학지사.

조명한(1982), 한국 아동의 언어 획득 연구. 서울대학교 출판부.

최국남·박순이(2001), 교사를 위한 유아 언어 교육. 양서원.

최윤미 외 11인(1998), 현대청소년심리학, 학문사.

Bar-Tal, D., Raviv,A., & Goldberg, M.(1982), Helping Behavior among Preschool Children : An Observational Study, *Child Development*, 53, 393~402.

Beck, M. S.(1982). *Kid Speak : How Children Develop Language Skills*. New York : New American Library.

Bohannon, J. N., & Stanowicz, L.(1988), The Issue of Negative Evidence : Adult Repnses to Chidren's Language Erros, *Developmental Psychology*, 24, 684~689.

Burton, G. & Dimbleby, R.(1995), *Between Ourselves*, Edward Arnold Publishers LTD. 이주행 외 번역(2005), 인간 관계와 의사 소통, 한국문화사.

Clark, E. V.(1993). *The lexicon in acquisition*, Cambridge : Cambridge University Press.

Covey, S. R.(1989), *The Seven Habits of Highly Effective People*, Simon & Schuster, Inc. 박재호·김경섭·김원석 번역(1994), 성공하는 사람들의 7가지 습관, 김영사.

Covey, S. R.(1997), *The 7 Habits of Highly Effective Families*, Franklin Covey Company. 김경섭 번역(2005), 성공하는 가족들의 7가지 습관, 김영사.

Dunn, J.(1988), *The Beginnings of Social Understanding*, Oxford : Basil Blackwell.

Erikson, E. H.(1950), *Childhood and Society*, New York : W. W. Norton.

Gordon, T. and Gordon, J.(1976), *Parent Effectives Training in Action*, New York, The Putnam Publishing Group. 김인자(2005), 부모 역할 배워지는 것인가, 한국심리상담연구소.

Irwin, D. B. & Simons, J. A.(1994), *Lifespan Developmental Psychology*, Wisconsin : Brown & Benchmark.

Montessori(1930). *The Secret of Childhood*. New York : F. A. Stockes Co.

Piaget, J.(1973), *The Psycology of Intelligence*, Totowa, N. J. : Littlefield &

Adams.

Rheingold, H. L.(1988), The Infant as a Member of Society, *Acta Paediatrica Scandinavica*, 77. 9~22.

Ross, G. S.(1980), Categorization in 1-to-2-year-olds. *Developmental Psycology*, 16, 391~396.

Petty, W.T. & Jenson, J. M.(1980). *Developing Children's Language*. Boston : Allny & Bacon.

Pinker, Steven(1994). *The Language Instinct*, New York : William Morrow & Company, Inc.

Santrock, J. W.(1995), *Life-span Development*, Wisconsin : Brown & Benchmark.

제 4 장

성인(聖人)의 스피치 : 예수 그리스도의 언어

1. 머리말

현대 사회는 정치, 경제, 경영, 교육, 군사, 종교, 체육, 예술 등 모든 분야에서 다양한 조직이 다양한 지도자(리더, 이끄는 이, leader)를 필요로 한다. 우리 사회도 이에 대한 수요가 절실히 요구되고 있어 특히 정치, 경영 분야는 지도자 기근으로 지도자 육성과 지도력(리더십, 이끄는 힘, leadership) 함양에 큰 관심을 기울이고 있다. 이를 위해서는 기업을 중심으로 리더십 교육이 큰 열풍을 일으키고 있다. 그런데 정작 학교교육은 이에 매우 소홀하다. 이는 지도자라는 개념이 소수 엘리트 집단을 가리키는 것으로 비쳐져, 보편적 교양 시민을 양성하는 교육을 추구하는 공교육의 정신에 지도자 육성 교육은 부적합하다고 판단한 때문이 아닌가 한다.

그러다 보니 우리나라에서 지도자 교육은 지도자로 선발된 사람들 즉 고급 공무원, 군 사관학교 생도, 기업 경영자 지망생들의 육성을 위한 교육기관들에서나 시행하는 특수 교육 정도로 인식되는 것이 현실이다. 그러나 오늘날 리더십 교육은 소수자를 위한 특수교육으로 볼 것이 아니며 리더십이 부족한 다수의 보통 사람을 위해 그들의 성장 발달을 위해 오히려 더 필요하다. 그리하여 리더십 교육은 리더로 선발된 소수의 엘리트를 위한 교육으로만 해석될 수는 없으며 오히려 리더의 자질이 불투명하거나 잠재적인 대다수 학생, 시민들에게도 리더의 동기를 부여하고 더 성공적 인생을 살게 하는 필요에 의해 리더십 교육을 제공할 필요가 있다.[1]

2. 지도력 함양 교육의 요소

지도자 육성 및 지도력 함양 교육을 위해서는 지도력의 요소를 규명하고 그 지도력에 합당한 교육을 제공하여야 한다. 그러면 지도력의 요소에는 어떠한 것이 있는가. 졸고(2006, 본서 8장)에서는 리더십의 요소를 여러 가지로 소개한 바 있다. 가령, Greenleaf(1998)는 봉사적 지도력(servant leadership)의 요소로 다음을 들고 있다.

> 경청(listening), 연민(empathy), 치유(healing), 각성(awareness), 설득(persuasion), 개념화(conceptualization), 예견(foresight), 청지기 정신(stewardship), 사람들의 성장을 위한 노력(commitment to the growth of people), 공동체 구축(building community)

김미숙 외(2005:21-22)에서는 지도력의 발달 요소로는 '지도력 정보, 지도력 태도, 커뮤니케이션 기술, 의사결정, 스트레스 관리, 대인관계 기술'을 들었다. 또한 국내외 지도력 관련 문헌 100가지를 분석하여 지도력의 구성 요소를 광범위하게 조사하여 다음 20가지를 설정하였다.

---

1) 국어교육에서 리더십 교육의 필요성은 졸고(2006) 참고. 본서 끝 장에 수정 게재.

 리더와 말 말 말

대인관계 기술, 창의성, 비전·목표 제시, 타인 배려 및 존중, 과제 책임감, 협동심과 팀워크, 사회에 대한 헌신 봉사, 지적 능력, 자신감, 도전정신, 의사 소통능력, 문제 해결력, 조직 관리 능력, 도덕 및 인품, 전문성, 자기 절제 및 관리 능력, 카리스마, 열정, 국제적 역량, 기타(외모, 체력, 인맥, 부모 솔선수범, 기대, 개성, 성별, 개성, 산뜻한 인상, 가정환경)

우리는 이러한 지도력의 요소를 지정의(知情意)의 3요소로 풀어서 지적, 정서적, 도덕적 능력이라 하고 이에 덧붙여 국어과가 수행해야 할 측면인 언어적 능력을 덧붙이도록 한다.

2.1 지적 능력

지적 능력은 인간에게 기본 능력이지만 지도자에게는 더욱 고도의 지적 능력이 요구된다. 복잡다단한 현대 사회에서 지도자가 최고 학력의 소유자 이면 좋겠지만 그렇지 못하더라도 풍부한 지적 편력과 지혜를 바탕으로 합리적, 전략적, 정책적 사고를 할 수 있는 능력을 갖추어야 한다.

지적 능력은 우선 자유민주주의 공동체가 지향하는 건전한 사상과 국가 관을 가지고 천부적 인권과 개인과 공동체의 자유를 중시하는 태도를 갖 추어야 한다. 독선, 오만, 편향적 사고가 아닌 이성적 판단에 기초하여 합 리적 사고를 하고, 정보화 사회에서 박학다식한 지도자로서 전략적 사고를 하며, 숱한 갈등의 문제점을 정확히 진단하고 파악하여 이해 당사자들의 불만, 불평을 설득, 조정하는 고도의 정책적 사고를 할 수 있는 능력이다. 이러한 지적 능력은 지도자가 스스로 완벽하게 다 갖출 수 없으므로 참모 들을 잘 선발하여 자기의 지도력을 보완하게 되므로 지도자는 각계의 전 문가를 등용할 수 있도록 공평무사한 적재적소의 인사 원칙에 따른 용인 술(用人術)을 갖추어야 한다.

지적 능력을 키우는 지도력 함양 교육을 위해서 국어과에서는 독서와 작문 교육을 중심으로 '비판적 사고력'(critical thinking) 함양 훈련을 강화하는 교육을 제공하여야 한다. 지도자가 독선과 편견에 빠지지 않으려면 폭넓은 사고를 하며, 공평무사한 비판적 사고를 길러야 하므로 이러한 훈련이 필요하다. 이미 서구의 고교, 대학에서는 비판적 사고력 함양의 과목이 정착되어 있는데 우리는 이 점에서 아직 그에 미치지 못한다. 따라서 논증(arguments), 사실(facts)과 추론(reasoning), 오류(fallacy), 문제 해결법(problem-solving) 등과 같은 논리학이나 철학의 주제들을 국어교육에 도입하여 지도자가 갖추어야 할 지적 사고 능력을 키워야 한다. 이러한 사고력은 풍부한 독서력과 작문 능력에서 얻어지는 것이므로 명문(名文)과 고전(古典)을 많이 읽히는 독서 계획을 세워 실천하게 하고 단계별 글쓰기 훈련으로 고도의 사고력과 판단력을 발달시켜야 한다. 또한 이러한 지적 능력이 정제되어 언변(言辯)으로 나오는 것이므로 화법 교육을 통해 지적 표현 능력을 뒷받침할 수 있어야 한다. 그런 점에서 지도력 함양을 위한 지적 능력 함양 교육의 기초는 국어과에서 충실히 기여할 수 있는 것이다.

2.2 정서적 능력

정서적 능력은 지도자가 인간적 품성을 갖추고, 오락적, 감화적 재능도 갖추어, 공동체를 화합하며 묶어 통합할 수 있는 정서적 친화력을 말한다. 공동체를 끊임없이 갈등시키고 붕당(朋黨)의 집권 전략에만 몰두하여 갈등, 분열만 부추기는 한국 정치의 분열적 리더십의 폐해를 생각할 때, 정서적 요소에 기초한 통합적 리더십은 매우 중요하다. 네로, 히틀러, 스탈린, 김일성, 김정일 등 세계의 폭군 독재자들은 성장 과정에 문제가 있다거나 성격 장애, 이상 성격의 소유자가 많다는 점에서 정서적 요소는 잘 감지되기 어렵고 리더십 평가에서 소홀하기 쉬우므로 건전한 성장 과정을 통해 원만한 인간관계를 갖춘 능력을 중시해야 한다.

감성 지능, 즉 E.Q.(Emotional Intelligence Quotient)의 창시자인 다니엘 골먼(Daniel Goleman)은 조직의 리더와 관리자들에게 감성 능력을 훈련시키는 것이 성공적인 기업 운영의 관건이라고 역설한다(다니엘 골먼 외 2003). 함께 일하는 사람들의 감정을 이해하고 그것을 대신 표현해 주기도 하며, 의사 결정시 꼭 필요한 직관력을 갖추고 있는 리더는 구성원들이 가진 최고의 능력을 이끌어내고 그것을 통해 결국 조직의 목표도 쉽게 달성할 수 있다고 한다. 그러한 리더는 사람들의 기분을 좌우하여 마음을 끌어내므로, 조직의 일도 잘 된다고 한다. 그는 감성 지능의 네 가지 차원으로 자기 인식 능력, 자기 관리 능력, 사회적 인식 능력, 관계 관리 능력을 든다. 리더십의 다양한 유형을 전망 제시형 리더, 코치형 리더, 관계 중시형 리더, 민주형 리더로 나누며, 불협화음을 일으키는 리더십으로는 선도형 리더십, 지시형 리더십을 들면서 다양한 리더십을 탄력적으로 활용하라고 한다.

이처럼 감성을 활용한 리더십을 갖추기 위해서는 평소 정서적 능력을 함양하여야 한다. 이를 위해서는 문학, 음악, 미술 등의 예술 교육이 중요한데 국어과는 문학 교육을 통해 이를 제공해야 한다. 문학이 추구하는 인간 구원의 주제 의식과 창의적 상상력, 예술이 지향하는 창의적, 미적 상상력은 지도자의 정서적 품성이나 따스한 인간성 함양을 위해 풍부히 체득되어야 한다. 국어과의 문학 교육은 지도자가 될 사람들이 문학적 능력도 갖추어 시를 짓고 읊조리며 문학을 사랑하고 문인, 예술가들을 존경할 수 있는 지도자가 되도록 기여해야 한다. 우리의 전통 교육에서도 육예(六藝: 禮·樂·射·御·書·數)라 하여 예악(禮樂)을 중시하였다는 점도 이러한 정서 교육과 무관치 않다.

2.3 도덕적 능력

도덕적 능력은 리더십에서도 가장 중요한 것이라 할 수 있는 것으로 재정 문제, 가족 문제, 이성 문제, 병역 문제, 신용 문제 등에서 도덕적 약점이 있는 리더십은 치명적이라는 점에서 중요하다. 겸손, 온유, 성실, 봉사, 인내, 절제 등의 도덕적 덕목이야말로 도덕이나 윤리 교과가 평소 교육하는 내용이거니와 도덕 교과의 모든 권장 덕목은 지도자 교육과 직결되는 일이라 할 수 있다.

리더십에서 도덕적 가치를 인권의 측면으로 중시하는 주장은 제임스 번스의 리더십론에서 강조되고 있다(제임스 번스 2006). 번스는 전 세계에 통용되는 가장 중요한 가치는 '인권'이라고 강조하며, 1948년 체결된 세계인권선언에 따라 "모든 사람은 생명, 자유, 안전에 대한 권리를 가지며, 그 누구도 노예의 신분이나 노예 상태에 예속되지 않을 것이다"라는 조항을 리더십이 실현해야 할 궁극적 가치라고 본다. 이에 따라 올바른 리더십은 이런 인권 가치를 실현할 '변혁적 리더십(transformational leadership)'이 되어야 한다고 본다. 지도자가 수행해야 할 과업은 인간 욕구에 부응하는 변화를 세상에 가져다주는 것이므로 지도자는 자유, 평등, 정의, 기회, 행복 추구 능력에 의해서 평가되는 것이라고 본다.[2]

이러한 지도자의 도덕적 요소는 도덕 교과가 가장 대표적으로 지원할 수 있는 것이지만 국어과 역시 독서 교육을 통해 많은 위인전을 읽히고 위인들을 본받게 함으로써 위인들이 가지고 있는 인격적 덕성의 장점들에 감동을 받게 할 수도 있고, 죄와 악이나 인간 구원에 관한 문제를 다룬 문학 작품들을 읽게 함으로써 인간 존재의 문제, 인권과 전쟁과 평화, 선악의 절대성이나 상대성 문제를 일깨워 지도자가 갖추어야 할 도덕적 관점을 갖추는 데 기여할 수 있어야 한다.

---

2) 이런 도덕적 리더십의 기준으로 본다면 오늘날 북한 정치범 수용소에서의 인권 유린 실태에 대한 국제사회의 고발에 대해 북한을 자극한다는 명목으로 침묵하고 유엔 대북 인권 결의에도 수차례 기권하고 햇볕정책이라는 미명하에 북한 독재 권력만 강화하는 일에 결과적으로 기여하고 있다는 비판을 받는 한국 정부와 그 지도자들의 리더십은 도덕적 결함을 가진 것으로 비판받게 된다. 이는 독재에 대한 침묵, 타협, 굴종이며 그에 따른 평화는 동족의 인권 유린 위에 누리는 불의하고 이기적인 거짓 평화에 불과하다는 비판을 피할 수 없기 때문이다.

 리더와 말 말 말

2.4 언어적 능력

　언어적 능력은 지도자의 능력이 언어로 전달된다는 점에서 중요하다. 대부분의 동서고금의 지도자가 탁월한 모어 능력이나 국제 외교상의 외국어 능력을 가지고 있다는 점에서 언어 능력은 지도자의 중요한 교양이다.

　지도자가 탁월한 지도력으로 공동체를 구성하는 조직 구성원간의 자유로운 의견을 도출할 수 있는 분위기를 조성하고 다양한 관점의 의견들을 수렴하여 전원 합일 또는 다수결로 문제 해결을 도모하되 소수 의견을 배려하는 협상력과 조정력을 갖추어야 한다는 점에서 리더의 언어 능력은 전적으로 화법 교육을 통해 함양해야 할 능력이다.

　언어적 능력의 핵심은 토론, 토의에서의 발표와 설득 능력이라든가, 사회를 보면서 다양한 의견을 통합 조정하는 능력이다. 따라서 리더는 훌륭한 설득자이면서 협상가이고 조정자이어야 한다. 특히 우리의 현행 화법 교육은 수평적 개인간 정서적 의사소통에 치중한 화법 교육을 하고 있어 지적 의사소통, 지도자(이끄는 이, leader) - 추종자(따르는 이, follower) 관계나 상위자 - 하위자간 관계처럼 수직적 관계에서의 의사소통 능력 등을 고려한 국어 화법 교육이 제대로 수행되고 있지 못하다.[3]

　지도자의 언어적 능력은 글쓰기 능력에서도 드러나므로 언변을 통한 감화력뿐만 아니라 글을 통한 감화력을 주려면 글 쓰는 훈련이 필요한데 이는 작문 교육이 뒷받침하여야 한다. 아무리 지적, 정서적, 도덕적으로 뛰어난 지도자라고 해도 결국은 그가 전달하고 제시하려는 꿈과 목표는 말과 글로 간결하게 나타나는 것이므로 지도자의 말과 글이 구성원들에게 감동을 주지 못한다면 지도자로서의 자격이 떨어진다. 올바른 말과 글을 쓰려면 지도자는 어휘와 문장 구성에 대한 문법 의식도 제대로 갖추어 '정확

---

3) 설득 교육이 비중이 매우 낮으므로 이를 강화하여야 한다고 보는 관점에서 화법 교육의 개선을 제안한 박재현(2006)의 연구와 본서 7장의 연구는 리더 육성 화법 교육에 시사하는 바가 크다.

한 용어'를 쓰고 사물을 '정확한 문장'으로 표현하는 능력이 요구된다.[4] 특히 정치, 외교 분야의 경우 용어 하나에도 철저함이 요구되므로 정치, 외교 분야의 지도자들은 국민을 향해서나 다른 나라 정상을 향해서나 더욱 언어 의식이 남달라야 하며 심지어 제스처, 표정 등의 비언어적 의사소통에도 탁월한 전략이 필요하다.

지금까지 우리는 지도력 함양의 하위 능력을 나누어 살펴보았지만 실상 이들은 별개로 작용하거나 얻어지기보다는 복합적으로 작용하는 것으로 보아야 한다. 즉, 지적, 정서적, 도덕적, 언어적 능력은 구별되어 훈련, 습득될 수 있겠지만 서로 연계되어 체득되고 작용하는 것으로 보아야 한다.

3. 지도자 육성 교육

지도력 함양 교육은 각 교과별로 지도력의 하위 능력을 체득하도록 훈련할 수 있을 것이다. 이때 다양한 전공의 지도자나 인물들에 초점을 맞추어 각 교과 영역별로 지도자를 육성하고 세우도록 훈련하여야 할 것이다.

---

4) 한국 사회는 지도자의 화법 문제로 큰 홍역을 앓고 있다. 가령, 2006년에 작전권 '환수(withdrawal)'라는 용어를 노무현 대통령이 집요하게 썼는데 이 용어는 부적절하다는 지적이 많다. 그의 의도라면 '작전권 단독 행사'가 바른 용어이다. 한미 대통령이 공동으로 50%씩 '공유' 지휘하는 전시 작전권을 '우리에게는 작전권도 없다'고 100% 없는 양 표현하고 다시 '작전권도 없으니 주권도 없다'라고 비약한 후 '미국도 한국을 자주국가로 대우해야 한다'는 식으로 말하여 그런 화법은 반미 선동 화법이라는 비판을 받았다. 또한 그는 작전권을 다른 나라에 맡긴 나라는 세계에 없다고 2006년 8.15 광복절 기념사에서 말하였는데, NATO의 경우 유럽 국가들이 미군에 나토 사령관을 위임하고 있어 이들이 주권과 작전권을 별개로 다루고 있는데도 그런 말을 하여 언론들로부터 국민에게 거짓말을 하였다는 비판까지 받았다. 戰時작전권에 관한 대통령의 傲氣와 모험주의(동아일보 2006-8-10 사설), 作統權 놓고 하루에 세 번 말 바꾼 국방장관(조선일보 2006-8-18 사설), 동맹국의 善意를 主權 침해로 본 盧(조갑제, 조갑제닷컴, 2006-8-15) 참고.

이는 지도자의 유형을 각 직업 분야별로 분류하여 각 교과가 세워 나갈 전문가로 육성하도록 하는 것이다. 가령 우리가 지도자라고 하는 것은 직업 분야로 들어가면 다음과 같이 세분되어 나타날 수 있다.[5]

① 기업 분야의 지도자: 기업주, 경영자, 기업 고위·중간 관리자 등
② 교육 분야의 지도자: 총학장, 교장, 교감, 교사, 학생 지도자(학생회장, 반장) 등[6]
③ 정치 분야의 지도자: 대통령, 정당 대표, 국회의원, 시민단체 운동가 등[7]
④ 사법 분야의 지도자: 대법원장, 판사, 검사, 변호사 등
⑤ 군사 분야의 지도자: 장군, 장교, 부사관 등[8]
⑥ 행정 분야의 지도자: 정부 부서 장차관, 고위 및 중간 관리직 공무원 등
⑦ 가정 분야의 지도자: 종친회나 가문의 어른, 가족의 부모, 부부, 주부, 맏이 등[9]
⑧ 예술 분야의 지도자: 기획자, 연출자, 감독자, 지휘자, 작가 등
⑨ 체육 분야의 지도자: 감독, 코치, 팀의 주장 등[10]
⑩ 종교 분야의 지도자: 성인(聖人), 목사, 승려, 평신도 지도자 등

위와 같은 직업 분야의 다양한 역할에 대한 역할 훈련을 평소 각 관련

---

5) 이 밖에도 우리는 다양한 직업별 리더십 소재가 연구되고 있음을 본다. 가령, 뉴욕 소방관의 체험을 소재로 리더십을 분석한 '(소방관 리더십)가장 먼저 들어가고, 가장 최후에 나와라'(존 샐커 저, 성문영 옮김 2005)처럼 구체적 직업의 리더십 참고.
6) 교육 관련 리더십에 대해서는, 교육혁신 리더십: 변하는 학교·변하는 역할(Judy Reinhartz, Don M. Beach 공저; 김정일, 최은수, 기영화 공역 2005), 교사의 리더십(Teachers and the leadership, 염철현 2004), 교육 리더십(윤정일, 이훈구, 주철안 공저 2004) 참고.
7) 대통령 리더십에 대해서는, 대통령과 국가 경영: 이승만에서 김대중까지(김충남 2006), 이승만과 나라 세우기(조선일보사 편 1995), 우남 이승만 연구(정병준 지음 2005), 이승만의 삶과 꿈: 대통령이 되기까지(유영익 1996), 내 무덤에 침을 뱉어라(1-8, 조갑제, 1998-2001), 대통령 리더십(최진 2003) 참고.
8) 군인의 리더십에 대해서는, 軍 리더십(이종인 외 1999), 장군들의 리더십: 비전 창출의 뉴카리스마(조성식 2005), 군 직업주의와 리더십(제정관 외 2003) 참고.
9) 가정(家庭)의 리더십에 대해서는, 부모의 리더십(이문용 외 편저 1989) 참고.
10) 스포츠 리더십에 대해서는, 세계적 스포츠 리더 55인의 성공 패스워드(윌리엄 J. 오닐 저·이서규 역 2005), CEO가 본 CEO 히딩크(강석진 외 지음; 조동성 엮음 2002) 참고.

교과 속에서 하는 것은 자연스레 전공 영역별 지도자 육성 훈련을 하는 것이 된다. 리더(leader) 즉 '이끄는 이'로서의 지도자 문제나 팔로워(follower) 즉 '따르는 이'로서의 수행자의 역할이 하나로 일체화하여 융합적으로 작용할 때 그 조직이 원만하고 안정적으로 발전할 수 있다는 점에서 지도자 교육은 결국 각 직업 전문 영역에서 전문가를 육성하는 교육과 상통한다. 가령, 정치 문제에서 역대 정치 지도자의 공과를 사례 분석하여 바람직한 리더십을 추출하는 일이라든가, 특히 실패한 지도자를 분석하여 반면교사 (反面敎師)로 삼는다든가 하는 일은 직접 인물 분석을 통한 지도자 육성 교육이라 할 수 있다. 이는 초중고교의 사회과에서 선거 관련 단원을 교육하고 있으므로 선거 요령을 다루면서 올바르게 후보를 검증하여 선출하는 데 민주 공명선거를 위한 실증적 사례로도 반영할 수 있을 것이다.

기업 분야의 경우에는 성공적 경영자들과 실패한 경영자들의 사례를 경제 교육에서 많이 도입하여 자유 시장 경제에 대한 긍정적 인식을 갖도록 할 필요가 있다. 우리나라 학생들이 자유 시장 경제에 대한 부정적 인식이 형성된 것은 이러한 경제교육이 전무한 탓으로 볼 수 있다.

가정 분야의 경우에는 이혼율이 급속도로 높아가는 우리나라의 현실에서 가정의 지도자인 부모가 어떤 리더 역할을 해야 하며 가족 구성원은 어떻게 따르는 자, 곧 추종자 역할을 해야 하는지 부모, 부부, 부모자식간, 형제간의 다양한 역할 문제를 다루어 가족의 중요성을 다루고 가정 해체의 원인을 진단하여 좋은 부모, 부부, 형제의 역할이 무엇인가를 일깨운다면 가정 문제를 위한 훌륭한 리더십 훈련 교육이 될 것이다.

청소년들의 관심이 많은 체육 스포츠 분야에서도 팀의 감독, 코치를 비롯해 팀의 대표인 주장이 어떤 리더 역할을 하고 구성원이 어떻게 따라주느냐의 문제는 중요한 사례들이다. 매일 벌어지는 스포츠의 승패 뉴스 속에서 승패를 가르는 원인들을 사례 연구를 통해 분석하면서 감독과 코치, 주장 등의 리더와 팀의 구성원들이 보여 주는 인간적 요소의 문제들을 이해하게 되면 스포츠 팀의 다양한 리더들의 협력 정신을 통해 개인의 지도

력 함양의 전략도 배우게 될 것이다. 물론 이러한 실전적 경험은 이론보다
도 학생들에게 구체적으로 각종 스포츠 활동을 장려하는 속에서 가능하다.

군사 분야에서는 지휘 통솔의 능력이 지휘관들에게 매우 절실하여 리더
십에 관한 연구가 기업 못지않게 중요하다. 평시의 부대 지휘 과정이나 유
사시의 비상 상황이나 전투 행위에서 모든 군인은 자신의 지휘 통솔 능력
을 시험받으며 그 능력에 따라 승패가 갈라진다. 설령, 장교가 아니더라도
사병 중에서도 상급자는 하급자에게 선임자로서 지휘통솔의 능력을 시험
받으므로 사병이라고 리더십 문제는 예외가 아니다. 따라서 군사 지휘관을
키우는 사관학교나 전투부대의 교육에서는 현재의 지휘 통솔 과정을 즉시
반성하며 지휘 개선을 하게 된다. 과거 전쟁이나 전투 사례와 같은 전사
(戰史)의 분석 연구를 통해서도 승리 또는 패배한 지휘관을 연구하게 되는
것도 지휘 통솔 능력 함양을 위한 지휘자 육성 교육의 사례라 하겠다. 한
국의 경우는 국민개병제(國民皆兵制)에 따라 지휘 통솔과 복종이 생명인 군
대생활을 통해 리더십을 배우는 측면이 강하다.

위와 같은 다양한 직업 분야별 지도자 분석 연구를 통한 지도자 육성
교육에는 역사상의 인물 사례 연구도 당연히 포함될 수 있다. 각 분야별로
지나간 시대의 위인, 지도자에 대한 성공과 실패 사례의 분석 학습이야말
로 지도자 교육, 지도력 실습에 좋은 귀감이 되는 교육이다. 역사상의 유
명하거나 실패한 정치 지도자, 군주, 전쟁 영웅과 패장, 기업가, 교육자, 예
술가 등의 삶을 분석하여 교훈으로 삼을 수 있다.

그동안 역사 교육이야말로 숱한 역사상의 인물들을 제시하면서도, 지도
자 교육이란 표현을 쓰지 않았을 뿐 실제는 어느 정도 지도자 교육을 해
온 것이라 볼 수 있다. 위인전 읽기 교육은 초등 차원에서부터 이루어져야
하지만 중고교 차원에서도 더 많은 인물 연구를 할 수 있어야 할 것이다.
지도자 연구는 역사 시간의 영웅 이야기나 문학 시간의 위인전 속에서만
나오는 것이 아니라 체육 시간의 성공적 감독이나 선수, 실패한 감독이나
선수의 사례를 분석하는 속에서도 학습될 수 있고 음악 시간에 훌륭한 지

휘자를 연구하는 것에서도 가능한 것이다.

이제 우리는 이러한 지도자 육성 교육의 지도자 모형으로 종교 분야에서 성경의 예수그리스도를 대상으로 그의 복음서 중의 하나인 마태복음에 나타난 예수그리스도의 대화 부분을 발췌하여 대화 분석을 통하여 성경이 제시하는 예수의 지도력과 표현 방식에 대해 분석하여 보고자 한다.

4. 성경과 예수 그리스도의 리더십

리더십 연구는 동서고금의 여러 고전, 역사상 또는 현대의 종교 성인, 사상가, 정치가, 기업경영인, 군사전략가 등의 지도자들을 대상으로 많이 이루어지고 있다. 우리나라의 경우는 충무공 이순신에 대한 연구가 많고[11] 김유신, 왕 건, 태조 이성계, 태종 이방원, 세종대왕, 정조대왕, 이승만, 김구, 안창호, 박정희 등에 대한 연구물, 자서전, 전기물들이 있다.

동양 고전 중에서는 '손자병법'과 같은 병법서나 유비, 조조, 손권, 제갈양, 관우, 장비의 리더십이 드러나는 '삼국지' 같은 작품 속에서 다양한 용병, 용인술을 보게 되고, 등장인물의 성격 연구를 통해 지도력을 발견하게 된다. 그리하여 수많은 병법을 보여 주는 '손자병법'이나 삼국지에 나오는 제갈양의 전략들은 무인(武人)의 리더십 교육서로 회자된다. 제갈양의 경우 맹획(孟獲)을 일곱 번이나 사로잡았다가 일곱 번 놓아 주었다는 데서 유래한 칠종칠금(七縱七擒), 상대방의 계략을 역이용하여 상대방을 쓰러뜨리는 장계취계(將計就計) 같은 용병술이나 용인술 같은 것은 동양적 리더십의 사례로 볼 수 있다.[12]

---

11) 충무공에 대해서는, 이순신과 원균의 갈등과 리더십을 다룬 박경식(2005), 이순신 리더십을 종합한 순천향대학교 이순신연구소(2005), 위인전이 숨기는 이순신의 일상적 리더십 이야기를 다룬 김헌식(2004), 그 밖에 김명교(2004), 김주영(2004) 참고.

 리더와 말 말 말

이와 마찬가지로 신구약 성경에서는 메시아 대망의 성경적 세계관에 따라 예수그리스도 외에 노아, 아브라함, 이삭, 야곱, 요셉, 모세, 여호수아, 다윗, 바울 등의 숱한 인물이 나오고 중요한 역할을 하기에 지도자로서의 면모를 보여 주므로 지도력 연구의 전형적 고전이라 할 수 있다. 그러나 무엇보다도 성경에서는 예수를 지도자로서 연구하고 평가하는 이야기가 그 중심이 된다. 성경이 리더십 연구서로 의미가 있는 것은 성경 속 인물 연구에서 오는 것 외에도 그리스도인이 된다는 것은 봉사적 리더가 되는 것을 뜻한다는 점에서 관심이 요구되기도 한다. 기독교인에게는 기독교인이 된다는 것 자체가 그가 속한 조직이나 공동체에서 공동체를 적극적으로 변화시켜야 할 사명이 있으므로 리더로서의 자질을 요구받는다.

예수에 대한 성경적 리더십 연구서는 다양한데 그 중에 예수를 '섬기는 리더'(servant leader)로 보고 '섬기는 리더십'(봉사적 리더십)을 주창하는 연구가 주목된다. 필 하지스(2004)는 예수를 이기적으로 군림하는 리더가 아니라 남을 섬기는 리더의 전형으로 본다. 제임스 헌터(2002)도 섬김의 리더십을 다루면서 경청하는 태도는 리더가 가져야 할 가장 중요한 덕목이라고 하고, 관계를 유지하는 가장 중요한 요소는 '신뢰'이며 새로운 패러다임의 핵심은 '존중하고 배려하는 것'으로 최고 경영자 예수의 경영 철학은 바로 '사랑'이고, 그의 영향력은 봉사하는 삶에서 비롯된다고 하며 봉사와 희생의 리더십으로 분석한다.

스티븐 그레이스(2003)에서는 '영향력을 리더십의 본질'로 보고 예수의 리더십을 영향력의 관점으로 본다. 예수는 영향력을 보여주었고, 계획적인 영향력을 발휘했으며, 신중하게 영향력을 발휘하라고 경고했고, 제도상의 영향력보다 개인의 역할을 강조했으며, 제자들이 건전한 영향력을 행사하기를 원했다고 분석하였다.

---

12) 삼국지 인물에 대해서는, 조조와 유비의 난세 리더십을 다룬 나채훈(2004), 삼국지의 영웅, 그들의 카리스마 리더십을 다룬 곽우가 저·김민호 역(2001), 삼국지에서 2인자 리더십을 다룬 나채훈(2005), 제갈량의 리더십을 다룬 동팡원뤼 편저·김효숙 역(2005) 참고.

예수의 리더십은 도덕적 가치 때문에 주목되기도 한다. 히틀러나 김정일 같은 폭군도 리더십의 대상으로 본다면 리더십은 가치중립적이 된다. 선악을 불문하고 지배하고 폭력 독재를 행한 자도 리더가 되고 리더십을 발휘한 자가 되기 때문이다. 그러나 경영에서 논하는 리더십이나 리더들은 이익만을 추구하는 파렴치한 약육강식의 자본가들만을 지향할 수 없으며 성경의 청지기 정신이나 청교도 정신이 필요하므로 리더십에는 가치중립이란 있을 수 없고 자유민주주의나 자본주의 윤리와 같은 도덕 가치가 핵심이라고 볼 수 있다. 리더십에서 도덕적 가치, 인권을 가장 중시하는 주장은 제임스 번스의 리더십론에서도 강조되고 있다(제임스 번스 2006). 이런 관점에서라면 예수의 리더십은 도덕적 리더십의 전형으로 볼 수 있다.[13]

한 홍(2005)은 시간의 관점에서 성경의 리더론을 다룬다. 그는 시간의 주인은 내가 아니므로 내가 시간의 주인인 양 욕망대로 사용해서는 안 되므로 성공적 인생을 위한 시간 관리의 지혜를 중시한다. 한 홍(2004)은 여호수아를 분석한 리더론을 보여 "하나님 말씀을 들으라, 팔로워십에서 시작하라, 한 걸음씩 내디디라, 거룩한 패기로 새 역사를 창조하라, 영적 리더십을 견고히 세우라, 믿음으로 전진하라, 패배를 패배시키라, 하프타임을 가지라, 성공을 경영하라, 열정적으로 현장에 뛰어들라, 사람을 키우라, 비전을 보여 주라, 칭찬하고 격려하라, 경험과 지혜를 전수하라" 등을 가르침으로 제시하고 있다.

최근에 나온 예수의 리더십 관련 연구서로는 경영학 교수(한양대)가 쓴 양창삼(2004ㄱ)을 들 수 있다. 이 책은 최고의 리더 예수의 생애가 보여 주는 리더십의 핵심 유형 25가지를 제시하고 있는 책으로 그는 예수 그리스도의 생애 자체가 리더십의 모형이라고 한다. 세상에 리더는 많지만 예수

---

13) 그 밖에 양창삼(2004), 스티븐 그레이브스·토마스 애딩턴 공저·정성묵 역(2003), 로리 베스 존스 저·송경근, 김홍섭 공역(1999, 2005), 헨리 블랙커비 저·윤종석 역(2003), 蔡偉賢 저·권영석 역(1995)도 예수의 영적, 경영적 관점의 리더십을 분석하고 있다. 성경의 여러 인물들의 리더십을 분석한 변성환 편(2005), 로린 울프 지음·최종옥 옮김(2004)도 있다.

와 비견할 수 있는 리더는 없으며 리더십에 관한 많은 이론이 나오고 있지만 예수의 리더십과 견줄 수 있는 리더십은 없다고 주장한다. 그가 분석한 예수의 25종의 리더십은 다음과 같다.

1) 진리와 생명으로 인도하는 리더십, 2) 시험 극복의 리더십, 3) 겸손의 리더십, 4) 인격 존중의 리더십, 5) 형상 회복의 리더십, 6) 제자의 도를 일깨우는 리더십, 7) 자기의 한계를 넘어서는 리더십, 8) 존재의 삶을 추구하는 리더십, 9) 외식보다 진실을 추구하는 리더십, 10) 현장 중심의 리더십, 11) 위임의 리더십, 12) 성과주의 리더십, 13) 통합의 리더십, 14) 감정이입의 리더십, 15) 감성 리더십, 16) 연민의 리더십, 17) 하나님의 영광을 드러내는 리더십, 18) 문제를 압도하는 리더십, 19) 하늘문으로 인도하는 리더십, 20) 포용의 암탉 리더십, 21) 섬김의 리더십, 22) 눈물의 리더십, 23) 낙심한 제자를 일으키는 리더십, 24) 반전의 리더십, 25) 종말적 삶의 리더십

그는 다른 글에서는 다음 기독교 리더십의 네 가지 기둥(four pillars)을 예수 리더십의 근간으로 압축하였다(양승삼 2006).

(1) **섬김의 리더십**(servant leadership): 기독교의 리더십이 세상의 권위적 리더십과 다른 것은 섬김의 리더십이다. 예수는 "너희 중에 큰 자는 너희를 섬기는 자가 되어야 하리라 누구든지 자기를 높이는 자는 낮아지고 누구든지 자기를 낮추는 자는 높아지리라"(마태복음 23:11, 12)고 말씀하였다. 예수는 제자를 가르친 리더였지만 제자의 발을 닦으며 병든 자들을 돌보며 섬기는 삶을 살았다. 기독교의 리더십이 종의 삶, 청지기의 삶을 강조하는 것은 리더십과 팔로워십이 둘이면서 하나로 통하는 것임을 보여 준다.

(2) **변혁의 리더십**(transformational leadership): 성경은 회개하고 변화하라는 것을 명령하므로 성경의 리더십은 지도자가 솔선하여 회개하고 새사람으로 거듭나는 삶을 먼저 보여야 한다.

(3) **전이(轉移)의 리더십**(transferring leadership): 기독교의 리더십은 한 개인이 변화하여 그가 속한 가정, 학교, 회사 등의 모든 관계를 변화시키도록 전도라는 방식으로 예수의 생각을 전하고, 담대히 말하고, 예수의 뜻대로 살고자 할 때

예수가 전이되며 세상에 소망을 심게 된다.

(4) **살리는 리더십**(life-giving leadership): 예수의 복음은 인간 삶에 생명을 불어넣는 구원과 기쁨의 복음이다. 복음이 가는 곳에 생기가 넘치고, 교회가 있는 곳에 기쁨이 넘쳐야 한다. 기독교는 파괴와 죽음과 공포를 주는 종교가 아니라 하나님 나라의 삶과 희망과 화평을 심어주는 종교이다.

다음으로 예수의 리더십 중에서도 화법 부분을 분석한 논의로는 박 필(2005)에서 예수의 대화 법칙을 논하면서 예수는 'YOU' 메시지가 상대방에게 반감을 주고 저항감을 주므로 'I' 메시지를 사용하였고, 입술의 언어가 아닌 마음의 언어를 사용하여 진심을 담아 얘기하였으며, 사실언어 대신 상대를 부드럽게 해 주고 편안하게 해 주는 감정언어를 사용하였고, 폐쇄적 언어 대신 신뢰를 주는 개방적 언어를 사용하였으며, 또한 간접언어, 몸의 언어, 문자언어를 사용하였다고 분석하였다. 그러나 이런 이분법적 분석은 지나친 일반화를 범하는 오류를 범하기 쉬운 문제점도 있다.[14]

제드 메디파인더(2005)에서는 예수를 화술의 달인으로 보고 예수에게 배우는 대화 소통의 절대 불변의 법칙 7가지를 관심, 관계 모색, 질문하기, 진실함, 이야기하기, 홀로 있기, 성공의 정의로 설명하고 있다. 특히 예수의 대중에 대한 관심과 관계 모색에서 나타나는 말 걸기, 질문법, 이야기하기의 대화 전략은 주목할 만하다.

예수의 대화를 화용론적 관점에서 연구한 것으로는 드물게 한철흠(2001)이 있다. 그는 그라이스(Grice)의 대화 원리에 따라[15] 성경의 대화를 분석하

---

14) 예수의 대화 방식을 분석한 연구로는 한철흠(2002), 제드 메디파인드 · 에리기 로케스모 공저 · 김수련 역(2005)이 있고, 예수의 비유를 분석한 연구로는 최갑종(1993), 요아킴 예레미아스 저 · 허혁 역(2001), 신성종(2005) 등이 있다.

15) H. P. Grice(1975)의 대화의 격률(대화 협동의 원칙 the cooperative principle):

① 질의 원리(Maxim of Quality): 진실을 말하기(truth-telling).

  (a) 거짓이라고 믿는 것은 말하지 말라(Do not say what you believe to be false).

  (b) 적절한 증거가 없는 것은 말하지 말라(Do not say that for which you

 리더와 말 말 말

였는데 다음에 그가 분석한 사례로 두 가지 대화 장면을 보자.

〈부자 청년과의 대화〉(마가복음 10:17-21)

예수께서 길에 나가실새 한 사람이 달려와서 꿇어 앉아 묻자오되 선한 선생님이여 내가 무엇을 하여야 영생을 얻으리이까

예수께서 이르시되 네가 어찌하여 나를 선하다 일컫느냐 하나님 한 분 외에는 선한 이가 없느니라

네가 계명을 아나니 살인하지 말라, 간음하지 말라, 도둑질하지 말라, 거짓 증언 하지 말라, 속여 빼앗지 말라, 네 부모를 공경하라 하였느니라

그가 여짜오되 선생님이여 이것은 내가 어려서부터 다 지켰나이다

예수께서 그를 보시고 사랑하사 이르시되 네게 아직도 한 가지 부족한 것이 있으니 가서 네게 있는 것을 다 팔아 가난한 자들에게 주라 그리하면 하늘에서 보화가 네게 있으리라 그리고 와서 나를 따르라 하시니

위 장면의 전반부 대화에서는 '선한 선생'이란 호칭을 한 청년의 말을 예수가 꾸짖어 비협조적인 느낌을 주어 대화 법칙에서 질의 원리를 위반한 것으로 보인다. 그러나 이 부분은 피상적으로는 질의 원리를 위반한 것

---

　　　　lack adequate evidence).
② 양의 원리(Maxim of Quantity)：정보의 양(amount of information)
　　(a) 진행되는 대화의 목적을 위해 필요한 만큼만 정보를 제공하라(Make your contribution as informative as is required for the current purposes of the exchange in which you are engaged).
　　(b) 필요 이상의 정보를 제공하지 말라(Do not make your contribution more informative than is required).
③ 관련성의 원리(Maxim of Relevance)：대화와 관련 있는 말만 하라(Be relevant).
④ 태도〔양식〕의 원리(Maxim of Manner)：
　　(a) Avoid obscurity(모호성을 피하라 = 명료하게 말하라).
　　(b) Avoid ambiguity(중의성을 피하라).
　　(c) Avoid unnecessary prolixity(불필요하게 지루한 말을 피하라 = 간결하게 말하라).
　　(d) Be orderly(조리 있게 하라).

으로 보이나 사실은 청년이 말한 '선함'의 개념이 인간적 기준임을 지적하고 절대선의 본질은 하나님뿐이라는 것을 깨닫게 하기 위한 예수의 대화 전략이었다. 그리하여 후반부에서는 영생의 방법을 알려주므로 협조적 자세로 전환하게 된다.

<구원 받은 자의 수에 대한 질문과 좁은 문의 교훈>(누가복음 13:23-30)

어떤 사람이 여짜오되 주여 구원을 받는 자가 적으니이까 그들에게 이르시되 좁은 문으로 들어가기를 힘쓰라 내가 너희에게 이르노니 들어가기를 구하여도 못하는 자가 많으리라

집 주인이 일어나 문을 한 번 닫은 후에 너희가 밖에 서서 문을 두드리며 주여 열어 주소서 하면 그가 대답하여 이르되 나는 너희가 어디에서 온 자인지 알지 못하노라 하리니

그 때에 너희가 말하되 우리는 주 앞에서 먹고 마셨으며 주는 또한 우리를 길거리에서 가르치셨나이다 하나

그가 너희에게 말하여 이르되 나는 너희가 어디에서 왔는지 알지 못하노라 행악하는 모든 자들아 나를 떠나가라 하리라

너희가 아브라함과 이삭과 야곱과 모든 선지자는 하나님 나라에 있고 오직 너희는 밖에 쫓겨난 것을 볼 때에 거기서 슬피 울며 이를 갈리라

사람들이 동서남북으로부터 와서 하나님의 나라 잔치에 참여하리니

보라 나중 된 자로서 먼저 될 자도 있고 먼저 된 자로서 나중 될 자도 있느니라 하시더라

이 부분도 구원자의 수효를 묻는 질문에 직접 대답을 하지 않아 충분한 정보 제공이 안 되었고 후반부에서는 좁은 문으로 들어가라는 가르침으로 과다한 정보를 제공하여 양의 원리를 위반한 것으로 보인다. 그러나 구원의 수효보다 구원의 방법이 중요함을 가르치는 것이라 단순히 양의 원리를 위반한 것이 아니며 궁극적인 진리로 인도하는 길을 알려주어 협조적 대화로 나아가는 방식의 대화를 한 것이다. 한철흠(2001)은 위와 같이 화용

론의 관점에서 예수의 대화를 분석한 결과 예수의 대화가 때로는 질의 원리, 양의 원리, 적절성의 원리와 같은 대화 원리나 협동의 원리를 위반하는 것으로 보이는 점이 있으나 이는 표면 구조상의 해석일 뿐 내면 구조상으로는 영적 진리에 목말라하는 대중들을 가르치기 위한 깊은 배려에서 나온 대화 방식이라고 보았다. 그의 이러한 연구는 신학적 연구를 보완하는 언어학적 연구의 가능성을 보여 준다.

예수의 대화 부분에 대한 분석으로는 마태복음에 나오는 제자, 서기관, 대제사장 등과 예수가 논쟁한 부분을 분석한 정영벽(2005)도 있다. 그의 분석에 따르면 예수의 논쟁 수행 방식은 상대방이 자기를 따르고 구원에 이르도록 언어적 상호작용을 하였으며, 상대의 편견, 인습, 이권, 왜곡, 오해 상태와 같은 문제를 정확히 인식하고 그에서 벗어나게 유도하고, 쟁점에 대해 정확한 용어로 표현하며 합리적 증거에 입각해서 논쟁을 수용하고, 반대, 대립, 갈등의 상대자와 불일치를 조정하여 갈등 해소, 관계 개선을 시도하는 책략을 구사하였다고 한다. 또한 상대가 자기 주장을 따르도록 상황을 관리하며, 자기 주장의 정당성과 합리성을 납득하도록 상대방을 가르치고, 설득하며, 상대방에 대해 열린 마음을 가지고 상대의 주장을 경청하고, 설득과 가르침을 위해 상대방을 이해시켜 자기의 생각에 이르도록 유도하고, 갈등을 생산적인 방법으로 관리함으로써 논쟁의 순기능을 수행하며 갈등을 회피하지 않고, 이를 통하여 다름을 확인시켜 주며, 옳고 그름을 가려, 문제의 해결책을 제시한다고 분석하였다.

이제 우리는 마태복음에 나오는 예수그리스도의 대화를 분석하여 그가 보여주는 영적 리더십이 화법 속에서 어떻게 나타나는지 살펴보도록 한다. 이 논의 과정에서 우리는 한국사에서 예수의 리더십을 실천한 기독 지도자들의 리더십 사례를 보충하여 제시하도록 할 것이다.

5. 마태복음에 나타난 예수의 언어 리더십

마태복음은 신약성경 27편 중에 나오는 4대 복음서의 하나로 신약 성경의 제일 처음에 나온다. 전체 1-28장으로 예수의 탄생부터 고난, 부활, 승천까지를 기록하고 있다. 이제 예수 그리스도께서 말한 부분들이 뜻하는 리더십으로서의 언어적 의미를 분석해 보도록 한다.

5.1 고전 권위의 언어

"예수께서 대답하여 이르시되 **기록되었으되** '사람이 떡으로만 살 것이 아니요 하나님의 입으로부터 나오는 모든 말씀으로 살 것이라' 하였느니라 하시니 이에 마귀가 예수를 거룩한 성으로 데려다가 성전 꼭대기에 세우고 이르되 네가 만일 하나님의 아들이어든 뛰어내리라 **기록되었으되** '그가 너를 위하여 그의 사자들을 명하시리니 그들이 손으로 너를 받들어 발이 돌에 부딪치지 않게 하리로다' 하였느니라 예수께서 이르시되 또 기록되었으되 '주 너의 하나님을 시험하지 말라' 하였느니라 하시니 마귀가 또 그를 데리고 지극히 높은 산으로 가서 천하 만국과 그 영광을 보여 이르되 만일 내게 엎드려 경배하면 이 모든 것을 네게 주리라 이에 예수께서 말씀하시되 사탄아 물러가라 **기록되었으되** '주 너의 하나님께 경배하고 다만 그를 섬기라' 하였느니라 이에 마귀는 예수를 떠나고 천사들이 나아와서 수종드니라"(마태 4: 4-11).

예수는 논쟁을 할 때 자기의 판단보다 대중이 권위로 인정하는 성경에 의지하였다. 그가 성경에 박식함은 하나님의 아들이라 당연하지만 인간인 목공 예수로서도 성경을 깊이 연구하였음을 보여 준다. 그리하여 위에 논박에서 드러나듯 '기록되었으되'라고 자신의 권위를 이스라엘에서 절대 권위를 가진 성경에 근거하여 제시함으로써 자신의 권위를 정당화하였다.

더욱이 노동자로서 예수는 학맥이나 학벌이 없었을 것이라 당시에도 천시 받을 위치였으나 성경을 관통하는 영적 메시지를 던졌기에 학자들이나 제사장들이 그 권위에 놀라 반박할 수 없게 만들었다. 여기서 지도자는 언중이 공감할 수 있는 공동체의 최고 전통과 권위를 존중하고 그에 근거함으로써 자기 권위의 정당성을 입증하는 화법을 구사해야 함을 알 수 있다. 아울러 지도자는 고전에 밝아야 한다고 볼 수도 있다. 이는 독서를 많이 하여 박학다식할 필요가 있음을 뜻한다. 예수는 4대 복음서의 대화에 남긴 것만 보아도 당시 유대 사회의 고전인 구약에 근거하여 말함으로써 자신의 발언에 대한 정당성을 부여하고 무엇보다도 자신이 그 구약 성경에서 예언한 메시아 예언의 성취임을 보여 주었다.

5.2 영적 권위의 언어

"이때부터 예수께서 비로소 전파하여 이르시되 회개하라 천국이 가까이 왔느니라 하시더라 갈릴리 해변에 다니시다가 두 형제 곧 베드로라 하는 시몬과 그의 형제 안드레가 바다에 그물 던지는 것을 보시니 그들은 어부라 말씀하시되 나를 따라오라 내가 너희를 사람을 낚는 어부가 되게 하리라 하시니 그들이 곧 그물을 버려 두고 예수를 따르니라 거기서 더 가시다가 다른 두 형제 곧 세베대의 아들 야고보와 그의 형제 요한이 그의 아버지 세베대와 함께 배에서 그물 깁는 것을 보시고 부르시니 그들이 곧 배와 아버지를 버려 두고 예수를 따르니라"(마태 4: 17-22)

위 부분은 지도자로 나선 첫 사역이 회개로부터 시작하였음을 보여 준다. 어느 조직이든지 새 지도자가 처음 할 일은 조직의 개혁을 위한 반성 곧 회개 운동이다. 리더는 기꺼이 회개의 선언을 그의 공동체에 요구할 수 있어야 하고 그러기 위해 스스로 회개한 자라야 한다.

예수가 평범한 서민들 속에서 제자들을 선택하고 자기를 따르라고 한 권위는 그가 사람을 이끄는 힘이 있음을 보여 준다. 예수는 12명의 제자를 만드는 것으로 그의 리더십을 세워 나간다. 누구나 외모, 부요, 권세,

지식, 달변 등으로 사람을 끌 수 있으나 이는 일시적이다. 예수의 매력은 결코 이런 것이 아니요, 회개를 선포할 수 있을 만큼 당당한 도덕적, 영적 권위라 할 수 있다. 이는 지도자에게 영적 권위가 있어야 함을 뜻한다.

5.3 목적 선포의 언어

"심령이 가난한 자는 복이 있나니 천국이 그들의 것임이요 애통하는 자는 복이 있나니 그들이 위로를 받을 것임이요 온유한 자는 복이 있나니 그들이 땅을 기업으로 받을 것임이요 의에 주리고 목마른 자는 복이 있나니 그들이 배부를 것임이요 긍휼히 여기는 자는 복이 있나니 그들이 긍휼히 여김을 받을 것임이요 마음이 청결한 자는 복이 있나니 그들이 하나님을 볼 것임이요 화평하게 하는 자는 복이 있나니 그들이 하나님의 아들이라 일컬음을 받을 것임이요 의를 위하여 박해를 받은 자는 복이 있나니 천국이 그들의 것임이라"(마태 5: 3-10)

위 내용은 유명한 마태복음의 팔복(八福)으로 팔복의 선포는 간결하면서도 명쾌하게 삶의 목적을 선포하고 있다. 리더는 삶의 윤리적, 도덕적 좌표를 제시하는 자로 개인뿐 아니라 공동체의 미래에 대해 존재 목적, 곧 방향을 제시하는 존재이다. 지도자는 공동체의 실천 사항을 목록으로 제시할 수 있어야 한다. 이는 다음 (4)의 구체적 목표 설정의 언어와 통한다.

5.4 목표 설정의 언어

"구하라 그리하면 너희에게 주실 것이요 찾으라 그리하면 찾아낼 것이요 문을 두드리라 그리하면 너희에게 열릴 것이니 구하는 이마다 받을 것이요 찾는 이는 찾아낼 것이요 두드리는 이에게는 열릴 것이니라 (중략) 좁은 문으로 들어가라 멸망으로 인도하는 문은 크고 그 길이 넓어 그리로 들어가는 자가 많고 생명으로 인도하는 문은 좁고 길이 협착하여 찾는 자가 적음이라"(마태 7: 7,8,13,14)

이 구절은 목표 설정과 목표에 대한 믿음의 간구가 중요함을 보여 준다. 지도자는 비전을 언어로 제시하는 사람으로서 목표를 구하고 찾고 두드리라는 것은 구체적 목표를 설정하고 입술로 목표 달성을 시인, 간구하며 행동으로 실천하라는 것이다. 그리고 그 목표는 세속적 목표가 아니고 도덕적 정당성을 가진 목표이어야 함을 암시하고 있으며 목표에의 확신이 가면 외롭고 어려운 길도 도전하기를 주저 하지 않고 제시할 수 있어야 하는 것이다.

5.5 목표 간구의 언어

"너는 기도할 때에 네 골방에 들어가 문을 닫고 은밀한 중에 계신 네 아버지께 기도하라 은밀한 중에 보시는 네 아버지께서 갚으시리라 또 기도할 때에 이방인과 같이 중언부언하지 말라 그들은 말을 많이 하여야 들으실 줄 생각하느니라"(마태 6: 6,7)

지도자는 목표를 설정하여 제시하는 것만으로 할 일이 끝나는 것이 아니다. 그 목표에 대해 끊임없이 신앙적으로 간구하는 열정을 가져야 한다. 이는 절대자에게 간구하는 기도를 뜻한다. 조직과 구성원을 위해 기도하는 지도자가 될 때 지도자의 영적 권위가 서고 정서적으로 안정되며 조직을 더욱 사랑하여 조직을 위해 더욱 헌신할 수 있을 것이다. 이는 신앙 없는 지도자보다는 신앙 있는 지도자가 신앙의 힘을 통해 더 큰 역할을 할 수 있음을 보여 준다.[16] 지도자가 자기 안위와 자기 가족의 영달만을 위해

---

16) 기업 경영에서 신앙으로 성공한 리더들을 다룬 책도 많다. 가령, 록펠러의 신앙에 대해서는 록펠러가 그의 어머니의 다음과 같은 유언에 따라 성실한 십일조 신앙으로 성공적 기업인이 되었다고 밝히고 있다. 록펠러 어머니의 유언: ①하나님을 친 아버지로 섬겨라. ②목사님을 하나님 다음으로 섬겨라. ③오른쪽 주머니에는 항상 십일조를 준비하라. ④누구도 원수를 만들지 말라. ⑤예배드릴 때에는 항상 앞자리에 앉아라. ⑥항상 아침에는 그날의 목표를 세우고 하나님 앞에 기도를 드려라. ⑦잠들기 전에는 반드시 하루를 반성하고 기도하라. ⑧남을 도울 수 있으면 힘껏 도와라. ⑨주일 예배는 꼭 본 교회에 가서 드려라. ⑩아침에는 가장 먼저 하나님의

기도한다면 지도자라 할 수는 없을 것이다.

지도자에게 간구의 기도가 있어야 한다는 위 가르침은 공동체를 이끌며 나아가 간구할 목표를 구성원에게 제시함과 동시에 당사자도 열심히 골방에서 기도로 간구해야 함을 뜻한다. 아울러 지도자는 분주한 일상에서 참모와 각종 인사들과의 만남 속에서도 자기만의 골방 기도 시간을 확보하여 영적 안식과 영감과 통찰력을 얻는 수준이 되어야 한다. 예수 그리스도야말로 기도하는 모범을 보여 주었고 구약 성경의 지도자들이나 신약 성경의 예수의 제자들은 기도하는 지도자들의 모습을 보여 준다.[17]

말씀을 읽어라(이채윤 2006). 우리나라에서도 기독 신앙으로 기업을 일구고 사회 환원을 실천한 기업인으로는 유한양행의 창시자인 유일한(柳一韓) 선생을 들 수 있다(조성기 2005).

17) 대한민국 건국과 관련하여 건국의 주역들에 기도하는 신앙인들이 많았음은 흥미롭다. 김 구 선생은 광복 후 귀국 한 이래 숙소였던 경교장(현 강북 삼성병원 안에 위치)에서 새벽마다 예배를 드렸다고 한다. 건국 대통령 이승만은 청년 시절부터 기독 사회 운동을 주도해 왔고 이승만의 한미동맹 외교는 한반도를 2천년의 대륙 세력(중국)과의 종속 관계에서 벗어나 태평양을 건너 해양 세력(미국)과 관계를 맺게 하여 오늘의 대한민국이 자유민주주의 발전이 가능하게 만들었다. 한편, 1948년 5월 31일 제헌국회(국회의원 198인)가 구성되어 개원할 때 제헌국회 첫 시작이 개회 기도로 시작하였음을 많은 사람들은 모르고 있다. 이렇게 개회를 기도로 시작한 것도 당시 이승만의 리더십을 종교 정파 불문하고 인정하였기 때문에 가능하였다. 당시 제헌국회 임시의장으로 추대된 이승만은 다음과 같은 말로 시작하고 있다.

임시 의장(이승만) : "대한민국 독립민주국 제1차 회의를 여기서 열게 된 것을 우리가 하나님에게 감사해야 할 것입니다. 종교, 사상 무엇을 가지고 있든지 누구나 오늘을 당해 가지고 사람의 힘으로만 된 것이라고 우리가 자랑할 수 없을 것입니다. 그러므로 하나님에게 감사를 드리지 않을 수 없습니다. 나는 먼저 우리가 다 성심으로 일어서서 하나님에게 감사를 드릴 터인데, 이윤영 의원 나오셔서 간단한 말씀으로 하나님에게 기도를 올려주시기 바랍니다."(제헌국회 국회 속기록 제1호, 1948. 5. 31)

이윤영 의원은 당시 독립운동을 한 목사이었다. 오늘날 같은 경우라면 정교(政敎) 분리의 논리로 이런 일이 어려울 것이다. 개회사는 뒤에 첨부한 부록을 참고하라.

5.6 절대 믿음의 언어

"예수께서 대답하여 이르시되 믿음이 없고 패역한 세대여 내가 얼마나 너희와 함께 있으며 얼마나 너희에게 참으리요 그를 이리로 데려오라 하시니라 이에 예수께서 꾸짖으시니 귀신이 나가고 아이가 그때부터 나으니라 이때에 제자들이 조용히 예수께 나아와 이르되 우리는 어찌하여 쫓아내지 못하였나이까 이르시되 너희 믿음이 작은 까닭이니라 진실로 너희에게 이르노니 만일 너희에게 믿음이 겨자씨 한 알 만큼만 있어도 이 산을 명하여 여기서 저기로 옮겨지라 하면 옮겨질 것이요 또 너희가 못할 것이 없으리라"(마태 17: 17-20)

"예수께서 대답하여 이르시되 내가 진실로 너희에게 이르노니 만일 너희가 믿음이 있고 의심하지 아니하면 이 무화과나무에게 된 이런 일만 할 뿐 아니라 이 산더러 들려 바다에 던져지라 하여도 될 것이요 너희가 기도할 때에 무엇이든지 믿고 구하는 것은 다 받으리라 하시니라"(마태 21: 21,22)

예수의 화법은 무엇보다도 믿음의 능력을 선포하는 화법을 요구한다. 이성적으로는 산을 명하여 여기서 저리로 옮겨지라고 하면 옮겨지지 않으나 믿음으로는 가능하다는 것을 끝까지 믿고 긍정적으로 선포하며 나아가라는 것이다. 기도하고 구하는 것은 다 받은 줄로 알라는 믿음은 하늘의 뜻에 기반한 것은 조금도 의심하지 말고 아무리 미정(未定) 상황이라도 기정화(既定化)하는 믿음의 언어를 구사하라는 것으로 해석할 수 있다.

5.7 권능 실천의 언어

"예수께서 그의 열두 제자를 부르사 더러운 귀신을 쫓아내며 모든 병과 모든 약한 것을 고치는 권능을 주시니라 … 가면서 전파하여 말하되 천국이 가까이 왔다 하고 병든 자를 고치며 죽은 자를 살리며 나병환자를 깨끗하게 하며 귀신을 쫓아내되 너희가 거저 받았으니 거저 주라"(마태 10: 1-8)

지도자는 비록 홀로 판단하고 결정해야 할 외로운 자리에 있지만 평소 제자를 키우는 노력이 있어야 한다. 지도자는 자신을 이을 후계자, 자신의 유고시 조직을 이끌어 갈 대행자를 늘 염두에 두고 후계자, 대행자를 평소에 키워놓아야 하는데 예수는 제자를 육성하여 그 역할을 하였다.

예수의 치유의 행적을 보고는 숱한 무리가 따랐지만 막상 그가 십자가의 길을 걸어가 지상의 왕이 아닌 하늘의 왕의 길을 택하여 걸어갈 때는 그 뜻을 모르고 그에게 돌팔매질을 하고 저주를 내린 것이 유대 백성들이다. 그러나 그에게 남은 것은 가롯 유다를 뺀 11 제자로서 가롯은 배반자가 되었지만 새로이 사도 바울이 나타나 이들 제자들에 의해 신약의 메시지가 기록된다. 공자, 석가모니도 제자들을 키운 데서 공통점을 찾을 수 있다.[18] 우리나라의 경우 지도자들이 후계자를 키우지 않고 권력을 독식

---

18) 공자는 서경(書經), 시경(詩經) 등을 정리하고 이를 교재로 3000여 제자를 가르쳤고 육예(六藝)에 통달한 자가 72명이나 되었다고 하는데 특히 이름이 남은 열 제자를 공문십철(孔門十哲) 또는 사과십철(四科十哲)이라 한다. 논어(論語) '선진편(先進篇)'에 공자가 진채(陳蔡)의 들판에서 위난을 당하였을 때 함께 있던 제자들 10명의 이름을 들었다. 그는 덕행(德行)에는 안연(顔淵)·민자건(閔子騫)·염백우(伯牛)·중궁(仲弓)을, 언어에는 재아(宰我)·자공(子貢)을, 정사(政事)에는 염유(有)·계로(季路)를, 문학에는 자유(子游)·자하(子夏)를 뛰어나다고 하였다. 여기에 나오는 덕행·언어·정사·문학을 사과(四科)라고 한다. 이에 대해서는 '사기'(史記) 중 '孔子世家' 편과 '仲尼弟子列傳' 편을 번역한 司馬遷 저; 김기주·황지원·이기훈 공역(2003) 참고.
석가모니의 10대 제자는 일정하지 않았는데 '유마경(維摩經)'의 제자품에서 언급된 인물들이 10대 제자로 불린다.
　① 사리불(舍利弗 riputra): 부처의 설법 상대로서 '사리자'(舍利子)로 호칭되며 별명은 지혜 제일이다.
　② 목건련(目建連 Maudgalyayna): '목련' 또는 '대목건련'이라 불리며 신통력이 뛰어났다 하여 별명은 신족(神足) 제일이다.
　③ 가섭(迦葉 Kyapa): 대가섭·마하가섭이라 불리며 욕심이 적고 족한 줄을 알아 항상 규율을 엄격히 지켰다 하여 행법(行法) 제일 또는 두타(頭陀) 제일이라 했다. '염화시중(拈華示衆)의 미소'로 유명하다. 첫번째 결집(結集)을 주도했으며, 불립문자의 전통을 세운 선종에서는 그를 초대 조사로 간주한다.
　④ 수보리(須菩提 Subhti): 공(空)의 뜻을 가장 잘 이해했다 하여 해공(解空) 제일이라 했다.
　⑤ 부루나(富樓那 Prna): 교화하는 일에 뛰어난 재능을 발휘했다 하여 설법 제일이라 했다.
　⑥ 가전연(迦延 Ktyyana): 마하가전연이라고도 불린다. 교의에 대해 논하는 데

하여 문제가 된다는 지적을 많이 한다. 참된 지도자는 결국 소수의 제자를 키워 장기적으로 세상을 변혁시키는 사람이라 할 수 있다.

다음으로 제자 파송 시에 내린 실천 지침을 보면 "천국이 가까이 왔다"라고 전하라는 것은 하늘의 희망을 전하라는 것이다. "병든 자를 고치며 죽은 자를 살리며 나병환자를 깨끗하게" 하라는 것은 대중의 현실 요구에 적극 응하여 해결해 주라는 것이며 "귀신을 쫓아내라"는 것은 인간을 어지럽히는 혹세무민의 영적, 세속적 세력을 단호히 응징하라는 것이며, "너희가 거저 받았으니 거저 주라"는 것은 재물의 유혹을 멀리하라는 것이다. "너희는 뱀 같이 지혜롭고 비둘기 같이 순결하라"는 것은 제자의 덕목이 지혜와 순결임을 뜻하고 "사람들을 삼가라 그들이 너희를 공회에 넘겨주겠고 그들의 회당에서 채찍질하리라. 너희를 넘겨 줄 때에 어떻게 또는 무엇을 말할까 염려하지 말라 그 때에 너희에게 할 말을 주시리니"라는 것은 고난을 각오하고 비굴하지 말고 훼절하지 말고 지조를 지키라는 것이다. 이러한 요구를 할 수 있으려면 지도자가 먼저 솔선수범하였어야 함은 물론이다.

가장 뛰어나 논의 제일이라 했다.

⑦ 아나율(阿那律 Aniruddha): 심원한 통찰력에서 타의 추종을 불허했다 하여 천안(天眼) 제일이라 했다.

⑧ 우바리(優波離 Upli): 이발사라는 비천한 신분 출신이며, 교단의 규율에 정통하고 계율을 지키는 데 엄격하여 지율(持律) 제일이라 했다.

⑨ 라훌라(羅羅 Rhula): 석가모니의 아들로서 출가의 장애가 되었다 하여 붙인 이름으로 교단 최초의 사미라고 하며, 자기가 지켜야 할 것을 은밀히 잘 실행했다 하여 밀행(密行) 제일이라 했다.

⑩ 아난(阿難 nanda): 석가모니의 사촌 형제로 '아난다'로 알려져 있으며 석가모니가 입멸할 때까지 25년 동안 그림자처럼 따라다니며 시중들고 가장 많은 말씀을 직접 들었으므로 다문(多聞) 제일이라 했다. (출처: 브리태니커 백과사전)

5.8 용서의 언어

"또 눈은 눈으로, 이는 이로 갚으라 하였다는 것을 너희가 들었으나 나는 너
희에게 이르노니 악한 자를 대적하지 말라 누구든지 네 오른편 뺨을 치거든 왼
편도 돌려 대며 또 너를 고발하여 속옷을 가지고자 하는 자에게 겉옷까지도 가
지게 하며 또 누구든지 너로 억지로 오 리를 가게 하거든 그 사람과 십 리를 동
행하고 네게 구하는 자에게 주며 네게 꾸고자 하는 자에게 거절하지 말라 나는
너희에게 이르노니 너희 원수를 사랑하며 너희를 박해하는 자를 위하여 기도하
라"(마태 5: 38-44)

지도자는 자기 이익을 포기하고 고통을 배로 할 각오로 남에게 양보할
각오가 되어 있어야 하며 결코 보복을 해서는 안 된다고 하는데 요체는
"원수를 사랑하라"에 담겨 있다. 이러한 가르침은 개인간에도 보복을 금지
하는 계율로 이미 구약 창세기의 가인이 아벨을 살해한 사건에서 다음 성
경 구절처럼 가인이 보복을 두려워하며 탄식하자, 가인에게 보복하는 자는
벌을 칠 배나 받을 것을 하나님이 경고하여 인간끼리의 보복을 금지시킨
다. 이는 모든 심판은 하나님의 소관 사항임을 뜻하는 것이다.

"가인이 여호와께 아뢰되 내 죄벌이 지기가 너무 무거우니이다 주께서 오늘
이 지면에서 나를 쫓아내시온즉 내가 주의 낯을 뵈옵지 못하리니 내가 땅에서
피하며 유리하는 자가 될지라 무릇 나를 만나는 자마다 나를 죽이겠나이다 여
호와께서 그에게 이르시되 그렇지 아니하다 가인을 죽이는 자는 벌을 칠 배나
받으리라 하시고 가인에게 표를 주사 그를 만나는 모든 사람에게서 죽임을 면
하게 하시니라"(창세기 4: 13-15)

인간에 의한 보복은 계속 보복을 불러일으키는 것이라 성경은 보복을
금지한다. 이러한 보복 금지는 국가간에도 전쟁 금지로 나타나는 요구 사
항이다. 그러나 오늘날 약육강식의 세계에서는 이러한 지도자를 찾아보기
어렵다.

 리더와 말 말 말

또한 위의 성경 가르침은 죄인이 사랑 받으려면 진정한 회개가 있어야
함을 뜻하기도 한다. 누구나 잘못에 대한 진정한 회개가 있어야 사랑받을
가치가 있음을 보여 준다. 용서에 대한 실천은 2차 대전 전쟁 범죄에 대한
독일과 일본의 대조적 태도에서 드러난다. 독일은 유대인 학살의 범죄를
진정으로 독일 대통령이 유대인 희생자탑에 무릎 꿇고 헌화하며 참회함으
로써 유대인들의 용서를 받을 수 있었고 화해 관계를 회복하였다. 그러나
일본 정부는 한국에 대한 식민 지배로 큰 고통을 한국에 안긴 것을 진정
으로 회개하며 참회를 한 적이 없다. 대체로 형식적 유감 표현 정도로 인
색하게 표현하고는 구체적 실천을 보이지 않았다. 전범들의 위패가 안치된
야스쿠니 신사에 참배하거나 일본의 식민 지배를 정당화하는 논리를 자국
2세들에게 역사교육에서 강요하려고 하고 있다. 이러한 두 민족의 상반된
차이는 독일의 경우, 용서와 회개를 가르치는 기독교 복음주의 국가의 전
통이 있어 왔기 때문에 가능하고, 일본은 회개와 용서를 강조하는 종교적
전통이 없기에 그러하다고 볼 수 있다.

5.9 절제의 언어

"또 간음하지 말라 하였다는 것을 너희가 들었으나 나는 너희에게 이르노니
음욕을 품고 여자를 보는 자마다 마음에 이미 간음하였느니라 만일 네 오른 눈
이 너로 실족하게 하거든 빼어 내버리라 네 백체 중 하나가 없어지고 온 몸이
지옥에 던져지지 않는 것이 유익하며 또한 만일 네 오른손이 너로 실족하게 하
거든 찍어 내버리라 네 백체 중 하나가 없어지고 온 몸이 지옥에 던져지지 않는
것이 유익하니라"(마태 5: 27-30)

이는 육적으로 절제와 도덕성을 갖추어야 한다는 것인데 표현이 매우
엄혹하다. 인간의 언어에서는 '음욕, 간음'과 같은 성적 표현은 직설적 표
현을 삼가고 완곡하게 표현하는 경향인데 예수는 직설적으로 표현하여 그
죄악성을 설파한다. 흔히 동서양 정치 지도자들이 영웅호색이라고 한 말은

자기들의 부도덕을 미화하는 말에 불과하니 예수의 경고와 비교가 된다.

성경은 지도자의 간음과 부정으로 인한 국가적 재앙의 사례를 구약 성
경의 다윗왕을 통해 보여 주고 있다. 다윗은 구약에서 위대한 회개의 신앙
인으로 언급되기도 하지만 그는 이방 왕국인 '두로'의 왕이 조공으로 바쳐
지어준 궁전에 들어앉으면서 나태해지기 시작하였고, 이방 출신 부인들을
통해 이방의 우상신 풍속이 들어오도록 방치하였고, 이방 출신의 부하 장
군인 우리아의 아내 밧세바라는 이방 여인과 간음한 이래 밧세바가 낳은
아들 솔로몬만 편애하기 시작하였다. 그즈음 다윗의 부정과 타락이 다윗의
권위를 잃게 만들자 징계가 다윗의 가문에 임해 다윗의 아들 암논이 이복
누이 다말을 농락하고 이에 다말의 오라비 압살롬이 암논을 죽여 보복하
는 형제간 전쟁으로 비화된다. 이어 압살롬은 그 부친 다윗이 행한 간음을
그대로 본받아 다윗에 반역하여 다윗을 내쫓고 다윗의 후궁들을 범하는
패륜을 저질러 부자간에 전쟁을 벌이게 되며 그 전쟁으로 결국 압살롬이
죽게 되는 가족의 비극으로 치닫게 된다.

그 후로도 다윗 왕국은 솔로몬 통치를 거친 후 북 이스라엘 왕국과 남
유대 왕국으로 남북이 분단되는 비극을 맞게 되는데 이 모든 과정의 뿌리
는 다윗이 이방의 우상신 풍속의 유입을 허용하고 이방 여인 밧세바와 간
음한 데서 시작된 불행으로 간음은 자식간, 부자간, 친족간 전쟁이라는 가
정 파탄, 국가 분열이라는 죄업을 이룩하게 되는 것이다(김성일 2000:150-152,
187-194). 따라서 성경은 항상 영적 간음과 육적 간음의 죄를 무서운 죄로
경고하여 10계명에서도 다른 신을 믿지 말 것과 간음하지 말 것을 명령하
고 있다. 다윗은 그가 통렬히 회개하여 나중에 성군으로 추앙되지만 지도
자의 부정의 죄가 얼마나 심대한 결과를 가져오는지를 보여 준다.

5.10 섬김의 언어

"너희 중에는 그렇지 않아야 하나니 너희 중에 누구든지 크고자 하는 자는

너희를 섬기는 자가 되고 너희 중에 누구든지 으뜸이 되고자 하는 자는 너희의 종이 되어야 하리라 인자가 온 것은 섬김을 받으려 함이 아니라 도리어 섬기려 하고 자기 목숨을 많은 사람의 대속물로 주려 함이니라"(마태 20: 26-28)

"너희 중에 큰 자는 너희를 섬기는 자가 되어야 하리라 누구든지 자기를 높이는 자는 낮아지고 누구든지 자기를 낮추는 자는 높아지리라"(마태 23: 11,12)

위 표현은 크고자 하는 자 즉 지도자가 되려는 자는 섬기는 자 즉 따르는 자가 되라는 것으로 리더십과 팔로워십이 동질적이라는 것을 역설의 진리로 선언하고 있다. 모든 군주, 영웅호걸 장군들이 절대 권력을 누리던 봉건 왕조 시대에 섬김의 지도자를 설파한 예수는 지도자의 개념이 당대의 세속 권력과 달랐음을 보여 준다.

5.11 치유의 언어

"예수께서 베드로의 집에 들어가사 그의 장모가 열병으로 앓아누운 것을 보시고 그의 손을 만지시니 열병이 떠나가고 여인이 일어나서 예수께 수종 들더라 저물매 사람들이 귀신 들린 자를 많이 데리고 예수께 오거늘 예수께서 말씀으로 귀신들을 쫓아내시고 병든 자들을 다 고치시니"(마태 8: 14-16)

"예수께서 모든 도시와 마을에 두루 다니사 그들의 회당에서 가르치시며 2) 천국 복음을 전파하시며 모든 병과 모든 약한 것을 고치시니라"(마태 9: 35)

예수의 사역의 상당수는 병든 자에 대한 치유 사역이다. 기적을 통해 육신의 병든 자를 고친 것에서 지도자는 구성원이나 가족의 육신의 고통에도 관심을 가지고 기도, 물질로 도움을 줄 수 있어야 한다. 지도자가 구성원과 그 가족의 육신의 아픔에도 관심을 가질 때 구성원이 충성하지 않을 수 없다. 육신의 아픔 외에도 정신적 고통 가운데 사는 구성원이 많으므로 지도자의 언어는 그들의 정신적 고통을 상담하고 위로하고 치유하는 언어가 되어야 한다.

5.12 유언의 언어

"예수께서 나아와 말씀하여 이르시되 하늘과 땅의 모든 권세를 내게 주셨으니 그러므로 너희는 가서 모든 민족을 제자로 삼아 아버지와 아들과 성령의 이름으로 세례를 베풀고 내가 너희에게 분부한 모든 것을 가르쳐 지키게 하라 볼지어다 내가 세상 끝 날까지 너희와 항상 함께 있으리라 하시니라"(마태 28: 18-20)

예수의 마지막 화법은 온 땅에 복음을 전하라는 명령을 제자들에게 유언으로 남기는 것이다. 지도자가 떠나도 지도자의 지도 이념이나 목표는 영원히 남아야 한다. 그러한 유언은 제자들과 추종자들에게 이어 가는 법이다. 이는 지도자란 언제라도 떠날 때를 대비해 평소 마무리를 철저히 준비하고 있어야 함을 보여 준다. "떠날 때는 말없이"의 가르침이 아니라 "떠날 때는 핵심적인 한마디 가르침을 남기라!"는 것으로 평소의 신념을 유언처럼 제자들에게 공지시켜 마무리를 잘하여야 한다. 지도자는 떠나도 그의 말은 공동체 구성원의 가슴과 정신에 남아 실천되어야 한다.

5.13 책망의 언어

"예수께서 권능을 가장 많이 행하신 고을들이 회개하지 아니하므로 그 때에 책망하시되 화 있을진저 고라신아 화 있을진저 벳새다야 너희에게 행한 모든 권능을 두로와 시돈에서 행하였더라면 그들이 벌써 베옷을 입고 재에 앉아 회개하였으리라 내가 너희에게 이르노니 심판 날에 두로와 시돈이 너희보다 견디기 쉬우리라"(마태 11: 20-22)

"화 있을진저 외식하는 서기관들과 바리새인들이여 너희는 천국 문을 사람들 앞에서 닫고 너희도 들어가지 않고 들어가려 하는 자도 들어가지 못하게 하는도다… 화 있을진저 외식하는 서기관들과 바리새인들이여 회칠한 무덤 같으니 겉으로는 아름답게 보이나 그 안에는 죽은 사람의 뼈와 모든 더러운 것이 가득하도다 이와 같이 너희도 겉으로는 사람에게 옳게 보이되 안으로는 외식과 불법이 가득하도다 … 뱀들아 독사의 새끼들아 너희가 어떻게 지옥의 판결을 피하겠느냐"(마태 23: 13-33)

예수는 당대 지도층의 위선과 사악함에 대해서는 거룩한 분노의 책망을 하였다. '화 있을진저'와 같은 그의 엄혹한 표현은 11장뿐 아니라 23장에서도 여러 차례 나타난다. 이는 지도자가 불의와 타협하지 않으며 정의감에 따른 거룩한 분노의 책망을 할 수 있어야 함을 뜻한다. 특히 위 표현에서는 '화 있을진저'라는 표현을 반복하여 심판의 무서움을 강조하고 있다. 예수는 이러한 반복법을 자주 사용한다.

5.14 맹세 금지의 언어

"또 옛 사람에게 말한 바 헛 맹세를 하지 말고 네 맹세한 것을 주께 지키라 하였다는 것을 너희가 들었으나 나는 너희에게 이르노니 도무지 맹세하지 말지니 하늘로도 하지 말라 이는 하나님의 보좌임이요 땅으로도 하지 말라 이는 하나님의 발등상임이요 예루살렘으로도 하지 말라 이는 큰 임금의 성임이요 네 머리로도 하지 말라 이는 네가 한 터럭도 희고 검게 할 수 없음이라. 오직 너희 말은 옳다 옳다, 아니라 아니라 하라 이에서 지나는 것은 악으로부터 나느니라"(마태 5: 33-37)

지도자는 결코 맹세하지 말라는 것이며 말보다 실천하라는 것이다. 10계명에서도 "너는 네 하나님 여호와의 이름을 망령되게 부르지 말라"고 하여 지키지 못할 맹세를 함부로 신의 이름으로 맹세하며 하지 말 것을 경고하고 있다. 그럼에도 많은 사람들이 하늘을 두고 맹세하는 일이 흔하다. 이러한 맹세가 흔히 개인간에도 벌어져 개인간 신용을 떨어뜨리기도 하는데 정치의 선거 행사들에서도 흔히 벌어져 민주제도의 한계를 보이기도 한다. 즉 정치인의 선거 공약은 유권자 앞에서 맹세하는 의식인데 대부분 검증하기 어려워 실천 못할 거짓말 잔치로 끝나기 때문이다. 따라서 후보들은 유권자 앞에서 공약 맹세를 할 것이 아니고 공약 이행이 검증 가능하게 만들어야 한다. 지도자는 공약을 내세워 맹세하지 말아야 하며 말보다 실천을 앞세우라고도 볼 수 있다. 맹세와 같은 공허한 말이 앞서는 지도자는 신뢰하기 어렵기 때문이다.

5.15 비방 금지의 언어

"나는 너희에게 이르노니 형제에게 노하는 자마다 심판을 받게 되고 형제를 대하여 라가('라가'는 히브리인의 욕설)라 하는 자는 공회에 잡혀가게 되고 미련한 놈이라 하는 자는 지옥 불에 들어가게 되리라 그러므로 예물을 제단에 드리려다가 거기서 네 형제에게 원망들을 만한 일이 있는 것이 생각나거든 예물을 제단 앞에 두고 먼저 가서 형제와 화목하고 그 후에 와서 예물을 드리라"(마태 5: 22,23)

남에게 욕설이나 비방을 하지 말라고 하며, 불편한 관계가 있는 자와는 먼저 화해의 언어를 전하라고 명한다. 예배 가기 전에는 불화한 자와 반드시 화해하라고 한다. 이는 지도자가 원한 관계, 원한의 언동이 없어야 하며 사사로운 개인의 원한 관계나 편견을 가지고 정책을 구상하거나 집행해서는 안 됨을 뜻한다.

5.16 비판 금지의 언어

"비판을 받지 아니하려거든 비판하지 말라 (중략) 외식하는 자여 먼저 네 눈 속에서 들보를 빼어라 그 후에야 밝히 보고 형제의 눈 속에서 티를 빼리라"(마태 7: 1,5)

사랑에서 우러나오는 건전한 비판은 필요하다. 그러나 비판을 하더라도 자기에게도 동일한 허물이 있으면 비판할 자격이 없다. 비판하려면 스스로를 돌아보고 자기 허물을 제거한 후 비판할 자격이 있다는 것으로 조건적으로 비판하라는 가르침이다. 이와 별도로 거룩한 신의 의로움에 근거한 비판과 책망은 정당한 것이 된다.

5.17 염려 금지의 언어

"그러므로 내가 너희에게 이르노니 목숨을 위하여 무엇을 먹을까 무엇을 마실까 몸을 위하여 무엇을 입을까 염려하지 말라 목숨이 음식보다 중하지 아니하며 몸이 의복보다 중하지 아니하냐 너희 중에 누가 염려함으로 그 키를(또는 목숨을) 한 자라도 더할 수 있겠느냐 (중략) 그런즉 너희는 먼저 그의 나라와 그의 의를 구하라 그리하면 이 모든 것을 너희에게 더하시리라 그러므로 내일 일을 위하여 염려하지 말라 내일 일은 내일이 염려할 것이요 한 날의 괴로움은 그 날로 족하니라"(마태 6: 25-27, 33, 34)

지도자는 근심 염려의 부정적 표현을 입에 담지 말아야 한다. 구성원 앞에서 근거 없는 낙관만을 이야기하는 것도 잘못이지만 대책 없이 근심 염려만 하는 자도 지도자로 부적격하다. 희망을 주고 최악 상황에서도 낙관을 견지해야 한다.

5.18 비유의 어법

"너희는 세상의 소금이니 소금이 만일 그 맛을 잃으면 무엇으로 짜게 하리요 후에는 아무 쓸 데 없어 다만 밖에 버려져 사람에게 밟힐 뿐이니라 너희는 세상의 빛이라 산 위에 있는 동네가 숨겨지지 못할 것이요 사람이 등불을 켜서 말 아래에 두지 아니하고 등경 위에 두나니 이러므로 집 안 모든 사람에게 비치느니라 이같이 너희 빛이 사람 앞에 비치게 하여 그들로 너희 착한 행실을 보고 하늘에 계신 너희 아버지께 영광을 돌리게 하라"(마태 5: 13-16)

지도자는 비유 화법에 밝아야 한다. 어리석은 대중들을 감화시키는 힘은 직설적 화법에서도 나오지만 어려울수록 비유적 가르침이 필요하다. 너희는 위대한 사람이고 부패하지 말아야 한다고 직설로 말하기보다 너희가 빛이고 소금이어야 한다면서 비유로 말함은 사물을 통해 가장 쉽게 진리의 핵심에 도달하는 방법이다. 복음서에는 예수의 다양한 비유 어법이 나온다.[19) 비유로 말한 까닭에 대해 성경은 다음과 같이 밝히고 있다(마태 13: 34-35).

"예수께서 이 모든 것을 무리에게 비유로 말씀하시고 비유가 아니면 아무 것도 말씀하지 아니하셨으니 이는 선지자를 통하여 말씀하신바 내가 입을 열어 비유로 말하고 창세부터 감추인 것들을 드러내리라 함을 이루려 하심이라"(마태 13: 34,35 / 시편 78: 2)

5.19 역설의 어법

"이에 예수께서 제자들에게 이르시되 누구든지 나를 따라오려거든 자기를 부인하고 자기 십자가를 지고 나를 따를 것이니라 누구든지 제 목숨을 구원하고자 하면 잃을 것이요 누구든지 나를 위하여 제 목숨을 잃으면 찾으리라"(마태 16: 24,25)

"너희 중에 누구든지 크고자 하는 자는 너희를 섬기는 자가 되고 너희 중에 누구든지 으뜸이 되고자 하는 자는 너희의 종이 되어야 하리라 인자가 온 것은 섬김을 받으려 함이 아니라 도리어 섬기려 하고 자기 목숨을 많은 사람의 대속

---

19) 예수의 비유는 30여 가지 등장한다: 반석과 모래 위에 지은 집 비유, 생베 조각과 낡은 옷 비유, 새 포도주와 낡은 가죽부대의 비유, 장터에서 노는 아이들 비유, 씨 뿌리는 자의 비유, 곡식과 가라지의 비유, 겨자씨 비유, 누룩 비유, 감추인 보화 비유, 값진 진주 비유, 그물 비유, 잃은 양 비유, 용서하지 않은 종의 비유, 포도원 품꾼의 비유, 두 아들 비유, 악한 포도원 농부의 비유, 혼인 잔치 비유, 무화과 나무 비유, 열 처녀 비유, 달란트 비유, 양과 염소 비유, 두 빚진 자의 비유, 선한 사마리아인의 비유, 밤중에 찾아온 친구의 비유, 어리석은 부자의 비유, 문지기의 비유, 잃은 드라크마의 비유, 탕자의 비유, 불의한 청지기의 비유, 부자와 나사로의 비유, 무익한 종의 비유, 불의한 재판관의 비유, 바리새인과 세리의 비유, 열 므나의 비유(신성종 2005 참고).

물로 주려 함이니라"(마태 20: 26-28)

"너희 중에 큰 자는 너희를 섬기는 자가 되어야 하리라 누구든지 자기를 높이는 자는 낮아지고 누구든지 자기를 낮추는 자는 높아지리라"(23: 11,12)

위 내용은 지도자의 자기 부인(自己 否認) 위에 남을 섬기는 봉사적 리더십(servant leadership)이 가능함을 가르친다. 위와 같은 예수의 가르침은 역설법의 비유를 통해 진리를 인식하게 하는 방법을 쓰고 있다. 역설과 비슷하게 모순된 표현도 보여, 다음 구절은 검을 주고 불화를 주러 왔다는 표현이 나온다.

"내가 세상에 화평을 주러 온 줄로 생각하지 말라 화평이 아니요 검을 주러 왔노라 내가 온 것은 사람이 그 아버지와, 딸이 어머니와, 며느리가 시어머니와 불화하게 하려 함이니"(마태 10: 34,35)

그러나 다음에는 검을 쓰는 자는 검으로 망한다는 말이 나오고 평안을 주러 왔다는 말이 나와 모순되게 보인다.

"이에 예수께서 이르시되 네 칼을 도로 칼집에 꽂으라 칼을 가지는 자는 다 칼로 망하느니라"(마태 26: 52)

"평안을 너희에게 끼치노니 곧 나의 평안을 너희에게 주노라 내가 너희에게 주는 것은 세상이 주는 것과 같지 아니하니라 너희는 마음에 근심하지도 말고 두려워하지도 말라"(요한 14: 27)

그러나 이들의 표면 구조만으로는 모순되게 보이나 검을 주러 왔다고 함은 생명을 구원하는 진리의 영적 싸움이 가정 안에서도 심각하게 벌어질 수 있음을 뜻하여 진리를 위한 검을 뜻하고, 검으로 망하는 자의 검은 불의의 검임을 가리킨다.

5.20 두괄식 어법

"그러므로 깨어 있으라 어느 날에 너희 주가 임할는지 너희가 알지 못함이니라 너희도 아는 바니 만일 집 주인이 도둑이 어느 시각에 올 줄을 알았더라면 깨어 있어 그 집을 뚫지 못하게 하였으리라

이러므로 너희도 준비하고 있으라 생각하지 않은 때에 인자가 오리라 충성되고 지혜 있는 종이 되어 주인에게 그 집 사람들을 맡아 때를 따라 양식을 나눠 줄 자가 누구냐 주인이 올 때에 그 종이 이렇게 하는 것을 보면 그 종이 복이 있으리로다"(마태 24: 42-46)

예수의 어법은 비유를 쓰기도 하지만 위와 같이 단도직입적으로 직설적인 화법을 사용하기도 한다. 특히 핵심을 먼저 언급하고 부연 설명하는 두괄식 화법을 직설법의 방법으로 구사하기도 한다. 위에서 '깨어 있으라'고 결론적 행동을 먼저 직설하고 그 다음에 '언제 주가 임할지 알지 못함이라'고 이유를 부연하며 설명한다. 그 다음에 나오는 '준비하고 있으라'는 '깨어 있으라'와 같은 뜻을 반복한 것이며 이어 '생각하지 않은 때에 인자가 오리라'라고 부연하는 것도 앞부분의 반복 부연과 같은 방법이다.

5.21 질문의 어법

"너희가 너희를 사랑하는 자를 사랑하면 무슨 상이 있으리요 세리도 이같이 아니하느냐"(마태 5: 46)

"또 너희가 너희 형제에게만 문안하면 남보다 더하는 것이 무엇이냐 이방인들도 이같이 아니하느냐"(마태 5: 47)

"그러므로 내가 너희에게 이르노니 목숨을 위하여 무엇을 먹을까 무엇을 마실까 몸을 위하여 무엇을 입을까 염려하지 말라 목숨이 음식보다 중하지 아니하며 몸이 의복보다 중하지 아니하냐 공중의 새를 보라 심지도 않고 거두지도 않고 창고에 모아들이지도 아니하되 너희 하늘 아버지께서 기르시나니 너희는 이것들보다 귀하지 아니하냐"(마태 6: 25,26)

의문형어미 '-냐, -요'를 동원한 질문 화법은 마태 복음에 '-냐'가 100여 회, '-리요'가 5회 나온다. 위 밑줄 부분처럼 동일 주제를 반복 질문하기도 한다. 여기서 지도자는 끊임없이 문제의식을 가지고 질문하는 자라고 볼 수 있다. 마태복음에서 예수의 대화는 '…을 하라'는 식의 명령을 할 때에도 일방적 명령조로서가 아니라 '너희는 어떻게 생각하느냐?'라고 물으면서 상대가 생각하게 하고 느끼게 하여 스스로 깨닫게 하는 경향이 강하다. 현대 경영에서도 리더는 질문하는 자로 언급한 경우가 있다. 세계 최대 기업인 GE의 CEO로 21년간 지내다가 2001년 물러난 잭 웰치 전 회장이 부인 수지 웰치(전 하버드 비즈니스 리뷰 편집장)과 새 책 '승리'(Winning)를 냈는데 그의 경영철학 '좋은 리더가 되는 법 8가지'[20) 중에는 "회의주의자에 가까울 정도로 집요하게 질문을 던지고 의문은 반드시 행동을 통해 풀리게 하라."는 지침이 있다. 그는 리더란 질문을 던지는 사람으로 "만약 이러면?" "왜 안 될까?" "어떻게?"라고 물어야 한다고 한다(양승삼 2006). 마이클 J. 마쿼트(2006)에서도 리더는 지시하는 이가 아니라 질문을 던지는 이라고 하여 지도자의 자질로 질문하는 능력을 들고 '질문 리더십'의 개념을 제시하고 있다. 이런 점에서 예수는 지도자로서 끊임없이 질문을 통해 문제의식을 제기하며 제자들을 진리에 도달하게 하였다.

---

20) 8가지는 다음과 같다(잭 웰치 · 수지 웰치 저, 김주현 역(2005).
　① 회의주의자에 가까울 정도로 집요하게 질문을 던지고 의문은 반드시 행동을 통해 풀리게 하라.
　② 리더의 긍정적인 에너지와 낙관적인 생각이 전 직원의 피부 속까지 침투하도록 해야 한다.
　③ 자신의 비전을 부하들이 보고 체감하고 호흡하게 하라.
　④ 인기 없는 결정을 내리는 용기와 뱃심 있는 결단력을 가지라.
　⑤ 위험을 감수하고 그것을 통해 배우는 데 본이 되라.
　⑥ 끊임없이 평가 · 지도하고, 자신감을 쌓게 하라.
　⑦ 솔직함과 투명함, 신용을 통해 신뢰를 확립하라.
　⑧ 축하하라.

6. 맺음말

우리는 지금까지 마태복음에 나오는 예수의 대화를 중심으로 그의 언어 사용의 특성을 대략적으로 엿볼 수 있었다. 이상에서 다룬 언어 특성을 2차적으로 종합하여 묶어 보면 다음 일곱 가지로 묶을 수 있다.

1. 권위의 언어: (1) 고전 권위의 언어, (2) 영적 권위의 언어
2. 목표의 언어: (3) 목적 선포의 언어, (4) 목표 설정의 언어, (5) 목표 간구의 언어
4. 믿음의 언어: (6) 절대 믿음의 언어
5. 행동의 언어: (7) 권능 실천의 언어, (8) 용서의 언어, (9) 절제의 언어, (10) 섬김의 언어, (11) 치유의 언어, (12) 유언의 언어
6. 경계의 언어: (13) 책망의 언어, (14) 맹세 금지의 언어, (15) 비방 금지의 언어, (16) 비판 금지의 언어, (17) 염려 금지의 언어
7. 수사의 언어: (18) 비유의 어법, (19) 역설의 어법, (20) 두괄식 어법, (21) 반복 질문의 어법

이를 종합하면 예수의 리더십은 하나님의 아들이라는 권위를 토대로 인류 구원이라는 목표를 제시하였듯이 모든 지도자나 인생들은 삶의 믿음의 목표를 분명히 선언하고 간구하며 살아야 할 것임을 요구하였고, 절대 믿음의 언어와 권능, 용서, 절제, 섬김, 치유의 언어로 실천하고 후대에도 계속 실천할 것을 명령하는 유언의 언어로 지속적인 실천의 행동을 명하였으며, 하지 말아야 할 언어 행위를 경계하여 제시하였고, 비유·역설·두괄식·질문의 어법을 통한 진리 인식의 방법을 통해 수사적 효과의 언어 전달을 실천하였음을 알 수 있다. 이러한 대화 방식을 토대로 예수는 영적 지도력을 바탕으로 인류 구원의 사역을 이룩할 수 있었다.

 **참고문헌**

강석진 외, 조동성 편(2002), CEO가 본 CEO 히딩크, 백년글사랑.

김경복(2005), 겸손의 리더십, 랜덤하우스.

김 구 저·도진순 주해(2002), 백범일지, 돌베개.

김명교(2004), CEO 이순신 불멸의 리더십, 은금나라.

김명훈(1973), 리더십 論: 指揮心理學, 박영사.

김미숙·전미란·김현진(2005), 영재의 리더십 육성을 위한 기초 연구 및 프로그램 개발(1): 영재 리더십의 사회적 기대와 구성 요인 분석, 한국교육개발원 연구보고서.

김미숙·조석희·윤초희·진석언(2004), 중학생 영재의 지적·정의적 특성에 따른 효과적인 교수 학습 전략 탐색, 한국교육개발원 연구보고서.

김성일(2000), 다윗의 열쇠, 대한기독교서회.

김정일(2003), 평생교육을 위한 리더십 프로그램 개발 연구, 한국성인교육학회 6-1.

주디 라인하르츠 저, 김정일·최은수·기영화 공역(2005), 교육 혁신 리더십: 변하는 학교·변하는 역할, 아카데미프레스.

김주영(2004), 충무공 이순신의 리더십, 백만문화사.

김충남(2006), 대통령과 국가 경영: 이승만에서 김대중까지, 서울대학교 출판부.

김헌식 저(2004), 위인전이 숨기는 이순신 이야기: 이순신의 일상에서 리더십을 읽다, 평민사

나채훈(2004), 조조와 유비의 난세 리더십, 삼양미디어.

나채훈(2005), (삼국지에서 배우는) 2인자 리더십, 바움.

노영희(2003), 초등학교 아동을 위한 리더십 훈련 프로그램 개발 기초 연구, 숙명여대 석사.

다니엘 골먼·리처드 보이애치스·애니 맥키 공저, 장석훈 역(2003), 감성의 리더십, 청림출판.

도산아카데미연구원 엮음(2004), 도산 안창호의 리더십, 흥사단 출판부.

동팡원뤼 편저·김효숙 역(2005), 제갈량 리더십, 랜덤하우스중앙.

로리 베스 존스 저·송경근·김홍섭 공역(1999, 2005), 최고 경영자 예수, 한언.

마이클 J. 마쿼트 저·최요한 역(2006), 질문 리더십, 흐름출판.

민현식(2005), 국어교육과 국가경쟁력, 국어교육 117, 한국어교육학회.

민현식(2006), 국어교육에서의 지도력(리더십) 교육 시론, 화법 연구 9, 한국화법학회.

박경식(2005), 이순신과 원균: 갈등과 리더십, 행림.

박기현(2005), (악인들의) 리더십과 헤드십, 김 & 정.

박내회(1987), 현대 리이더십론: 이론과 기법, 법문사.

박성익 외(2003), 영재교육학원론, 교육과학사.

박재현(2004), 한국의 토론 문화와 토론 교육, 국어교육학 19, 국어교육학회.

박재현(2005), 설득 메시지 조직의 교육적 원형, 선청어문, 33, 서울대학교 국어교육과.

박재현(2006), 설득 담화의 내용 조직 교육 연구, 서울대 박사논문.

박 필(2004), 예수님께 배우는 대화의 법칙, 국민일보(제네시스21).

변성환 편(2005), 성경 속 인물에게 배우는 28가지 성공 리더십, 월간조선사.

송경숙(2002), 담화분석: 대화 및 토론 분석의 실제, 한국문화사.

순천향대학교 이순신연구소 엮음(2005), 다시 이순신 리더십을 생각한다, 인디북스.

스티븐 그레이브스, 토마스 애딩턴 공저 · 정성묵 역(2003), 최고의 리더 예수의 영향력을 배워
        라, 예문.

스티븐 코비 저, 김경섭 · 박창규 역(2001), 원칙 중심의 리더십, 김영사.

스티븐 코비 저 · 김원석 역(1992), 성공하는 사람들의 7가지 습관, 김영사.

신응섭 외(2002), 리더십의 이론과 실제, 학지사.

아르눌프 데퍼만 저 · 박용익 역(2002), 회화분석론(Conversation analysis), 역락.

양병무(2000), 디지털시대의 리더십, 좋은사람들.

양창삼(2004ㄱ), 예수 리더십, 진흥출판사.

양창삼(2004ㄴ), 21세기가 원하는 크리스천 리더. 총회출판부.

양창삼(2006), 기독청년이여 이제 크리스천 리더십을 말하자, 언더우드 아카데미 특강 자료.

염철현(2004), 교사의 리더십, 문음사.

원한식(2003), 논어 리더십, 전주대학교 출판부.

윌리엄 바클레이(1996), 바클레이 성서주석 신약 SET, 기독교문사.

윌리엄 오닐 저 · 이서규 역(2005), 세계적 스포츠 리더 55인의 성공 패스워드, 지식의 날개.

유동준(1996), 설교자를 위한 언어학: 성경적 커뮤니케이션의 기초를 위해서, 쿰란출판사.

유영익(1996), 이승만의 삶과 꿈: 대통령이 되기까지, 중앙일보사.

윤정일 · 이훈구 · 주철안(2004), 교육 리더십, 교육과학사.

이문용 외(1989), 부모의 리더십, 형설출판사.

이문희(1998), 위인 일화(逸話)의 자기 투영 학습과 아동의 도덕성 계발과의 관계, 한국교원대
        학교 석사논문.

이연택(2003), 토론의 기술: 포용의 리더십과 대화법, 21세기북스.

이원표(2001), 담화 분석: 방법론과 화용 및 사회언어학적 연구의 실례, 한국문화사.

이종인 · 독고순 · 김인국(1999), 군(軍) 리더십, 한국국방연구원.

이준형(2002), 리더와 리더십, 인간사랑.

이채윤(2006), 록펠러 : 십일조의 비밀을 안 최고의 부자, 미래사.

잭 웰치 · 수지 웰치 공저 · 김주현 역(2005). 위대한 승리, 청림출판.

정미정 외(2003), 영재아를 위한 리더십교육 상담사례 및 지도방안, 건국대 영재교육연구회 자료.

정병준(2005), 우남 이승만 연구, 역사비평사.

정영벽(2005), 논쟁 대화의 원리와 책략에 관한 연구: 마태복음에 나타난 예수의 대화를 중심으로, 경원대 박사논문.

제드 메디파인드·에리기 로케스모 공저·김수련 역(2005), 화술의 달인 예수, 리더북스.

제임스 맥그리거 번스 저·조중빈 역(2006), 역사를 바꾸는 리더십, 지식의 날개.

제임스 헌터 저·김광수 역(2002), 서번트 리더십1(내 안의 위대한 혁명), 시대의 창.

제임스 헌터 저·김광수 역(2006), 서번트 리더십2(실전 매뉴얼), 시대의 창.

제정관 외(2003), 군 직업주의와 리더십, 국방대학교 안보문제연구소.

조성기(2005), 유일한(柳 韓) 평전, 작은 씨앗.

조성종(2002), 서비스 지향적 리더십과 인간관계, 두남.

존 맥스웰 저·김성 역(2005), 당당한 리더로 키우는 청소년 리더십, 비전코리아.

존 샐커 저·성문영 역(2005), 소방관 리더십: 가장 먼저 들어가고 가장 최후에 나와라, 이지북.

진재혁(2002), 리더가 죽어야 리더십이 산다, 더난.

蔡偉賢 저·권영식 역(1995), 오늘을 위한 성경적 리더십, 한국기독학생회 출판부.

최기억(2004), CEO 세종대왕 인간 경영 리더십, 이지북.

케빈 리먼, 윌리엄 펜택 공저·김승욱 역(2005), 양치기 리더십, 김영사.

켄 제닝스·존 슈탈 베르트 공저, 조천제 역(2004), 섬기는 리더, 넥서스 Biz.

필 하지스 외 공저·조천제 역(2004), 섬기는 리더 예수, 21세기북스.

한 홍(2004), 리더여, 사자의 심장을 가져라: 여호수아 리더십 이야기, 두란노.

한철흠(2001), 담화 분석 방법을 통한 예수의 담화 연구: 예수의 대화 원리들을 중심으로, 침례교신학대학원 석사논문.

헨리 나우웬 저·두란노 출판부 역(1998), 예수님의 이름으로: 크리스천 리더십을 다시 생각한다, 두란노.

황주홍·고경민(2002), 지도자론: 한국의 리더와 리더십, 건국대학교 출판부.

Blass, R.(1990), Relevance Relations in Discourse, Cambridge University Press.

Brown, G. & Yule, G.(1983), Discourse Analysis, Cambridge University Press.

Cruse, A.(2004), Meaning in Language: An Introduction to Semantics and Pragmatics, Oxford University Press

Greenleaf, R. K.(1991), Trustees as Servant, Indianapolis: The Robert Greenleaf Center.

Grice, H. P.(1975), Logic and Conversation, In P. Cole and J. L. Morgan (eds.), Syntax and Semantics, Vol iii: Speech Acts, New York: Academic Press

Levinson, Stephen C.(1983), Pragmatics, Cambridge: Cambridge University Press.

Mounce, William D.(2002), The Crossway Comprehensive Concordance of the Holy Bible: English Standard Version, Crossway Books.

May, Jacob L.(1993, 1996), Pragmatics: an Introduction, Blackwell.

Schiffrin, D.(1994), Approaches to Discourse, Blackwell.

Tsohatzidis, Savas L.(ed.)(1994), Foundations of Speech Act Theory: Philosophical and Linguistic Perspectives, Routledge.

Verschueren, J., ÖSTMAN, J. and Blommaert, J.(1995), Handbook of Pragmatics: Mannual, John Benjamins Publishing Co.

[부록] 대한민국 제헌국회 개원 개회사(국회 속기록, 1948. 5. 31)

대한민국의 탄생 과정에서 우리가 기억하는 날은 1948년 7월 17일 헌법을 만든 제헌절, 1948년 8월 15일 대한민국 정부 수립일이다. 5월 10일 총선거를 실시하여 198명의 제헌의원들을 선출하고 5월 31일에 제헌국회 1차 회의를 열어 국정을 심의하기 시작했고 7월 12일에 헌법안을 통과하였으며 17일에 헌법을 공포하였고 20일에 국회에서 간접선거 방식으로 초대 대통령과 부통령을 선출하였다. 8월 15일 정부 수립을 하였고 12월 12일에 유엔은 대한민국을 한반도의 유일한 합법정부로 승인하였다. 그런데 제헌국회가 열리던 5월 31일 10시, 임시의장 이승만은 단상에 올라가 사회봉을 잡고 제1성으로 다음과 같이 시작하였다(이하 국회 속기록 인용). 그는 새 나라를 시작하기 앞서 먼저 하나님께 기도할 것을 선언하였다. 대한민국 국회 헌정사의 기록인 속기록 137만 여 쪽의 첫 장은 '하나님께 드리는 나라와 민족을 위한 기도문'을 영원히 기록하고 있다(필자 주).

임시 의장(이승만) : "대한민국 독립민주국 제1차 회의를 여기서 열게 된 것을 우리가 하나님에게 감사해야 할 것입니다. 종교, 사상 무엇을 가지고 있든지 누구나 오늘을 당해 가지고 사람의 힘으로만 된 것이라고 우리가 자랑할 수 없을 것입니다. 그러므로 하나님에게 감사를 드리지 않을 수 없습니다. 나는 먼저 우리가 다 성심으로 일어서서 하나님에게 감사를 드릴 터인데, 이윤영 의원 나오셔서 간단한 말씀으로 하나님에게 기도를 올려주시기 바랍니다."

이윤영 의원(목사) 기도(일동 기립)
이 우주와 만물을 창조하시고 인간의 역사를 섭리하시는 하나님이시여, 이 민족을 돌아보시고 이 땅에 축복하셔서 감사에 넘치는 오늘이 있게 하심을 주님께 저희들은 성심(誠心)으로 감사하나이다.
오랜 시일 동안 이 민족의 고통과 호소를 들으시사 정의의 칼을 빼서 일제의 폭력을 굽히시사 하나님은 이제 세계 만방의 양심을 움직이시고 또한 우리 민족의 염원을 들으심으로 이 기쁜 역사적 환희의 날을 이 시간에 우리에게 오게 하심은 하나님의 섭리가 세계 만방에 정시(呈示)하신 것으로 저희들은 믿나이다.

하나님이시여, 이로부터 남북이 둘로 갈리어진 이 민족의 어려운 고통과 수치를 신원하여 주시고 우리 민족 우리 동포가 손을 같이 잡고 웃으며 노래 부르는 날이 우리 앞에 속히 오기를 기도하나이다. 하나님이시여, 원치 아니한 민생의 도탄(塗炭)은 길면 길수록 이 땅에 악마의 권세가 확대되나 하나님의 거룩하신 영광은 이 땅에 오지 않을 수밖에 없을 줄 저희들은 생각하나이다. 원컨대 우리 조선 독립과 함께 남북통일을 주시옵고 또한 우리 민생의 복락(福樂)과 아울러 세계 평화를 허락하여 주시옵소서.

거룩하신 하나님의 뜻에 의지하여 저희들은 성스럽게 택함을 입어가지고 글자 그대로 민족의 대표가 되었습니다. 그러하오나 우리들의 책임이 중차대한 것을 저희들은 느끼고 우리 자신이 진실로 무력(無力)한 것을 생각할 때 지(智)와 인(仁)과 용(勇)과 모든 덕의 근원이 되시는 하나님 앞에 이러한 요소를 저희들이 간구하나이다. 이제 이로부터 국회가 성립이 되어서 우리 민족의 염원이 되는, 모든 세계만방이 주시하고 기다리는 우리의 모든 문제가 원만히 해결되며 또한 이로부터서 우리의 완전 자주독립이 이 땅에 오며 자손만대에 빛나고 푸르른 역사를 저희들이 정하는 이 사업을 완수하게 하여 주시옵소서.

하나님이 이 회의를 사회하시는 의장으로부터 모든 우리 의원 일동에게 건강을 주시옵고 또한 여기서 양심의 정의와 위신을 가지고 이 업무를 완수하게 도와주시옵기를 기도하나이다. 역사의 첫 걸음을 걷는 오늘의 우리의 환희와 우리의 감격에 넘치는 이 민족적 기쁨을 다 하나님에게 영광과 감사를 올리나이다. 이 모든 말씀을 주 예수 그리스도 이름을 받들어 기도하나이다. 아멘.

第一回 國會速記錄 第一號 國會事務處

檀紀四二八一年五月三十一日(月曜)上午十時
國會第一次會議日次

討議事項

一. 開會
二. 愛國歌奉唱
三. 國旗에向하야敬禮
四. 議員出席狀報告
五. 議員發言에對한歐參
六. 臨時議長推薦
七. 國會選擧委員會委員長人事
八. 國會臨時準則決議件
九. 議長及副議長選擧
十. 議長及副議長提選擧
十一. 休會

우리 南北이갈리고 갈리어젼 이民族이 어려운 困難과 苦痛을 겪던 끝에 우리民族은 여기에 對하여서는 犧牲的으로 하여나가기가 ……

○國會臨時議長（李承晚）

여기에 對하여서는 다 苦生하시요 그동안 選擧委員된것이 얼마 苦生하시고 그형게문아시고 臨時한 細則으로 다 ……

○國會議員 …… 臨時議長에 …… 正式으로 國會가 열린 첫날임니다.

第一次國會議가 正式으로 열린것임니다.

……國民이 正式으로 國會를 열게된 것은 그동안 選擧委員들이 努力한것을 ……

……國會開會中에 …… 正式으로 …… 臨時議長（李承晚）이 …… 大韓民國 …… 決議案（本文）……

一、國會構成과國會準則에 關한決議（案）
二、本決議는 國會의 決議에 依하야 施行할것

決議案（本文）

檀紀四二八一年五月三十一日

제 5 장

정치가의 화법 : 정치가의 언어 표현 분석

1. 서 언

말을 잘하는 사람에게 "정치가를 하면 잘 하겠다."라고 한다. 정치가는 말을 잘해야 한다고 생각하는 것이다. 그러나 거짓말을 잘하는 사람을 보고 우리는 "정치가를 하면 딱 맞겠군."이라고 하기도 한다. 정치가는 말을 그럴 듯하게 하지만 진실성이 적다는 말이다. 말을 그럴 듯하게 하지만 진실성이 적고 약속은 잘하지만 잘 지키지 않는 직업인이 정치가라면 이는 정치가 후진성을 벗어나지 못하고 있다는 말일 것이며, 국가의 발전을 위해서도 바람직하지 못한 현상일 것이다.

그러나 정치가의 언어 표현에 대한 비판은 정치가의 목적을 고려하여야 한다. 정치가의 목적이 정치적 목적을 달성하는 것이고 정치적 목적을 달성하기 위하여 효과적인 언어 표현이라면 윤리나 논리적인 비판은 무의미할 수도 있다. 정치가가 단기적인 안목에서 사용한 언어 표현이 장기적으로는 나쁜 결과를 가져올 수 있지만 당장의 위기를 모면하거나 당장의 이익을 얻을 수 있다면 그 방법은 결코 좋고 나쁘고를 논리적, 윤리적으로 따질 수 없는 것이다. 꼭 '좋다, 나쁘다.'라는 이분법의 화법 기준은 큰 의미가 없기 때문이다. 따라서 이 글은 정치가들이 어떤 경우에 어떤 목적을 위하여 어떻게 언어로 표현하는가에 대한 것으로 대중이 생각하는 정치가의 언어적 속성을 실제 정치가의 언어 표현을 예로 확인해 본 것이다. 수많은 정치가가 다양한 환경에서 다양한 생각을 언어를 통해 표현하는 것이기 때문에, 이들 정치가의 언어 표현의 특질은 정치적 목적을 위한 언어표현이 아닌 다른 목적의 언어 표현에서도 상대방을 설득하여 자신이 원하는 것을 얻기 위한 언어 표현으로 사용될 수 있으며 큰 틀에서 보면 설득 화법이 가장 많은 부분을 차지한다고 볼 수 있다.

정치가의 화법에 대하여 논한다는 것은 화법의 발전과 정치의 발전을 위해서 도움이 되는 일일 수 있다. 과연 정치가들은 어떻게 언어 생활을 하고 있으며 그 언어 활동의 문제는 무엇이며 어떤 언어 생활을 하면 보다 좋을 것인가에 대하여 고찰하는 것이 본 글의 목적이다.

2. 정치가의 화법

정치가의 화법을 살피기 위하여 정치가, 정치적, 정치 언어 등 정치가의 화법과 관련되는 것에 대한 기본적인 의미는 다음과 같다.

정치가(Politician)란 정치와 관련된 사람을 일컫는 말로 '① 대통령, 국회의원, 시도 의원 등 정치 제도 상의 일정한 자리를 차지하여 직업적으로 국가 권력의 운영에 종사하는 사람, ② 정치 분야에서 활동하는 사람, 또는 정치에 능통한 사람, ③ 공공적인 처지에서, 정치적 이상의 달성을 위하여 힘차게 노력하는 사람(경륜가), ④ 정치적 수완이 있어, 서로 대립하는 이해의 조정에 능란한 사람을 비유하여 이르는 말(신기철·신용철, 1986 참조).'로 이들은 주로 대중의 투표에 의하여 선출되어 정치적 목적을 달성하게 된다. 따라서 정치가는 항상 자신의 정치적 목적을 달성할 수 있도록 다른 정치가와 대중의 지지를 얻어야 한다. 그러하기에 정치가는 자신을 지지해 줄 사람들에게 항상 자신이 능력 있고 훌륭한 정치가라는 것을 인식하게 할 필요가 있고 자신에 대한 지지를 유지하기 위해 모든 수단과 방법을 가리지 않는 경향이 있어 이런 경향의 행위가 사람들에게 부정적으로 인식되기도 한다.

정치적(政治的)이란 말에서 ① 국가의 주권자가 인민에 대하여 국가 권력을 행사해서 지배·복종 관계를 유지하는 일, ② 사회 집단이 권력을 매개로 하여, 사회 의사를 집약하면서 사회적 가치를 추구하는 일'이라 할 수 있다(신기철·신용철, 1986). 정치가의 화법은 정치적 행동과 관련지어 볼 수 있다. 정치적인 행동은 정치인의 처신 방법을 떠올리면 된다. 정치적인 사람은 1) 어떠한 상황이 있을 때 그 일이 자신에게 어떤 영향이 있으며 어떻게 처신해야 하는지 계산하는 사람 또는 자연스레(본능적으로) 그렇게 생각하고 행동하는 사람, 2) 자신으로 인해 일이 해결되는 것 또는 그 과정에 자신이 참여하는 것을 대단히 중요하게 생각하고 일을 하는 사람, 3) 모든 사람 특히 자신의 이해에 부합되는 사람에게는 자신의 본심을 숨기거나 비위를 잘 맞추는 사람이다.[1]

정치 언어는 정치가가 사용하는 정치적 언어를 가리킨다. 정치가는 진실을 말하고 명료하게 사실을 말하기보다는 자신을 지지해 줄 사람들에게 계속해서 지지를 받기 위해서 특별히 고려한 언어 행위를 택하기 때문에 '정치적인 언어'는 단순히 자구적 의미만 갖는 것이 아니라 다른 사람과의 관계를 고려한다거나 자신이 원하는 목적을 보호하려는 의도에 따른 특별한 의미를 갖고 있다고 볼 수 있다. 즉, '정치적인 언어 행위'는 자신이 원하는 목적을 보호하거나 다른 사람과의 관계를 고려한 발언이라 할 수 있다. 정치가가 권력을 획득하여 이를 유지하기 위해 언어로 정적을 매도하고 진실을 의도적으로 자기에게 유리하게 왜곡하여 대중에게 전달하여 자

---

1) http://kdaq.empas.com/qna/254776?sq=%C1%A4%C4%A1%C0%FB%C0%CE+%B8%BB 참조

신의 편으로 만들어야 한다. 그렇기 때문에 정치가가 대중 집단을 상대로 전하는 정치 언어는 정치가의 의도를 실현시키기 위한 갖가지 책략과 속성이 포함된다.

정치적 언어의 속성은 다음과 같다고 할 수 있다. 정치가는 자신이 원하는 것을 얻기 위하여 모든 방법을 사용하여 말하여야 한다. 따라서 그들의 말에는 설득 화법의 모든 방법이 나타날 수밖에 없다. 설득을 한다는 것은 상대방이 화자의 말을 믿고 따르게 하는 것이기에 화자의 말을 청자가 믿게끔 만들 필요가 있다. 이런 경우 진실만을 명료하게 말하여서는 소기의 목적을 이룰 수 없다. 상대방(유권자)이 합리적 판단보다는 감성적 판단에 의존하는 경우도 많기 때문에 정치적 언어도 상대방을 설득하기 위해 논리적으로 말하기만 하는 것이 아니라 감성적으로 말하기도 한다. 그리하여 정치가는 상대방이 믿게끔 모든 방법을 사용하는데 이를 한마디로 표현하면 교활하다고 할 수 있는 경우도 있다. 정치가의 교활한 화법에는 속내를 숨기고, 숨겨진 의미를 자신의 필요에 따라 유리하게 해석하기 위한 의미의 이중성, 속내를 숨긴 위장된 표현이 포함된다. 정치가의 교활한 화법의 속성에는 '타협, 술수, 야합'이 포함된다.

3. 정치가 화법의 특징

정치가의 화법은 주로 설득 화법이다. 정치가는 자신의 목적을 위해 상대방을 설득하여 자신의 주장을 관철해야 하기 때문이다. 정치가는 자신에게 표를 달라고 설득하거나 자신이 원하는 역할에 자신의 정적보다 자신이 더 적합한 인물이라는 것을 상대방에 알려 자신을 지지해 달라고 설득해야 하기 때문이다. 따라서 자신에 대한 선전(자기 PR)도 해야 하고, 자신이 하는 일의 정당성을 강조해야 하기 때문에 정치가는 항상 남을 설득해야 하는 것이다.

 리더와 말 말 말

정치가 화법의 특징으로는 상대방(유권자, 정치 관련 상대)을 설복하거나 조종하고, 자기를 변호하거나 선전하기 위한 것을 들 수 있다. 이들은 다음과 같다.[2]

3.1 설복과 조종

정치가는 정적을 매도하고 진실을 의도적으로 자기에게 유리하게 왜곡하여 대중에게 전달하여 자신의 편으로 만들어야 한다. 정치가가 대중 집단을 상대로 전하는 정치 언어는 정치가의 의도를 실현시키기 위한 갖가지 책략과 속성이 포함된다. 속성은 설득(persuasion)과 조종(manipulation)으로 대변된다. 정치 언어는 정치가의 의도대로 영향력을 행사하는 도구로 사용된다(김종영, 2003: 335). 조종은 '다른 사람 또는 어떠한 사실이나 과정에 영향을 행사하려고 시도하는 것'으로 정치가의 언어 표현 속에는 상대방에게 자신의 의도를 전달하려는 조종의 특성이 들어 있다. 정치가의 조종은 정치가가 속내를 드러내지 않기 때문에 청자인 대중이 정치가의 조종 의도를 모를 경우가 많아, 부정적으로 표현하면 교활한 화법에 해당한다.

설득은 교활한 술책을 사용하여 남을 설복하거나 조종한다는 의미를 포함한다.[3] 조종의 하나로 선동을 들 수 있다. 선동이란 ① [어떤 행동 대열

---

2) 정치가의 화법에 대한 부정적인 시각은 다음과 같다.
　　[與野] 기막힌 말 전쟁 … 5금(禁) 3쾌(快) – 3존(尊) 5기(棄) : 전병헌 대변인은 4일 모욕적 언동과 악의적 인신 공격, 막말 논평, 폭로와 비방, 허위 주장 금지라는 5금과 유쾌한 대화, 통쾌한 논평, 상쾌한 언어 사용이라는 3쾌로 건강한 정치 문화를 조성하자고 제안했는데 이를 받아 이정현 부대변인이 새 정치 문화를 위해서는 국민, 헌법, 야당을 존중이라는 3존과 연정 야합, 과거 집착, 경제 외면, 갈등 조장, 파행 유도, 포기라는 5기가 전제돼야 한다고 받아쳤다(기자수첩 / CBS정치부 권민철 기자 / (대한민국 중심언론 CBS 뉴스 FM 98.1 / 음악 FM 93.9 / TV CH 162 / 저작권자 © CBS 노컷뉴스(www.nocutnews.co.kr) / 최초 작성 시간 : 2005-09-04 오후 4:50: 최종 수정 시간 : 2005-09-04 오후 4:50:44).
3) 본고에서는 '설득'과 '조종'을 넓은 의미의 '설득'에 포함시켜 사용한다. 이 때 '설득'은 '설복, 조종'의 의미를 포함하며, 또한 본고에서는 '선동'을 '조종'의 하나로 다룬다. 이에 대하여는 더 많은 연구가 필요할 것이다.

에 참여하도록] 남을 부추겨 움직이게 하거나, ② [문서나 언동에 의하여] 대중의 감정을 부채질하여 일정한 행동에 따르도록 고무·격려하는 것으로서 상대방을 설득시켜 행동하도록 촉구하는 것이다. 정치가는 대중을 설득하여 어떤 행동으로 옮기게 함으로써 정치가 자신의 목적을 달성하기 쉬워진다면 선동도 한다. 선동적 화법이 정치가 화법의 하나로 나타나는 것이다.

설복과 조종의 방법으로 1) 흑백 논리적 표현과 이치적 사고 표현, 2) 극단적 표현과 선동적 표현, 3) 논리적 표현과 감성적 표현을 살피면 다음과 같다.

1) 흑백 논리적 표현과 이치적 사고 표현

정치가의 언어는 대개의 경우 흑백 논리적이거나 이치적 사고에 의한 표현이 많다. 그 이유는 둘 중 하나, 즉 이것 아니면 저것이라는 표현이 상대방을 설득하는 데 강하게 작용할 수 있기 때문이다. 다양한 해석이 가능하고 다양한 현실을 사실에 입각하여 표현하는 다양성을 인정하는 표현은 상대방을 설득하기에 더 많은 시간과 설명을 필요로 할 뿐 아니라 그 설득 효과가 떨어지기 때문이다. 그러한 이유로 정치가의 언어 표현은 비논리적이고 단순하다는 약점을 가질 수 있다. 그러나 이러한 흑백 논리적인 표현, 이치적인 표현은 정치적인 언어 표현으로서 장점도 많기 때문에 정치가는 이런 표현을 즐겨 사용하게 된다.

흑백 논리적 표현의 장점은 청자에게 화자가 과단성, 양단성, 명쾌성, 민첩성, 결행성, 결단성이 있음을 느끼게 한다. 이와 상반되는 분분명한 사고와 행동으로 보이는 다양성을 인정하는 표현은 스피드 사회, 정보 사회, 경쟁 사회, 의지 결정 사회와는 걸맞지 않는다. 따라서 흑백 논리적 표현은 이것 아니면 저것이라는 가상적, 예견적, 가능적, 수정적, 잠정적 사고의 온상이 되어, 앞으로의 사고 발전의 기점, 창조적 사고의 신호를 올리게 해 준다. 말하자면 사고의 종결도 되지만, 기폭제도 될 수 있다(이을환,

1989: 47 참조).

흑백 논리, 일치적 사고, 이치적 사고 등의 표현은 전달 내용이 분명해지고 상대방을 내리고 자신을 올릴 수 있으며, 다치적 사고의 표현은 현실을 보다 사실적으로 표현할 수 있으나 전달 효과가 적고 목적을 이루기 어렵다. 따라서 정치가는 화법의 이상으로 여기는 정확한 의사 전달과는 다른 흑백 논리, 일치적 사고, 이치적 사고 등의 표현을 즐겨 사용한다. 이러한 표현은 종교, 윤리, 교육 관련 화법에서도 분명하고 강한 전달 효과를 노리고 자주 사용된다. 따라서 사실에 부합하는 표현인 다치적 사고의 표현보다 사실을 정확하게 전달하지는 못하더라도 표현 목적을 달성하기 쉬운 흑백 논리, 일치적 사고, 이치적 사고 등의 표현은 정치적 언어 표현으로서 가치가 있다.

흑백 논리적 표현의 단점은 현실을 무시한 지나친 말, 망언, 허언, 극언이 되며 냉정성, 유연성, 타협성, 조화성, 수정성을 잃는다(이을환, 1989: 48). 이는 다치적 언어 표현이 다양성을 인정하는 개방적 언어인 것에 반하여 폐쇄적이라 할 수 있다. 흑백 논리와 관련된 현실은 다음과 같다.

여기서는 선과 악, 진보와 보수, '꼴통'과 '꼴통'들로 나누는 분열의 정치가 마치 정치의 원형인 양 뿌리를 내리려 한다. 이게 선거라면 끝이라도 있을 텐데, 매일 매일의 정치 일상이 이 모양이니 끝도 안 보인다. 큰 일이다. / 이 곳의 싸움에선 진보는 선이고, 보수는 악이다. 또 여당은 개혁이라 선이고, 야당은 수구라서 악이다. 그래서 여당의 집권은 역사의 필연이고, 야당이 집권하면 역사의 퇴보다. 누가 하는 말들인가. / 지난 1년 8개월 간 승자인 대통령과 그의 2인자인 국무총리가 했고, 하고 있는 말들이다. 상대가 악이니 여기서 정치란 바로 배척과 타도이다. 악은 나쁜 것이고, 반드시 제거돼야 하니 그 정치가 성공해야 공익에 이바지 한다. / 그게 맞다면 지금쯤 국민과 여론이 호응하고 있을 것이고, 야당은 초라한 존재에 불과하다. 그러나 현상과 실제가 다르면 그건 틀린 정치라고 할 수 밖에 없다. 수도이전법에 대해 헌법재판소가 위헌이라고 결정하자 헌재를 바꾸어야 한다는 주장이 함부로 나오는 게 지금 여권이다. / 마음에 안 들면 법과 제도쯤이야 얼마든지 바꿀 수 있다는 위험한 발상이다. 국가보안법을 폐지하는 것은 원하지 않는다고 여론이 외치는데도 폐지만이 선이자 개혁이라고 고집하는 게 지금 여당 정치다. / 개혁은 불합리한 것을 새롭게 뜯어 고친다는 뜻이다. 개혁은 좋은 말이다. 그러나 여당이 말하는 개혁이 이런 사전적 개혁으로 통하지 않는데 여당 정치의 문제가 있다. 그 개혁이 보통 명사의 좋은 뜻에서 벗어난 지는 한참 됐다(jaecho@hk.co.kr 입력 시간 : 2004/11/04 19:44 조재용).[4]

2) 극단적인 표현과 선동적인 표현

정치가는 정치적 목적을 위하여 필요하다고 생각하면 선동을 하거나 극단적인 표현도 사용한다. 선동적인 표현은 청중을 자신이 원하는 대로 행동하게끔 함으로써 자신의 정치적 목적을 달성하는 데 도움이 되게 하려는 것이고 극단적인 표현은 자신의 표현을 보다 강하게 인식시키거나 자신을 합리화하기 위한 방법의 하나로 사용한다. 이러한 표현은 화법의 일반 원칙에서 볼 때 문제가 있으나 정치적 특수 목적 언어 행위에서는 목적을 달성하는 데 필요한 것이기도 하다. 이의 예는 다음과 같다.

① 극단적인 표현

[정치] 방폐장, 이의근 지사 올인. 극단, 선동적 말 총동원 / 간담회가 진행된 두어 시간 동안 이 지사는 '지사의 직을 걸고'라거나, '(지역 유치가) 안되면 어떤 결단을 할 것'이라는 등 극단적인 표현을 자주 내뱉었다. / 이밖에도 방폐장 유치 후 정부의 후속 지원 약속이 제대로 지켜지지 않을 경우 정부의 지원을 압박하기 위해 '주민들이 (공사를) 막아서면'이라거나 '천명 정도 나서서 데모를 벌이면'이라는 다소 선동적이기까지 한 말들도 서너 차례나 했다. / 현명한 차분함이 트레이드마크인 이 지사의 평소 언행을 감안할 때 방폐장 유치를 위한 그의 결의가 어느 정도 수준인지를 미뤄 짐작할 수 있게 했다(최연청 기자 cyc@idaegu.co.kr 입력시간 : 2005-09-06 19:09:34).

---

4) http://news.hankooki.com/cgi-bin/hkiprn.cgi?pa=/lpage/opinion/200411/h2004110419423624380.htm
&ur= news.hankooki.com&fo=print_hk.htm

② 선동적인 표현

　DJ 연설은 논리적이면서도 선동적이다. 현안에 대해 첫째 둘째… 식으로 접근한 뒤 마지막에서는 "저는 이렇게 생각하는데 여러분은 어떻게 생각하십니까?"라며 박수를 유도한다. 이런 기법을 두고 반대자들은 공산주의식 선전 선동술이라고 비난하기도 한다. 나이 탓인지 97년 대선 때부터 목이 쉰 연설을 많이 하지만 처음에는 꽉 막혔다가도 5분쯤 지나면 특유의 카랑카랑한 목소리가 나온다. / 이승만 전 대통령의 연설은 특이한 울림성 음색으로 인해 지금도 코미디언들의 소재로 애용되고 있다. 1898년 3월 독립협회에서 개최한 만민공동회 연사로 나서 이듬해 1월 체포될 때까지 열정적인 청년이었는데 선동적인 용어로 민중 속을 파고들었다. (중략) 운동권 출신 정치인들도 연설에 일가견이 있다. 김부겸, 심재철, 김민석, 임종석 의원 등이 이 범주에 속하는데 주로 단문에 선동적이다(한민수 기자 mshan@kmib.co.kr.).

3) 논리적인 표현과 감성적인 화법

　설득을 위한 표현에는 논리적인 표현과 감성적인 표현이 있다. 상대방이 이성적이고 논리적이라면 논리적 설득 방법이 유리할 것이고 상대방이 감성적이라면 감성적인 설득 방법이 효과적일 것이다. 청중을 분석하여 청중의 성향에 따라 논리적 표현으로 설득하거나 감성적인 방법으로 설득하는 것이 화법의 기본이다. 그러나 정치는 머리로 하는 것이 아니라 가슴으로 하는 것이며, 대중은 지지하는 정치가를 선택할 때 머리보다는 가슴으로 정한다는 말을 따른다면 감성적 호소로 대중을 설득하는 것이 이성적 호소인 논리적 설득보다 정치가의 목적을 달성하는 데 유리할 것이다. 물론 둘 중 어느 하나라도 지나치게 부족하다면 대중을 설득할 수 없을 것이다.

　정치가는 대상에 따라 논리적 표현을 하거나 감성적 표현을 적절하게 사용하는데, 이의 예는 다음과 같다.

① 논리적인 표현

　　한나라당 이회창(李會昌) 대통령 후보의 말투는 아주 논리적이다. / 상세한 설명과 논거 제시로 상대를 설득하려 한다. 그의 말에 첫째, 둘째라는 표현이 잦은 이유다. 대북 상호주의를 주장하면서 "첫째는 평화 공존의 터전 마련, 둘째는 분단 고통 해소, 셋째는 자유 왕래와 통신…"이라고 열거하는 식이다. / 그래서 말이 길어지고 감정을 담아내지 못한다는 평도 듣는다. 31년간 판결문을 써 온 법관 생활을 통해 굳어진 버릇이지만 대중 정치인의 화법치고는 어려운 쪽이다. / 남의 말을 들을 때도 마찬가지다. 대충 대충은 그에게 통하지 않는다. 대신 논거가 분명하면 애초의 생각의 다르더라도 금세 받아들인다(유성식기자 ssyoo@hk.co.kr)[5].

② 감성적인 표현

　　[이것이 다르다] 盧 화법/ 임기 응변 능한 '感性 호소형' / "장소나 대상 따라 말 다르다" 지적도 / 민주당 노무현(盧武鉉) 후보는 평소 현장을 중시하는 감성(感性)주의적 화법을 구사한다. 청중들의 머리보다는 가슴에 호소함으로써 자신의 메시지를 부각시킨다. / 지난 6일 부산 자갈치 시장을 방문한 노 후보는 한나라당이 자신에 대해 제기한 '30억 원 부동산 은닉설'에 대해 이렇게 해명했다. "노무현이가 30억 원짜리 땅을 갖고 있다고 합니다. 그 땅 찾아내면 한나라당에 다 주겠습니다. 그러나 찾지 마십시오. 100년 찾아도 안 나옵니다." 다른 정치인 같으면 "절대 사실 무근"이라고 했을 대목을 '(있으면) 한나라당에 다 주겠다', '(그러나) 100년 찾아도 안 나온다'고 표현한 것이 노 후보식 화법이다(金珉徹기자 mckim@chosun.com).[6]

③ 감성 호소형 임기 응변

　　노 후보는 위기 상황을 말로 되받아쳐 모면하는 데에도 능하다는 얘기를 듣는다. 후보 경선 때 장인의 좌익 경력이 문제가 되자 "얼굴 한 번 본 적 없는 장인 때문에 아내를 버려야 합니까. 평생 한을 품고 살아 온 아내가 또 눈물을

5) http://www2.hankooki.com/common/election/2002_election/200212/special20021204080723L6
　030.htm

6) http://www.chosun.com/w21data/html/news/200212/200212090322.html

흘려야 하겠습니까" 라고 반문했던 게 대표적인 예이다(신효섭 기자 hsshin@
hk.co.kr / 입력 시간 2002/12/04 08:07).[7]

3.2 자기 변호

　정치가의 언어 표현에는 자신의 행동을 정당화하기 위한 자기 변호가
자주 사용된다. 정치가의 발언은 개인의 사적인 발언과는 달리 그 영향이
국가 대사에까지 미치므로 책임 있고 분명한 발언이어야 한다. 그러나 정
치가가 이러한 원칙을 지키는 것이 자신의 정치적 위치를 유지하는 데 불
리한 경우도 있기 때문에 정치가의 화법이 솔직하고, 명료하기만을 바랄
수는 없다. 또한 초지 일관 변함없는 소신 발언이 정치 생명을 위협할 수
도 있어 정치가의 발언은 때와 장소, 상대에 따라 달라지는 경우가 있다.
이를 정치가가 자신을 변호하기 위한 화법이라고 보면 정치가의 화법은
변호의 논리로 설명할 수 있다.
　"변호의 논리"의 예는 다음과 같다.

　그들의 말. 말. 말 / 우리-민주-민노 전남도당 인터뷰 총정리 / 아무리 날
카로운 질문을 던지더라도 되돌아오는 것은 절묘한 '변호의 논리'인 경우가 대부
분이다. 정치인들과의 인터뷰가 그렇다. 이 때 '변호의 논리'가 꼭 나쁘다는 뜻
은 아니다. 가능한 질문에 대한 답변의 논리를 언제나 준비해 놓았다고 말하는
편이 옳을 것이다. / 그 답변이 옳은지, 그른지 판단하는 것은 쉽지 않다. 옳고
그름은 유권자들에 의해 '사후적'으로 평가받기 마련인데 그나마 '옳다'거나 '그
르다'고 단정할 수도 없다. 평가 또한 논리적 귀결이라기보다는 다만 유권자들
의 '선택'일 뿐이지 않겠는가. / 말하자면 정치는, 전라도에서는 옳은데 경상도
에서는 틀리거나, 한나라당에게는 정(正)일지라도 열린우리당에게는 반(反)인
경우가 허다하다. 극단적으로 표현하자면 제도 정치는 공학적 게임이다. 진실의
실현 과정으로 보기에는 곤란하다는 이야기다(2005년 09월 12일 / 이정우 기

---

7) http://www2.hankooki.com/common/election/2002_election/200212/special20021204080723L6
030.htm

자).[8]

자기 변호의 하나인 변호의 논리에 해당하는 정치가의 언어 표현으로는
숨겨진 의미(의도)와 표현의 모호성, 말바꾸기, 궤변, 임기 응변 등이 있다.

1) 숨겨진 의미와 표현의 모호성

정치가는 자신의 발언에 대해 책임을 져야 하기 때문에 자신이 하고자
하는 말을 직설적으로 표현하지 않으려 한다. 정치가는 책임질 수 없는 말
을 하기보다는 당장의 불이익도 벗어나고 사후에 책임지지 않아도 되는
모호한 표현을 즐겨하는 경향이 있다. 책임을 져야 하는 대답의 경우에도
분명하게 책임질 발언을 하지 않고 청자가 숨겨진 의미를 추론하여 이해
하게 한다. 이때 자구적 의미는 상대방에게 그럴싸한 긍정적 의미를 가진
표현으로 보이나 막상 표현의 이면에 숨겨진 의미는 정치가의 정치적 목
적을 달성하기 위한 교묘한 해석이 가능하게 한다. 이렇게 하여 발언에 대
한 비판에서 회피할 수 있기 때문이다. 이러한 표현으로는 모호한 발언과
즉답 회피식 발언이다.

① 모호한 발언

책임지는 '발언'에 대안 있는 '비판' 있어야 / 12일 장영달 의원은 "맥아더 동
상 철거를 주장하는 분은 민족적 순수성에 대해 여러 깊은 평가를 가지고 있다"
고 발언했다. 정치인은 말을 함에 좀더 신중해야함은 물론 이중성을 내포할 수
도 있는 말을 해서는 안 된다. 이런 모호한 말은 상황에 따라 유·불리를 따져
나중에 "그런 의미가 아니다. 확대 해석하지 말아 달라."식의 뻔한 결론으로 가
기 마련이다. / 이날 장 의원은 "분단 책임이 가장 큰 국가는 미국(53%)"이라
는 자신의 여론 조사 결과도 함께 발표했다. 의도했는지는 모르겠으나 북한은
설문 조항에 없었다. / 자신이 한 말에는 책임을 져야하며 이번처럼 다시 '해명

---

8) http://www.siminsori.com/news/read.php?idxno=53637&rsec=S1N2

해야 하는 말'을 비겁하게 하지는 말아야한다. 책임지는 발언에 대안 있는 비판이 있다면 그런 정치인은 국민들에게 존경받을 것이다(인터넷신문의 선두주자 뉴스타운 Newstown / 메디팜뉴스 Medipharmnews) / 2005-09-16 오후 7:03: 11 / © 1998 뉴스타운 /www.NewsTown.co.kr).

② 즉답 회피식 발언

이명박, "가난한데 무슨 대학이냐는 말 아직도 섭섭" / 하지만 민감한 정치현안에 대한 자신의 코멘트는 적절하지 않다는 말로 직접적 대답을 회피하는 모습을 보였다. 특히 "시장을 한 번 더 할 수 있고, 대통령도 나갈 수 있다면 무엇을 더 하고 싶냐?"는 질문에 대해 이명박 시장은 "법적으로 시장은 연임이 불가능하다."고 말해 차기 대권 도전 의지를 은근히 내비치기도 했다(노컷뉴스 김규남 / 심나리 인턴기자 / 최종 수정 시간 : 2005-09-06 오전 7:55:33).

2) 말바꾸기

정치가의 발언이 항상 진실하고 정치가의 소신이 변하지 않는다면 정치가는 말바꾸기의 필요를 느낄지 모른다. 그러나 정치가는 자신의 발언 내용과 달리 행동하거나 현실이 달라질 때에는 자신의 말실수를 인정하거나 자신의 발언에 대해 변명해야 할 것이다. 또는 자신의 입지를 강화하기 위하여 말을 바꿔야 할 경우가 있을 것이다. 정치가는 말을 바꾸어 자신을 합리화하는데 '자신은 노력했음에도 남이 잘못하여 약속을 지키지 못 했거나 사실인 줄 알았는데 거짓이었다.'라는 식이다. 그리하여 정치가는 폭로 발언 이후 그 말이 사실이 아닌 것으로 드러나면 '아니면 말고'라면서 자신의 말에 대한 책임을 가볍게 여기는 태도를 취하기도 한다.

공적인 말을 많이 하는 직업이 정치가라면 정치가는 말을 많이 한 만큼 말실수가 많아질 수 있다. 이 경우 정치가는 말을 바꾸게 된다. 말바꾸기는 그만큼 말하는 사람이 실없는 사람이 되고 신뢰도가 떨어져 정치가의 생명을 위협하게 되는 요인이 된다. 그러니 정치가는 말을 바꾸되 자신의 말바꾸기를 정당화하기 위해 궤변을 이용하여 자신의 말바꾸기를 정당화하려고 한다. 이는 다음과 같다.

① 때에 따라 말바꾸기

이 총리는 1월 14일 광주를 방문, "호남고속철을 만들면 수천억 원씩 적자 날 게 분명하다"며 반대 소신을 피력했다. 2월 16일 국회 답변에서는 "조기 착공에는 예산이 많이 투입된다. 타당성과 효과를 따져봐야 한다."고 했다. 이 자리에서 열린우리당 주승용(전남 여수을) 의원이 문제점을 따지자 이 총리는 "나도 호남에 애정을 갖고 있다"고 정색하면서 반박했다. / 9개월 사이 무슨 큰 변화가 있었을까. 갑자기 호남고속철의 경제성이 상승했을까. 그런 근거나 통계는 찾을 수 없다. 자연 정치적 배경에 눈길이 갈 수밖에 없다. 최근 호남 민심은 싸늘해지고 있다. / (중략) 거듭 강조하지만 호남고속철의 조기 착공은 국가 대계를 위해 절대적으로 필요할 수 있다. 하지만 지역 인사들에게 얼굴을 붉혀가며 반대했던 이 총리가 아무 설명 없이 말을 바꾼 것은 납득하기 힘들다. 봄에 이 말, 가을에 다른 말 한다고 해서 '춘령 추개(春令秋改)'라는 비판마저 나오고 있다(정치부 염영남 기자 liberty@ hk.co.kr / 입력시간 : 2005/11/13 18: 53 / [기자의 눈] '호남고속철' 말 바꾼 이 총리).9)

② 장소와 대상에 따라 말바꾸기

노 후보는 또 장소에 따라 다른 화법을 쓴다. 기자 회견에선 자신의 정치적 입장을 논리적으로 설명하는 반면, TV 토론에선 쉽고 부드러운 '안방용' 말투를 쓴다. 대중 연설을 할 땐 직선적이고 질박한 표현들을 쏟아낸다. / 그는 대중 연설은 현장 분위기에 맞춰야 효과가 극대화된다고 생각하기 때문에 즉석 연설을 즐긴다. 후보실에서 제공하는 사전 원고는 참고용일 뿐, 그대로 하는 법이 거의 없다. / 그러나 현장 열기에 들뜨다 보니 말실수도 나오고, 장소나 대상에 따라 말이 다르다는 지적도 받는다. TV 토론에서 쟁점이 됐던 "DJ의 자산과 부채를 모두 계승하겠다." "DJ의 부채는 빼고 자산만 계승하겠다." 발언 등이 한 예다. 노 후보는 이에 대해 "말은 친구, 가까운 당원, 일반 국민을 만났을 때, 취임사 할 때 등 경우마다 표현이 다른 것이다. 부처님도 중생들에게 그때

---

9) http://news.hankooki.com/lpage/opinion/200511/h2005111318510924430.htm

그때 다른 표현을 쓴다고 하더라."고 해명했다. 같은 메시지라도 현장에 따라 달리 전달해야 효과가 있다는 것인데 노 후보는 이를 '장(場)의 논리'라고 부른다. "삶과 행적의 일관성이 중요하지 말의 표현이 조금 바뀌는 것은 부차적 문제"라고도 한다(金珉徹기자 mckim@ chosun.com).[10]

③ 거짓말하는 말바꾸기

정치인의 거짓말에 대한 국민들의 관용은 환멸 / 얼마 전 한 국회의원의 거짓말이 문제가 된 적이 있습니다. '단지(斷指) 사건'이었습니다. 국적법 개정을 앞두고 병역 기피가 사회적으로 문제가 되던 시점이었지요. 병역 기피 목적으로 오른쪽 검지 손가락을 자른 것이 아니었는가 하는 의문이 제기되자, 그는 여러 번 말을 바꾸면서 자신의 결백을 주장했습니다. / 이 정권 초기에는 노동 운동을 하다 프레스 기계에 잘렸다고 하면서 자신의 말을 증명하기 위해 한 언론사 기자를 대동하고 '현장 검증'까지 시도하기도 했다는군요. 지난 총선 기간에는 선거 홍보용 책자에서 86년 서울대 학생들이 반미를 외치며 분신한 사건을 보며, 동지를 배반하지 않기 위해, 자신의 신념을 보다 확고하기 다지기 위해 비장한 각오로 손가락을 잘랐다고도 말했습니다. / (중략) 불행하게도, 우리 국민들에게 잠재되어 있는 기묘한 관용법이 하나 있습니다. 그것은 정치가들의 거짓말에 대한 관용입니다. 제 남편이, 제 자식이 거짓말하는 것은 참을 수 없지만, 정치가들이 하는 거짓말은 참을 수 있다고 생각하는 것이 우리 국민들의 거짓말에 대한 관용법입니다. 정치가들이 존경할 만한 존재여서가 아니라 그들에 대한 일종의 체념에서 나온 것이라는 데 문제가 있습니다. 정치가들이란 '으레 그러하다'는 것이지요{조영복 (문학평론가)}.[11]

3) 궤변

정치가는 자신의 정치적 목적을 달성하기 위한 자신의 행위나 말을 합리화하기 위해서는 궤변도 늘어 놓는다. 궤변은 ① 형식적으로 옳은 듯이 꾸미나, 본질이나 도리에 맞지 않는 구변. ② 이치에 맞지 않는 말을 이

---

10) http://www.chosun.com/w21data/html/news/200212/200212090322.html
11) http://blog.naver.com/mint184/100013739930

치에 맞는 것처럼 억지로 공교롭게 꾸며대는 말. ③ 상대방을 속이기 위해 하는, 형식 따위를 갖춘 그럴싸한 거짓 추론, ④ 둘러대는 말, 잔꾀말, 배리(背理, 이치에 어긋남, 도리에 맞지 않음)를 일컫는다(신기철·신용철, 1986 참조). 권력을 가진 정치가의 말이 표현상으로는 문제가 없을 것 같지만 실제적으로는 문제가 있는 이중 구속 현상을 유발하는 경우에 정치가의 자기 변호도 궤변이 될 수 있다.[12]

궤변의 예는 다음과 같다.

① "그 말은 맞다. 그러나 그 것은 누가 선이고, 악인가의 문제가 아니다. 우리는 지금 국민과 국가를 위한 길이 무엇인가를 논쟁하는 것이다."

② "폭탄주는 마시지 않았지만 맥주잔 속에 든 양주잔을 빼내 마신 일은 있

---

12) '이중 구속(double bind)'이란 상대방에게 서로 상이한 언어적 의사 소통과 비언어적 의사 소통이 동시에 부과되는 상황, 즉 서로 모순된 말과 행동이 동시에 전달되는 상황을 말한다. 예를 들면 엄마가 평소에 '말'로는 아이에게 학교 성적에 연연하지 말라면서도 결과가 좋지 않은 성적표를 보면서 한숨을 내쉬는 '행동'을 보이는 경우다. '이중 구속'의 메시지를 받은 아이는 이러지도 저러지도 못하고 혼란을 느낀다. 심하면 병적인 상태로 연결되기도 한다. 하지만 엄마는 그것이 자신으로 인해 생긴 문제라고는 상상조차 못한다. 평소 자신은 성적 따위가 제일이 아니라고 일관되게 말해 왔던 사람이라는 확신 때문이다. 자기도 모르는 사이에 자신의 욕망이 아이에게 전달되고 있다는 사실 자체를 인식하지 못한다. / 권력자 주변에서는 이런 '이중 구속' 현상이 적지 않게 발생한다. 리더의 심중을 읽으려고 촉각을 곤두세우는 이들에게 이중 구속의 모호한 메시지는 엄청난 부담으로 다가온다. 김은성 전 차장은 '불법 도·감청에 의존하지 말고 발로 뛰는 정보 수집을 독려했다.'며 직원들에게 도청을 지시했다는 의혹을 부인했다. 그의 주장이 사실이라고 해도 이 과정에서 이중 구속의 메시지가 직원들에게 전달됐을 가능성은 농후하다. '개 때문에 골치 아파'라는 보스의 짜증 섞인 혼잣말에 행동 대원은 살인을 저지르기도 한다. 보스는 '죽이라고 한 적 없다'고 항변하겠지만 이중 구속의 메시지에 이미 포함된 말이다. 리더가 이중 구속의 메시지를 명확하게 차단해 주지 않으면 주변인들은 인정욕과 질책의 불안감에 휩싸여 수단과 방법을 가리지 않을 수도 있다. 권력자는 늘 자신의 말에 깃들 수 있는 이중 구속 메시지를 경계하고 통제해야 한다. '어떤 경우에도 불법으로 통신 자유를 침해하지 않습니다.'라는 대국민 광고까지 내고, 노벨평화상을 수상한 김대중 정권에서 벌어진, '조직적이고 광범위한' 불법 도청 사건을 접하면서 새삼스럽게 떠오르는 생각이다(정혜신/정신과 전문의).

13) http://www.hani.co.kr/kisa/section-008003000/2005/10/008003000200510311813277.html

다."

③ (전략) 상대가 악이니 여기서 정치란 바로 배척과 타도이다. 악은 나쁜
것이고, 반드시 제거돼야 하니 그 정치가 성공해야 공익에 이바지 한다. / 그게
맞다면 지금쯤 국민과 여론이 호응하고 있을 것이고, 야당은 초라한 존재에 불
과하다. 그러나 현상과 실제가 다르면 그건 틀린 정치라고 할 수 밖에 없다. 수
도이전법에 대해 헌법재판소가 위헌이라고 결정하자 헌재를 바꾸어야 한다는
주장이 함부로 나오는 게 지금 여권이다.13)

4) 임기 응변

정치가는 다양한 사람들을 상대로 말을 해야 하고 그들을 자기 편으로
끌어들이기 위해 상대방이 원하는 말을 할 필요가 있다. 원칙에 충실하고
소신껏 발언하다 보면 자신과 의견이 다른 수많은 사람들을 적으로 만들
거나 또는 정적의 편이 되게 하는 결과를 초래하기 때문에 상대방을 자기
편으로 끌어들이는 발언을 하게 된다. 그러다 보면 정치가는 그때그때 상
대방에게 듣기 좋은 소리를 하거나 자신의 부족함을 드러내지 않기 위한
임기 응변을 해야 하는 경우가 생긴다. 임기 응변에 능한 사람이 그렇지
않은 사람보다 정치가로서 유리한 자질을 갖추고 있다 할 수 있는 것이다.
임기 응변에 능한 정치가의 예는 다음과 같다.

[이것이 다르다] 盧 화법/ 임기 응변 능한 '感性 호소형' / 노 후보는 임기응
변에 능한 편이다. 지난 3일 3자 TV 토론 때 민주노동당 권영길 후보가 "한나
라당은 부패 원조당, 민주당은 부패 신장 개업당"이라고 하자, "부패사업은 폐업
했고 사장도 바꿨다"고 받아넘겼다. 유세 중 한 여성이 "이마 주름이 TV에서
보다 적다"고 하자 "아침에 다리미로 좀 펴고 나왔다"고 답변한 적도 있다(金珉
徹기자 mckim@chosun.com).14)

---

http://news.hankooki.com/cgi-bin/hkiprn.cgi?pa=/lpage/opinion/200411/h20041104194236
24380.htm&ur=news.hankooki.com&fo=print_hk.htm
14) http://www.chosun.com/w21data/html/news/200212/200212090322.html

3.3 자기 선전

　정치가는 자신의 장점을 상대방에게 팔고 그 대가로 상대방의 지지를 받는 사람이라고 할 수 있다. 판매의 기술 중 하나는 자기가 팔려는 물건의 '특징'을 팔려고 해서는 안 되고 '장점'을 팔아야 한다는 것이다. 바로 정치가는 자신의 특질을 파는 것이 아니라 자기의 장점을 팔기 위해 자기의 장점을 선전하게 된다. 따라서 대중에게 그들이 원하는 무엇인가를 해 줄 수 있는 능력이 있는 것처럼 허풍을 늘어놓거나 능력 있는 사람의 분위기를 풍길 수 있는 방법을 동원한다. 이러다 보니 기회만 있으면 자신의 업적을 선전해야 하고 자신에 대한 신뢰성을 높이기 위해 설문 결과를 자신에게 유리하게 만들거나, 자신이 유명인인 것처럼 과장하여 말한다. 또한 자신을 선전하는 방법의 하나로서 자신의 말이 타당하다고 하기 위해 궤변을 늘어놓거나 거짓말을 하기도 한다. 그러나 거짓말은 상대방에게 자신을 믿을 수 없는 사람이라는 인상을 주거나 상대방이 원하는 인물의 조건에 부적절한 사람으로 믿게 할 수 있기 때문에 자신의 장점과 자신이 비록 일부 부족한 점이 있더라도 열심히 일하는 사람이라는 것을 강조해야 한다. 가능하면 부정적이거나 소극적인 표현을 줄이고 긍정적이고 적극적인 표현을 취하는 것이 좋다.

4. 결 어

　정치가는 말로 대중을 설득하여 자신이 원하는 것을 얻어야 한다. 정치가가 대중을 설득하기 위하여 사용하는 화법의 다양한 책략은 정치라는 상황에 맞도록 하는 것이기 때문에 이를 일반적인 화법의 원리를 그대로 적용하기는 어렵다. 정치가의 언어 표현에 대한 비판은 정치가의 목적을 고려하여야 한다는 것이다. 정치가의 목적이 정치적 목적을 달성하는 것이기 때문에 정치적 목적을 달성하기 위하여 효과적인 언어 표현이라면 윤리나 논리적인 비판은 무의미할 수도 있다. 정치가의 화법의 좋고 나쁘고를 논리적, 윤리적으로만 따질 수는 없다는 것이다. 따라서 본고는 정치가들이 어떤 경우에 어떤 목적을 위하여 어떻게 언어를 표현하는가에 대한 고찰의 하나로 대중이 생각하는 정치가의 언어적 속성을 실제 정치가의 언어 표현을 예로 확인해 본 것이다.

정치가의 화법은 주로 설득 화법이다. 정치가는 자신의 목적을 위해 상대방을 설득하여 자신의 주장을 관철해야 하기 때문이다. 정치가 화법의 특징으로는 상대방(유권자, 정치 관련 상대)을 설복하거나 조종하고, 자기를 변호하거나 선전하기 위한 화법을 들 수 있다. 이것들은 다음과 같다.

1. 정치가는 설복과 조종의 방법으로 1) 흑백 논리적 표현과 이치적 사고 표현, 2) 극단적 표현과 선동적 표현, 3) 논리적 표현과 감성적 표현을 사용한다.

2. 정치가의 언어 표현에는 자기를 변호하는 변호의 논리가 자주 사용된다. 변호의 논리에 해당하는 정치가의 언어 표현으로는 숨겨진 의미(의도)와 표현의 모호성, 말바꾸기, 궤변, 임기 응변 등이 있다.

3. 정치가는 자신의 특질을 파는 것이 아니라 자기의 장점을 팔기 위해 자기의 장점을 선전하게 된다.

정치가의 화법을 정치적 상황을 고려하여 정치학적으로 고찰하거나 다양한 정치가의 부류에 따라 고찰하는 것도 필요할 것이다. 여기서는 정치가의 화법을 대중을 설득하기 위한 화법으로 보고 설득하기 위하여 사용하는 몇몇 표현을 살피는 데 그쳤다.

정치가의 화법 연구는 다른 직업인의 화법과 달리 정치적 목적을 달성하기 위한 특수한 정치적 상황을 고려해야 하기 때문에 정치학자와 화법 전문가의 공동 연구가 이루어져야 할 부분이다.

 **참고문헌**

김종영(2003), 정치 언어의 특성에 관한 고찰, - 히틀러의 언어 사용을 중심으로 -, 독일어문
　　　학 22, 한국독일어문학회.
이을환(1989), 흑백 사고와 이치 논리의 일반 의미론·전달 의미론 상으로 본 제설 -국어 정용
　　　의 이론 수립을 위하여-, 국어 교육 67·68: 47-60, 한국국어교육연구회.
전영우(2003), 설득의 비즈니스, 역락.
신기철·신용철(1986), 새 우리말 큰사전, 삼성출판사.

[관련 사이트]는 각주로 대신함.

리더와 말 말 말

제 6 장

대학 총장의 스피치

1. 서 론

1.1 연구 동기와 목적

하나의 공동체를 유지하고 문화를 발전시키기 위해 필요한 많은 유형·무형의 조건 중 가장 필수적인 것이 바로 의사소통의 능력이다. 사회의 구성원 서로가 정보와 의미를 공유하는 과정이 의사소통이라면, 이런 과정은 당연히 한 사회의 소속감과 공동체 의식을 지녀야 하기 때문이다. 이러한 의사소통 중 가장 직접적이고 강한 전달력을 지닌 것이 바로 언어이다. 결국 의사소통의 궁극적 목적은 어떤 행위적 기능을 수행하는 데 있으며, 그로 인해 사람이 말을 하고 듣는다는 것은 이미 의식의 이동과 변화 등을 겪고 있는 것이다. 이렇게 말은 삶의 세계 속에서 상대방에게 내용을 전달하고 설득시켜 사회적 행위로서의 일정한 수행을 하게 만든다. 따라서 인간 행위는 그것을 둘러싸고 상호작용이 일어나도록 뒷받침하는 사회적 상황 맥락(context)을 고려하지 않으면 제대로 파악될 수 없다. 곧 말의 본질과 말의 사용에 대한 이해는 인간과 사회와 문화를 파악하는 가장 기본적이고 중요한 과제이므로, 언어 활동 연구는 언어 자체에 대한 문법적인 분석과 더불어 언어 사용 맥락의 이해가 필요하다. 특히 연설에서 드러나는 화법 전략을 파악하려면 언어 구조의 통사적·의미적 이해는 물론 화용적·사회언어학적 연구로까지 폭을 넓혀 언어 수행 원리와 사회 상황을 이해해야만 한다.

'연설'은 대중을 상대로 하는 담화로서 사람들이 많이 모인 곳이라면 어디서나 항상 있어 왔다. 다만 연설은 일상적인 잡담이나 담화와는 달리, 일정한 격식이 지켜져야 하며 이야기할 내용에 관한 철저한 사전 준비가 요구되는 텍스트적 특성을 지닌다. 따라서 연설은 입말과 글말의 중간적 특성인 텍스트담화의 한 유형이라고 할 수 있다.[1] 즉 연설은 입말로 행해짐에도 불구하고, 글말의 잘 짜인 구조적 장점을 살려 더욱 밀도 있는 정보를 제공한다는 것이다. 또한 입말의 다양한 장점인 억양이나 몸짓 등을 통해 정감적이고 체험적인 효과를 실현하기도 한다.

이러한 연설은 우리가 일상생활에서 흔히 접하는 의사소통 유형임에도 불구하고, 지금까지 연설 담화와 연설 텍스트에 관해서는 그 연구 성과가 그리 많지 않다. 특히 대학 총장의 연설을 대상으로 한 구체적인 텍스트담화의 분석 연구는 전무한 실정이다.

이에 우리는 총장 연설 담화와 연설 텍스트의 연계성을 통해 총장 연설에 나타난 텍스트담화적 전략을 살펴보고자 한다.

연설 텍스트를 바탕으로 한 연설의 내용적·형식적 텍스트성(textuality)

---

1) 여기서 '연설'을 '텍스트담화'라고 명명하는 것은, 연설은 반드시 연설문을 전제로 한 화법이라는 의미를 밝히기 위함이다. 곧 연설은 담화이자 텍스트로서, 말할 내용을 미리 연설문으로 작성한 후 그 원고를 보고 연설자가 연설을 하기 때문에 입말과 글말의 중간 형태에 속한다. 따라서 이 연구 속의 '연설'은 텍스트담화로서의 특성을 설명하거나 분석하기 위한 용어임을 밝힌다. 물론 연설과 연설문을 대별시킬 때는 '연설 담화'와 '연설 텍스트'로 명명하기로 한다.

분석은 의사소통의 능력을 해명해 주고, 동시에 설득적이고 설명적인 말하기의 언어 사용 전략 등을 세우는 데 도움이 될 것이다. 왜냐하면 연설이야말로 쓰기에 의해 만들어진 텍스트를 읽으면서 동시에 청중과 상황에 따른 말하기로 전환해야 하는 통합적 기능의 특성을 지니고 있기 때문이다. 특히 총장 연설은 학교 사회라고 하는 한정된 집단 속에서 그 구성원을 이해시키고 설득시켜 구성원들이 합일된 의사를 가지고 움직일 수 있도록 유도하는 언어적 장치이자 전략이다. 이를 위해서 연설은 내용적으로 정보와 감동이 있어야 하고 형식적으로 설득적이고 정감적인 표현 유형을 지니고 있어야 한다. 특히 효과적인 연설이 되려면 총장은 지정된 연설 텍스트를 바탕으로 상황에 맞게 적절한 말하기 방법을 사용하여 듣는 이의 발화 효과 행위를 적극적으로 유도해야 한다.

따라서 이 연구는 쓰기와 읽기를 바탕으로 한 연설 텍스트가 말하기와 듣기의 연설로 실현되는 텍스트담화로서의 특성에 대해, 내용적·형식적 텍스트성을 분석해 보는 데 목적이 있다. 특히 대학 총장의 식사(式辭)를 바탕으로 한 텍스트성 분석을 통해, 언어 소통상에 나타나는 화법 전략을 제시하고자 한다. 연설 텍스트담화의 전략은 형식의 구조화 및 내용적 인식을 점검하고 보다 나은 효율적인 연설 행위를 할 수 있는 토대가 되어 줄 것이다. 이러한 연구 결과는 쓰기와 읽기라고 하는 문자 언어적 특성과 말하기와 듣기라고 하는 음성 언어의 통합성이 얼마나 각 기능 영역의 발달과 학습에 상승 효과를 지닐 수 있는지도 점검하게 하여 줄 것이다.

1.2 총장 연설과 연설 텍스트의 특성

연설은 연설자의 신념이나 사상을 통일된 짜임 속에서 체계적으로 정리한 연설 텍스트를 논리적이고 설득력 있게 청중에게 전달하여 지지, 호소, 설득의 효과를 얻어내는 대규모의 화법(speech)이다. 연설은 자신의 신념이나 의견, 어떤 주장 등을 표현하기 위한 목적에 있어서는 다른 화법들과 동일하다고 할 수 있으나, 그 규모나 방법면에 있어서는 넓은 장소에서 많은 청중을 대상으로 하기 때문에 독화(獨話, Monolog)의 특성을 지닌다. 그러나 다수의 청중을 대상으로 하여 연설자 혼자 일방적으로 행하는 독화라고는 해도 대상이 없는 상태에서 이루어지는 혼잣말과는 분명 다르다. 매체를 통해 대중에게 간접적으로 텍스트가 전달되는 경우가 아닌 한, 연설 과정 내내 청중들은 연설자에 대한 반응으로써 박수, 웃음 또는 야유를 통해 담화 내에서의 자신들의 역할을 수행하기 때문이다. 곧 연설 또한 말하는 이와 듣는 이가 협력적으로 의미를 창조하는 상호 작용 행위임은 동일하다.

연설은 그 성격에 따라, 하나의 뚜렷한 주장을 강조하기 위한 목적의 정책 연설이 있고, 대중에게 영향력을 행사하기보다는 일시적인 흥미와 위안을 주면서 소기의 효과를 얻을 목적으로 행해지는 행사 연설이 있다. 이 중 총장 연설은 상황에 따라 이 두 가지의 성격을 아울러 가지고 있다. 대학 내의 중요 정책이나 특정 사안을 보고하는 경우에는 설득과 동의를 요구하는 정책적 성향이 강하고, 가장 많이 시행되는 식사나 기념사의 경우에는 일정한 유형을 갖추어 위안과 축하 등의 정감적인 내용이나 특정 행사의 목적에 맞는 내용을 지니게 된다.[2]

일반적으로 화법 행위 영역은 의사소통 대상들 간의 역할 관계 방식에 중점을 두고 사적, 공적, 공공적(公共的)인 세 가지 행위 영역으로 나뉜다. 이중 총장 연설은 공적이며 공공적인 행위 영역의 특성을 갖는 텍스트이자 담화인 화법 형태를 취한다.[3]

---

2) 이 연구는 총장에 의해 행해지는 연설 중 식사(式辭)를 중심으로 한 것이다. 여기서 식사는 예식을 치르는 연설을 일컫는다. 곧 입학, 졸업, 취임, 이임식, 개관식 등과 축하, 치하, 환영, 격려, 송별 등의 기념사들을 들 수 있다.
3) 노석기(1990: 105)에서는 담화를 대화의 진행 방식에 따라 "쌍방형, 대립형, 엇갈림형, 맞장구형, 일방형, 꼬집어내기형" 등으로 분류한 바 있다. 연설은 일방형을 중심으로 하되, 경우에 따라 부분적으로 맞장구형의 모습을 가지기도 한다. 그러나 일방형이란 말하기를 중심으로 한 방향성만을 의미하는 것이다. 곧 화법의 교섭성의 관점으로 볼 때, 의미 수용의 설득적 기능면으로 볼 때, 연설 또한 모든 단계별

대학 총장이 행하는 연설은 주로 어떤 행사의 주최자로서 행하는 식사(式辭) 화법들이 대부분이다. 식사는 경조(慶弔) 의식(儀式)의 주최자나 참석자에 의해 이루어지는 의식사 중에서도 특히 의식이나 회합의 주최자에 의해 행해지는 연설이다. 따라서 내용은 대체로 행사의 목적과 의의, 내빈과 참석자에 대한 감사, 행사와 관련된 안내 사항 등을 담게 된다. 특히 총장 연설은 감정보다는 이성에 호소하는 면이 강하여 문체 또한 건조하다. 그러나 이런 정보 전달적 측면은 자칫 행하는 연설을 형식화하기 쉽다. 따라서 총장이 연설을 통해 의도하는 바가 원활히 효과적으로 전달되기 위해서는 총장의 사회적 지위나 학교 특성 등이 반영된 내용과 형식에 따르되, 다양한 언어적·준언어적·비언어적 표현을 통해 청중을 적극 반영한 '말하기'가 되어야 한다.

연설 담화는 반드시 낭독을 전제로 한 연설 텍스트가 미리 작성이 되어야 하며, 내용적으로는 일관된 주제나 목적에 부합하고 형식적으로는 면대면의 상황에 적합한 효과적인 발화를 수행해야 한다.

따라서 총장 연설은 연설자가 청중과 대면한 자리에서, 단 한 번의 말로 청중을 이해시키고 설득시켜 청중이 자신의 의견에 공감하거나 자신이 바라는 행동을 하도록 유도해야 하는 설득적 특성은 물론 정감적·호소적 특성을 위한 연출 전략까지도 필요하다.

이렇게 총장 연설은 듣기·말하기·읽기·쓰기 영역 모두를 포괄하며, 다양한 의사소통 기능의 통합적 특성을 지니는, 대학 사회 내의 공공적·대중적 의사소통 행위라고 말할 수 있다.

연설 담화를 위한 연설 텍스트는 논리적인 주장을 내세우는 논설문의 일종으로서 연설을 일관되고 설득력 있게 하기 위하여 의도적으로 준비하는 대본이라고 할 수 있다.

연설 텍스트는 논증형의 호소 중심적 텍스트 유형에 편입될 수 있으므로, 연설 텍스트를 시현할 때에는 단순히 '읽기'의 과정이나 방법만으로는

로 쌍방형이라고 할 수 있다.

그 효과를 거둘 수 없다. 왜냐하면 설득이든 호소이든 모든 언어 기능은 반드시 듣는 이의 발화 효과 행위(Perlocutionary Act)에 의해서만 그 힘이 나타나기 때문이다.4) 곧 연설 텍스트는 구어체를 사용하여 이해하기 쉽고 명료하며 생동감을 주는 언어로 표현되어 있어야 하고, 이는 주어진 상황, 곧 청중, 물리적 장면(setting), 심리적 장면(scene) 등을 인지하고 말하기로 전환하는 장치가 필요한 것이다.

결국 '쓰기'에 의한 연설 텍스트는 우선 '보기'의 행위와 동시에 속말하기 과정을 거쳐야만 '읽기'로 나타날 수 있고 그것은 동시에 '말하기'로 실현되면서 청중들에게 정보적 · 설득적 · 정감적 기능의 효과를 나타내야 한다.5)

곧 이 연구를 위해서는, 연설 텍스트에 '쓰기'로 나타난 내용을 '속말하기' 과정을 통해 '읽기'로 드러내되,6) 연설의 '말하기'로 실현하여 '듣기'로 나아가는 모든 과정과 현상을 점검해야 할 것이다.

---

4) 썰(Searle, 1969: 19)은 '언어 화행론'에서 화행(Speech Act)을 3가지 행위로 구성한다. 말하는 이가 가지고 있는 생각과 감정을 그대로 언어로 표현하는 발화 행위(Locutionary Act), 발화 행위에 포함된 화자의 의도인 발화 수반 행위(Illocutionary Act), 그리고 말하는 이의 발화 행위와 발화 수반 행위에 영향을 받아 듣는 이가 행위를 하게 되는 발화 효과 행위(Perlocutionary Act)가 그것이다. 이상으로 볼 때, 화행은 "말하는 것은, 곧 어떤 행동을 하는 것"이라는 의미를 담고 있고 화행에서 말하는 것의 의미는 사태를 기술하는 것에 그치지 않고 상대방에게 사회적 행위로서의 일정한 행동을 한다는 것이다. 즉 상대방에게 일정한 메시지를 전달하고 그 메시지를 통해 상대방을 설득시켜 상대방이 행동하게 만든다는 것이다.

5) 여기서 '속말하기'란 입 밖으로 소리를 내기 전에 마음 속에서 미리 상황을 감지하고 말할 내용이나 화제, 그리고 방법 등을 생각하는 행위를 일컫는다. 이러한 '속말하기'의 과정은 표현(expression) 직전의 이해(comprehension) 단계로서, 청중들의 분위기나 시간, 공간적 배경에 따라 연설 텍스트의 가감을 가능케 하며 말하기의 준언어적 · 비언어적 표현을 덧붙이게 하는 단초가 된다.

6) 읽기는 문자를 통해서 남의 것을 받아보는 정신 활동이며, 그것의 의미를 재구성하는 행위이다. 따라서 읽는다는 것은 내용의 이해 단계를 넘어 그것을 자기화시키고 새로운 것을 찾아내는 데까지 뻗어 나가야 한다. 연설을 전제로 한 연설 텍스트의 읽기는 받아들이는 쪽이기도 하지만 한편으로는 나타내는 쪽이기도 하다. 즉 연설을 대상으로 한 읽기에서는 보기와 속말하기는 반드시 전제되어야 하며, 말하기는 반드시 후행되어야 한다.

[표 1] 총장 연설의 과정

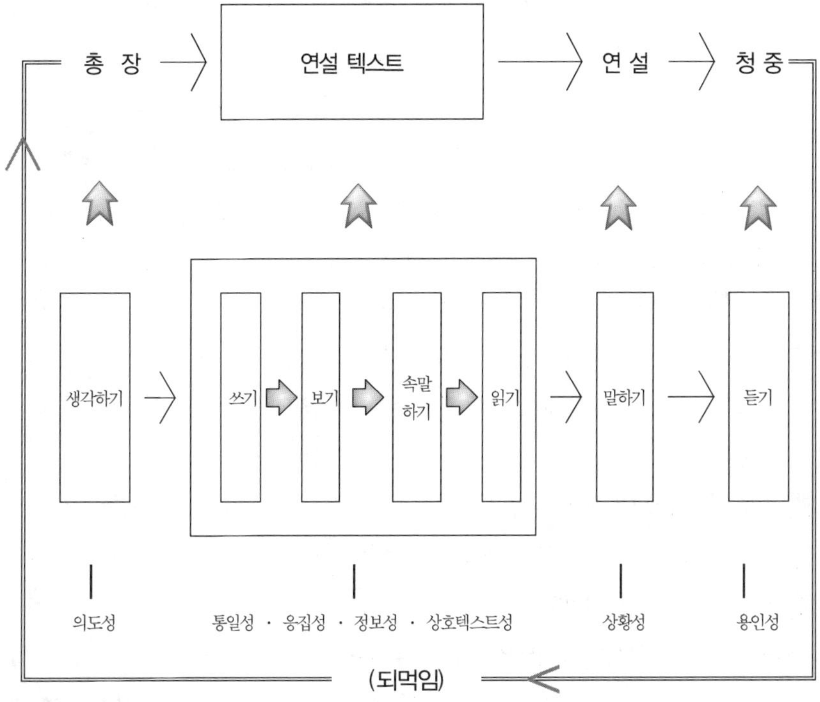

　　우선 연설자인 총장은 주제와 목적에 맞는 연설 의도를 가지고 언제 어디서 어떤 연설을 수행해야 하는가를 결정한다. 즉 총장 연설의 변인 요소로는 구체적인 의식(언제, 무엇을), 학교의 특성(어디서), 청중(누구에게) 등이 고려되어야 한다. 총장은 이런 의도를 담아 내용상의 통일성과 형식상의 응집성을 갖춘 연설 텍스트를 완성한다.

　　총장은 연설 텍스트를 보며 내용, 형식, 단락 등을 점검하며, 연설 상황과 청중을 의식한 속말하기 과정을 거친다. 이때 이미 행해졌던 동일 상황에서의 기존 연설을 통한 상호텍스트성을 염두에 두며, 과연 행사의 목적과 상황 및 총장의 의도에 적합한 연설 텍스트가 되었는가를 점검한다.[7]

---

7) 대개는 대필자가 있게 되므로 총장 연설에서는 특히 연설하기 전에 보기와 속말하

이 보기와 속말하기 과정은 읽기로 이어지되, 동시에 말의 구체적인 전달 장면을 바탕으로 하여 적합한 표현 형태로 전환된 실제 말하기로 실현된다. 특히 보기·속말하기·읽기의 과정에서는 연설자 자신이 전달하고자 하는 내용, 정보, 의도 등이 얼마나 잘 갖추어 있는지 점검하고 예상되는 상황까지를 상정한 표현상의 전략을 짜는 과정이 필요하다. 말하기에서는, 통일성 있는 주제가 일관성을 가지고 긴밀하게 짜인 언어 텍스트를 상황에 맞게 표현함으로써 청중들로 하여금 효과적으로 용인하여 수행하게 하며, 이러한 수행 효과는 다시 총장인 연설자에게 그 효과를 되먹임하게 할 것이다. 따라서 반영된 수행 효과는 다시 연설에 영향을 주어 언어상의 생략, 첨가, 그리고 상황에 맞는 준언어적·비언어적 표현의 변화를 초래할 수 있다.

이렇게 음성 언어로서의 연설 담화와 문자 언어로서의 연설 텍스트는, 연설자의 의견에 청중이 용인하고 연설자가 의도한 목적을 달성하기 위해 복잡한 일련의 준비 단계가 요구되는 것이다.

따라서 연설은 텍스트로서의 자격, 곧 내용상의 통일성이나 화자의 의도성, 형식상의 응집성, 그리고 정보성과 상호텍스트성이 필요하며, 동시에 효과적 전달을 위한 상황성과 듣는 이의 용인성이 첨가되어야 할 것이다.

1.3 연구 방법

이 연구는 연설 텍스트를 바탕으로 하여 실현되는 총장 연설이 어떻게 사회적 맥락을 창조하며 또한 어떻게 사회적 맥락에 의해 발현되는가에 대한 전략 탐색이라고 할 수 있다.

따라서 이 연구를 위한 준비 작업으로는 사회언어학(Sociolinguistics) 연구에서 활용하는 준비 요소들에 대한 점검이 필요하다.[8]

기, 그리고 읽기의 과정이 필수적이다.
8) 의사소통의 민족지학(ethnography of speaking/communication)에서는 언어와 사

첫째, 조사 환경은 대학 내에서 실제 행해진 총장 연설을 바탕으로
한다.

한 대학의 총장은 학교라고 하는 제한된 사회 내의 대표로서 상징성을
지니며 총장의 의지와 행동 모두가 학교 구성원의 학교 생활과 연계를 갖
는다. 곧 총장은 학교 사회의 다양한 발전 및 위상을 위한 윤활유가 되어
야 하며, 그런 소기의 목적을 위해 모든 공공적 행사의 대표가 되어 청중
을 유도해야 한다. 따라서 총장 연설을 언어 자료로 하기 위해서는 반드시
실제 발화 상황에 대한 분석이 필요하다.

둘째 자료 수집 방법은, 발화된 상호작용의 담화를 비디오 테이프로 녹
음하여 전사한다. 녹화 자료를 전사할 때는 연설 상황에 나타나는 준언어
적 표현은 물론이고, 직접 듣는 이의 보기에 의해서만 확인이 되는 비언어
적 특성까지도 모두 표시하고자 노력한다.9) 이 연구를 위해, 대학 총장이
실제 행한 10개의 연설을 녹음하여 전사하였다. 녹화된 연설은 4편의 졸
업식사, 3편의 입학식사, 2편의 개교 기념식사, 1편의 이임식사로 되어 있
다. 시기는 1998년~2005년까지의 실제 연설 자료를 영상으로 입수하거나
직접 연설을 들으며 녹음하는 형식을 취했다.10)

회와 문화를 이해하기 위한 의사소통의 구조와 기능 연구의 요소로 'S-P-E-A-
K-I-N-G'이라는 모델을 제시하였다(D. Hymes(1974) 참조). 이는 "상황(scene)-참
여자(participants)-목적(ends)-형식과 내용(act sequence)-어조(tone)-도구(in
strumentalities)-규준(norms)-장르(genre)"로 정리할 수 있다. 연구 목적과 도구,
규준, 장르 등은 '연구 동기와 목적' 부분에서 밝혔으며, 형식과 내용의 연계성이나 어조
등은 본론에서 분석할 예정이므로, 여기서는 우선 이 연구를 위한 자료 수집 방법을 보
이고자 한다.

9) 전사 과정에서 드러난 비언어적 표현은 특별히 부각되는 것이 없었다. 조사된 자료
내에서는, 강조하고자 하는 부분에서 손을 들어 올리거나, 청중을 둘러보거나, 또는
글을 읽고 말하기 위해 고개를 움직이는 정도 외에는 거의 몸의 움직임이 없었다.
따라서 비언어적 표현은 분석할 만한 자료적 가치는 없었으나, 다만 연설 전략을
제시하기 위한 보완 사항으로는 예시를 들어보이고자 한다.

10) 총장명이나 학교명 또는 시간성은 이 연구에 전혀 변별성을 주지 않기 때문에 굳
이 밝히지 않기로 한다. 다만 연구 과정상에서의 구별을 위해 4편의 졸업식사, 3
편의 입학식사, 2편의 개교 기념식사, 1편의 이임식사를 순서대로 (가) - (차)로
표시하기로 한다.

셋째, 피조사자는 연설 당사자인 총장과 그 연설을 직접 대면 상황에서 보고 듣는 청중을 중심으로 하였다. 청중은 대학 내의 구성원들인 교수 및 직원, 학부형과 학생, 외부 인사 등 다양하지만, 연설 내용은 언제나 대학과 관련된 사람들을 대상으로 한다.

넷째, 분석 방법은, 연설 텍스트를 바탕으로 한 연설 담화의 텍스트성 분석을 통해 총장 연설의 텍스트담화적 전략을 짜 보고자 하였다. 상황 분석은, 연설이 시행되는 시간과 장소, 분위기, 연사와 청중의 관계, 사회적, 문화적 배경 등을 파악한다.

좋은 연설은 우선 내용적으로는 통일성과 일관성을 갖추어야 할 것이다. 또한 연설이 시간의 제약을 받으며 전달되는 음성 언어 자료라는 점을 고려할 때, 형식적으로는 언어에 의한 응집성, 비언어적·준언어적 표현법, 듣는 이의 태도 등의 담화 전략이 구비 조건이 될 것이다.[11] 이를 위해서, 연설만이 갖는 특징이나 기능을 파악하여 연출 전략을 분석하고자 했으며, 표현적·내용적 화법 전략을 연설 구성 단계별로 파악하고 제시하였다.

이러한 연구 방향은, 연설 안에 들어있는 대중적 의사소통 장치의 성격을 보다 쉽게 이해하고, 동시에 의사소통의 능력을 해명하는 길을 열게 해 줄 것이다.

2. 총장 연설의 단계별 구성과 전략

총장 연설은 대학 사회 내에서 이루어지는 공식적이고 공공적이며 청중을 의식한 설득적·정감적 텍스트담화이다. 따라서 연설은 그 짜임이나

---

11) 좋은 글이 깆추어야 할 조건에 대해서는 여러 가지 의견이 많다. 김봉군(1999: 48-146)에서는, 통일성, 일관성, 강조성의 세 가지를 좋은 글이 갖추어야 할 조건으로 들기도 하도 충실성, 적절한 방법과 기교, 정확성, 경제성, 정직성, 성실성, 명료성, 일관성, 완결성, 독창성, 타당성, 자연스러움의 열두 가지를 조건으로 들기도 한다.

 리더와 말 말 말

근본적인 특질이 논설문과 다를 바 없이, 도입부, 전개부, 종결부로 구성된다. 총장이 행하는 식사는 정책 연설에 비하면 설득적 기능이 적지만, 일단 의사소통을 목적으로 발화를 한다는 것은 말하는 이의 의도나 감정을 듣는 이에게 공유하게 하고 듣는 이가 발화에 의한 효과를 수행하게 함이 목적이므로 많게든 적게든 분명 설득적일 수밖에 없다. 결국 총장 연설은 언어를 통한 대중조작의 가능성과 청중의 내면에 무의식적으로 존재하고 있는 언어 반응을 조정하여, 총장이 추구하는 의도·목표·감정을 전달하고 호환시켜 같은 방향으로 유도할 목적을 가진다고 할 수 있다. 왜냐하면 총장 연설의 가장 큰 목표는, 의식적인 구성 행위를 통해 생산된 메시지가 의도된 방식으로 수용자에게 받아들여져 대학교라고 하는 특정 집단 속에서 동질의 공감대를 조성하고자 하는 것이기 때문이다.

결국 연설은 관심을 불러일으켜야 하는 도입부와, 각별히 정보적·정서적 깊은 인상을 심어 주고 일깨워 주는 전개부, 그리고 청중이 무언가를 실천하도록 호환을 요구하는 마무리 종결부의 세 가지 전개 과정으로 단계별 구성이 유형화 되어 있다.

[표 2] 연설의 단계별 구성

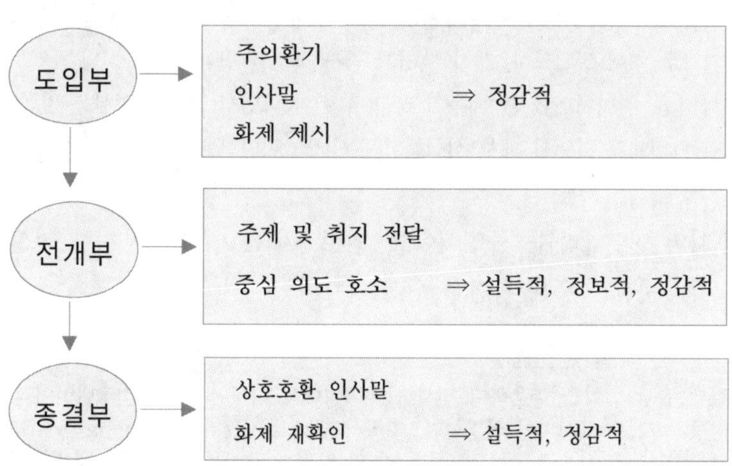

연설 텍스트담화의 내용상·형식상의 호환 관계를 파악하기 위해 연설에 나타난 단계별 구성을 점검하고 구성상의 전략을 정리해보자.

2.1 연설 도입부의 특성과 구성 전략

서론에 해당하는 도입부는 청중에게 이야기를 듣도록 유도하는 동기 부여 단계이다. 따라서 연설의 도입부는 주로 청중의 관심과 흥미를 유발시키고, 분위기를 조성하고, 자신을 소개하고, 앞으로 말할 내용을 미리 언급하여 호기심을 가지고 계속 듣도록 친근감을 조성하는 것에 목적을 둔다. 특히 총장에 의한 식사는 예식의 시작이자 그 예식의 대표성을 띠므로, 도입부에서는 청중 구성원의 주의를 집중시켜야 하며, 또한 참석한 구성원 모두가 대우 받을 수 있는 인사말을 정형으로 보이게 된다. 이를 위해 총장 연설의 도입부는 크게 두 단계로 나누어 살펴볼 수 있다.

첫째, 총장 연설의 도입부는 행사의 주제와 의의를 간단히 밝히게 된다.[12]

[예 1]
[라] 오늘 여러분은[휴지] 수 년 동안 동학의 광장에서 용맹, 정진, 학업을 닦은 결과로 영예로운 학사, 석사 그리고 박사 학위를 받게 되었습니다.
[차] [흠...] 미처 임기를 채우지 않고[휴지] 끝나면서 고별의 인사를 말씀드리는 것은 저에게 있어서 매우 섭섭하고[휴지] 또 미안한 감을 금할 길 없습니다.

[예 1]의 연설 [라]는 졸업식이고, 연설 [차]는 이임식을 위한 연설임을 도입부 첫 문장을 통해 확인할 수 있다.

---

12) 실제 총장 연설을 녹음하여 전사하는 과정에서 나타난 준언어적·비언어적 표현 등은 〔 〕로, 표시하여 설명한다. 따라서 담화 표지(conversational marker)에 해당하는 '에, 흠, 휴' 등도 모두 〔 〕 안에 넣어 표시했으며, 발화 내에서 유달리 긴 휴지를 지닌 곳도 '〔휴지〕'로 표시하였다.

이들은 본론에서 밝히고자 하는 화제나 목적 등에 대한 소개로서, 청중을 환기시키고 동기를 유발하며 연설의 전체적인 방향을 제시한다. 그러나 총장 식사의 경우에는 이와 같이 화제를 언급하는 것은 축하의 인사말과 동시에 표현되어 있어 분리되지 않는 경우가 대부분이다.

　[예 2]
　[가] 각고의 노력과 불패의 정신으로 오늘 영예로운 학위를 받게 된 졸업생 여러분들의 학문적 성취를 진심으로 축하합니다.
　[다] [흐흠..] 오늘 명예로운 학사, 석사, 박사 학위를 받게 되는 졸업생 여러분들의 학문적 성취를 진심으로 축하합니다.
　[바] 친애하는 신입생 여러분[휴지] 본인은[휴지] 여러분이 뼈저린 노력과 남다른 어려움을 겪고 우리 대학사상 유례없는 치열한 입시경쟁을 뚫고[휴지, 고개를 빨리 들었다 내림] 오늘 새로운 동국의 가족이 된 것을[빠르게] 진심으로 축하하고 환영합니다.

[예 2]의 연설 도입부 [가], [다], [바]는 행사의 목적이나 화제를 밝힘과 행사의 주인공을 축하하는 인사말을 동시에 첫 문장에 드러냄으로써, 제한된 시간 안에 짧은 연설을 하기 위한 방책을 보이고 있다. 특히 첫 발화에서부터 청중들의 관심과 집중을 유도하여 연설 제재에 흥미를 느끼도록 하는 일종의 주의 집중 장치이자 화제로서, 친교성을 강조하기 위한 기법이라고 할 수 있다. 일반적으로 사람들은 친밀감이 느껴지는 사람에게는 마음을 쉽게 열고, 그 사람의 말에 귀를 기울여 듣고, 그 사람의 의견에 찬성하기도 쉽다. 따라서 총장의 기념식사는 대부분 친밀감을 위한 인사말과 주의 집중 장치를 복합적으로 표현한다. 유쾌하고 진지한 목소리나 표정 및 몸짓 등의 준언어적·비언어적 요소를 이용하거나, 또는 신선한 표현의 인사말을 통해서 친밀감을 표시할 수 있으며, 행사 목적을 동시에 거론함으로써 연설 효과를 올리게 되는 것이다.
　두 번째, 총장 연설의 도입부는 반드시 인사말의 형태가 들어간다.

도입부의 기본 정형은 인사말로서, 이것은 가장 대표적인 친교적 기능이자 주의집중 장치가 된다.

인사말은 우선 예식의 주인공으로 지정된 졸업생이나 입학생, 또는 학교 구성원 등을 위한 축하 인사를 시작으로 하여 참석한 모두를 하나씩 거론하거나 통합하여 제시하는 방법이 있다. 열거 제시의 경우는 두 가지 방법이 있는데, 하나는 형식적 예우를 위한 인사(人士)들로부터 시작하여 연설 목적이나 화제에 가장 가까운 사람으로 수렴시키는 방법이며, 또 하나는 그 반대의 확산적 방법이 있다. 곧 연설 화제의 주인공을 중심으로 가장 가까운 가족으로부터 시작하여 외부 인사들로 이어서 열거하는 방법이다.

[예 3]

[다] 그리고[휴지] [여기부터 연설 텍스트를 계속 고개를 숙이고 읽음] 오늘 이 뜻깊고 경사스러운 졸업식장을 빛내주시기 위해 참석하신 우리 **학원 *** 이사장님, ***이사님을 비롯한 법인 임원님, 16만 동문을 대표한 *** 동창회장님, *** 수석부회장님, *** 고문님을 비롯한 총동창회 임원님, *** 전임 총장님을 비롯한 내외 귀빈 여러분들께 감사드립니다. [잠깐 고개를 들었다 내림] 특히 본교 일본 자매대학인 ****학원 대학 ***** 상무사님께서 갑작스런 폭설에도 불구하고, 참석하여 주셔서 진심으로 감사하게 생각합니다. 더불어 졸업생 여러분을 이날의 영광으로 정성을 다해 뒷받침해주신 학부모님과 성심껏 학문과 참 인간[강하고 높게]의 길을 가르쳐주신 여러 교직원 여러분께도[고개를 듦, 휴지] 깊은 감사와 경의를 표하는 바입니다.

[바] 아울러 여러분에게 오늘의 영광이 있기까지 노심초사 온갖 정성을 다하여 여러분을 뒷받침해주신 학부모님 여러분에게도 격려와 축하의 말씀을 드립니다. 그리고 이 뜻 깊고 경사스러운 입학식전을 빛내주시기 위하여 임석해주신 ***이사장님, *** 이사님, [휴지] 재단 이사님들 또한 국사일로 바쁘신데도 불구하시고 참석해주신 *** 총동창회장님을 비롯한 동창회 간부 여러분 내외 귀빈 여러분에게도 깊은 감사를 드리는 바입니다.

 리더와 말 말 말

[예 3]의 [다]는 형식적 예우를 위한 인사들로부터 시작하여 연설 목적
이나 화제에 가장 가까운 사람으로 수렴시키는 방법의 실례라 할 수 있고,
[바]는 연설 화제의 주인공과 가까운 가족으로부터 열거하는 방법을 선택
한 경우이다. 행사에 어렵게 참석한 모든 사람들을 일일이 나열하면서 거
론하는 방법이 예우 태도일 것이다. 그러나 제한된 시간에 도입부의 양적
인 과다는 자칫 청중들의 주의를 분산시키고 지루함을 줄 수 있어, 본론에
들어가기도 전에 청중들은 연설 내용이나 상황에 직시하지 않거나 무관심
을 초래할 수도 있다. 이를 보완한 것이 연설 [나]의 도입부이다.

    [예 4]
    [나] 아울러 이 자리에 참석하여 주신 **학원 이사장 ***큰스님, 여러 이사님
역대 총장님, 동창회장님[휴지] 내외 귀빈과 동문 여러분, 오늘의 영광을 안겨주
신 학부모님 교수 직원 여러분들과 함께 오늘의 기쁨을 나누고자 합니다.

[예 4]의 [나]는 [다]의 30%의 양으로 충분히 참석한 사람들에게 실례
를 범하지 않으면서도 모두 다 거론한 셈이 되어 짧은 총장 연설의 도입
부 인사말로는 최적의 방법으로 보인다.13) 물론 도입부에는 화제의 주인
공에 대한 인사말만 하고 다른 모든 청중 인사(人士)를 종결부로 돌려 주
의집중 장치를 하나로 수렴하는 연설 [마]와 같은 경우도 볼 수 있다.14)

    [예 5]
    [마] [헴] 본인은 먼저 여러분이 동국가족이 된 것을 진심으로 축하합니다.
밤이 깊을수록 새벽이 가까워지듯 오늘의 이 자리를 위해 여러분들은 기나긴

---

13) 참고로, [다]의 인사말을 100%로 봤을 때 [바]는 58%, [나]는 30%의 비율을
   보였다.
14) [마]의 종결부를 보이면 다음과 같다.: 끝으로 **의 품에서 원대한 꿈을 안고 첫
   출발을 시작하는 제군들의 앞길에 부처님의 가호가 항상 하기를 축원합니다. 아울
   러 공사다망하심에도 불구하고 참석하여주신 ***이사장 ** 임원여러분, *** 동문,
   그 밖에 동문을 비롯한 내외 귀빈 여러분들과 학부모 여러분들께 감사의 인사를
   드리는 바입니다.

밤을 기다리며 노력하여 왔습니다. 그 인고의 결과 얻어진 떳떳한 영예와 희망이 어우러진 뜻 깊은 이 자리이기에 아낌없는 축하를 보내는 바입니다.

[예 5]와 같은 인사말은 친밀감을 통한 주의 집중 장치로서, 청중의 관심과 주의를 연설자에게로 집중하도록 해 주는 효과를 갖는다. 이를 위해서는 다양한 몸짓, 표정 등을 이용한 비언어적 장치도 유용하게 사용되는데, 이 연구의 자료 속에서는 휴지, 고저와 장단 등의 운율적 특성, 그리고 연설 텍스트를 읽기 위해 고개를 들고 내리는 동작 등의 변화를 통해 나타났다.

대부분의 연설은 전개부로 들어가기 전에 전체적인 개요를 설명하고 전개부에서 나타날 주요점을 미리 시사한다. 그러나 식사의 경우엔 도입부에 행사 주제와 인사말 외에는 거의 나타나지 않는다. 총장 연설 또한 해당 화제를 인사말과 함께 아울러 밝힌 게 대부분이다. 화제와 인사말 직후엔 잠시 휴지를 두거나 고개를 드는 등의 준언어적·비언어적 표지를 통해 새롭게 전개부에 들어감을 청중이 인식하도록 해 준다. 따라서 일반적인 연설의 도입부는 전체 연설의 약 25퍼센트 정도를 차지하지만 식사의 경우는 연설 전체 길이의 약 10%-15%를 넘지 않도록 양적으로 최대한 줄이는 조절이 효과적이다.

실제 연설 [가] – [차] 중 도입 부분은 다음과 같은 비율을 갖는다.

[표 3] 연설 도입부의 양적 비율

	가	나	다	라	마	바	사	아	자	차
백분율(%)	12	13	18	11	13	28	10	13	11	5

[표 3]을 보면 연설 [다], [바]가 과도한 양의 도입부를 가지고 있음을 볼 수 있고, 연설 [차]는 전체 연설에 비해 너무 적은 양의 도입부를 지님을 알 수 있다. 앞에서도 본 바와 같이 연설 [다]와 [바]는 참석한 손님들

을 일일이 거명하면서 열거하고 있어 인사말의 양이 넘치는 것을 보았으며, 연설 [차]는 도입부의 내용은 충실하지만 본론의 과도한 양에 의한 결과이다.15)

그러면 총장 연설의 도입부는 그 텍스트담화의 최대 효과를 위해 어떤 전략이 필요할까?

첫째, 정확한 화제 제시와 양적 조절이 필요하다.

총장 연설의 도입부는 이 연설의 목적이나 분위기 조성을 위한 시·공간적 상황 등을 청중에게 환기시키기 위해 우선 화제를 제시해야 한다.

연설을 시작하는 도입부는 청중 모두가 가장 큰 관심과 흥미를 가지고 집중하는 시점이다. 따라서 도입부는 연설의 목적과 연설의 중요성, 청중들에게 미치는 효과 등을 암시해 주는 연출 전략이 필요하다. 또한 만일 연설이 긴 내용이라면, 전체적인 내용의 소주제를 간략히 소개해 주는 것도 필요하다. 물론 식사에서는 시간의 한계나 정감적 기능의 강화로 인해 이런 부분이 많이 생략되지만, 길게 인명을 하나씩 거론하는 것보다는 화제 제시나 주의 환기를 위한 다양한 인용 등이 더욱 효과적일 것이다. 양적으로 전체 연설의 10%-15% 정도로 조절하는 것이 효과적이다. 이렇게 함으로써 청중이 좀더 빨리 연설자에게 긍정적인 태도를 가질 수 있으며,

---

15) 연설 [차]의 도입부를 보이면 다음과 같다.: [흠!] 미처 임기를 채우지 않고, 끝나면서 고별의 인사를 말씀드리는 것은 저에게 있어서 매우 섭섭하고, 또 미안한 감을 금할 길 없습니다. 그동안 저를 따뜻하게 보살펴 주셔서 대가[크게]없이 이 자리를 보존[소리를 높이며 잠시 휴지]하게 해주신 **학원의 이사장 이하 이사 여러분, 동창회장 이하 동창 여러분, 교수, 직원 그리고 학생 여러분께 심심한 감사의 말씀을 드립니다. 이[높고 크게] 순간 이 자리는[한숨을 쉼] 저에게 만감이 교차하는 자리올시다. 그러나 부질없이 제 개인의 사사로운 정서적인 설레임을 여기에 피력하는 것은 적당치 않다고 생각합니다. 다만 제가 그동안 여기서 해온 교육행정, 교무행정의 대략을 보고 말씀을 드리는 것이 더욱 적합할까 생각합니다. 보고 말씀으로서 이임사에 대신고저 합니다.

자칫 형식적으로 생각하는 예식에 대해 인상 깊게 수용할 수 있도록 한다. 결국 이런 노력은 총장의 위세를 강화하고 마음을 합일시켜 존경심을 불러일으킬 수 있으며, 더 강화된 체제와 협동을 꾀할 기회를 부여해 줄 수 있을 것이다.

둘째, 효과적인 인사말이 필요하다.

인사말 부분은 친근하고 진심 어린 인사와, 그에 따르는 정서적·친교적 감동이 들어있는 목소리가 효과적이다. 특히 무조건 순서대로 청중을 나열하기보다는 연설 대상을 중심으로 가깝고 친밀하고 의존성이 강한 사람으로부터 거론한다. 다만 양적인 한계를 갖는다면, 외부 인사를 위한 의례적 인사는 일일이 거명하는 방법보다는 일괄적으로 묶어 한 문장으로 제시해 주거나, 또는 종결부로 돌리는 것도 효과적인 방법이다.

셋째, 주의집중 장치가 필요하다.

일반적으로 연설자는 도입부에서 청중이 좀더 빨리 자신에게 긍정적인 태도를 가지고 친밀감을 느낄 수 있도록 하는 방법을 사용해야 한다. 이를 위해서는 도입부에서 청중을 의식한 의도적 흥미 장치나 주의집중 장치가 필요하다.

대부분의 총장 연설의 실제 자료를 조사한 결과, 많은 연설자들이 담화로서의 말하기로 시행하는 것이 아니라 텍스트로서의 읽기만으로 형식적 연설 행위를 하고 있음을 볼 수 있었다. 한두 번만 읽어보면 충분히 기억할 만큼의 짧고 유형화 되어 있는 도입부임에도 불구하고 고개 한번 안 들고 읽는다든가 균일한 목소리로 글을 낭독한다든가 하는 행위는 피해야 할 것이다. 연설에서는 청중의 존재가 중요하다. 청중의 신뢰를 얻기 위해서 연설자는 먼저 청중에게 친밀감이 들도록 해야 한다. 이러한 목적을 달성하기 위해서는 연설 속에 청중이 흥미를 느낄 수 있는 주의 집중 장치

등을 의도적으로 설정해야 한다. 주의 집중 장치를 위한 언어적 표현으로는 유머, 일화, 질문, 인용 등이 있으나, 총장의 예식을 위한 연설처럼 시간과 양에 특별히 제약을 받는 경우에는 이러한 언어적인 표현을 이용하더라도 함축적이고 간결해야 할 것이다. 따라서 도입부의 주의집중 장치는 특히 준언어적·비언어적 표현을 통해 유도하는 것이 효과적이다.[16] 연설을 시작할 때 청중을 두루 둘러본 후 자연스럽게 청중을 응시하면서 정감 어린 목소리로 운율감을 충실히 살려 주요 부분마다 강하고 높게, 그러나 빠르지 않게 말하기를 이어간다면 주의를 집중시키는 충분한 효과를 갖게 될 것이다. 예를 들어 고저, 장단, 강약의 적절한 사용과 휴지의 활용 등은 청중의 주의를 집중시키기 위한 적합한 유도 장치가 되어 줄 것이다. 물론 이런 주의 집중 장치, 친밀감을 주는 장치 등은 도입부에 들어가는 다른 요소와 서로 밀접한 관계를 가져야 하며, 지나치게 길어지지 않도록 해야 함을 간과해서는 안 될 것이다.

2.2 전개부의 특성과 구성 전략

총장 연설의 전개부는, 특히 식사의 경우에는 예식의 주제와 관련되는 내용들로 채우되 설득력과 호소력 있는 방법을 이용해야 한다. 청중은 연설의 주된 취지와 주제를 이미 도입부를 통해 인지하고 있기 때문에, 만일 본론부에 흥미 유발이나 깊이 새길 만한 의미 있는 내용이 응집력 있게 들어있지 않으면, 청중은 도입부의 축하 인사와 화제 제시만을 들은 후 본론은 전혀 귀담아 듣지 않거나 형식적인 듣기에 그칠 수 있다. 따라서 본론부는 내용의 참신성은 물론 표현적 생동감도 모두 신중하게 선택해서

---

16) 물론 언어적인 표현 또한 "낯설게하기" 기법이 필요하다. 동일한 유형일지라도 연설자 자신만이 가지고 있는 표현법을 개발하는 것은 연설의 주의집중 장치를 강화하는 데 큰 효과가 있을 것이다. 예를 들어, 표현된 인사말, 선택된 어휘와 구조적 차별성은 연설자 자신만이 가진 독특한 색깔을 보일 것이며, 그로 인해 청중의 집중을 유도하는 큰 효과를 가질 수 있을 것이다.

발화해야 한다.

일반적으로 졸업식이나 입학식과 같은 축하 식사 연설에서는, 졸업 또는 입학하는 학생들에게 당부하는 내용으로 전개될 것이며, 이임식이나 기념식에서는 보고 및 당부나 다짐 등의 주제를 담게 될 것이다. 이렇게 하나의 중심 화제는 전개부 속에서 소주제로 나뉘어 전개된다. 곧 본론에 해당하는 전개부는 주어진 주제 및 취지를 밝히고 이를 이해시키기 위한 부연 설명과 주제의 재확인으로 이루어지게 된다.

[예 6]
[바] 친애하는 신입생 여러분[휴지] 여러분이 입학한 우리 **대학교는 자비와 지혜에 바탕을 둔[멈칫] 두고 자기완성을 실현하고자 하는 불교정신을 건학이념으로 개교한 대학입니다. 개교한 이래 88년의 장구한 역사와 빛나는 전통 속에서 수많은 인재를 양성[휴지] 배출하여 온 민족의 선봉대학이기도 합니다. 여러분은 이제 이러한 명문대학에 입학한 자부와 치열한 경쟁에서 승리한 긍지를 가지고 진리와 자유의 상아탑에서 학문과 인격 연마를 해주시기 바랍니다.[빠르게] 대학은 학문과 진리의 탐구를 가장 중요시하는[강하게] 곳이며, 인격의 도야와 사회봉사의 기능이 강조되는 곳이기도 합니다. 이제 여러분은 입시 공부에서 전전긍긍하던 소아에서 벗어나 보다[높게] 차원 높은 곳에서 자유롭게 사고하고 책임감 있게 행동하며 큰 자아를 실현할 수 있는 젊은 지성인이 된 것입니다.
그러나[휴지] 친애하는 신입생 여러분[휴지] 우리는 지금 새로운 문민시대를 맞아 개혁[강하게]과 개방[강하게]이라는 역사적 전기에 직면해있으며 국가 경쟁력을 강화해야만 하는 과제를 안고 있습니다. 여러분은 이러한 변화와 격동의 시대에 처하여 지난 역사의 명암과 흐름을 사려 깊게[강하게] 헤아리면서 지성과 양심을 바탕으로 새로운 세대의[강하게] 주체가 될 수 있는 역량을 차근차근 길러나가야 할 것입니다. 아울러 빛나는 전통을 세우고 **을[강하게] 거쳐 간 수많은[에...휴지] 선배들에게[고개를 듦] 추호도[고개를 내림] 추호의 부끄럼도 없는 후배가 되도록, 거듭나는[강하게] 정진과 창조적 기상을 실현해주기를 당부합니다.

[예 6]의 연설 [바]에서 보듯이 전개부는 입학하는 대학생들에게 주는

당부가 화제가 된다. 이 화제를 위하여 첫째, '대학의 위상'을 소개하고 '그 곳에 들어온 대학생들의 자부심'을 강조하고, 둘째, '그 대학의 주인이 된 대학생들이 거듭나는 정진과 창조적 기상을 실험하기를 당부'하는, 소주제 두 개를 나누어 정리·발표하고 있다. 이 연설의 전개부는 하나의 화제를 두 개의 소주제로 나누되, 점층식 구성법을 통해 강조 효과를 유도하고 있다. 점층식 구성 방법은 덜 중요한 것부터 더 중요한 것으로 조직하거나 하나의 주제를 소주제별로 나누어 연설을 할 경우에 활용된다. 이 구성법은 전반적이고 추상적인 자료를 먼저 제시하고 점점 더 확실하고 구체적인 자료를 배열해 가는 기법으로서, 뒤로 갈수록 연설자가 강조하고 당부하는 핵심 내용을 배치하는 방법이다. 이어 선택된 연설의 주제가 청중들에게 적합하고 절실한 주제임을 주장하게 되며, 이때 연설자는 더욱 고조된 분위기를 연출하게 된다. 연설자는 전개부에서 특히 청중의 반응을 고려해야 한다. 왜냐하면 청중의 반응에 따라 준언어적·비언어적 표현의 여부가 결정되며, 이러한 세심한 확인만이 연설의 효과를 높일 수 있기 때문이다.

[예 7]
　[라] 지난 한 해 동안 우리 학교는[점점 강하게] 과거의 잔재로 인해 불가피하게 재기되었던 문제들에 직면했으나 이제는 **가족 여러분의 이해를 바탕으로 어려움을 극복[강조]하고 새로운 도약의 기틀을 세우고 있습니다. 지난 연말을 전기로(?) 해서 각고의 노력으로 구조혁신에 착수하였고, 캠퍼스 교육공간을 확장하여 교육여건의 개선과 함께[점점 고조] 교육과 연구 역량을 강화하기 위한 정책을 강력하게[강조] 추진하고 있습니다. 또한 건학이념을 바탕으로 우리의 강점[강하게]을 살려서 특성화된 명문 **의 기틀을 세울 것입니다. 2010년까지는 10대 한국의 대학으로 발돋움하고, 2020년까지는 과거 우리가 가지고 있었던 명문사학[휴지] 3대 명문사학의 명예를 회복하면서 세계 100대 대학 안에 진입하는 것을 목표로 삼고 있습니다. 금년도 개교기념식에서 그것을 구체적으로 밝혀서 우리들의 비전을 구체화하고 실천하는 방법을[휴지] 만천하에 알리고자 합니다.

[차] 회고하건데 삼년 반[휴지] 삼년 육 개월 전에 제가 이 자리에서 취임사로서 여러분에게 말씀드린 것이 잠깐 머리에 떠오릅니다. 그 당시에 저는 **대학교의 학칙과 내려온 전통을 준수할 것을 서약을 하고 동시에 학교 **에 있어서는 가장 평범하나마 그러나 기본적인[강하게] 세 가지 요건, 훌륭한 시설, 훌륭한 교수 및 훌륭한 학생을 어떻게든지 맞아들여야 되겠다.[쉼없이] 어떻게든지 마련해야 되겠다. 이것은 어느[강하게] 학교나 당면하고 있는 가장 기본적인 요건이올시다. 그것을 위해서 제가 노력할 것을 여기서 서약을 했습니다. 또 동시에 어느 [강하게]대학이라도 똑같은 대학이 많이 설 필요는 없다. 그것은 민족적 에너지의 낭비다. 이 대학이 있으나마나 저 대학하고 같은 성격의 대학을 많이 맨['맨'으로 발음함]든다는 것은 그것은 부득이한 경우를 제외[높게]하고는 하나의 에너지의 낭비라고 생각합니다. 그러기 때문에 각 대학(높게)마다 개성 있는 대학을 맨들어야 되겠다. 그래서 개성이 서로 보충하고 서로 돕는 거기(높게)에서 민족문화의 정수가 이루어지는 것이 아닌가 저는 이렇게 생각하고, 우리 학교의 개성(높게)을 찾아서 발견해서 그것을 육성해 전력[높게]을 다하겠다고 맹서를 했습니다.

우리 학교의 시설은...(생략)...[17]

[나] [계속 고개를 숙이며 읽으면서] 오늘 우리의 세계는 예측하기 힘든 격동과 진통으로 얼룩져 있습니다. 인류의 대한 미래에 대한 도전으로 지목되고 있는 전장의 위험, 인구 문제, 자원 고갈뿐만 아니라 공해의 문제까지 대두되고 있는 실정입니다. 만약 인류가 그들의 바람직스럽지 못한 욕망을 절제하지 못한다면 심각한 불행이 닥칠 수도 있다는 식자들의 우려는 늘어만 가고 있습니다. 우리 한반도의 정세도 결코 낙관할 수 없는 국면에서 벗어나지 못하고 있습니다. 북한 공산집단의 야욕을 분쇄하기 위해서는 그 어느 때보다도 국력의 배양과 국민의 총화를 더욱 다져야 할 것이라고 확신합니다. 인간은 결코 사사로운 욕망 추구만을 위하여 살아서는 아니 될 것이며, 이 세계는 그와 같은 욕망의 각축장이 되어서는 안 되리라고 생각합니다. [잠깐 고개를 들었다 내림]이제 우리는 서로의 삶의 방식을 존중하면서 공존할 수 있는 길을 모색하는 지혜와 슬기를 더욱 발휘하여야 할 때입니다. 그리하여 조국과 겨레 그리고 우리 사회를

---

17) 연설 내용이 너무 길어 앞부분만 보인다. 이후 계속되는 전개부에서는 위의 본론 서두에 든 시설, 교수, 학생 순인 소재별 분류 방법으로 연설을 하고 있다.

위하여 무엇인가 기여할 수 있고 나아가 인류의 평화와 그 복지 건설에 한 몫을 담당할 수 있는 알찬 일꾼이 되어야 할 것입니다.

전개부에 주제를 전개하는 방법은 다양하다. 연설은 청중을 대상으로 하는 담화이기에, 청중의 주의를 집중시키고 이해를 돕기 위해 연설 전개부의 종속 주제 사이사이에 요약과 소개가 들어간다. 이렇게 연설은 중간 소재와 그 다음에 이어지는 부분, 앞에서 제시된 부분과 중간 요약 사이의 배열 순서를 일치시켜 일관성을 유지해야 한다. 일관성은 글에서 종속 제제나 종속 주제가 바른 순서로 배열되어야 한다는 조건이다. 배열 규칙에는 공간적 배열, 시간적 배열, 일반-특수 배열, 원인-결과 배열, 전체-부분 배열 등이 있다. [예 7]의 연설 [라]는 시간적 전개 방법으로서, 사건의 진행 과정, 대상의 발전 과정, 일의 수행 절차, 역사의 전개 과정 등 주제와 관련되는 것들을 시간의 흐름에 따라 배치한 것이다. 즉 연설 [라]는 '지난 해→지난 연말→현재→2010년→2020년'으로 시간적 추이에 따른 상황, 발전 결과 및 계획 등을 나열하여 보고하고 있다. 이러한 시간적 전개 방법은 주로 신년식사, 개교기념식사 등과 같은 예식사에서 많이 활용된다.

연설 [차]는 화제와 관련되는 광범위한 소재들을 유형별로 하위 분류하는 소재별 전개 방법이다. 이 방법은 전개부 서두에 전체 연설 주제를 명목화한 후 다시 그 중 하나씩 거론하면서 정리해 가는 방법이다. 이렇게 연설의 전개부는 중심 화제 하나를 작은 단위로 나누어 각 소주제마다 의견을 뒷받침하는 근거 및 부차적 의견을 들어 강조하고 있다. 이러한 근거를 위해서 연설자는 실제 증거로 나타난 현상, 언론 보도, 전문성 있는 결과와 통계 등을 이유에 덧붙여 신뢰성을 확보하기도 한다.

이는 모두 보고와 동시에 청중의 이해를 돕기 위한 방법이다. 이러한 소재별 분류 방식은 연설자가 각 소재를 순서대로 나열하되 청중의 이해를 도우면서, 청중의 주의를 연설자에게 모을 수 있게 해 준다.[18] 연설은

---

18) 대부분 기념식사의 경우는 연설 상황에서 내용이 바뀌거나 순서가 바뀌는 경우가

부분적으로 공간적 전개 방법을 이용하기도 한다. 전개부 전체적으로는 시간 전개나 소재별 전개 방법을 쓰면서 각 소주제의 내용을 전개할 때는 원인과 결과에 따라 배열하는 인과적 배치와 더불어 문제를 해결해 나가는 기법을 사용하는 경우가 많은데, 연설 [나]가 그 예이다. 연설 [나]는 "욕망을 절제하지 못"하는 원인은 "심각한 불행"의 결과를 맞이한다는 인과적 배치를 통해, 이러한 문제점을 극복하기 위해서는, "서로의 방식을 존중하면서 공존할 수 있는 길을 모색하는 지혜와 슬기를 더욱 발휘"하여 "알찬 일꾼"이 되어야 한다고 문제를 해결하는 구성 방법을 쓰고 있다.

이 방식은 특히 논리적이고 체계적이기 때문에 어떤 주장을 논리 정연하게 전개하거나 설득적인 내용에 대해 감동과 호소를 배가시키는 효과를 가지게 된다.

총장 연설의 전개부에는 과연 어떤 전략을 염두에 두어야 할까?

첫째, 주제나 취지를 배열 규칙에 따라 명확히 제시하여야 한다.

전개부에서는 연설의 요점, 논쟁점, 의견의 정리와 배열이 고려되어야 한다. 특히 총장 연설처럼 짧은 시간에 정확하게 상황 설명을 하고 주의를 집중시키고 청중의 태도를 변화시키거나 감정에 호소하는 의도를 가져야 하는 경우엔 중심 화제 하나에 2-3개 정도의 하위 내용을 일관성 있게 정리하여 발화함으로써 청중의 이해와 집중도를 달성할 수 있다. 따라서 전개부는 주제나 취지를 제시한 후 그것을 청중에게 각인시키기 위한 중요

드물다. 일반적으로 설득을 목적으로 하는 연설의 경우엔 청중의 기대 심리에 따라 내용 조직이 바뀔 수 있다. 호의적인 청중 앞에서는 두괄식 제시가 좋지만 청중들이 연설의 내용에 우호적이지 않을 것으로 예상된다면, 미괄식 구성을 취하는 것이 좋다. 청중들이 동의할 만한 내용들을 앞에 제시하고, 청중들의 반발이 예상되는 내용은 충분한 근거를 들어서 조심스럽게 뒤에 제시하는 것이다. 그러나 총장 연설의 경우는 이미 주어진 연설 텍스트를 그대로 읽는 경우가 대부분이며 내용 순서 또한 병렬식의 구성법을 지닌다.

하고도 필요한 조건들을 종속 주제로 삼아, 일관성 있게 조직해야 한다. 이 경우 모든 내용의 뒷받침 의견은 구체적으로 실행할 수 있는 유효적절한 것이어야만 설득적이고 호소력 있는 내용 전달이 가능하다. 특히 각 소주제마다 '첫째, 둘째' 등의 주의 집중 장치를 앞세우면, 청중은 전개부의 내용을 더욱 체계적으로 파악할 수 있다. 그러나 총장 연설에서는 이런 소주제들이 3개 이상 넘어가지 않도록 하는 것이 효과적이다.[19]

둘째, 청중의 주의 집중을 위해 구체적으로 명료한 자료 및 내용을 선택한다.

연설자는 자신의 연설 중 각종 문제점 등에 대한 해결안을 청중과 함께 생각해 보는 자세를 취해야 한다. 이것은 청중들 스스로가 자신을 갖고 해결책을 찾는 데 도움을 주기 위한 방편의 논리이다. 이때 연설자는 문제 해결을 위한 자료와 논거를 제시해야 한다. 이울러 연설자의 주장을 객관적으로 뒷받침해 줄 수 있는 충분한 자료나 이론이 제시되어야 한다. 이 경우 뒷받침 자료들이 추상적이고 모호하거나 상황에 적합하지 않으면 청중의 주의집중은 어려울 것이다. 따라서 전개부는 실증을 토대로 한 연설 내용이어야 하며, 또한 문제에 대한 해결안의 실례를 우선적으로 제시할 때 효과적이다. 특히 뚜렷한 논리의 서술 방식을 구사함으로써 자기 주장의 객관성, 공명성, 당위성 등을 설득력 있게 피력해 나아가야 한다.

셋째, 다양한 표현 효과를 위한 연출이 필요하다.

전개부 또한 도입부와 마찬가지로 준언어적·비언어적 표현의 다양화를 통해 표현 효과를 강화해야 한다. 특히 청중이 형식적 행사의 수순(手順)으로만 여겨, 내용에 대한 관심이 저조한 식사의 경우엔 다양한 연출 전략이

---

19) 사람이 한 번에 기억할 수 있는 하위 내용의 수는 4-6개라고 한다. 따라서 일반적으로 충분한 양과 시간을 가진 연설에서는, 전체 연설을 크게 4-6개의 단위로 제시하는 경우를 볼 수 있다. 그러나 예식을 위한 총장 연설은 시간과 양의 제한 때문에 3개 이하의 소주제가 효과적이다.

주의를 집중시키는 큰 역할을 한다. 이 연구를 위해 조사한 10개의 연설 자료에서 6개는 아예 연설 텍스트를 읽기만 하느라 그 어떤 표현 효과를 위한 노력이 안 보였으며, 나머지들도 때때로 목소리의 높낮이나 휴지는 있었으나 청중을 의식한 설득과 감동을 위한 담화적 연출 노력은 크게 드러나지 않았다. 연설은 텍스트를 읽는 과정이 아니고 읽기와 말하기가 통합된 과정임을 인지하여, 단락 짓기, 적합한 음성과 다양한 운율적 요소들의 첨가로 생동감 있고 설득력 있는 표현 효과를 가질 수 있도록 해야 할 것이다. 이를 위해서는 철저한 준비, 곧 연설 텍스트의 보기, 속말하기, 읽기 과정이 전제된 말하기를 하는 것이 필요하다.

2.3 연설 종결부의 특성과 구성 전략

종결부에서는 이야기를 마무리하되, 앞으로의 계획이나 당부 등을 제안한다. 물론 이러한 개요는 일반적인 구성 방식이며, 연설을 하는 상황, 목적, 대상에 따라 유동적이다.

종결부는 전개부에서 말한 주요 내용을 간명하게 재확인해 주되, 짧고 강렬하게 끝내는 것이 효과적이다.

[예 8]

[아] 존경하는 교수, 직원 여러분, 새해에는 더욱 건강하시고, 댁내에 화평이 있으시길 바랍니다. 교직원 한 분 한 분의 건강과 행복이야말로 우리 대학의 가장 중요한 기반이고 발전의 원천입니다. 저는 우리 교수, 직원 여러분께 다시 한 번[강하게] 간곡하게 부탁드립니다. 여러분의 미래이며 여러분의 일터인 우리 학교가 금년에는 백주년입니다. 예사로운 일일 수 없습니다. 백주년이 무의미하고 헛되게 지나가서는 안 됩니다. 부디 여러분 한 분 한 분의 힘과 열정을 보태주십시오. 모든 대학이 곧 부러워할 그런 대학을 함께 만듭시다. 다시 한 번 교직원 여러분의 건강과 행복을 빌면서 신년인사를 마치겠습니다. 감사합니다.

 리더와 말 말 말

[자] 여러분 제가 [에..] 미력이나마 그 방면을 위해서 노력하다가 [어...][휴지] 다 임기를 미처 채우지 못하고 떠나게 된 것을 다시 한 번 여러분에게 사과의 말씀을 드립니다. 그러나 그동안 저의 이와 같은 당돌한 생각을 믿어주시고, 선의로 해석해주시고 이해해주신 이사님 여러분 또 동창회 여러분, 교수, 직원, 학생 여러분에게 다시 한 번 심심한 감사의 말씀을 드립니다. 이것으로 이임사를 대신합니다.

[라] 끝으로 오늘 학교법인 **대학교 이사장이신 ** 큰스님, ** 큰스님, ** 스님, *** 이사님을 비롯한 임원여러분, *** 전총장님, *** 전총장님, *** 총동창회 부회장 등 많은 내외 귀빈들이 여러분의 졸업을 축하하고, 미래를 축원하기 위해 이 자리에 함께 해주신 데 대해서 총장으로서 깊은 감사를 드리며, 여러분의 앞날에 찬란한 영광과 발전이 있기를 기원합니다. 여러분 감사합니다.

[사] 끝으로 신입생 여러분과 여러분 가정에 부처님의 가호가 항상 함께 하시기를 기원하면서 간단히 식사에 대신합니다.

연설 종결부는 연설자를 신뢰할 수 있게 하는 확신을 심어 주는 것이 가장 큰 목적이다. 왜냐하면 종결은 연설 전체를 정리하여 맺는 부분으로서 청중에게 강한 인상을 남겨 주는 곳이기 때문이다. 더구나 청중은 마무리 단계임을 알게 하는 연설자의 준언어적 · 비언어적 표현을 통해 혹여 분산되었을 수 있는 태도를 바로 잡고 집중하는 계기를 마련하기 때문이다.

[예 8]의 [아], [자]는 다짐과 인사말을 통해 가장 적합한 종결부를 이루고 있다. 이 경우 다짐은 단순히 앞에서 말한 내용을 요약, 정리하는 데 그쳐서는 안 된다. 연설의 결과를 행동으로 유도할 수 있도록 부탁하거나 호소하는 내용을 담아야 할 것이다. 그러나 [라], [사]는 재확인이나 다짐을 생략하고 인사말로만 맺고 있다. 물론 전개부에서 소주제별로 이미 사이사이에 요약을 넣었기 때문일 수 있다. 그러나 그 경우에도 종결부에서는 전개부 전체의 내용을 함축할 만한 재확인이 있어야 할 것이다. 생략의 경우는 종종 전개부가 과도하게 길어서 더 이상 재확인 기회를 가질 수 없거나 전개부의 점층식 전개 방법에 의해 전개부 마무리를 구체적이고 중요한 다짐이나 호소의 결말로 이미 맺었기 때문일 수도 있다. [사]의 경

우는 전개부에서 '대학의 보편성과 우리 대학의 특수성'에 대해 두 개의 소주제로 나누어 사이사이에 요약을 넣고 있다. [자]는 과도한 양의 전개부를 열거식 주제 구성 방식을 통해 소주제마다 요약하고 있다.

[예 8]에서 보듯이 종결부는 반드시 마무리 인사로 끝나게 된다. 주로 도입부에 언급한 행사 대상인 주인공이나 청중들에게 다시 한번 감사의 의미를 강조하는 인사말로서, 주로 '끝으로'라는 용어를 이용한다.[20]

종결부는 연설 전체 양 중 약 5%-10% 정도가 적합하다. 이 연구를 위해 전사된 연설 종결부의 비율은 다음과 같다.

[표 4] 연설 종결부의 구성 비율

	가	나	다	라	마	바	사	아	자	차
백분율(%)	8	6	7	9	14	8	4	8	9	2

[표 4]에서 보듯이 대부분의 연설은 적합한 양의 종결부를 가지고 있다. 그러나 연설 [마]는 14%로 과다한 양의 종결부를 가지고 있으며, 연설 [사]와 [차]는 전체 연설 중 적은 양의 비율임을 볼 수 있다. 연설 [마]의 경우엔, 전개부가 하나의 주제만을 짧은 12개의 단문 형식으로 정리한 것이다. 그러다 보니 종결부는 겨우 두 문장의 인사말임에도 한 문장 속에 거명하는 인사들의 인명(人名)의 나열로 비율이 높게 나타난 것이다.

연설 종결부는 다음과 같은 타당한 전략이 필요하다.

첫째, 전개부의 주제를 재확인하면서 마무리 인사 표현을 명확히 한다.

종결부에서는 전개부에서 제시한 연설 내용을 뚜렷하게 하기 위해 주요

---

[20] 전사된 연설 자료 10개 중 종결부 마지막 문장에서, '끝으로'로 시작하는 연설이 무려 6개, 호칭으로 시작하는 연설이 3개, '다시 한번'으로 시작하는 연설이 1개였다.

논점을 요약하거나 간단히 재확인한다. 예를 들어 주요 논점의 의의나 당위성 등을 다시 한번 청중들에게 반복해 설명하되, 기억되기 쉬운 어구로써 연설을 마무리 짓는다.

이때 청중에 대한 연설자의 기대나 바람을 명확히 말하며, 때로는 연설 도중 실수가 있었거나 혹시 뒷날 시비의 여지가 있다고 판단되는 내용에 대해서는 짧게 해명하고, 필요하다면 유명인의 말이나 격언을 인용하여 설득이나 호소의 효과를 극대화하는 것도 필요하다. 마무리 인사는 경청해준 청중들에게 고마움을 표시하고, 혹시 도입부에서 거론하지 못한 인사들을 거론하거나 반복하여 일괄 제시하는 방법도 가능할 것이다.

둘째, 청중의 주의 집중을 위한 극대화를 피한다.

연설자는 연설에서 얻고자 했던 결과를 기대하고 청중이 직접 수행하게 하기 위해 종결부에서는 극적인 마무리를 하는 것이 필요하다. 혹시나 연설 도중 분산되었을 수도 있는 청중들의 주의를 집중시키고 청중들에게 관철시키고자 했던 내용에 대해 희망적인 호응을 얻기 위해 호소나 설득의 극적 장치를 이용해야 할 것이다.

연설의 종결부에 이르면 연설자에게 두 가지 과제가 부과된다. 연설이 끝나는 시점에 이르러 연설자는 청중에게 특정 지식을 갖게 하거나 아니면 청중을 감동시켜 어떠한 행동을 하도록 해야 한다. 그 어떤 것이 되든지 연설자가 의도한 목적을 달성하기 위해 가장 짧은 시간과 양 안에서 가장 최대의 효과를 올려야 하는 부분이 바로 종결부이다. 따라서 가장 중요한 것은 종결부만이라도 읽기가 아닌 말하기가 되게 해야 한다. 이를 위해, 마무리를 알리는 휴지, 음성 크기나 속도의 조절, 억양의 변화 등을 비롯하여 비언어적 표현의 효과적인 적용에 힘을 기울여야 한다.

3. 총장 연설의 응집성·통일성 전략

연설은 한 사람 대 다수라고 하는 대면 형식의 매개체 형태를 통해 의사소통적 접촉을 갖는다. 따라서 상황성을 전제로 하고 일관된 내용을 발화하기 위한 응집성과 통일성 전략이 필요하다.

통사적으로 완전한 문장이라 할지라도 필요한 모든 정보가 주어지지 않아, 의미상으로 불완전하고 의미상의 모호성(ambiguity)을 띤, 통일성이 결여된 연설도 적지 않다. 또한 전체 의미는 무엇인지 가늠이 되지만 표면상의 응집성 결여로 인해 일관성이 없고 세부적인 의미 전개가 모호하여 혼란을 주는 경우도 있다.

일반적으로 총장 연설에서의 주제는 당부, 다짐, 보고, 주장 등이다. 이런 주제들은 바탕이 되는 중심 주제와 그것을 받쳐주는 종속 주제가 있으며, 통일성을 갖추려면 종속 주제와 관계가 있어야 한다. 물론 연설은, 주제를 효과적으로 드러내기 위해서 여러 소재를 이용하거나 몇 개의 어휘나 어구들을 강조하기보다는 연설의 내용을 청중에게 이해시키는 데 초점을 두어야 한다.

내용과 형식의 일관된 연계성을 파악하려면 우선 연설 텍스트에 나타난 내용적 통일성이 얼마나 텍스트 상에 응집성을 가지고 나타나 있는가를 분석해야 한다. 곧 연설 내용의 통일성을 파악하기 위해서는, 의도성의 문제, 특정한 상황 조건하에서 재료 및 주제 선택의 문제, 서술 양식과 의사소통 절차를 고정시키는 문제, 그리고 특히 텍스트 발화의 구성 원칙 등을 분석하고 이해해야 한다.

3.1 언어적 표현과 적합성 전략

연설은 내용의 체계성이나 통일성도 필요하지만 주어진 상황 내의 대면 의사소통이라는 특성 때문에 표현의 적합성이 무엇보다 중요한 전략이 된다.[21] 연설 텍스트담화는 지정된 의사소통 상황에서 언어 사용의 기능적 변이가 그대로 드러나기 때문이다. 곧 참여자의 역할 행동을 표현하기 위해 그때 그때 언어 행위의 조건에 변이를 가지게 되는 것이다.[22]

따라서 어떠한 언어적·준언어적·비언어적 표현 방법이, 연설자의 진술 의도 및 발화 상황의 조건을 가장 잘 반영할 수 있는지를 파악하여야 한다. 곧 효과 중심의 책략적 언어 사용을 다루는 화용언어학적 관심이 필요하다. 이 중 언어는 동일한 내용을 표현할 수 있는 다양한 가능성을 마련해 놓고 있다. 언어 사용자는 그 가운데서 가장 큰 표현 효과를 얻을 수 있을 것으로 예상되는 것을 선택하기 마련이다. 이 선택은 의사소통이 어느 분야에서 이루어지고 있으며 그 목적은 무엇인가에 의하여 결정될 문제이다. 이런 언어적 변이는 연설 텍스트에 화법적 전략을 첨가하게 되고 이러한 응집성은 텍스트의 배경 상황 및 텍스트가 추구하는 목적과 상관관계를 갖게 된다. 이를테면 목적과 수단 사이의 상응성의 관점으로 볼 때, 텍스트에서 의도하는 바가 어떤 표현에 의해 적합하게 전달되는가를 파악할 수 있는 것이다. 결국 총장 연설에서는 연설 내용을 어떻게 효과적으로 전달하여 사회적 상호 행위를 유도하고 청중을 감동시키고 몰입하게 하는가 하는 표현 영역이 통일성을 낳게 되는 것이다.

[예 9]
[가]
여러분의 모교 **대학교는 지혜의 채집(?)과 자비의 실천을 그 교육 목표로

---

21) 표현의 적합성이란 연설이라고 하는 텍스트담화의 구조적 모습이, 말하는 이, 듣는 이, 주제나 취지, 상황, 소재와 모두 일치를 이루어야 함을 뜻한다. 결국 연설 내용의 통일성을 위한 표면 구조상의 응집성을 의미한다.
22) 이것을 이른바 문체역(style register)이라 하는데, 문체역은 말하는 이의 사회경제적 신분에 의해 미리 결정되어 있는 것이 아니라 상황에 따른 자신의 언어 사용에 의존하는 것을 의미한다. 따라서 연설자는 어떤 상황에 처해 있느냐, 말을 하도록 만드는 동기가 무엇이냐에 따라 서로 다른 문체를 사용하게 된다.

삼아왔습니다. 우주완성의 실상을 있는 그대로 볼 수 있는 지혜는[높고 강하게] 곧 나와 타인은 본래 하나의 생명으로 자각하는 자비의 실천자가 될 수 있습니다. 불교의 열린 정신은 모든['모오든'—끔] 이념과 경계를 초월하여 인류를 하나의 가족으로 만들 수 있[높게]는 비전이 있습니다. 그리하여 지구화 시대의 대[강하고 길게]동윤리를 확립할 수 있을 것입니다. 졸업생 여러분들은 하나가 여럿이고 여럿이 하나라는 거시적 안목에서 나와 전체를 이롭게 하는 자불이타의 정신으로 살아가기를 당부하는 바입니다. 이러한 마음의 자세는 미래의 문명사회에서도 늘['느을', 강하고 길게] 변할 수 없는 진리이고, 언제나 우리를 새롭게 태어나게 해주는 생명의 샘이며 우리의 생명을 절대빈조(?)가 환희의 찬탈(?)을 넘치게 하는 원천이 될 것입니다.

[예 9]는 연설 [가] 전개부의 한 부분이다. 이 부분은 모두 6개의 문장으로 되어 있다.

[예 10]
(1) 여러분의 모교 **대학교는 지혜의 채집(?)과 자비의 실천을 그 교육 목표로 삼아왔습니다.
(2) 우주완성의 실상을 있는 그대로 볼 수 있는 지혜는 곧 나와 타인은 본래 하나의 생명으로 자각하는 자비의 실천자가 될 수 있습니다.
(3) 불교의 열린 정신은 모든 이념과 경계를 초월하여 인류를 하나의 가족으로 만들 수 있는 비전이 있습니다.
(4) 그리하여 지구화 시대의 대동윤리를 확립할 수 있을 것입니다.
(5) 졸업생 여러분들은 하나가 여럿이고 여럿이 하나라는 거시적 안목에서 나와 전체를 이롭게 하는 자불이타의 정신으로 살아가기를 당부하는 바입니다.
(6) 이러한 마음의 자세는 미래의 문명사회에서도 늘 변할 수 없는 진리이고, 언제나 우리를 새롭게 태어나게 해주는 생명의 샘이며 우리의 생명을 절대빈조(?)가 환희의 찬탈(?)을 넘치게 하는 원천이 될 것입니다.

[예 10]의 6개의 문장은 표면상으로 잘 결속되어 있어 연설자가 의도하는 통일된 의미 전달이 명료하게 이루어지고 있음을 볼 수 있다. 곧 문장

 리더와 말 말 말

(1)의 "지혜의 채집(?)과 자비의 실천"은 문장 (2)에서 "지혜, 자비의 실천
자" 등으로 반복 표현되고 있다. 문장 (3)은 문장 (1), (2)를 "불교의 열린
정신"이라는 상징적인 환언 반복으로 연계함과 동시에 부분 결론 역할을
맺고 있다. 곧 문장 (1)의 교육 목표를 문장 (2)에서 풀어 설명하고 문장
(3)은 이 두 문장의 총체적 상위 개념임을 강조한다.

텍스트의 구조에서 결속에 기여하는 반복 표현은 앞 문장과의 관계를
형성할 뿐만 아니라 주어진 정보를 강화하는 의사소통상의 기능을 수행하
게 된다. 이 표현법은 형태적으로 동일하거나 유사한 어휘 요소가 사용된
다. 결국 이 반복 표현에 의해 문장 경계를 넘어 이야기로서의 발화 의미
가 연결되는 것이다.

문장 (4)는 위의 3문장의 결과 제시이며, 문장 (5)는 이 결과를 위한 당
부이고, 문장 (6)은 문장 (5)로 인한 효과로 되어 있다. 문장 (4)는 "그리하
여"라고 하는 지시부사를 통해 앞문장과 결속되었음을 명시적으로 재수용
하고 있으며, 접속 표지의 앞뒤에 나타나는 문장들 사이의 결속적 연쇄가
이루어진다. 문장 (5)는 문장 (3)의 "가족"을 "하나가 여럿이고 여럿이 하
나"라는 풀어쓰기 반복법에 의해 유효한 내적 관계의 재수용을 꾀하고 있
으며, 문장 (2)의 "자비의 실천자", 문장 (3)의 "불교 정신"과 결속된 "자불
이타의 정신"으로 부분회귀함으로써 통일된 주제 관계를 형성하고 있다.
이렇게 결속된 여섯 개의 문장은 문장 (6)의 지시관형어 "이러한"의 내적
조응(endophora)을 통해 텍스트 내의 언어 표현들 사이의 관계성을 강화시키
면서 마무리하고 있다.

결국 하나의 소주제를 표현함으로써 졸업생들이 "자불이타의 정신"으로
살아가길 당부하고자 하는 의도된 내용을 전달하게 되는 것이다.

[예 11]
[아] [계속 고개를 숙이고 읽어 감] 대학은 덕성을 밝히는 곳이라고도 할 수
있습니다. 이 덕성은 인간 양심 속에 내재하고 있는 자율성의 구현이기도 합니

다. 또한 자율성은 민주와 자유에 그 깊은 뿌리를 두고 있습니다. 스스로의 마음을 밝히기를 중요시한 부처님의 가르침은 바로 이러한 인간 본연의 자율성의 계발일 것입니다.[잠깐 고개를 들었다 다시 내림] 그러므로 우리 대학은 지혜로서 자각하고 자비로서 봉사하는 인격자를 양성하는 교육목표로 삼고 있습니다.

[예 11]에 나타난 텍스트의 응집 관계를 살펴보자.

[예 12]
(1) 1문·························· 대학 = 덕성을 밝히는 곳
(2) 2문·························· 이 덕성은 자율성의 구현
(3) 3문·························· 또한 자율성은 민주와 자유에 뿌리를 둠.
(4) 4문·························· 부처님의 가르침은 이러한 자율성의 개발
(5) 5문·························· 그러므로 우리 대학은 인격자 양성의 교육 목표
      를 가짐.

위에 제시된 [예 12]의 도식에서도 볼 수 있는 것처럼 [예 11]의 연설 텍스트는 응집성을 잘 갖춘 텍스트임을 확인할 수 있다. 2문은 1문의 '덕성'을 지시관형사 '이'와 함께 이어 받고, 3문은 2문과 '또한'이라는 접속부사로 병렬 관계임을 제시하며 '자율성'이 반복되고 있다. 4문은 2문과 3문에서의 '자율성'을 다시 지시형용사인 '이러한'을 통해 확인시키고, 5문은 위의 모든 문장들의 결론임을 알리는 인과부사인 '그러므로'와 1문의 주제어인 '대학'을 '우리 대학'으로 응축시켜 반복 표현함으로써 모두의 소속감을 강화시키고, 구심점이 되고자 하는 연설자의 의도를 점층식으로 강하게 전달하고 있다. 이는 표현상의 응집성이 통일된 내용을 일관되게 보이는 효과적 수단이 됨을 확인시키는 결과라 하겠다.

[예 13]
[자]
[쩝] 교수, 직원 여러분, 건학 백주년인 올해는 우리에게 새로운 각오와 분발

 리더와 말 말 말

을 요구하고 있습니다. 우리는 터무니없는 자기비하에 빠져서도 안 되며 공허한 구호에 휩쓸려서도 안 됩니다. 우리 대학이 축적한 역량에 대한 깊은 신뢰를 가지고 우리 대학 앞에 열린 기회에 대해서 명민한[강하게] 인식을 또한 가져야 합니다. 우리 대학 앞길에 열린 기회에 대한 명민한 인식이야말로 우리가 차분하게 내실을 다져갈 수 있는 기틀이 될 것입니다. 각자 맡은 업무에서 실재적인 진전이 이루어지도록 더욱 겸손하고 성의 있게 노력할 때가 아닌가[휴지] 그렇게 생각도 갖게 됩니다. 작은 진전이 하나 둘 착실하게 이루어지고, 하나로 이루[멈칫] 이루어져 증폭될 때 우리는 비로소 대학의 발전을 말할 수 있을 것입니다. 최근 우리와 비슷하게 건학[흠] 백년의 역사를 이룩한 대학들에는 이례적인 이야기들이 적지 않습니다. 그 중 하나는 교수와 직원들이 자기 학교의 국내외 이상을 높이기 위해 학교 당국이 요구한 것 이상의 높은 목표를 스스로 세워 추진하고 있다는 것입니다. 백년의 역사는 우리에게 긍지를 심어주기도 하지만, 희생을 요구하는 것이기도 합니다. 우리는 앞서서 우리 대학을 거쳐 간[멈칫] 나간 수많은 사람들의['의'를 '에'로 발음함] 소망을 생각하여야 하고, 앞으로 우리 대학에 들어올 수많은 사람들의 기대를 또한 생각하면서 더욱 분발하지 않을 수 없습니다. 이것은 대학에 봉직하고 있는 우리 모두의 책임일 것입니다.

기념사는 특히 설득이 필요하다. 곧 총장은 연설을 듣는 청중(청자)이 이미 가지고 있던 생각이나 느낌이나 행동 등을 의식적인 의도를 가지고 변화시키려고 하는 언어 행동을 수행한다. 왜냐하면 청자가 지니는 생각과 느낌은 특정한 사람, 대상, 사건에 대한 청자의 믿음과 태도, 의지를 구성하고 있는 부분들이기 때문이다. 그리고 언어 행동이란 단순히 이성적인 논증법을 사용하여 작성한 메시지를 전달하는 것이 아니라, 음성이나 문자 등의 매체를 통하여 화자의 감성과 인격적인 면까지 듣는 이에게 전달하는 것이기 때문이다. 따라서 청중을 설득하려면 텍스트 생산자가 수용자에게 어떤 사실에 대해 일정한 입장을 받아들이거나 그에 적합한 행동을 수행하도록 하는 호소적 표현이 중요하며, 더불어 청중의 마음을 움직일 수 있는 지배적인 기능이 필요하다.[23]

---

23) 이러한 텍스트를 호소 텍스트라고 하는데, 주로 "명령하다, 신청하다, 요구하다,

[예 13]을 보면, "-하면 안 된다.", "-해야 한다.", "-할 수 있을 것이다.", "-하지 않을 수 없다.", "-일 것이다." 등의 어미가 사용되고 있다. 이를 통해 총장은 어떤 사실에 대해 일정한 입장을 취하고 이러한 입장을 청중이 받아들여서 일정한 행위를 수행하도록 청중의 마음을 움직이고자 함을 확인할 수 있다.

연설 텍스트는 연설을 하기 위한 밑바탕이 된다. 따라서 가장 적합한 표현이 되기 위해서는 가장 발음하기 쉽고 이해하기 쉬운 낱말을 선택하는 것이 필요하고 동시에 그로 인해 정확한 내용 전달의 목적을 달성할 수 있도록 해야 한다.[24)

각 연설에서 직접 듣거나 전사 시 불명확한 발음이나 소음, 또는 어려운 한자어 등 때문에 이해가 어려웠던 것들을 들어보자.[25)

조언하다, 부탁하다, 주문하다, 지시하다, 질문하다, 청구하다, 청하다, 추천하다" 등과 같은 술어를 통해 텍스트 기능이 직접적으로 표출되기도 한다.

24) 쉬운 표현도 필요하지만 연설자의 개성적인 비유법 개발도 청중의 관심 유발에 중요하다. 총장 연설에서의 비유는 청중에게 유추와 상상을 환기시키며 총장 자신에게는 함축적인 표현을 통해 단정적인 언어 습관을 극복하게 할 수 있다. 비유 표현 몇 개를 들면 다음과 같다.
　　〔마〕 뜨거운 용광로로의 불길이 모든 것을 녹이듯 여러분이 자신을 위해 무엇을 〔강하게〕 할 것인지를 결정하는 순간 그 모든 것은 극복 되어졌다고 생각됩니다.
　　〔아〕 그러나 광명을 찾지 아니하면 금을 캐낼 수 없〔강하게〕듯이, 우리는 숨겨진 잠재능력을 발휘하는데 진력해야 합니다.
　　〔아〕 낡은 껍질을 깨는 아픔이 없으면〔강하게〕, 발전과 진보는 결코 기약할 수가 없습니다.
　　〔자〕 어떻게 보면 새해는 달력위에 있다기보다도 우리 각자가 품고 있는 소망 속에 있는 듯합니다.
　　〔자〕 예술의 업적은 불멸입니다. 우리 대학의 영광 역시 불멸입니다.
25) 만일 녹화 자료를 여러 번 반복하여 듣는다면, 분명 〔예13〕의 의문 부호를 붙인 어휘들은 어떤 어휘들인지 가늠하기가 어렵지 않을 수도 있다. 그러나 연설은 즉시성을 가진 대면 의사소통이므로 여러 번 반복하여 전사한 자료로는 그 현장성을 분석할 수 없다. 따라서 이 자료들은 이미 직접 또는 영상 자료로 한번 들으며 들리는 그대로를 전사한 것이다.

[예 14]

[가] 크신 자비와 바퀴(?)가

　　　우리의 생명을 절대빈조(?)가 환희의 찬탈(?)을 넘치게 하는 원천이 될 것입니다.

[다] 우리 동국에서 절차탁마(?)한 이 정신으로 살아간다면

　　　행복을 주는 발고여락(?)의 미덕을 실천하는 지성인(강조)이 되어 주시기 바랍니다.

　　　사회의 처량인(?)이 되어주실 것을 간곡히 부탁드립니다.

[라] 중도와 원용(?)의 삶을 추구할 때

[마] 불교적 정신문화가 보탑(?)을 이루고 있고,

[차] 그 연무풍(?)을 벗어나기 위해서는

　총장의 식사 연설의 대상은 주로 학생, 학부형, 교수, 직원 등이 대부분이다. 그런데도 총장 연설에는 어려운 어휘, 불명확한 발음, 의례적인 표현 등으로 듣는 이를 배려하지 않는 경우가 드러난다. 명확히 내용이 전달되지 않으면 말하는 이와 듣는 이와의 공감대 조성은 어려워지고 집중도는 떨어지며 당연히 의도한 내용 전달보다는 형식적 시간 때우기에 그치고 만다. 어려운 한자어들의 사용은 지성인의 집합이라고 하는 위세 의식이며 불명확한 발음이나 의례적인 표현 등은 형식성만 갖추려는 안일함이나 준비 부족으로 볼 수 있다. 표현 능력은 사고 능력과 밀접하게 맞물려 있다. 표현 능력의 활성화를 위해 청중에게 자신의 의사를 분명히 전하고 그 마음을 움직일 수 있는 언어 표현을 효과적으로 해 낸다는 것은 면밀한 사고와 풍부한 감수성의 배합이 명확히 전달된다는 것이다. 결국 효과적 표현은 말하는 이가 원하는 의미를 효과적으로 전달하는 수단이 된다.

　응집성의 부족으로 인한 구조체는 내용 이해에 방해가 되어 청중의 합일된 의식이나 소속감을 방해할 수 있다.

[예 15]

[차 1]

사실 우리의 지금 학생은 훌륭한 학생들이 많이 들어와 있습니다. 장학금을 많이 내걸고[휴지] 그전에 옛날의 학생에 비하면 수많은 장학금이 지금 유출되고 있습니다.

[차 2]

물론[강하게] 우리가 만족스러운 정도로 많은 수가 아직도 채워지지 않고 있습니다. 그리고 또한[강하게] 그 많은 선생님이 오실 수 있지만 싶은 생각이 있습니다. 그러나 그것은 우리학교가 처해있는 여러 가지 여건에 제약을 받기 때문에 우리의 욕심대로 되지 않습니다. 교수초빙공고는 교내의 국내의 신문 뿐 아니라 멀리 미국의 각 지방의 신문까지 우리가 초빙공고를 냈었습니다.[쉼 없이] 그 초빙공고를 보고 여기에 응모해주신 분도 계십니다. [휴지] 시설과 교수, 학생에 대해서는 아까 말씀드렸지만은 많은 장학금을 내고 또 여기 오는 면학의 분위기를 양산하기 위해서 여러 가지 우리가 조취를 취하고 있는 것입니다. 나는 이것도 또한 우리가 처해있는 여러 가지 여건[쉼 없이] 때문에 어떤 제약을 받고 있습니다.

[차 3]

[에..] 교직원의 해외 연수라는 것도 그런 프로그램도 또한 그것을 위해서 마련한 것입니다.

일례로, [예 15]의 [차 2]에서 앞 두 문장은 "물론, 그리고 또한"으로 연결되어 있다. 우선 두 번째 문장의 "그 많은 선생님이 오실 수 있지만 싶은 생각이 있습니다."는 비문이다. 만일 이 문장 내용이 "더 많은 사람을 오게 하고 싶다."는 의미라면 문장부사로 "사실은, 앞으로" 등이 사용되었어야 적합하다. 특히 [차 2]의 문4와 문5는 짧고 간명하고 인상 깊어야 할 연설에는 굳이 필요하지 않은 잉여적 표현이며("교수초빙공고는 교내의 국내의 신문뿐 아니라 멀리 미국의 각 지방의 신문까지 우리가 초빙공고를 냈었습니다.[쉼 없이] 그 초빙공고를 보고 여기에 응모해주신 분도 계십니다."), 전반적으로 불필요한 내용과 이해할 수 없는 문장이 연결되어 정확히 의미를 파악하기 힘들고 진부하다. 이는 자칫 청중의 의식을 분산시키는 결과를 초래할 수 있다.

 리더와 말 말 말

이렇게 정제되지 않은 내용이 들어간 연설은 텍스트의 담화화가 아닌 경우가 많다. 즉 미리 준비된 글이 없는 발화 상황에서 사람들은 기억력의 주용 한계를 벗어나지 않기 위해 같은 말을 반복하거나 짧은 문장들을 계속해서 사용하는 불편함을 지니기도 하며, 필요 이상의 긴 문장이 되어 의미 호응이 어려운 경우를 겪을 수도 있다. 곧 간단한 메모만을 가지고 연설 담화를 이끌어 가는 경우, 청중을 바라보며 말하기 과정을 시행한다는 점은 좋으나 준비 부족으로 인한 비응집성을 보이는 것 또한 혼란을 초래하게 된다. 즉 문어에서는 문법적으로 완벽한 규칙 이행과 엄격한 표기 관습의 준수를 요구하지만 구어에서는 완결되지 않은 발화나 문법적으로 적절하지 않은 표현, 그리고 유창하지 못한 표현이라든가 표준발음이 아닌 것도 남발될 수 있기 때문이다. 연설은 이미 청중들에게 유형화된 텍스트가 바탕이 된 담화라는 인식을 부여하기 때문에, 연설자가 이런 더듬거리는 행위나 비문을 구사하면, 그 연설은 그저 시간 때우기의 형식적 연설이 되고 말 수도 있다. 따라서 연설은 반드시 준비된 텍스트와 그 텍스트에 대한 충분한 확인(쓰기→보기→속말하기→읽기) 과정을 거친 말하기가 되어야 한다.

총장 연설은 특히 집단의 소속감이나 동질성, 또는 친밀화를 강화하기 위한 기법으로 1인칭 복수대명사 '우리'를 반복적으로 사용한다. '우리'를 여러 번 사용하는 것은, 연설자 자신을 텍스트 생산자로 상정하고 텍스트 생산자와 수용자를 함께 포함하는 방법으로서, 연설자와 청중 사이의 공동체 의식을 고취시키고 공감대를 형성하기 위한 의도를 보여 표현의 결속을 유도하는 대표적 표현 방법이다.

[예 16]
[가] 친애하는 졸업생 <u>여러분</u>, 이 시대는 용기 있는 지성인[강하게]을 요구하고 있습니다. 주지하는 바와 같이 지금 <u>우리의</u> 사회는 매우[강하게] 어려운 처지에 있습니다. 이런 위기의 시기에 졸업생 <u>여러분</u>을 모교의 품에서 떠나보내는 자의 마음도 염려가 가득합니다. 그러나 당당하게[강하게] 도전하는 자에게 역

풍은 순풍으로 바뀔 것이며, 거친 파도도 마침내 잔잔해질 것입니다. 반면에 나약하게 주저하는 자에게 거센[강하게] 바람은 큰 좌절로 다가올 것입니다. 절망의 새로운 인식은 미래의 창조적 힘입니다. 그러므로 졸업생 <u>여러분</u>들은 새 세상과 미래에 대한 불안을 떨쳐버리고 신천지를 향해 과감[강하게]하게 항해의 돛을 높이[높게] 올리십시오. 어떤 세찬 파도와 어려운 도전에도 두려워[크게] 할 것이 없습니다. 왜냐하면 <u>우리의</u> 마음의 본성은 무한핸[크게] 신념[강하게]과 자신력[강하게]을 함께하기 때문입니다. <u>여러분들이</u> 모교에서 갈고 닦은 밝은 지성과 따뜻한 가슴 그리고 현명한 방편으로 부단히[강하게] 정진한다면, 어떠한 시련도 극복할 수 있으며 마침내 푸른 이상을 실현하고 모교의 명예를 빛낼 수 있으리라고 믿어 의심치 않는 바입니다.

　[아] 그러므로 <u>우리</u> 대학은 지혜로서 자각하고 자비로서 봉사하는 인격자를 양성하는 교육목표로 삼고 있습니다. 그러나 오늘날의 <u>우리</u> 사회는 매우 복잡하고 혼돈 상을 보이고 있습니다. 사회가 불안하고 도덕이 타락하고 자연이 훼손되고 인간 생명이 경시되고 있는 이 현실을 직시(강조)하면서 대학인의 사명도 보다 커졌다고 생각을 합니다. 대학은 고고한 상아탑일 수 없습니다. 대학은 이상과 현실을 조화시킬 수 있어야 합니다. 대학은 현대사회를 축소, 반영하는 직접 회로가 되어야 하며 난제들을 해결하는 적절한 방법을 제시하여야 합니다. [헴] 그러므로 <u>우리</u> 동국대학교도 이상과 미래를 지향하면서 그것을 현실 속에서 조화시키는 노력이 요구됩니다. 이 이상과 미래는 현실을 바르게 진단하는 데 바탕을 두어야 한다는 것입니다.

　총장 연설에서는 ‘우리’를 다양하게 사용한다. 참여한 모두를 대표할 수도 있고, 청중을 배제할 수도 있다(예를 들어, “우리가 해 낼 테니 지켜봐 주십시오.” 등). 또한 청중만을 지시하는 경우도 있다(예를 들어, “우리에게 주어진 이 기회를 마다하시겠습니까?” 등). 이렇게 1인칭 복수 대명사 ‘우리’는 특정한 언어 상황이 되면, 수가 언제나 1인칭 복수에 일치하는 것이 아니며 편차가 생기게 된다. 그러나 이 연구를 위해 전사한 총장 연설 텍스트에서는 ‘우리’가 모두 청중을 동시에 포함하는 경우로만 사용되었다.

　위의 자료 분석을 토대로 하여 연설에서의 응집성·통일성 전략을 살피면 다음과 같다.

첫째, 생동감 있고 명료한 표현이 필요하다.

연설의 언어는 신선하고 생동감을 줄 수 있고, 명료하고 구체적이며 이해하기 쉬운 것이어야 한다. 누구나 알아듣기 쉬운 표현을 하되, 연사 자신의 특유한 관점이나 표현을 사용하면 더욱 효과적이다. 이런 전략은 청중을 부르는 호칭에서부터 시작할 수 있다.

실제 연설 자료의 호칭 표현을 보면,

[예 17]
[가]: 친애하는 (졸업생, 학생, 신입생) 여러분[26)
[아]: 참석하신 여러분
[자]: 존경하는 (교수 직원) 여러분
[차]: 여러분
[라]: 사랑스러운 **의 (졸업생) 여러분
[마]: ** 가족이 된 (신입생) 여러분

[가], [아], [자], [차]와 같은 진부한 표현보다는 [라], [마] 등과 같은 표현이 더 생동감이 있다. 이 외에도 "오늘의 문제에 관심을 갖고 이 자리에 와 주신 여러분", "**을 사랑하고 ** 안에서 청춘을 불살라온 졸업생 여러분" 등과 같은 신선한 표현도 좋을 것이다. 또한 텍스트가 오직 하나의 해석 가능성만을 허용하도록 명확한 언어를 선택하여 응집력 있게 배열하는 것이 필요하다. 따라서 연설 텍스트의 언어적 표현으로는, 연설이 잘 이해되고 기억될 수 있도록 분명한 생각들을 경제적으로 배열해야 하고, 표현 영역에 있어서는 진술 의도를 실현하고 원하는 효과를 달성할 수 있기 위하여 가장 적합하고 이해하기 쉬운 어휘를 선택 사용해야 할 것

---

26) [나], [다], [바], [사]도 [가]와 동일한 표현을 쓰고 있다.: 친애하는 (졸업생, 학생, 신입생) 여러분

이다.

　　둘째, 주제를 현재적이며 미래적인 방향으로 설정한다.

　　연설의 주제는 매우 다양하다. 특히 총장 연설의 주제는 의사소통 상대자가 반드시 관여하거나 합일을 이루거나 수행을 요구 받는 제한점을 지닌다. 따라서 총장 연설의 주제는, "어떤 사실에 대해 일정한 입장을 취하고(현재적), 일정한 행위를 순행하도록 수용자의 마음을 움직이고 싶어한다(미래적)"는 목표 하에 주로 '현재적', '미래적'으로 방향을 설정하는 것이 타당하다.

　　주로 연설 텍스트의 토대는 주장과 논거의 유형으로 전개된다. 생산자는 텍스트 주제를 나타내는 논쟁적인 주장이자 결론을 논거에 의해 증명한다. 인용된 자료와 가설을 인용하고 논거를 삼을 수도 있고, 자료에서 결론에 이르는 단계를 추론하여 논거로 삼을 수도 있다. 추론은 "-에 의하면" 등과 같은 텍스트 표지들로 표현될 수 있다. 따라서 제시된 주장의 직접적인 증거물로서 자료를 제시하여 논증이 되게 하되, 청중에게 영향을 주고자 하는 연설 의도가 미래의 방향성으로 나타나는 결론이 되게 한다.[27]

　　셋째, 발음하기 쉽고 이해하기 쉬운 낱말을 체계 있게 배열하고 조리 있게 말한다.

　　연설 텍스트는 연설을 하기 위한 밑바탕이 된다. 따라서 가장 발음하기 쉽고 이해하기 쉬운 낱말을 선택하는 것이 가장 적합한 표현이며 동시에 그로 인해 정확한 내용 전달의 목적을 달성할 수 있게 되는 것이다. 청중

----

27) 총장 연설 속에서는 특히 학교 행정이나 재정 등에 대한 위세가 많이 나타난다. 그만큼 총장이 실적을 세웠음을 드러내는 경우가 많아진다. 이때 총장은, 연설자의 체면을 유지하기 위한 위세는 유지하되 자기 과시용 내용이 되게 해서는 안 될 것이다.

에게 내용을 전달하고 상호 교섭하고자 하는 의도적 행위로서의 진정한 말하기여야 하는 최종 목적은 무시한 채 총장의 위세, 형식적 시간 때우기, 예법상의 절차로만 인식하는 안이한 태도, 글씨 읽기로만 일관하는 잘못된 관행이 되게 해서는 안 된다. 따라서 지성인의 전당다운 위세는 가지되, 그와 동시에 청중의 집중 효과와 수행 효과를 위한 철저한 준비, 명확한 발음, 이해하기 쉬운 표현 등이 필요하다.

넷째, 듣는 이를 적극 고려한, 말하기로서의 연설이 되어야 한다.

말하기에 있어 빼놓을 수 없는 것이 듣기이다.[28] 일반적으로 총장 연설은 유형화되어 있고 단정적인 화법을 가지는 것이 상례이다. 따라서 듣는 이를 위한, 일상 속의 화제 개발이나 유머(humor) 개발 등이 필요하다.

연설자가 청중을 파악하려면 우선 "누구에게 말하는가?"에 관한 것을 결정해야 한다. 연설은 언제나 일정한 청중을 대상으로 하여 이루어지는 것이기 때문에 청중의 나이, 성별, 교육 정도, 직업, 사회적 지위, 경제적 수준 등을 고려하여 알맞게 대처하면 성과를 거둘 수 있다.

연설자가 청중의 생각과 행동을 바꾸려는 목적을 지닌 연설이라면, 우선 연설자는 윤리적으로 상대방에게 신뢰를 받아야 한다. 연설자가 지식과 경험 및 생활 태도 등 모든 면에서 믿을 만할 때, 청중은 그 말을 귀담아 듣게 되기 때문이다. 따라서 듣는 이를 고려하기 위한 첫째 조건은 연설자 스스로 논리적으로는 물론 감정적으로도 공감을 얻을 수 있도록 지적 능력이나 공정성, 그리고 정서적 일체감을 지니는 일일 것이다.

다섯째, 다양한 표현 방법을 이용하여 호소와 설득의 효과를 높여야 한

---

28) 연설을 듣는 청중이 가져야 할 태도 중 중요한 것은 분석적 듣기(analytic listening) 태도와 비판적 듣기(critical listening) 태도, 그리고 공감적 듣기(empathetic listening) 태도이다. 총장 연설 텍스트담화는 연사의 연설에 기본적으로 호의적인 태도를 보이면서 내용에 집중하고 적극적인 반응을 보이며 잘 들어주는 공감적 태도가 특히 필요하다. 물론 이 모든 태도들은 서로 상충하는 것이 아니고 유형의 종류에 따라 공존하거나 그 비중을 달리한다.

다.

가장 효과적으로 정서적 공감을 얻어내기 위해서는 실제 사례를 제시하되, 생동감 있는 표현을 사용하여 상황을 현실화하는 방법이 필요하다.

상대방을 설득해야 할 경우엔 논리적 사고력을 가지고 이성적으로 호소해야 하는데, 여기서 논리적 사고를 위해서는 사물을 사리에 맞게 차근차근 따지고 앞뒤를 가려 모순 없이 표현해야 한다. 즉 언어를 정확하게 사용하고 자신의 주장이나 말에 명백한 근거를 제시하여, 억지나 과도한 감정 또는 권위에 얽매이지 않고 생각을 일관성 있게 풀어내어, 바른 결론에 이르게 해야 한다.

연설자가 이처럼 듣는 이의 지위, 상황 등을 적극적으로 고려하면 효과를 충실히 기대할 수 있으며, 다양한 수사 형태를 빌려 표현의 다양성을 추구함으로써 호소와 설득의 효과를 높일 수 있다.

3.2 준언어적 · 비언어적 표현과 적합성 전략

우리 인간이 사용하는 의사소통의 수단에는 크게 나누어 언어적 표현과 준언어적 · 비언어적 표현이 있다. 준언어적 · 비언어적 표현은 언어적 표현과 동시에 발생하기 때문에 그 역할과 기능을 살피는 일은 의사소통의 체계를 더욱 명확히 파악하고 바르게 사용하는 전략이 될 수 있다.

준언어적 · 비언어적 표현은 연설 내용과 장면에 따라 성량, 어감, 속도, 알맞은 몸짓 등을 의미한다. 이렇게 표현의 적합성을 위해서는 말할 때의 태도나 음성, 몸짓, 보조 자료의 제시, 전달 방법 등의 모든 측면이 잘 결속되어 있어야 한다. 왜냐하면 연설은 즉석에서 내용을 받아들여야 하는 청자를 고려해야 하는 음성 언어 담화이기 때문이다. 따라서 연설에는 음성 언어 담화만이 가지는 요소들이 포함되어야 하며, 문장의 길이를 다양하게 하거나 여러 문장 유형을 변화 있게 사용해 리듬감을 살려 주는 것도 효과적이다.

[예 19]

[다] 그 [강하게]사회는 밝[강하게]음과 영[멈칫] 영[강하게]광과 개[강하게]치(?)과 축[강하게]원이 깃드는 사회일 것입니다. 세계를 여러분들의 세계로 포용[강하게]하십시오. 그리하여 남의 고통을 들어주고, 행복을 주는 발고여락(?)의 미덕을 실천하는 지성인(강조)이 되어주시기 바랍니다. 지성이란 차[강하게]가운 머[강하게]리가 아니라 따뜻한 가슴(강조)과 자비[강하게]의 인고[강하게]와 인내와 관용과 봉사인 것입니다.

[바] 그러나[멈칫] 친애하는 신입생 여러분, 우리는 지금 새로운 문민시대를 맞아 개혁[강하게]과 개방[강하게]이라는 역사적 전기에 직면해있으며 국가 경쟁력을 강화해야만 하는 과제를 안고 있습니다. 여러분은 이러한 변화와 격동의 시대에 처하여 지난 역사의 명암과 흐름을 사려 깊게[강하게] 헤아리면서 지성과 양심을 바탕으로 새로운 세대의[강하게] 주체가 될 수 있는 역량을 차근차근 길러나가야 할 것입니다. 아울러 빛나는 전통을 세우고 동국을[강하게] 거쳐 간 수많은[길게 끌어서] 선배들에게 추호도 추호의 부끄럼도 없는 후배가 되도록, 거듭나는[강하게] 정진과 창조적 기상을 실현해주기를 당부합니다.

[차] [휴지] [에…] 그밖에[한숨] 교수님들의 훌륭한 교수, 교수님들의 초빙에 있어서는 에, 제가 들어올 때부터는 공개채용을 원칙으로 했습니다. 공개적으로 [크게] 우리 동국대학교에 오고 싶은 분은 누구나 맞아들이자, 그 중에서 경쟁적인[강하게] 입장에서 우리가 훌륭한 교수를 초빙하자. 훌륭한 교수가 와야 훌륭한 학생이 모인다.[문장 전체 강하게] 훌륭한 교수가 와야 학교의 학문적인 지위도 높아집니다.[문장 전체 강하게] 그러니 무엇보다도 훌륭한 교수를 우리가 초빙해야한다. 그러기 위해서는 현재 여건 하에서 공개채용을 하자. 동국대학교가 불교에서 세운 학교라는 것을 잘 이해하고 거기에 협조할 생각이 있는 사람은[강하게] 어떤 사람은 어떤 지방의 사람이든, 어떤 향토의 사람이든, 어떤 학벌의 사람이든 막론하고 모든 인재를 여기에 모아야 한다. 그것은 민족의 정신 능력을 여기에서 양성해야한다.[밑줄 전체 강하게] 그것이 저의 지론이었습니다.

의사소통 상황에서 가지는 언어의 기능은 주로 두 가지로 정리할 수 있다. 그 하나는 정보 전달이며 또 하나는 사회적 관계 형성이다. 이 중 내용적 교섭성(transaction)에 덧붙여 참여들 간의 상호작용(interaction)을 강화하기 위한 방법이 바로 준언어적·비언어적 표현들이다. 이런 표현들이 부적합하면 내용 이해에 방해가 되기도 하지만, 말하는 이의 음성 표현이 자연스럽고 다양하다면 그만큼 청중들로부터 호감을 사기도 한다.

구어 표현에서는 청자와의 관계를 유지하기 위해서 잉여적 표현이 첨가될 수 있다. [예 19]에서 보듯이 총장 연설에서 가장 많이 드러나는 준언어적 표현은 강세 부분이며, 그 외에 휴지, 고저 등이 자주 보이나, 몸짓, 손짓 등의 비언어적 표현은 거의 나타나지 않는다. 격식적인 연설의 과도한 움직임은 말하는 이의 체면(face)이 깎이는 일이고 예의(politeness)가 아니라고 생각하는 고정관념의 결과라 할 수 있다. 물론 과도한 준언어적 표현이나 거칠고 잦은 비언어적 표현의 사용은 청중으로 하여금 불쾌감을 초래할 수도 있다. 그러나 준언어적·비언어적 표현이 적절하면, 짧은 시간 안에 연설자의 의도를 청중에게 전달하게 되어 청중의 이해와 동의를 얻는 데 있어서 상당한 설득 효과가 있을 것이다. 만일 이런 표현들을 무시한다면 아무리 훌륭한 내용의 연설을 한다고 해도 그 내용을 완전하게 전달하는 데 적잖은 장애가 될 것이다.

준언어적 표현법에는 매우 다양한 형태가 있다. 음량, 속도, 휴지, 음세, 강약, 고저, 강조 등이 그것이다. 물론 자세, 언어 전환 등의 비언어적 표현도 병행된다.

연설에서는 휴지의 적절한 이용이 그 효과를 높여줄 수 있다. 휴지는 의미 단위를 구분 짓는 표현법으로서 청중에게 이야기를 쉽게 전달하고 강조하기 위한 장치이므로 당연히 필요한 기교이지만, 지나치면 문맥상의 홍을 깰 수 있음에 유의하여야 한다.

연설의 과정은 도입, 전개, 종결로 이어지는 내용적 일관성과 통일성을 가져야 한다. 따라서 홍미의 고취, 연대감의 형성, 주의 집중, 강력한 인상 등의 성취 여부는 연설의 과정에 있어 적절한 맺고 끊음, 호흡의 조절과도

밀접한 관련이 있다. 이런 의미에서 휴지는 연설 과정에서 매우 중요한 역할을 차지하고 있다.

총장 연설에서는 장식은 필요한 한도 내로 제한한다. 공적인 발언, 시간에 제한을 받는 발언은 지나친 장식을 경계하고 간결성을 강조하고 있듯이, 장식에 치중하다 보면 간결성의 원칙 또한 지켜지지 않으므로, 이 두 원칙은 연설 텍스트에서 상반된 방향성을 갖는다고 할 수 있다. 하지만 총장 연설은 특히 간결하면서도 힘차야 하고 인상적이어야 함을 염두에 둔다면, 그 장식은 비언어적·준언어적 표현을 통해 이룩할 수 있을 것이다. 이 힘찬 표현 형식은 흔히 명확성과 충돌을 일으키기도 하므로 지나치게 과장하거나 혼합시키면 명확성을 잃게 됨도 염두에 두어야 할 것이다.

예를 들어 총장이 청중들에게 전해야 할 내용 중 정확히 의미적 전달을 강화하기 위한 것은 강하고 세게 표현할 것이다. 또한 그 내용도 청중들이 이해할 수 있는 범주 내의 어휘와 통사적·의미적 특성을 고려하여 효과적인 것을 선택할 것이다. 즉 정보 전달이 필수인 부분은 직접적이고 명확하게 표현하여야 한다.

결국 준언어적·비언어적인 표현은 무엇(what)을 말하는가보다는 어떻게(how) 말하는가에 관한 특성이라고 할 수 있다. 이러한 외적 표현은 말하는 이의 체면 유지를 위한 방법으로 이용된다. 체면이란 말하는 이 자신이 스스로에게 부여하는 긍정적이고 사회적인 가치로서, 이 체면이 겉으로 드러나면 체면 유지가 된다. 연설자는 말하는 이와 듣는 이의 관계, 말하는 이의 개인적인 배경, 말하는 이의 상대방에 대한 태도, 참여자들 사이의 역할과 지위 관계 등을 고려하되, 자신의 지위나 체면 유지를 위한 위엄을 유지해야 한다. 이때 자신의 가치와 그 가치에 대한 스스로의 인정이 동일하거나 또는 겸양 표현일 경우에는 문제가 안 되나 과도하게 드러날 경우에는 악영향을 미칠 수도 있다. 즉 연설 도중 자주 큰 기침을 한다든가, 몸짓이 과장되거나 고개를 너무 쳐들고 시선을 피하거나 내려다보는 행위 등이 그 예이다. 물론 총장은 공적인 자신의 이미지(public self-image)인 체면을 가지고 있어야 한다. 왜냐하면 그 기준을 알아야 그것보다 낮추는 외연을 보일 수 있기 때문이다. 즉 다양한 목적이나 의도를 위해 말하는 이는 적합한 언어적 표현을 선택하여야 하고 균질의 수준도 갖추어야 하지만, 이와 더불어 준언어적·비언어적인 표현의 공동 원칙은 자기 낮춤(self humbling)이어야 한다.

준언어적·비언어적 표현의 전략을 들어보자.

첫째, 상황성을 고려한 준언어적·비언어적 표현의 적합성이 필요하다.

청중을 효과적으로 감동시키기 위해서는 청중의 감정을 자극해야 하는데, 우선은 공감대를 형성하는 것이 필요하며, 때로는 청중을 격분시키든가 아니면 청중으로 하여금 동정심을 유발시킬 필요도 있다. 즉 청중의 감정을 자유자재로 조절하여 설득적 효과 및 정감적 효과를 상승시킬 전략을 짜고 철저히 준비해야 한다.

청중과 주어진 상황에 어울리게 자세와 동작을 알맞게 취함으로써 외연적인 장식성 또한 표현 효과를 극대화할 수 있도록 준비하고 수행한다. 이러한 방법은 청중의 주의를 집중시키며 연설의 무미건조함을 피할 수 있으며, 때로는 논리명제적 정보가 갖는 전달력의 한계를 극복하게 해 준다.

둘째, 듣는 이에게 친밀감을 주면서 연설자의 체면을 유지할 수 있는 준언어적·비언어적 표현을 적절히 사용할 필요가 있다.

총장 연설에서는 실제 청중을 대면한 상황에서 총장의 대인적 의식(interpersonal ritual)이 강하게 나타난다. 즉 상대방인 청중과 거리감을 유지하는 예우(politeness)의 태도나 그 환경 내에서의 최고 권위자로서의 자격을 드러내는 위세성 등이 준언어적 표현이나 비언어적 표현을 통해 드러나게 된다는 것이다. 종종 총장 연설상에 나타나는 체면 유지의 태도는 청중들에게 잘못 해석될 경우도 있다. 말하는 이의 의도는 예우와 거리감을 위한 것이었는데 청중들은 이를 위해 나타난 준언어적·비언어적 표현들이 오로지 위세성이나 차별성으로 비칠 수도 있다는 것이다. 이런 결과는 성공적 의사소통을 방해하고 역효과를 가져 올 수 있기 때문에, 말하는 이의 태도는 연설에서 말하기 자체의 목적이며 동시에 중요한 담화 전략이 된다. 따라서 말하는 이는 청중들의 스키마까지 염두에 둔 신중한 태도를 보여야 한다. 즉 참여자 모두가 자발적으로 반응하고 말하는 이의 의도와 합일된 해석에 도달할 수 있도록 준언어적·비언어적 표현을 효과적으로 사용하여 담화상의 적합한 맥락화 기능을 발휘하여야 할 것이다.

4. 결 론

연설은 주어진 텍스트를 바탕으로 많은 청중 앞에서 일방적으로 자기의 주의나 주장이나 정서적 내용을 담화로 전달하는 공식적 대중 의사소통의 한 형식이다.

특히 총장 연설은 대학이라고 하는 한정된 공간 안에서 행해지는 즉시성과 순간성을 지니는 말하기로서, 청중의 공감과 행동을 유도하는 설득적이고 정감적·호소적 연출 전략까지도 필요하다. 이렇게 총장 연설은 듣기·말하기·읽기·쓰기 영역 모두를 포괄하며, 다양한 의사소통 기능의 통합적 특성을 지니는, 대학 사회 내의 공공적·대중적 의사소통 행위라고 말할 수 있다.

오늘날과 같이 의사소통 능력이 중시되는 현대 사회에서는 특히 말의 비중이 매우 높아지고 있다. 다수의 청중을 상대로 하여 가장 정확하고 효과적으로 정보를 전달하고 설득하는 연설 능력은 매우 중요한 언어 능력이자 사회 능력으로서, 이를 위한 연출 전략은 보다 효율적인 연설 행위를 만들게 할 것이다.

가장 이상적이고 효과적인 총장 연설을 위한 전략을 도식으로 보이면
다음과 같다.

[표 5] 총장 연설의 화법 전략

연설 단위		전 략
단계별 구성	도입부	정확한 화제 제시와 양적 조절
		효과적인 인사말
		주의집중 장치 이용
	전개부	주제와 취지를 배열 규칙에 따라 명확히 제시
		명료한 자료 및 내용 선택
		다양한 표현 효과를 위한 연출
	종결부	전개부 주제 재확인
		마무리 인사 표현의 명확성
		청중의 주의집중 극대화
응집성과 통일성	언어적 표현	생동감 있고 명료한 표현
		주제를 현재적이며 미래적 방향으로 설정
		발음과 이해가 쉬운 낱말을 체계적으로 배열, 조리 있게 말함
		듣는 이를 적극 고려한 말하기
		호소와 설득 효과의 극대화
	준언어적·비언어적 표현	상황성 고려
		듣는 이를 향한 친밀감 유도
		연설자의 체면 유지를 위한 적절성 유지

 리더와 말 말 말

참고문헌

김광해 외 2인(2003), 고등학교 화법, 형설출판사.

김복희(2001), 화법 교육을 위한 대통령 연설 담화의 평가와 재구성 연구, 부산대학교 교육대학원 교육학석사학위논문.

김봉군(1999), 문장기술론, 삼영사.

김영란(1999), 텍스트의 결속구조 연구-기사문, 논설문, 수필 텍스트의 대비를 중심으로-, 고려대학교 대학원 국어국문학과 석사학위논문.

김종영(2000), 히틀러의 1937년 10월 4일 연설문 분석, 텍스트언어학 8, 텍스트언어학회.

김종영(2001), 괴벨스 연설 「여러분들은 전면전을 원합니까?」 분석-종결부에 나타난 대중 설득적 특성을 중심으로, 텍스트언어학 11, 텍스트언어학회.

김혜숙(2002), 모둠 활동에 나타나는 말하기·듣기의 개념틀에 대하여, 화법연구 4-전통 화법과 화법교육, 한국화법학회.

김혜숙(2005), 우리 말글 교육의 모습과 쓰임, 월인.

노석기(1990), 우리말 담화의 결속 관계 연구, 한글 제208호, 한글학회.

문세창(1989), 화법과 연설-이론과 실제, 법조각.

박경현(2001), 리더의 화법, 삼영사.

박성철(2004), 설득전략으로서의 텍스트문체 분석-표현영역을 중심으로-, 텍스트언어학 17.

박수자(1994), 어휘의 기능과 텍스트 문법적 접근의 관계, 선청어문 제22호.

백미숙 역(2000), 스피치 핸드북, 크리거·한첼, 일빛.

송경숙(2002), 담화분석-대화 및 토론 분석의 실제, 한국문화사.

송명1966), 청중 시대 연설문 작성법, 신세대.

심영택(2004), 설득의 원리와 전략 및 설득 논법에 관한 연구, 화법연구 1, 한국화법학회.

양태종(2002), 수사학은 텍스트 분석의 도구인가?, 한국수사학연구회 월례발표회 발표자료집, 1-6.

이규호(1982), 말의 힘, 제일출판사, 122.

이종철(2004), 국어 표현의 화용론적 연구, 역락.

이주행 외(2003), 고등학교 화법, (주)금성출판사.

이창덕 외(2000), 삶과 화법, 도서출판 박이정.

임칠성 역(1997), 대인 의사소통, Kathleen K. Reardon(1987), Interpersonal Communication, 집문당.

차배근(2002), 설득커뮤니케이션 이론, 서울대학교 출판부.

최선경(1999), 연설문의 텍스트언어학적 분석-RomanHerzog의 '교육개혁'에 관한 연설문을 중심으로-, 서울대학교 교육대학원 석사학위 논문.

Brown, Gillian. and George Yule. (1983), *Discourse Analysis*. Cambridge: Cambridge University Press.

Brown, Penelope. and Stephen Levinson. (1978), *Politeness: Some Universals in Language Use*. Cambridge: Cambridge University Press.

Hymes, Dell H. (1974), Toward ethnographies of communication. *Foundations in Sociolinguistics: an Ethnographic Approach*, 3-28, Philadelphia: University of Pennsylvania Press.

Searle, J. R.(1969), *Speech Act*, Cambridge Univ. Press.

제 7 장

리더십과 설득 커뮤니케이션

1. 서 론

사회적 존재인 인간이 집단을 이루어, 상호 영향력을 미치며 살아 온 장구한 역사만큼이나 '리더십'과 '설득'에 대한 관심과 그에 대한 연구의 역사도 길다. 그만큼 인간이 태어나면서 죽기까지 삶을 영위해 가는 전 과정을 통해 이 두 가지는 인간의 사회적 존재로서의 삶에 커다란 영향을 미치는 요소이다. 고대부터 시작한 '리더십' 또는 '설득'에 대한 연구는 그 심도를 더하면서 발전해 왔고, 일반 대중의 관심도 점점 확대되고 있다.

본 연구의 목적은 리더십이 발현되는 과정에서 설득 커뮤니케이션의 역할은 무엇이며, 그 작용 양상은 어떠한지를 규명하는 것이다. 기존의 리더십 연구는 주로 경영학 분야에서 이루어졌는데, 본 연구에서는 의사소통학적 관점을 적용하여, 리더십의 의사소통적 작용, 특히 설득 커뮤니케이션과의 관계를 밝히는 것에 초점을 두고자 한다. 이를 위해 리더십의 다양한 연구 성과를 개관하고, 리더십의 핵심 작용 기제를 규명한 후, 설득 커뮤니케이션과의 관계를 고찰할 것이다.

2. 리더십 이론의 패러다임 전환

리더십에 대한 정의는 수많은 리더십 연구자의 수만큼이나 다양하다. 이러한 이유는 리더십을 바라보는 관점이 다양하기 때문이다. 전통적 관점에 의하면, 리더십은 '공식적 계급 구조의 최상위 권력자가 지니는, 모든 상황에 걸쳐 동일하게 효과적인 행위나 특성'으로 인식되어 왔다(Barge, 1994). 즉 전통적 관점에서는 리더십을 리더 한 사람만이 보유하는 것이며, 보편적인 상황에서 발현되는 내적 특성이나 행위로 본 것이다. 연구자들은 수십 년간의 이론적 검토와 실증적 연구를 통해 리더십은, 리더의 내적 특성인가, 모든 상황을 포괄할 수 있는 보편적인 것인가, 리더십 연구에서 리더에만 초점을 두는 것이 타당한가 등에 대해 지속적인 문제를 제기하며 이론을 발전시켜왔다.

리더십 이론의 발전 과정을 살펴보면 그 관심의 초점이 변해 온 것을 알 수 있다. 초기의 연구에서는 리더가 보유하고 있는 '특성(trait)'을 주된 관심의 대상으로 삼았으며, 그 다음에는 리더의 특정 '행위(behavior)'를 관심의 대상으로 삼았다. 그 후에는 이러한 내적 변인들이 상황적 변수에 따라 영향을 받는다는 인식이 확대되어 외적 변인인 '상황(situation)' 변수에 대한 연구가 확대되었다[1]. 그러나 이런 내·외적 변인에 대한 분절적 설명이 리더십의 작용 과정 전체를 포괄적으로 설명하지 못한다는 한계에

---

[1] Jago(1982)에서는 특성과 행위의 보편성 여부를 두 축으로 하여 지금까지의 리더십 이론의 유형 구분을 위한 틀을 제시하였다.

	특성	행위
보편적	보편적 특성 이론 Universal Trait Theory	보편적 유형 이론 Universal Style Theory
상황적	상황적 특성 이론 Contingency Trait Theory	상황적 행위 이론 Situational Behavior Theory

[표 1] 리더십 이론의 유형 구분(Jago, 1982)

 리더와 말 말 말

부딪히게 되고, Bass(1985)의 변혁적 리더십 이론(Transformational Leadership Theory), Conger(1989)의 카리스마적 리더십 이론(Charismatic Leadership Theory), Sashkin (1988)의 비전 지향적 리더십 이론(Visionary Leadership Theory) 등 새로운 리더십 이론들이 등장하게 되었다.

2.1 전통적 리더십 이론

1) 특성 이론적 접근(Trait Approach)

1930~40년대의 초기 연구에서는 리더의 개인적 '특성'에 주목하였다. 이러한 접근은 '보편적 특성 이론(Universal Trait Theory)'으로 구분되며 개인의 육체적·사회적 특성, 지식, 성품, 기능(技能), 능력 등이 리더십 연구의 핵심 대상이었다.

이러한 접근 방법의 기본 가정은 '소수의 특정인만이 리더로 타고난다.'라는 것으로, 리더의 능력을 선천적인 것으로 파악하였다. 성공적인 리더와 그렇지 못한 리더는 개인적 특성이나 성격 등에서 차이를 보이는 것으로 판단하였다. 초기 리더십 연구에서 주로 연구되었던 리더의 개인적 특성의 종류는 신체적 특징(신장, 외모, 힘), 성격(자존심, 지배성, 정서적 안정성), 능력(지능, 언어 유창성, 독창성, 사회적 통찰력) 등에 관한 것들이었다.

Stodgill(1948)은 1940년부터 1948년까지 행해졌던 124개의 특성 연구들을 종합하여 분석한 결과, 리더의 역할 수행에 관계된 특성으로 지능, 타인의 욕구에 대한 민감성, 과업에 대한 이해, 문제 해결에서의 주도성과 집요성, 자신감, 책임을 부여 받아 통제를 할 수 있는 직책을 획득하려는 욕망 등을 도출하였다. 1974년에는 1949년부터 1970년까지 수행된 163개의 특성 연구를 분석하여 성공적인 리더의 특성과 기능(技能)을 아래의 표와 같이 종합하였다(Yukl, 1981, 김대운 외 역, 1993 : 102-104).

특 성	기능(技能)
· 상황에 대한 적응력 · 사회적 환경 변화에 대한 민감성 · 야망과 성취 지향성 · 자기 주장 능력 · 협동성 · 결단성 · 신뢰성 · 지배성(타인에게 영향을 주려는 욕망) · 정력(높은 활동 수준) · 집요성 · 자신감 · 스트레스에 대한 인내력 · 책임을 맡으려는 의지	· 현명(지능) · 개념적 숙련(Conceptually skilled) · 창의성 · 사교적 수완 · 언어 유창성 · 조직 과업에 대한 지식 · 조직력(관리 능력) · 설득력 · 사회적 세련

[표 2] 성공적 리더의 특성과 기능(Stodgill, 1974)

이러한 특성 이론은 리더가 갖추어야 할 특성의 범주를 제공하고, 관리자들에게 리더십의 효과를 개선하기 위한 기준을 제공하는 장점을 갖고 있다. 하지만 다양한 상황적 요인을 무시했다는 점, 리더의 특성을 조직의 업무 성과와 연관하여 설명하지 못한 점, 조직이 처할 미래의 환경 변화에 적용하기 곤란하다는 점 등이 단점으로 지적되었다.

2) 행위 이론적 접근(Behavior Approach)

1950년대는 리더의 '행위'에 관심을 둔 연구가 진행되었다. 이 접근 방식은 특성 이론과 마찬가지로 성공적인 리더와 그렇지 못한 리더의 행위상의 차이를 도출하는 것이 연구의 주된 목표였다. 행위 이론적 접근의 선구자인 아이오와 대학교의 Lewin, Lippitt, & White(1939)는 리더십 유형을 과업-지향적인지 인간-지향적인지의 기준에 따라 독재적(authoritarian) 리더십, 민주적(democratic) 리더십, 방임형(Laissez-faire) 리더십으로 구분하였다. 또

 리더와 말 말 말

다른 대표적인 연구는 Ralph Stogdill과 동료 학자들이 참여한 오하이오 주립대학교의 리더십 연구(Ohio State Leadership Studies)인데, 리더의 대표적인 행위 범주를, 관계-지향의 '배려(consideration)'와 과업-지향의 '조직 주도(initiating structure)'로 설정하였다. 이 외에도 Blake & Mouton(1985)의 '관리 격자 이론(Managerial Grid Theory)' 등의 연구가 있다.

리더의 '행위'에 초점을 둔 이러한 연구들은 특성 이론의 한계를 극복하기 위한 시도였다. 이 연구들은 선천적으로 보유한 리더의 특성에서, 조직의 업무 성과와 구성원들의 만족감을 향상시키는 리더의 특정 행위로 리더십 이론의 관점을 변화시켰다. 행위 이론적 접근은 기존의 특성 이론적 접근의 선천적 특성보다 리더가 행하는 개별 행위에 관심을 두어 성공적인 리더의 교육 및 훈련 가능성에 대한 관심을 확장하는 데 기여했다. 또 리더와 조직 구성원의 관계, 구성원의 심리적 만족감 등 '인간 지향 요소'와 업무 성과 등 '과업 지향 요소'에 대한 기준을 명확히 하여 리더십 이론의 관심 범위를 선명하게 드러내기도 하였다.

3) 상황 이론적 접근

리더의 개인적 특성이나 행위 유형만으로 리더십 현상을 설명하기에 부족하다고 판단한 연구자들은 상황 변인을 고려하기 시작하였다. 1960년대에는 상황 이론으로 분류되는 연구들이 시작되었으며 상황 요인이 리더의 특성과 리더십의 효과성의 관계를 조정한다고 인식하였다. 대표적인 연구는 Fred Fiedler(1967)의 '유관성 이론(Contingency Theory)'이 있다. 상황 이론적 접근에서는 아래의 그림과 같이 리더와 리더십의 효과 사이에 '상황 매개 변인'이 작용한다고 보았다.

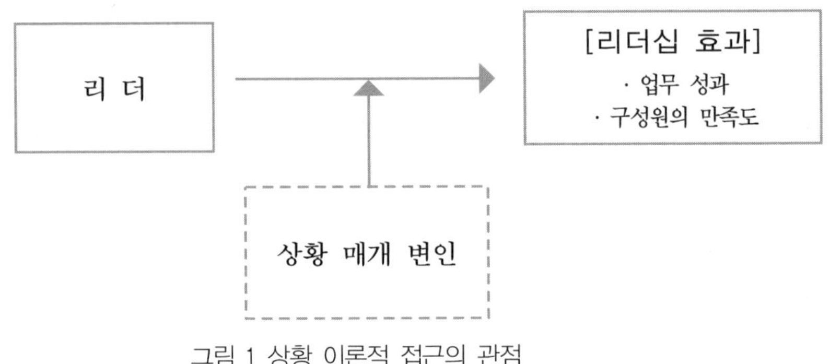

그림 1 상황 이론적 접근의 관점

1970년대는 '상황'에 대한 인식이 더욱 부각되어, 상황의 요구에 적합한 행위의 적용이 강조된 상황적 행위 이론(Situational Behavior Theory) 유형의 연구들이 활발하게 연구되었다. 상황적 행위 유형의 대표적인 이론은, 리더십의 주요 기능을 조직 구성원이 개인적·업무적 목적 달성을 위해 가야 할 경로를 규정해 주는 것으로 인식한 '경로-목표 이론(Path-Goal Theory)'(House, 1971), 리더는 부하의 성숙 정도[2]에 따라 스타일을 변경한다고 인식한 'Life-Cycle 이론'(Hersey & Blanchard, 1982), 의사결정 유형[3]을 기준으로 리더십을 구분한 '규범적 의사결정 이론(Normative Decision Theory)'(Vroom & Yetton, 1973), 리더십을 리더와 부하 사이에 존재하는 관계의 특별한 유형으로 인식한 '리더-구성원 교환 이론(Leader-Member Exchange Theory; LMX)' 등이 있다.

2.2 새로운 패러다임의 리더십 이론

리더의 '특성'에 주목한 20세기 초반의 연구부터, 리더의 '행위'에 대한

---

2) 부하의 성숙 정도를 개인의 구체적 업무 수행 능력을 나타내는 '과업 성숙도'와 업무 수행의 동기와 의지를 나타내는 '심리적 성숙도'로 구분하였다.
3) 의사결정 유형을 '독재적 의사결정 유형', '자문형(consultative) 의사결정 유형', '집단 의사결정 유형'으로 구분하였다.

 리더와 말 말 말

연구, 리더십이 작용하는 상황에 대한 연구까지 리더십에 대한 연구는 관점의 외연을 확장해 가면서 발전해 왔다. 그러나 리더십 연구자들은 리더의 특성이나 행위와 같은 개인의 내적 변수나, 리더십이 발현되는 상황과 같은 외적 변수만으로는 리더십이 작용되는 현상을 총체적으로 설명하는 데 한계를 인식하게 되었다. 특히 리더의 특성과 효과적인 행위에 대한 무수한 항목의 도출은 특징의 유형화나 범주화 시도에 그치기 마련이었다. 또한 리더, 구성원, 과업의 유형, 조직이 처한 환경 등 리더십과 관련된 다양한 상황의 조합에 대한 설명은 그 상황의 수만큼이나 이론상에서 통제되지 않는 변수로 인해, 리더십 현상에 대해 포괄적인 설명을 제공하지 못하였다.

이러한 리더십 이론의 한계를 극복하고자 1980년대 초부터 새로운 이론들이 개발되기 시작하였다. 개인적 특성, 행위, 상황 등의 다양한 변인으로 리더십의 복잡한 현상의 설명에 한계를 느낀 리더십 이론 연구에 새로운 패러다임을 제공한 것은 Bass(1985)의 '변혁적4) 리더십 이론(Transformational Leadership Theory)'이다. 변혁적 리더십 이론은 정치학자인 Burns(1978)가 리더십의 유형을, 상과 벌, 인정, 보상 등 리더와 구성원 간에 교환하는 자원에 초점을 두는 '거래적 리더십 이론(Transactional Leadership Theory)'과 리더의 비전 제시를 통한 구성원의 내적 신념 체계의 변화를 리더십의 기본 기제로 설명하는 '변혁적 리더십 이론(Transformational Leadership Theory)'으로 구분한 것을 리더십 학자인 Bernard Bass가 발전시킨 것이다.

변혁적 리더십은 리더의 개인적 특성이나 행위, 리더십의 작용 상황을 초월하여, 비전의 제시, 존경과 신뢰를 바탕으로 한 동기 부여, 개인적 배려, 지적 자극 등을 통하여 가치관, 신념, 태도, 자존감 등 조직 구성원의

---

4) 'transformation'이라는 용어에 대해 여러 논저에서 '변환', '변형', '변화', '변혁' 등으로 다양하게 번역하였다. 'transformation'은 단순한 외적 변화가 아니라, 생물학에서는 형질의 전환, 동물의 탈바꿈, 화학에서는 성분의 치환 등을 나타내는 본질적 변화를 의미하는 단어이다. 여기서는 외적 형태상의 변화를 의미하는 '변형(變形)' 등의 용어 대신, 내적 · 본질적 변화의 의미가 가장 잘 드러나며 사회과학적 개념으로 적합한 '변혁(變革)'이라는 용어를 사용하기로 한다.

내적 신념 체계의 변화를 목적으로 한다. 이 이론은 현재까지, 다양한 환경에서 다양한 대상에 대한 실험 연구를 통하여 교육, 환경, 경제, 외교, 군사 등 제반 분야에서 그 효과가 입증되어 리더십 연구의 핵심으로 자리잡고 있다.

변혁적 리더십 이론과 더불어 최근 주목 받는 리더십 이론으로 Conger(1989)의 '카리스마적 리더십(Charismatic Leadership)이론'과 Sashkin(1989)의 '비전 지향적 리더십(Visionary Leadership) 이론'도 효과적인 리더십의 핵심 요소를 조직에 적합한 비전의 창안과 전달로 인식한다는 점에서 그 맥을 같이 한다. Bryman(1992)은 1980년대 초반부터 등장한 새로운 리더십 이론들을 '뉴 리더십 이론(New Leadership Theory)'이라고 통칭하였다.

3. 리더십에 대한 관점의 변화

이러한 리더십 이론의 패러다임 전환은 리더십에 대한 다양한 관점의 변화를 반영한 것이다. 즉 리더십 현상에 대한 해석의 초점을 리더의 특성과 같은 내적 변인에 두다가, 리더십이 작용하는 전체의 과정으로 확장한 것이다. 이것은 리더십의 개념을, 특성과 같은 인간의 내부에 속한 고정된 특정 '자질'에서 찾는 것이 아니라, 조직의 업무 성과나 구성원과의 관계와 같은 리더의 영향력이 미치는 모든 대상과의 상호작용 '과정' 속에서 찾으려는 인식의 변화를 의미한다. 이 인식의 변화를 주시하면, 앞서 서론에서 제기하였던 리더십과 관련된 여러 가지 문제의식의 해결은 물론 '설득 커뮤니케이션'과의 관계에 대한 단서를 발견할 수 있다.

3.1 리더는 한 명의 관리자인가?

우선 리더십 이론에서 리더를 바라보는 관점이 초기에는 주로 '관리자

 리더와 말 말 말

(manager)'였고, 그 역할도 조직의 과업과 구성원의 효과적인 관리에 초점이 맞추어져 있었다. 그에 따라 효과적인 관리자의 특성과 행위에 대한 연구가 많이 이루어졌으며 일반적인 특성과 행위의 항목을 도출해 내는 성과를 거두기도 하였다. 리더십 이론의 패러다임 전환에 따라 리더를 바라보는 관점도 조직의 최상위 정점(頂點)으로서의 관리자가 아니라, 환경과 조직의 '중재자(仲裁者; medium)'로 인식하게 되었다.

전통적 관점에서는 리더를 조직의 최상위에 존재하는 한 명의 최고 경영자 또는 관리자와 동일시하였다. 그러므로 리더십은 조직 내의 공식적 계급 구조 내에서 특정 역할을 수행하는 사람과 동일시되었다. 리더에 대한 이러한 관점은 리더십이 작용하는 전체 과정 내에서 다른 구성원의 역할을 축소시킬 소지가 있으며, 이로 인해 효과적인 리더십에 대한 연구를 다양한 과정적 변인에서가 아니라 효과적인 관리자의 자질 규명으로 제한하게 하는 문제점이 있다. Zalesnik(1992) 역시, 이러한 리더십에 대한 관리적 편견을 '리더가 관리자가 아닐 수 있고, 관리자가 리더가 아닐 수 있다.'라는 점에서 비판하고 있다.

여기서 주목할 점은 첫째, 리더의 역할을 조직 관리와 같은 과업 지향적 성격에서, 코치와 촉진자(促進者; facilitator) 같은 인간 지향적 성격으로 전환하였다는 점이다. 둘째는 그럼으로 인해 리더와 외부 환경 또는 리더와 조직 내부의 구성원과의 상호작용의 중요성이 부각되었다는 점이다. Barge(1994)는 리더에 대한 이러한 관점의 변화를 '통제자', '관리자', '지배자'에서, 외부 환경과 조직 구성원의 '중재자(medium)'로의 변화로 설명하며 의사소통의 중요성을 강조하였다. 그는 리더십을 '조직 구성원의 외적 환경 관리에 기여하는 리더와 구성원의 상호작용적 과정'으로 인식하였으며 "리더십의 성공은 주어진 상황에 맞게 특정 개인에게 적합한, 참신한 의사소통 메시지를 창안하는 능력에 달려 있다."라고 주장하였다.

3.2 리더십은 모든 상황에서 동일하게 작용되는가?

리더십에 대한 전통적 관점에서는, 모든 상황에 동일하게 효과적인 행위나 특성의 작은 조합으로 리더십을 분류할 수 있다고 가정하였다. 특히 특성 이론적 접근이나 행위 이론적 접근에서는 상황 변수를 무시하여, 리더십을 보편적(universal) 특성이나 행위 유형의 범주로 단순화하였으며, 상황 이론적 접근에서는 상황의 역할에 대한 인식은 형성되었지만, 몇몇의 핵심적 상황 변수를 사용하여 상황 자체를 리더, 구성원, 과업 등과 독립적인 요소로서 분절화하고 단순화하였다.

특히 상황 이론의 한계는 상황, 리더, 구성원이 형성하는 조합의 수가 무한대라는 데에 있다. 즉 상황의 중요성에 대한 인식의 확대에는 기여하였으나, 상황과 관련된 다양한 매개 변인의 도입은 상황의 역할을 효과적으로 설명하지 못하였고, 결국 상황마다 다르다는 결론에 이르게 되었다.

새로운 리더십 이론의 관점은 리더십 이론을 구성하는 세 가지의 변인인 인간 변인, 과업 변인, 상황 변인을 독립적으로 인식하지 않고, 세 변인의 상호작용 과정으로 리더십을 설명하려 했다는 점에서 기존의 접근들과 차이를 보인다. 이것은 리더십 이론의 패러다임 전환의 대표적 이론인 변혁적 리더십 이론(Transformational Leadership Theory)에 대한 개념과 전통적인 리더십 개념의 비교에서도 여실히 드러난다.

〈전통적 리더십의 개념〉[5]
- Hampbill & Coons(1957 : 7): 리더십이란 '집단의 활동을 공동의 목표로 지향하게 하는 한 <u>개인의 행동</u>'이다
- Tannenbaum, Weshler, & Massarik(1961 : 24): 리더십이란 '한 상황 속에서 행사되어 지며, 의사소통 과정을 통하여, 명시된 목표의 달성을 지향하게 하는 대인간의 <u>영향력</u>'이다.
- Janda(1960 : 358): 리더십이란 '집단의 한 구성원이 다른 집단 구성원

---

5) Yukl(1981, 김대운·이성연·박유진 역, 1993) 참조.

의 활동에 관한 행동 양식을 규정할 권리를 갖는다고 지각하는 것으로 특정 지어지는 특수한 유형의 <u>권력 관계</u>'이다.
- Katz & Kahn(1978 : 528): 리더십이란 '조직의 일상적 지시에 기계적으로 순종하는 것 이상의 <u>영향력</u> 증대'를 말한다.

〈변혁적 리더십의 개념〉
- Burns(1978): 변혁적 리더십이란 '리더와 조직 구성원 <u>상호간의 교감</u>을 통하여 <u>총체적 목적을 위한 변화를 추구하는 과정</u>'이다.
- Bass(1985): 변혁적 리더십이란 '조직 구성원들이 조직의 이익을 위해, 개인적 이해관계를 초월하여, 기대 이상의 성과를 달성하도록 하급자들에게 <u>비전을 제시하고 동기를 부여하는 과정</u>'이다.

전통적인 관점에서는 리더십을 '개인의 행동', '영향력', '권력 관계' 등으로 정의하고 있음을 알 수 있다. 반면에 새로운 리더십 이론에서는 리더십을 '상호작용 과정'으로 설명하고 있는 것이 특징이다. 특히 '교감'이나 '비전 제시' 등에서 리더와 조직 구성원의 의사소통이 강조됨을 알 수 있고, 이것은 목표 달성 자체에만 초점을 두는 과업-지향적 관점이라기보다는, 목표 달성을 위해 구성원의 동기 등 내적 변화를 유도하여 기대 이상의 효과를 이끌어 내는 인간-지향적 관점이라고 할 수 있다. 즉 과업 요인과 인간 요인 두 요인의 상대적 중요성의 차이라기보다는 과업 완수를 위해 인간을 통제하는 개념이 아닌, 인간을 변화시켜 기대 이상의 과업을 완수하게 하는 것과 같이 두 변인의 우선순위에 대한 인식의 차이인 것이다.

3.3 리더십의 작용 수단은 권력(power)인가?

앞서 살펴본 바와 같이 전통적 관점에서 조직 운영의 핵심은 '권력(power)'또는 '영향력'이었다. 새로운 관점에서는 통제와 지시 등 일방적 의사소통 방식이 아닌 상호작용적 의사소통이 중시된다. 즉 규칙과 규정 중심의 통제자라기보다는, 조직의 목표를 설정하고 그에 맞는 비전을 창안하여 전달함으로써 구성원의 동기를 부여하는 의사소통자로서의 리더의 역할이 강조되었다.

중재자로 리더를 바라보는 것이나 리더와 조직 구성원의 상호작용 과정에 초점을 둔 리더십 이론의 변천 과정을 주시하면 '의사소통(communi-cation)'이 리더십 작용 기제(機制)의 핵심으로 부각된 것을 알 수 있다. 특히 새로운 리더십 이론이 환경 변화를 해석하여 조직의 비전을 창안하고 이것을 구성원들에게 전달하는 것을 리더의 핵심 능력으로 설정하면서 리더십 이론에서 '의사소통'의 역할이 주목 받게 된 것이다.

개인적 특성 등을 다룬 이론에서는 의사소통에 대한 고려가 거의 없었으며, 상황 요인 관련 이론에서는 의사소통의 중요성이 부각되었으나 '정보 구하기', '의사결정 하기' 등 포괄적 기능 단위로 인식되었으며, 의사소통의 본질적 측면보다는 리더십의 하위 기능으로 인식되었다. 의사소통의 창조적 기능이 강조된 것은 역시 변혁적 리더십 이론에서이다. Bass(1985)는 "효과적인 리더는 수사적이고 설득적인 기술을 통해 비전을 전달한다."라고 주장하며, 비전의 창안과 조직, 구성원 개인을 고려한 설득적 메시지 전달 등의 '의사소통'을 리더십의 핵심 요소로 강조하였다.

리더십 이론의 패러다임 전환이 이루어지면서, 리더와 구성원 간의 상호작용의 중요성이 강조되고 리더십 작용의 핵심으로서 의사소통 능력이 부각되면서, 리더십 현상을 의사소통 관점에서 해석한 본격적인 논의가 등장하기 시작하였다. 중재자로서의 리더십 관점을 주장한 Barge(1994)의 연구6)가 대표적인데, 그는 리더십을 '조직의 구성원들 간에 생성되는 명백한 메시지에 초점을 맞춘 행위적 과정'으로 인식하고, 리더의 메시지 또는 메시지의 유형이 조직 환경에서 작용하는 불확실성(uncertainty)의 정도를 다루는 방식을 연구하였다.

Barge(1994) 연구의 이론적 기반은 Shannon & Weaver(1949)의 '커뮤니케

---

6) 구체적인 서지사항은 다음과 같다. Barge, J. K. (1994), Leadership: Communication skills for organizations and groups, NY: St. Martin Press.

 리더와 말 말 말

이션의 수학적 이론(The Mathematical Theory of Communication)인데, 리더에게는 환경의 변화에 대한 인식과 더불어 구성원들에게 이에 대해서 이해가 가능하도록 의사소통할 수 있는 능력이 중요함을 강조하였다. 또한 효과적인 리더십의 발휘를 위해서는 조직의 목적 달성을 위한 행동의 계획과 선정 그리고 상황의 불확실성 감소에 메시지를 적절히 사용하는 의사소통 능력이 리더십 실행의 중요한 수단임을 언급하였다.

4. 리더십 이론의 관점 변화와 '의사소통'의 부각

Bass(1985)의 변혁적 리더십 이론(Transformational Leadership Theory)을 중심으로 새로운 패러다임의 리더십 이론에서 의사소통의 역할을 심도 있게 규명해 보도록 하겠다. 앞서 Burns(1978)의 거래적 리더십(transactional leadership) 유형과 변혁적 리더십(transformational leadership) 유형에 대한 구분이 이론의 토대가 되었음을 언급하였다. 거래적 리더십은 리더의 공식적 지위나 권력을 이용하여 보상과 처벌이라는 수단을 통하여 조직을 관리·운영하는 리더십이다. 반면에 변혁적 리더십은 의사소통 기술을 이용하여 구성원들에게 도전적 비전을 제시하여 그들의 내적 신념 체계를 변화시켜 과업의 성과와 구성원의 심리적 만족도를 향상시키는 리더십이다.

구분	거래적 리더십 (Transactional Leader)	변혁적 리더십 (Transformational Leader)
수단	공식적 지위	의사소통 기술
방법	보상과 처벌	도전적 비전제시로 신념, 태도, 의식, 자아상의 변화
동기 부여	인지적 변인	인지적 변인 정의적 변인

[표 3] 거래적 리더십과 변혁적 리더십의 비교

많은 리더십 연구 결과들이 변혁적 리더십의 적용이 거래적 리더십의 적용보다 조직 구성원의 만족도와 과업의 성과에서 우수함을 입증하였다. 또 거래적 리더십은 다양한 조건과 상황 속에서 그 효과가 제한적인데 비해, 변혁적 리더십은 상황과 조건의 장애를 초월하여 효과적이라는 것을 밝혀냈다. 그러한 연구들이 공통적으로 제기한 중요한 연구 문제는 '변혁적 리더십의 어떤 메커니즘이 조건을 초월하여 효과적인가?'라는 것이다.

이에 대해서 연구자들은 보상과 처벌과 같은 인지적 동기 부여 변인들은 어느 정도의 과업 성과 달성에 기여하지만 다른 측면에서는 조직 구성원의 스트레스와 불만족의 원인으로 작용하기도 한다는 것을 밝혀냈다. 즉 자신이 받았던 과거의 보상과 처벌, 옆의 동료가 받은 보상과 처벌 등 지속적인 심리적 비교 환경을 조성함으로써, 구성원의 불만족을 야기 시킬 소지가 있다는 것이다. 게다가 리더의 입장에서는 계속해서 효과적인 보상과 처벌의 수단을 강구해야 하는데 이는 자원의 제한으로 어려움이 있으며, 보상과 처벌의 적용 기준을 공평하게 하는 것도 상당히 힘들다는 것이다. 리더 자신은 공평하게 적용했다고 하지만, 구성원이 느끼는 공평성은 구성원의 수만큼이나 다양할 수 있다. 그러므로 보상과 처벌에 의한 거래적 리더십은 보상과 처벌을 위한 지속적인 자원 확보에 대한 부담과, 형평성에 어긋났을 경우 초래될 수 있는 조직 구성원들의 불만족 또 그로 인한 과업 성취도의 하락 등 리더십 운용 수단으로서의 거래의 대상인 보상과 처벌 시스템 자체가 가지고 있는 제한성이 크다는 것이다.

거래적 리더십은 '조건적 보상'과 '예외에 의한 관리'로 크게 구분되며, '예외에 의한 관리'는 능동적 유형과 수동적 유형으로 분류된다(Bass, 1985). 각 요인의 구체적 설명은 다음과 같다.

| ① | 조건적 보상
(contingent reward) | 조직 구성원에게 노력에 대한 교환(거래) 조건으로 보상을 약속하고, 원하는 보상을 위한 노력 방향을 제시함 |
| ② | 예외에 의한 관리
(management by exception)[7] | 조직 구성원들이 각자 임무를 수행하도록 하고 적절한 시기에 적절한 비용으로 목표가 달성될 때까지 간섭하지 않다가, 예외적인 사건이 발생했을 때에만 관여함 |

[표 4] 거래적 리더십의 요인(Bass, 1985)

정범구 외(2003)에서 거래적 리더십의 요인분석을 위해 사용한 항목들을 보면 거래적 리더십의 성격을 더욱 명확히 알 수 있다. 구체적인 요인은 다음과 같다.

▌조건적 보상

- 내가 잘 하면 칭찬해 주고 보상을 해 주며, 못하면 엄하게 꾸짖거나 불이익을 주는 등 주고받는 일에 철저하다.
- 내가 원하는 것이 있으면 늘 그 대가를 요구한다.
- 내가 노력한 대가를 얻기 위해 무엇을 해야 하는지를 알려 준다.
- 부서원의 노력 정도에 따라 특별 보상이나 진급의 기회를 제공하겠다는 말을 자주 한다.

▌예외에 의한 관리

- 과업 완수에 필요한 것이 있으며 늘 그 대가를 요구한다.
- 내가 평소와 같은 방식으로 업무를 수행하는 것을 좋아한다.
- 나의 업무가 순조롭게 진행되는 한 어떤 변화도 원하지 않는다.

---

7) ・ 능동적 예외에 의한 관리: 조직 구성원이 규칙이나 기준을 이탈하는지를 관찰하면서, 적절한 조치를 취함.
　・ 수동적 예외에 의한 관리: 규칙을 위반하거나 기준에 부합되지 않는 경우가 발생했을 때만 개입함.

반면에 변혁적 리더십은 외적인 보상과 처벌을 동기 부여의 원천으로 의지하지 않는다. 대신 조직 구성원의 내적인 자원을 리더십 발휘의 목표로 설정한다. 변혁적 리더십은 조직 구성원의 자아 개념(self-concept)과 자기 효능감(self-efficacy)의 변화를 목표로 한다. Bass(1985)가 규명한 변혁적 리더십의 네 가지 요인은 다음과 같다.

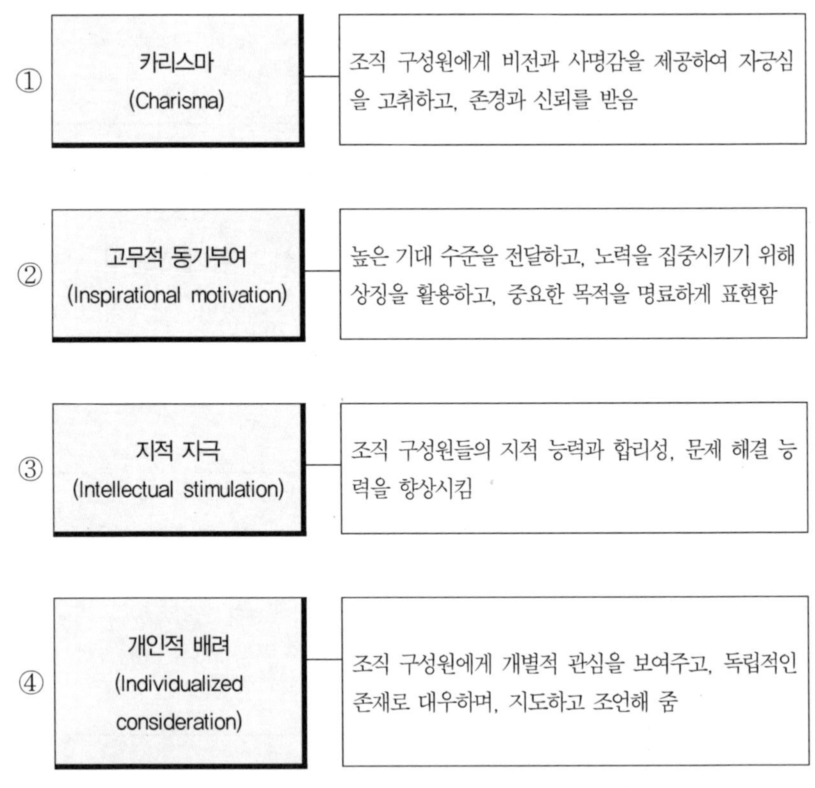

[표 6] 변혁적 리더십의 요인(Bass, 1990: 2)

Northouse(1998 : 130)는 변혁적 리더십은 그 명칭이 의미하듯이, 비전 제시를 통하여, 개인의 가치, 윤리 의식, 사고의 기준, 장기 목표 등 개인을 변화시키는 과정이라고 설명하였으며, Kirkpatrick & Locke(1996)는 리더의 비전이 조직 구성원의 자기 효능감을 높이고, 제고된 자기 효능감과 변화된 자아 개념은 개인의 사적 이익에 대한 관심을 조직의 목표로 전환시킨다고 주장하였다. Bass, Avolio, & Goodheim(1987)은 변혁적 리더십에 대해 리더와 구성원과의 단순한 거래 관계의 차원을 넘어, 높은 수준의 자아실현 욕구를 고양시켜 이상적인 목적을 달성할 수 있도록 조직 구성원들을 동기 부여한다고 설명하였다. 따라서 변혁적 리더십 효과의 핵심 기제는 리더에 의한 비전의 창안과 전달, 그리고 조직 구성원에 의한 비전의 수용에 있다고 할 수 있다.

변혁적 리더십과 더불어 새로운 리더십의 대표적인 이론은 Conger(1989)의 카리스마적 리더십 이론(Charismatic Leadership Theory)이다. 이 이론에서도 리더십이 실현되는 과정에서 핵심 기제는 변혁적 리더십과 공유한다고 해도 과언이 아닌데, 구체적인 리더의 행동 양상을 살펴보면 다음과 같다.

▸▸▸ 제1단계: 조직 환경에 대한 평가

카리스마적 리더는 조직을 변화시키는 데 필요한 각종 환경 자원과 제한 조건을 치밀하게 평가하는 동시에 조직의 목표 달성에 가장 중요한 자원인 구성원들의 능력과 욕구도 철저히 분석한다. 또 카리스마적 리더는 현재 직면한 문제점에 대한 파악은 물론, 향후 잠재적으로 야기될 수 있는 문제까지도 적극적으로 찾아낸다.

▸▸▸ 제2단계: 비전의 설정과 정교화

카리스마적 리더는 조직의 목표를 달성하기 위해 미래지향적인 이상적 목표를 수립한다. 동시에 조직 구성원들에게 그 비전과 시행 전략을 전파시키기 위해, 효과적인 방법으로 이를 정교화 한다. 정교화는 상황에 대한 정교화와 더불어 구성원들을 선도(先導)하기 위한 리더 자신의 동기에 대한 정교화 과정을 포함한다. 전자는 구성원들을 위해서 현재 상황과 문제점, 미래의 비전, 실행 방법과 시기 등을 구체적이고 명확한 용어로 제시함을 의미한다. 후자는 리더가 언어적·비언어적 의사소통 수단을 이용하여 개혁 프로그램에 대한 자신의 강한 확신, 자신감, 집념 등을 표현하는 것을 의미한다.

▶▶▶ 제3단계: 비전의 성취

카리스마적 리더는 사리사욕 없이, 솔선수범을 보이고, 모험과 자기희생을 감행하며, 탈관습적이며 혁신적인 사고와 행동, 그리고 탁월한 문제 인식과 해결 능력을 나타냄으로써 조직 구성원들에게 신뢰감을 심어주고 목표 달성의 동기를 제고한다.

리더가 조직이 처한 외부 환경을 평가하고 조직이 추구할 비전을 설정하고 그것을 성취하는 과정에서 핵심적인 것이 바로 '의사소통'이다. 여기서의 비전은 일반적으로 이야기하는 '목표'와는 차이가 있다. 비전은 조직이 완수하거나 달성해야 할 최종의 성과라기보다는 조직이 지향하는 미래의 상(像)이라고 보는 것이 타당하다. 즉 완료성의 의미보다 지향성의 의미가 강하며, '목표'처럼 달성하면 끝이 나는 성격의 것이 아니라 지속적으로 추구해야할, 리더를 비롯한 조직의 전 구성원들이 공유하는 조직의 이상적인 모습을 의미한다.

여기에서 일반적인 의미의 목표와 차이를 찾을 수 있다. 목표 자체도 조직의 과업 성취도에 긍정적 영향을 미치며 구성원들의 동기 부여에 효과적이지만, 구성원들의 자아 개념 등 내적 신념 체계에 본질적인 변화를 형성하는 힘을 갖고 있지는 않다. 하지만 비전은 조직 구성원 전체가 공유함으로써, 그 비전에서 묘사하고 있는 이상적인 조직의 모습 속에서의 자아상, 자기 효능감을 설정하고, 자신의 신념, 태도, 가치관 등을 재정립하게 하는 영향력을 갖고 있다. Conger & Kanungo(1998 : 186)도 비전의 제시는 구성원들로 하여금 리더 또는 임무와의 일체감을 촉진할 뿐 아니라 그들의 태도, 가치, 행위를 비전의 실현에 맞도록 조정(align)하는 데 기여한다고 하여 비전의 역할을 강조하였다.

리더의 비전에 대해 보다 구체적인 논의는 Sashkin(1988)을 참조할 수 있다. 그는 비전의 핵심적인 내용과 비전을 전파하기 위한 방법을 다음과 같이 설명하고 있다.

 리더와 말 말 말

▸▸▸ 비전의 핵심적인 내용

① 비전은 조직 내외의 변화가 보다 효과적으로 관리될 수 있도록 설정되어
   야 한다.
② 비전은 명확하게 규정된 최종 결과로서가 아니라 이상적인 조건이나 과정
   으로서 모든 목표들을 하나로 통합할 수 있어야 한다.
③ 비전이 리더 한 사람의 것이 아니라 조직 구성원 모두가 공유하기 위해
   구성원들의 공동 참여가 이루어져야 한다.

▸▸▸ 비전을 전파하고 구체화하기 위한 방법

① 전략적 수준에서, 비전에 초점을 맞추어 조직의 철학이 간단명료하게 진
   술되도록 한다.
② 비전이 실행되기 위해서는 전술적 정책이 개발되고 프로그램이 착수되어
   야 한다.
③ 리더는 관심 끌기, 대면 의사소통, 일관성과 신뢰성의 유지, 자아 및 타인
   의 존중, 모험 감행 등의 개인적 행동을 통해서 비전을 전파해야 한다.

리더십 이론의 패러다임 전환이 가져온 가장 커다란 관점의 변화는, 특
정 상황에서 리더의 특성이나 행위에 대한 초점을, 리더가 비전을 만들어
내고 이것을 조직의 구성원들과 공유하는 과정으로 옮긴 데에 있다. 즉 효
과적인 리더십의 발휘는 개인의 선천적 특성이나 일시적인 행동이 아니라
조직이 처한 환경을 정확히 판단하여 현재 상태보다 나은 미래의 상을 설
정하고, 효과적인 상호작용 즉 구성원과의 의사소통을 통해 이 비전을 공
유해 나갈 때 가능하다는 것이다. 앞서 언급했듯이 이 비전은 구성원들의
태도, 가치, 자아 개념, 자기 효능감 등 내적 신념 체계를 변화시키고 그로
인해 기대 이상의 효과를 창출해 낼 수 있는 것이다. 여기에 기존의 '관리
자' 유형의 '거래적 리더십'의 효과를 뛰어넘는 차이가 존재한다.

박재현(2000 : 154)은 이러한 새로운 리더십 이론의 기제와 그 효과를 아
래의 그림과 같이 정리하였다.

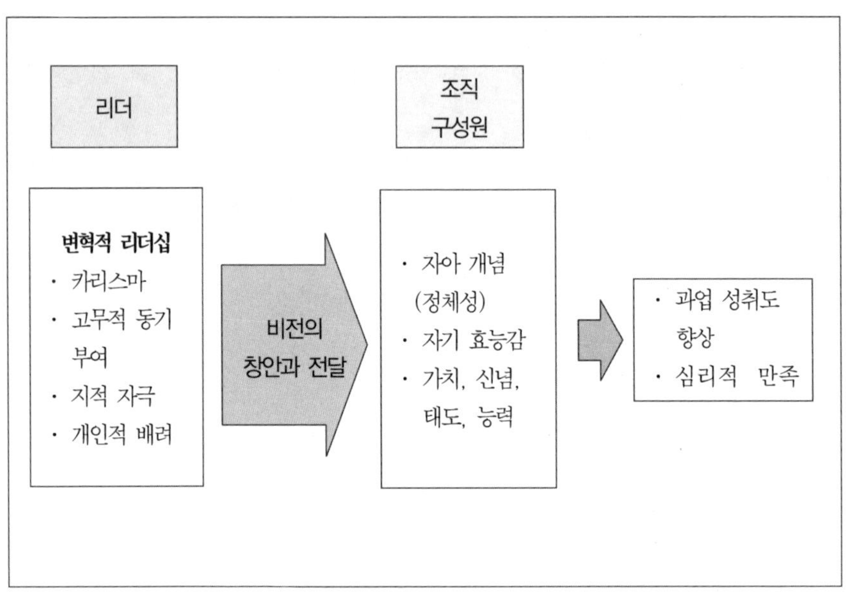

[그림 2] Bass(1985)의 변혁적 리더십(박재현, 2000: 154 재인용)

위의 그림과 같이 최근의 선도적인 리더십 이론들의 핵심 기제인 '비전의 창안과 전달을 통한 내적 변화 유도'는 의사소통의 다양한 양상 중에서 설득 커뮤니케이션이 갖고 있는 여러 속성에 정확히 부합한다는 것을 확인할 수 있다. 변혁적 리더십 이론에서 주장하는 바는 보상과 처벌에 의한 외적인 행동의 통제가 아닌 가치, 신념, 태도 등의 내적 변화를 통한 기대 이상의 수행 능력 제고인데, 이러한 부분은 설득 커뮤니케이션이 궁극적으로는 '태도의 변화'를 목적으로 하는 것과 일치한다. 그러므로 전통적 리더십 관점이 아닌 새로운 리더십 관점에서는 리더와 구성원 간의 의사소통이 매우 중요하며, 다양한 의사소통 양상 중 특히 '리더에 의한 비전의 창안과 전달, 구성원의 비전 수용과 내적 변화'라는 핵심 과정을 의미하는 '설득 커뮤니케이션'이 가장 핵심적이라고 할 수 있다.

5. 새로운 리더십 관점에서 설득 커뮤니케이션의 위상

리더십 작용 기제 속에서 설득 커뮤니케이션의 역할을 규명하기 위해서는 설득의 개념부터 명확히 할 필요가 있다. 설득의 사전적 정의는 '상대편이 이쪽 편의 이야기를 따르도록 여러 가지로 깨우쳐 말함'으로 되어 있다. 설득에 대한 여러 학자들의 정의는 다양하지만 간결하면서도 설득의 속성을 잘 제시한 것은 Brembeck & Howell(1976)의 '선택에 영향을 주도록 의도된 의사소통(communication intended to influence choice)'이다. 이 정의는 설득의 네 가지 중요한 속성을 포괄하고 있다. 첫째는 기호로 상호작용을 하는 의사소통 과정이라는 것, 둘째는 사전에 의도된 목적이 존재한다는 것, 셋째는 태도나 행동 등에 영향을 미친다는 것, 넷째는 일방적인 명령과 복종과는 달리 청자에게 선택의 가능성이 있다는 것이다.

설득8)에 대한 다양한 정의는 다음과 같은 것들이 있다.

설득이란 말하는 사람이 상대방을 자신의 의도대로 생각하게 하거나 행동하도록 하는 언어 행위이다. 그 목적은 상대방으로 하여금 화자 자신의 생각을 납득하여 동의하게 하고 더 나아가 그 동의한 바를 행동으로 옮기게 하는 데 있다(박경현, 2003).

설득 스피치(persuasive speech)는 연사가 청중을 설득하기 위해서 실시하는 스피치이다. 설득이란 청중으로 하여금 자신이 주장하는 바를 믿도록 하는 행위를 말한다. 따라서 자신이 좋아하는 것을 청중도 좋아하도록 만들고 자신이 싫어하는 것을 청중도 싫어하게 만들며 자신의 소견과 비전을 청중이 높이 사도록 만드는 것이 설득 스피치의 목적이다(임태섭, 1997: 10).

---

8) 설득(說得)의 사전적 정의에는 이미 '말한다(說)'의 의미가 포함되어 있다. 그러므로 여러 학자들의 정의가 '설득', '설득 연설', '설득 화법'으로 다양하지만, 이것들은 '설득 커뮤니케이션'이라는 공통분모로 포괄할 수 있다. 여기서는 설득의 본질적 속성에만 초점을 맞추어 살펴보도록 한다.

설득 연설은 연사가 어떤 사리(事理)를 청중에게 이해시켜 자시의 의도대로 청중이 생각하거나 느끼거나 행동하도록 하기 위하여 행하는 연설이다(이응백·이주행, 1992).

설득 커뮤니케이션이란 어떤 목적을 위하여 사람들의 태도나 의견 또는 행동 등을 변용시키고자 하는 의도를 지니고 있는 개인이나 집단(커뮤니케이터)이, 그 목적의 달성을 위하여, 언어나 그림 등으로 구성된 '메시지'라는 기호적 자극을, 특정의 매체를 통하여, 특정 대상의 수용자들에게 전달, 그 수용자들로부터 의도했던 반응(효과 즉 태도나 의견·행동 등의 변용)을 유발하는 행위 내지는 그러한 행위의 일련의 과정이다(차배근, 1989, 13-14).

다양한 개념 정의에서 앞서 논의했던 새로운 리더십 이론들의 핵심 내용과 공통되는 부분들을 발견할 수 있다. 특히 차배근(1989 : 13-14)의 정의가 구체적인데, 이것을 리더십의 개념을 이용하여 재구성하면 다음과 같다.

설득 커뮤니케이션 (차배근, 1989: 13-14)	의사소통	변혁적 리더십 (Bass, 1985)
설득 커뮤니케이션이란 어떤 목적을 위하여	화자(리더)의 목적	변혁적 리더십이란 조직의 목적을 위하여
사람들의 태도나 의견 또는 행동 등을 변용시키고자 하는	의사소통의 의도	구성원들의 내적 신념, 태도, 행동 등을 변용시키고자 하는
의도를 지니고 있는 개인이나 집단(커뮤니케이터)이	메시지 생산자	의도를 지니고 있는 리더가
그 목적의 달성을 위하여	의사소통의 목적	그러한 변화의 목적을 달성하기 위해
언어나 그림 등으로 구성된 '메시지'라는 기호적 자극을	의사소통의 내용	(비전을 담은) 메시지 또는 상징을
특정의 매체를 통하여	의사소통의 경로	다양한 언어적·비언어적 의사소통 매체를 통하여
특정 대상의 수용자들에게 전달	메시지 수용자	조직 구성원들에게 전달

그 수용자들로부터	의사소통의 대상	구성원들로부터
의도했던 반응(효과 즉 태도나 의견·행동 등의 변용)을 유발하는	의사소통의 효과	신념, 태도, 행동, 자아 개념, 자기 효능감 등의 변화라는 의도했던 반응을 유발하는
행위 내지는 그러한 행위의 일련의 과정이다.	의사소통의 양상	행위 내지는 그러한 행위의 일련의 과정이다.

[표 7] 설득 커뮤니케이션과 변혁적 리더십의 관계

위의 표와 같이 리더십의 핵심 개념과 설득 커뮤니케이션의 핵심 개념이 일치한다는 것을 알 수 있다.

논의를 더욱 초점화하기 위해 개념을 명료하게 정리할 것은 다음의 두 가지이다. 첫째는 '설득이 목표로 하고 있는 것은 무엇인가?'이다. 앞선 정의에서 '생각·느낌·행동', 또는 '의견·태도·행동' 등으로 설명하고 있는 설득의 목표에 대해 점검해 보아야 한다. 둘째는 차배근(1989)의 정의에 나타난 '변용'의 모습이다. '태도가 어떤 모습으로 바뀌는 것인가, 태도9)를 구성하고 있는 내적 구조는 무엇이며, 설득을 의도로 한 외부의 언어 자극에 어떻게 반응하는가?'에 대한 사항을 구체화할 필요가 있다.

5.1 태도의 속성과 리더의 설득 커뮤니케이션

설득이 목표로 하는 것은 바로 청자의 내적 태도의 움직임이다. 설득이 목표로 하고 있는 태도의 속성을 분석하기 위해 태도에 대한 사전적 정의를 살펴보면 다음과 같다.

태도는 특정 대상(사람, 사물, 사건 또는 개념 등)에 대한 호오(好惡) 평가

---

9) 앞서 언급한 신념, 의견, 가치, 태도 등 설득의 대상인 되는 내적 변인들을 심리학에서는 '태도(attitude)'라는 용어를 사용하여 포괄적으로 다룬다. 리더십 이론에서 다룬 '자아 개념'은 자신에 대한 태도, '자기 효능감'은 자신의 능력에 대한 태도 등으로 바꾸어 설명할 수 있다.

차원의 행위 반응 성향으로 정의된다. (중략) 이러한 심리 내적 상태로서의 태도는 외현적 행위는 물론 감정 및 인지 과정에 영향을 미칠 수 있다. 즉 태도는 감정(또는 情意), 인지, 행위의 세 가지 형태로 표출될 수 있으며, 이들 세 가지 요소는 태도 구조의 핵심적 요소가 된다. 이러한 태도의 구조적 특성과 조작적 측정을 강조하여 이루어진 정의 중 하나는 태도의 3요인설 정의이다. 이 정의에 따르면, 태도는 감정적 반응 성향, 인지적 평가 성향, 방향의 행위 성향으로 표출되며, 동시에 이들 세 요인 사이의 반응 특성으로 구성된다는 것이다(서울대학교 교육연구소 편(1998), 교육학 대백과사전).

즉 태도가 인지적, 정서적, 행위적 차원으로 구성되어 있음을 알 수 있다. 앞선 설득의 정의에서 의견, 태도, 행동의 세 측면에 대한 영향을 언급하였으나, 이것들은 독립적으로 존재하는 것이지만, 설득의 목표로서 인간의 심리적 구조 속에서는 태도라는 포괄적 개념으로 보고 그 태도의 인지적, 정의적, 행위적 차원으로 보는 것이 타당하다.

태도는 이러한 차원 외에도 그 자체의 속성을 지닌다. 태도의 속성은 방향성, 강도, 현저성(顯著性)의 세 가지로 구분된다. 방향성이란 개인의 태도가 특정 대상에 대해 '호의적' 또는 '비호의적' 등의 방향을 지니고 있음을 의미하는 속성이다. 강도란 그 호의적이고 비호의적인 세기의 정도를 의미한다. 현저성이란 개인들의 어떤 하나의 태도가 그들의 여러 가지 다른 태도들 중에서 얼마나 중요한 것이냐, 여러 가지의 다양한 태도들로 구성되어 있는 한 개인의 태도 구조 속에서 어떤 하나의 태도가 중심부에 위치해 있느냐, 아니면 주변부에 위치해 있는 것이냐에 따른 태도의 상대적 중요성을 의미한다(차배근 외, 2001 : 144).

설득이 목표로 하고 있는 태도가 인간의 내부에 어떤 요소들과 어떻게 연결되어 있는지에 대해서는 Rokeach(1969)의 이론이 잘 설명하고 있다. 그는 개인은 고도로 조직화된 신념, 태도, 가치 체계를 갖고 있으며 이 체계에 의해 행위가 유발된다고 주장하였다. 여기서 신념이란 '우리가 만들어내는 자아와 세계에 대한 무수한 진술들'을 의미하며 자아에 대한 중심성

 리더와 말 말 말

이나 중요성에 따라 체계 내에 정렬되어 있다. 신념 체계 중앙에 비교적 변하지 않으며 잘 정립된 '핵심 신념 체계'가 있으며, 신념 체계의 주변부에는 덜 중요하고 변화 가능한 수많은 신념들이 있다. 신념이 중앙에 위치할수록 변화에 대한 저항이 강하고, 변화에 따른 전체 체계에 대한 영향도 크다. 태도는 바로 이러한 '신념들의 집합체'이다. 태도는 특정 대상에 대해 조직화되어 있어서 그 대상에 대해 특정 방식으로 행동하도록 하는 성향을 갖게 한다. 즉 행위란 '다양한 태도 조합의 복잡한 함수'로 규정할 수 있다. 가치는 인간의 내적 체계의 중앙에 있는 특정 유형의 신념으로서 내적 체계가 특정한 방향을 지향하도록 하는 역할을 수행한다.

설득의 목표인 태도의 속성과 내적 구조가 리더의 설득 커뮤니케이션과의 관계에서 의미하는 바는 다음과 같다. 첫째, 태도에는 인지적·정서적·행위적 차원이 있으므로, 리더의 설득 커뮤니케이션은 이 세 가지 차원을 모두 고려해야 한다는 것이다. 일반적으로 리더의 설득 메시지는 주로 명시적인 목표 설명이나, 보상과 처벌에 대한 설명 등 논리성을 중심으로 한 인지적 차원의 동기 부여에 초점이 맞추어져 왔다. 인지적 차원은 매우 중요하며 논리성을 갖추지 못한 리더의 주장은 설득력을 확보하기란 매우 어렵다. 하지만 설득은 리더의 주장에 대한 인지적 차원의 이해와 더불어, 정서적 수용 나아가서는 행위에 대한 의지에까지 다각도의 차원에서 접근해야 한다. 그러므로 인지적 차원과 더불어 청자의 감정적, 행위적 차원의 태도 변화도 함께 고려되어야 한다. 변혁적 리더십은 자아 개념과 자기 효능감까지 변화시켜 구성원의 심리적 만족감과 과업 성취에 대한 욕구와 의지를 제고하는데, 이러한 면에서 인지적, 정서적, 행위적 차원의 태도 변화를 모두 포괄하는 것으로 해석할 수 있다.

둘째, 리더의 설득 메시지는 다양한 종류와 수준의 인지적 논증과 감정적 소구(訴求)로 효과적으로 조직되어야 한다는 것이다. 이러한 각각의 인지적 논증과 감정적 소구는 신념의 다발로 구조화된 조직 구성원의 태도를 변화시킨다. 즉 태도는 특정 대상에 대한 신념들의 집합체이므로, 태도를 변화시키기 위해서는 그 태도에 연결된 개별 신념을 변화시켜야 한다. 설득 메시지를 조직하는 다양한 인지적 논증과 감정적 소구는 바로 이러한, 화자가 보유하고 있는 특정 대상에 대한 기존의 신념 체계를 공략하는 기능을 한다. 그러므로 설득의 효과를 위해서는 인지적 논증과 감정적 소구가 설득 메시지 내에 유기적으로 조직되어야 한다.

셋째, 리더의 설득 메시지의 세부 요소들은 구성원들이 가지고 있는 태도의 방향, 강도, 현저성에 영향을 미치도록 설계되어야 한다는 것이다. 앞서 살펴본 태도의 속성에서 태도는 특정 대상을 향해 방향, 강도, 현저성 등의 세 가지 측면의 속성을 지님을 알 수 있다. 설득 화법의 내용을 구성하는 개별 요소들은 조직 구성원의 태도의 세 가지 속성 중에 하나 이상의 것에 영향을 미치도록 설계되어야 한다. 즉 태도의 방향을 바꾸어도 되고, 태도의 강도를 강화하거나 약화시켜도 되며, 태도의 현저성을 부각시키거나 덜 부각시켜도 된다. 예를 들면, 청자의 사적인 욕구 추구 태도의 방향을 공의(公義)를 추구하는 방향으로 전환하도록 유도하거나, 그러한 강도를 약화시키려는 노력 등이 이에 해당한다. 이는 리더의 설득 메시지가 선형적인 논리적 단계만을 의지하거나 감정적 소구에만 의존한 단순한 내용 조직이 아니라, 조직 구성원의 복잡한 태도 체계에 어떻게 영향을 미치는지가 정교하게 고려된 치밀한 내용 조직이 필요하다는 것을 의미한다.

5.2 태도 변용 양상과 리더의 설득 커뮤니케이션

지금까지 설득의 목표(target)인 태도의 개념은 무엇이며, 속성은 무엇이고, 인간의 내적 체계 속에 어떻게 구조화되어있는지를 살펴보았다. 그렇다면 이 태도가 설득 메시지에 의해 바뀌는 구체적인 모습은 어떠한 것인가? 일반적으로는 개인들의 기존 태도의 변화로만 생각하기 쉽다.

차배근(1989)은 기존 태도의 변화 그 자체뿐만 아니라, 그것의 강화 및 새로운 태도의 형성까지를 모두 포함하고 있는 '변용(變容)'10)이라는 용어

를 제시하였다. 차배근(1989)에 의하면 설득에 대한 청자의 반응은 '① 주의
→②지각→③이해→④학습(정보 습득)→⑤태도 변화→⑥파지(retention) →
⑦외적 행동'의 7단계로 구분되는데 5단계인 '태도 변화'부터 설득의 효
과로 판단하였다. 설득의 과정과 태도 변화의 양상은 다음과 같으며 설득
커뮤니케이션은 Ⅰ에서 Ⅲ으로 가는 과정이다.

	기존 태도 변화	기존 태도 강화	새로운 태도 형성
인지적	Ⅰ - a	Ⅰ - b	Ⅰ - c
정서적	Ⅱ - a	Ⅱ - b	Ⅱ - c
행위적	Ⅲ - a	Ⅲ - b	Ⅲ - c

[표 8] 태도 변화의 양상(차배근, 1989)

태도가 세 가지 인지적, 정서적, 행위적 차원으로 이루어져 있으므로 태
도 변용에도 이들 3가지 차원에서 기존 태도 변화, 기존 태도 강화, 새로
운 태도 형성이 이루어진다. 즉 9개의 조합 형태가 태도 변용의 구체화된
모습인 것이다. 태도 변용의 차원과 형태를 그림으로 나타내면 다음과 같다.

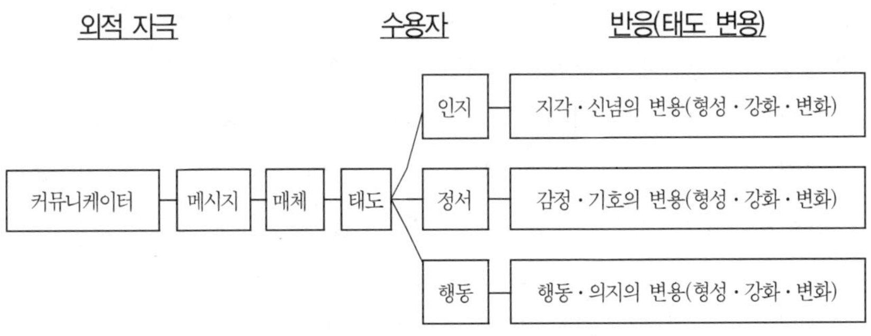

[그림 3] 태도 변용의 여러 가지 차원과 형태(차배근 외, 2001: 146)

---

10) 설득 관련 해외 논저에는 거의 'attitude change'로 되어 있어 직역을 하면 '태도
    변화'가 되지만, 본고에서는 변화·강화·형성의 의미를 모두 포괄하여 사용되고
    있는 '태도 변용(態度變容)'이라는 용어를 사용하도록 하겠다.

태도 변용의 구체적 모습이 리더의 설득 커뮤니케이션에 의미하는 바는 다음과 같다. 리더는 설득 메시지를 조직할 때에 메시지의 세부 요소들이 구성원들의 태도의 어떤 모습을 변용시키는 것을 목적으로 하는가를 면밀히 고려해야 한다는 것이다. 예를 들어 통계 사례를 이용하여 하나의 주장을 할 경우, 이 주장은 조직 구성원의 기존 태도의 변화, 즉 대체를 목적으로 한 것인가, 기존 태도의 강화를 목적으로 한 것인가, 아니면 조직 구성원들이 전혀 접하지 못하여 형성되지 못한 새로운 태도를 형성하기 위한 것인가가 고려되어야 한다. 즉 리더의 설득 커뮤니케이션에서는 리더가 주장하는 바에 대한 조직 구성원들의 기존 입장에 대한 치밀한 분석이 선행되어야 하고, 예상 되는 구성원들의 반응을 고려하여, 새롭게 전달되는 메시지가 어떤 식으로 구성원들의 내적 체계에서 작용될지에 대한 정교한 분석과 적용을 필요로 한다.

6. 결 론

지금까지 다양한 리더십 연구를 개관하면서 리더십 이론의 패러다임 전환으로 그 중요성이 부각된 설득 커뮤니케이션에 대하여 논의하였다. 리더의 특성이나 상황에 따른 특정 행위에 주목한 관점이나, 리더십의 수단으로 보상과 처벌이라는 거래를 이용한 관리자적 관점에서, 조직이 처한 제반 환경 조건을 파악하고 지향해야 할 이상적인 상(像)인 비전을 창안하여 구성원과 공유함으로써, 구성원의 자발적인 성취 욕구나, 의지, 자기 효능감 등을 고양시키는 변혁적 리더십으로 그 관점이 전환됨으로 인해, 리더의 의사소통 능력이 리더십 발휘의 관건이 되었다.

특히 여러 의사소통 양상 중 '고무적 동기 부여'로 정서적 차원의, '지적 자극'으로 인지적 차원의 의사소통 메시지를 생성해 내고, '개인적 배려'를 이용하여, 과업 차원뿐만 아니라 리더와 구성원 간의 인간관계 차원까지 고려하여 설득을 하는 리더의 의사소통 능력이 그 핵심임을 확인하였다. 더불어 '리더의 공신력(credibility)'[11]을 통해 존경과 신뢰를 형성하는 '카리스마'는 리더가 창안하여 전달한 비전이 구성원들에게 수용되는가의 여부에 커다란 영향을 미치는 변인으로 작용한다. 지금까지의 논의를 정리하여, 앞의 변혁적 리더십의 기제를 나타낸 도식에 리더의 설득 커뮤니케이션의 작용 양상을 추가하여 도식화하면 다음과 같다.

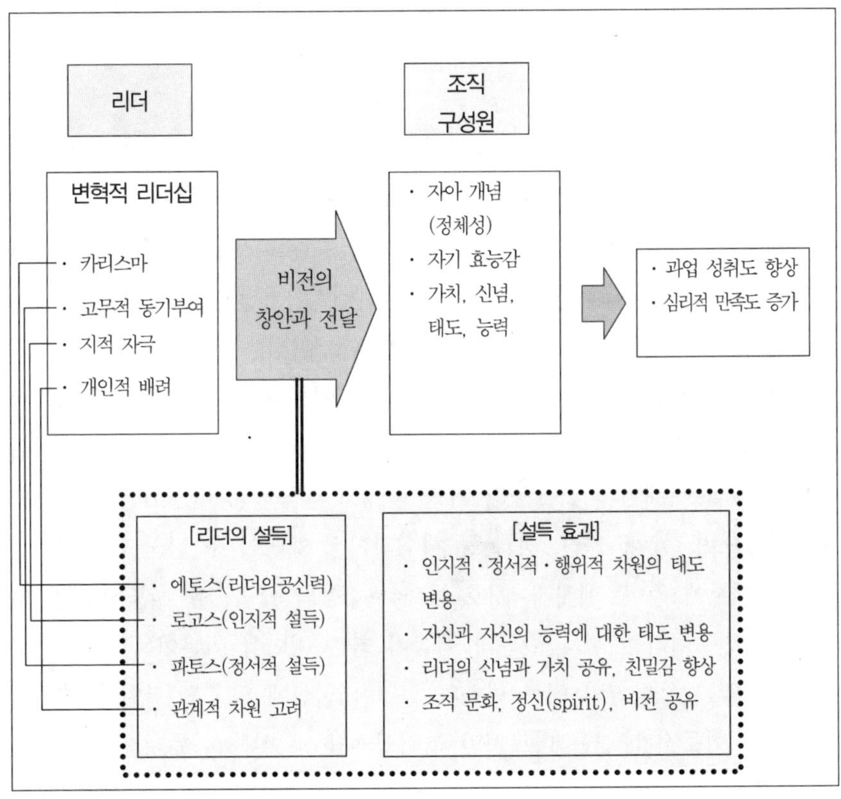

[그림 4] 변혁적 리더십 작용 기제에서 설득 화법의 역할

---

11) 박재현(2000)에서는 변혁적 리더십과 리더의 공신력의 관계를 실험 연구를 통하여 입증하였다. 실험 결과에 의하면 변혁적 리더십에 가장 큰 영향을 미치는 리더의 공신력(credibility) 요인은, 능력(competence), 품성(character), 평정심(composure), 사회성(sociability), 외향성(extroversion) 중 '능력' 요인이었다.

리더십을 권력 관계로 이해하고, 자신의 지위나 권력을 이용하여 조직 구성원들을 강압적으로 대하거나, 당근(보상)과 채찍(처벌)에 의한 관리자로서 조직을 운영하거나, 조직이 궁극적으로 지향해야 할 비전을 제시하지 못한 채 순간순간의 목표만을 추구하는 것은, 어느 정도의 효과는 있을 수 있지만 리더십의 효과에서 한계를 보일 수 있다. 온전한 리더십의 발휘는 조직을 둘러 싼 외부 환경에 대한 민감성을 높이고, 구성원들과 공유할 조직의 비전을 창의적으로 창안하여 효과적으로 전달하는 상호작용 과정 즉 설득 커뮤니케이션 과정에 주목할 때 가능한 것이다.

일반적으로 리더십 이론은 교육학, 정치학 등에서도 주로 다루었지만, 리더십이라는 주제를 가장 많이 다룬 학문 분야는 경영학이었다. 설득 커뮤니케이션 이론은 세계 대전을 통하여 선전(propaganda)을 연구하면서 많이 발달하였고, 그 후 급격한 산업화 속에서 광고 이론 등에서도 핵심 분야로 다루어 졌으며 주로 사회심리학 분야에서 다루어졌다.

본 연구에서는 지금까지 이루어진 리더십 이론과 설득 커뮤니케이션 이론의 학문적 성과를 토대로 두 이론의 공통분모를 마련하고 최근 리더십 이론의 핵심 기제인 의사소통의 과정 속에서 설득 커뮤니케이션의 역할을 조명하였으며, 상황, 인간, 성과 등 사회과학적 개념이 주 탐구 대상이었던 리더십 이론에 언어, 메시지, 기호 등 의사소통학적 접근을 시도하였다. 또한 태도 변용이라는 설득 이론의 핵심이 최근 리더십 이론이 궁극적 목표로 하고 있는 구성원의 내적 변화와 동일한 선상에 있음을 확인하였다.

각각의 학문적 배경은 다르지만 리더십 이론과 설득 커뮤니케이션 이론은 본질적으로 강력한 연결고리로 이어져 있는 것이다. 앞으로 리더십 이론은 의사소통적 변인에 더욱 관심을 기울여 리더십 작용 기제의 핵심을 더욱 상세히 규명할 필요가 있고, 설득 커뮤니케이션 이론도 정치나 광고 등의 영역을 넘어서 리더십 영역을 포괄하여 그 지경을 확대할 필요가 있다. 더불어 리더십 교육을 목적으로 하거나, 설득 커뮤니케이션을 위한 의사소통 교육 분야에서도 이러한 이론적 변환에 주목하여 효과적인 교육 내용을 구성할 필요가 있다.

박경현(2003), 교사의 설득 화법. 화법연구, 5, 한국화법학회.

박재현(2000), Transformational leadership and source credibility. 육사 논문집, 56-2, 육군사관학교.

박재현(2006), 설득 담화의 내용 조직 교육 연구, 서울대학교 박사학위 논문.

서울대학교 교육연구소(1998). 교육학 대백과사전.

이응백·이주행(1992). 말을 어떻게 할 것인가. 현대문학사.

임태섭(1997), 스피치 커뮤니케이션. 연암사.

정범구·염동선·김경재(2003), 리더십 유형과 창의적 행위의 관계. 인적자원개발연구, 5-1, 한국인적자원개발학회.

차배근(1989), 설득 커뮤니케이션 이론. 서울대학교 출판부.

차배근·리대룡·오두범·조성겸(2001), 설득 커뮤니케이션 개론. 나남출판사.

Barge, J. K.(1994), Leadership: Communication skills for organizations and groups. NY: St. Martin Press.

Bass, B. M.(1985), Leadership and performance beyond expectations. New York: Free Press.

Bass, B. M.(1990), From transactional to transformational leadership: Learning to share the vision. Organizational Dynamics, 18, 19-31.

Bass, B. M., Avolio, B. J., & Goodheim, L.(1987). Biography and the assessment of transformational leadership at the world-class level. Journal of Management, 13(1), 7-19.

Blake, R. R., & Mouton, J. S.(1985), The managerial grid III. Houston: Gulf.

Brembeck, W. L., & Howell, W. S.(1976). Persuasion: A means of social influence. NJ: Prentice-Hall.

Bryman, A.(1992), Charisma and leadership in organization. London: SAGE.

Burns, J. M.(1978), Leadership. New York: Harper & Row.

Conger, J. A.(1989), The charismatic leader: Beyond the mystique of exceptional leadership. San Francisco: Jossey-Bass.

Conger, J. A., & Kanungo, R. N.(1998), Charismatic leadership in organizations. Thousand Oaks, CA: Sage.

Fiedler, F. E.(1967), A theory of leadership effectiveness. New York: McGraw-

Hill.

Hersey, P., & Blanchard, K. H.(1982), Management of organizational behavior (4th ed.). Englewood Cliffs, NJ: Prentice-Hall.

House, R. J.(1971), A path-goal theory of leader effectiveness. Administrative Science Quarterly, 16, 321-339.

Jago, A. G.(1982), Leadership: Perspectives in theory and research. Management Science, 28, 315-336.

Kirkpatrick, S. A., & Locke, E. A.(1996), Direct and indirect effects of three core charismatic leadership components on performance and attitude. Journal of Applied Psychology, 81, 36-51.

Lewin, K., Lippitt, R., & White, R. K.(1939), Patterns of aggressive behavior in experimentally created 'social climates'. Journal of Science Psychology, 10, 271-299.

Northouse, P. G.(1998), Transformational leadership. In P. G. Northouse (Ed.), Leadership: Theory and practice (pp. 130-158). Thousand Oaks, CA: Sage.

Rokeach, M.(1969), Beliefs, attitudes, and values: A theory of organization and change. San Francisco: Jossey Bass.

Sashkin, M. A.(1988), The visionary leader. In J. A. Conger & R. N. Kanungo (Eds.), Charismatic leadership: The elusive factor in organizational effectiveness. San Francisco: Jossey-Bass.

Shannon, C., & Weaver, W.(1949), The mathematical theory of communication. Urbana, IL: University of Illinois Press.

Stodgill, R. M.(1974). Handbook of leadership: A survey of theory and research. The Free Press.

Vroom, V. H., & Yetton, P. W.(1973), Leadership and decision making. Pittsburgh: University of Pittsburgh Press.

Yukl, G. A.(1981), Leadership in organization. Englewood Cliffs, NJ: Prentice-Hall, 김대운·이성연·박유진 역(1993), 조직과 리더십, 형성출판사.

Zalesnik, A.(1992), Managers and leaders: Are they different? Harvard Business Review, 70, 126-135.

제 8 장

국어 교육과 리더십

1. 시대의 화두 : 지도력(리더십), 지도자(리더)

오늘날 '지도력(leadership), 지도자(leader)'라는 말은 시대의 화두라 할 만하다. 헤브라이즘(Hebraism)에서의 메시아 사상이나 대중문화의 슈퍼맨, 배트맨에 이르기까지 초인(超人)의 존재나 그에 대한 대망은 오래 전부터 있어 왔다. 그런데 복잡다단하게 분화한 현대 산업 조직 사회는 나라, 정당, 기업, 학교, 군대 등에 이르기까지 지도자 기근을 호소하며 유능한 지도자와 지도력을 대망(待望)하고 있다. 이에 따라 지도자나 지도력에 관한 연구도 활발할 수밖에 없다.

지도자나 지도력 연구는 사회과학을 중심으로 기업 경영, 행정, 정치, 체육 분야에서 두드러지며 그 밖에 군사, 교육, 종교 분야에서도 지도력과 지도자에 관한 연구가 활발하다. 어느 기업, 어느 정부 부서, 어느 정당이든지 기업 경영자, 장차관, 정당 대표나 대통령 후보, 국회의원 후보자들이 누구인가에 따라 그 기업, 부서, 정당의 운명이 결정되기에 지도자 문제가 민감하다. 특히 세계적으로는 기업 경영주에 대하여 경영학이나 성공학의 관점에서 관심이 많고 정치 지도자들의 성패에 관한 관심이 많다.

우리나라의 경우도 이와 비슷한 관심으로 숱한 지도력과 지도자 관련 책들이 홍수처럼 쏟아져 나오고 있다. 특히 지도력, 지도자 연구가 쏟아져 나옴은 정치 영역과 경영 영역이 두드러진다. 정치 영역은 한국 민주주의가 아직 여린 싹 같아 위태로운 점이 많으며 역사적으로 훌륭한 지도자들이 많지 않아 고난의 역사를 살아온 탓이라 볼 수 있고, 경영 영역은 자본주의 한국 경제가 개인, 기업, 국가 경제의 흥망을 좌우하는 분야이기에 성공적 기업인에 대한 동경이 많이 나타나기 때문이다. 전자는 강력한 정치 지도자에 대한 대망론이고 후자는 강력한 기업 경영인에 대한 열망이라 할 만하다. 한편으로 우리나라의 정치가 불안정하고 최근 한국 정치가 중우(衆愚)정치와 선동(煽動)정치에 휘둘려 지도자의 품격과 자질이 심각하게 의심되는 지경에 이르렀고 우리의 경제가 아직 선진국 경제로 진입하기에는 역량이 달려 성공적 기업인이 더 많아져야 한다는 점에서 지도자 갈증에 따른 현상으로 이런 지도자 연구가 활발한 것으로 보인다.

그러나 기업이나 정치 분야만이 지도력과 지도자 문제가 있는 것은 아니다. 인간사 모든 조직 구성체 속에서 이러한 지도력과 지도자 문제가 나타나기에 이것은 결코 특정 분야만의 관심사로 볼 수는 없다. 사람이 두 사람 이상 모이면 반드시 소극적이든 적극적이든 대표자, 선임자, 책임자 등의 책임을 가진 지도자가 필요한 것이 현실이기 때문이다. 오늘날은 기업가, 정치인뿐만 아니라 교육자, 종교인, 군인, 운동선수, 회사원, 자영업자, 공무원 등 사회의 모든 직업 구성원들에게 직간접적으로 지도자적 자질이 요구되는 시대에 살고 있기 때문이다.

심지어 가정의 부모인 가장이나 주부도 가족 경영 차원에서는 자녀들에게는 지도자요 지도력이 요구된다. 좋은 아버지, 어머니가 되는 길이 곧 지도력을 세우는 길이기 때문이다. 학교 교장은 교사들과 학생들에 대하

 리더와 말 말 말

여, 교사들은 학생들에 대하여 지도자로서 지도력을 발휘하여야 한다. 군대에서는 장군이 휘하 장교나 부하들에게, 장교가 부사관과 사병들에게, 부사관은 사병들에게, 사병 중에서도 병장은 상병에게, 상병은 일병에게 지도력 또는 통솔력, 최소한의 영향력이 작동되어야 한다. 회사에서는 사장의 지도력이 휘하 부서장들에게, 부서장들은 하급 관리들 및 평사원들에게 지도력이 서야 한다. 결국 어느 조직이든지 상의하달, 상명하복의 기강이 유지되려면 지도력이 서야 한다. 옛말에 영(令)이 선다는 것이 이를 두고 한 말로 볼 수도 있다. 영이 서지 않으면 지도력, 영향력은 기대할 수 없고 조직의 존립이 어렵기 때문이다.

이러한 사회적 요구에도 불구하고 그동안 우리의 학교교육은 지도력 함양 및 지도자 육성 교육을 제대로 하지 않아 왔다. 이처럼 학교교육과정이 지도자 훈련을 위한 노력을 하지 않은 이유로 다음 몇 가지를 들 수 있다.

첫째, '지도자'라는 용어가 주는 교육 대상의 폐쇄적 제한성 때문이다. 지도자라 함은 소수의 선택받은 인물들이라고 제한하여 생각하다 보니 학교교육에서 지도자 육성 교육은 소수 정예 육성 교육으로 비쳐져 공평한 교육으로 볼 수 없기 때문이다. 그러나 오늘날 지도자 교육에서 지도자는 소수의 군림하는 권위적 지도자가 아니라 공동체를 섬기는 지도자 곧 봉사적 지도자(servant leader)를 이상으로 보는 태도도 나타나기에(김광수 역 2002, 2006, 양창삼 2004) 지도자 육성 교육을 소수 정예 육성 교육으로 보는 것은 낡은 관점이라 하겠다. 또한 어떤 조직 내에서 지도자와 추종자의 관계는 고정적이 아니라 가변적일 수 있는 경우도 있어서 지도자와 추종자의 관계를 상호이해적으로 접근하기 위해서도 이에 대한 편견은 고쳐져야 한다. 오히려 지도력이 떨어지는 학생일수록 지도자 교육을 받아 크게 지도력을 키워 줄 필요가 있다는 점에서 지도자 교육이 선택받은 유능자들을 위한 교육으로 오해되어서는 안 될 것이다.

둘째, 우리나라의 국가적인 학교 평준화 정책의 결과 지도자 육성 교육과 같은 것이 시도되기 어려웠을 것이다. 지도자 교육과 유사하게 박성익 외(2003)는 영재를 과학, 수학, 언어, 예술 영재로 나누고 창의적 영재 교육의 중요성을 제안하고 있음에도 불구하고 평준화 정책은 이러한 인재 양성에 장애가 되고 있다는 비판을 받고 있다. 그나마 이러한 영재 교육이라는 것도 실제는 과학 영재 중심으로 제한되어 '영재학교, 영재교육원, 영재 학급' 등의 선택된 소수를 위한 교육 형태로 운영되고 있고,[1) 수월성(秀越性) 추구라는 것도 평준화 정책의 틀 안에서만 추구되다 보니 제대로 효과를 보고 있지 못하는 현실이 이를 입증한다. 따라서 지도자 육성 교육이라 하면 정치 지도자나 기업 경영자와 같은 특수층에 대한 엘리트 전문 교육으로 오해받게 되어 있다. 이는 유교적 계급 사회에 익숙한 우리나라의 경우 제왕적 지도자, 권력적 정치 엘리트 계층에 대한 부정적 의식이 있어, 초중고교의 보통교육에서 특수한 유형의 인간 유형인 지도자 개념을 도입하여 교육하는 것은 소수 지배 엘리트 양성 교육으로 간주되므로 근본적으로 모든 학생을 대상으로 지도력 함양 교육을 한다는 것은 그 효용성이 없다고 보기 때문이다.

셋째, 초중등교육 차원에서 지도자 훈련을 위한 교육과정 구성에 대한 연구가 미비하고 연구에 대한 동기조차 크지 않기 때문이다. 오히려 '영재 교육'은 활발히 추진되고, 지도자 육성 교육은 그에 종속되어 논의되거나 하는 수준이며, 영재 교육과 독립된 차원으로의 '지도자, 지도력' 연구는 미비하다. 영국, 미국, 캐나다의 경우 공교육에서 학습자를 위한 지도자 훈련 교육과정이 일반 교육과정에서 보편화한 것은 아니지만 'School Leadership, Educational Leadership'이라 하여 학교정책 관리자, 교장 등의 리더십

---

1) 영재교육에 대한 안내는 박성익 외(2003), 동서양 영재교육은 구자억 외(2002) 참고. 현재 우리나라의 지도자 교육과 유사한 인재 육성 교육으로는 수학, 과학 중심의 과학고교나 영재학교(전일제 고교 교육과정으로 현재 과학영재학교 1곳이 있고 예술과 정보영재학교 두 곳이 개교 준비 중임), 영재 교육원(교육청, 대학 등에서 초중고생을 대상으로 방과 후, 주말, 방학 중에 운영하는 영재교육 프로그램), 영재 학급(초중고교에 설치된 영재교육 프로그램으로 방과 후 특별활동과 거점학교 중심의 지역공동 영재학급 형태)이 있고 특목고인 외국어, 예술고도 일종의 인문계와 예술계의 영재 교육기관이라 할 수 있다.

 리더와 말 말 말

을 중시하고 이들의 리더십이 교사 발전과 아동 학습에 미치는 영향을 중
시하는 연구가 나오고 있다.[2] 또한 이들 나라에서는 학습자를 위해 우리
의 과학 영재 중심의 영재 교육보다 넓게 다양한 분야의 재능자들을 키우
는 특별과정으로 초중고나 대학에 'Gifted Program'이나 'Honours Program'
같은 것이 정규 과정 외에 운영되고 있고, 평소 민주 토론 교육을 통해 지
도자의 의사소통능력을 함양하며 각종 자원봉사, 체육 활동을 통해 지도자
의 역할에 대해 자연스레 체득하기 때문에 우리와 비교된다.[3] 우리는 자
원 봉사, 체육 활동이 입시에 구속되어 형식적이거나 미비하여 오히려 지
도자로서의 역할은 학급 반장이나 전교 회장 정도의 경험으로 제한되는
특권 의식이 여전하고 문화적으로도 서열 의식과 같은 동양적 전통이 강
하므로 지도자 교육을 공교육에 보통교육으로 일반화하기는 어려웠을 것
이다.

　이상의 원인을 문화적 이유로 수용하더라도 앞으로도 '지도자 육성, 지
도력 함양'의 교육을 소홀히 할 수는 없다. 이미 오늘날의 지도력은 군림

---

2) 교육자 리더십 연구로, Brent Davies et al.(2005)는 영국의 교육 리더십을 다루
　고, Brent Davies (Ed.)(2005)도 교육 리더십을 학습자 중심 리더십, 구성주의
　적 리더십 등 11가지로 나누어 세분하고 있다. Fenwick W. English (Ed.)
　(2005)는 미국의 교육 리더십 문제를 23개 주제로 다루고 있으며, Kenneth
　Leithwood et al.(2004)는 리더십이 학습자의 학습에 미치는 영향을 연구하고 있
　다. 이 밖에도 영미 국가에서는 교육 리더십 연구서가 수십 권에 이르는 등 교육개
　혁의 중요한 화두로 연구되는데 우리는 염철현(2002), 윤정일·이훈구·주철안
　(2004) 정도가 보인다.
3) 미국의 청소년 리더십 육성기관으로는 The Congressional Youth Leadership
　Council(CYLC, www.cylc.org)과 이에 연계된 The National Young Leaders
　Conference(NYLC), 6·7학년 대상의 The Junior National Young Leaders
　Conference(JrNYLC), 8·9학년 대상의 The National Young Leaders State
　Conference(NYLSC), 16-18세 대상의 The Global Young Leaders Conference
　(GYLC) 등이 참고된다. 한편, 미국의 영재교육기관으로는 뢰퍼스쿨(Roeper School,
　www.roeper.org) 등 다양한 영재학교가 각 주에 있으며 미국은 일찍이 영재교육법
　(Jacob Javits Gifted and Talented Students Education Act. 1988, 1994)을
　제정하고 1990년에 국립영재교육연구센터(National Research Center on the
　Gifted & Talented)를 설립하는 등 다양한 영재교육 연구 지원을 하고 있다.

하는 지도력이 아니고 섬기는 봉사적 지도력(servant leadership)을 추구하므로 지도자 육성 교육을 소수 엘리트 양성의 교육으로 오해하여서는 안 된다. 오히려 지도자는 봉사자라는 자세로 임하여야 하며 지도자는 소수자만 선택되는 것이 아니고 누구나 원치 않는 상황에서도 조직의 생명과 안전을 책임진 지도자가 될 상황이 발생할 수 있으며, 구성원은 누구나 지도자를 도와야 한다는 점을 지도자 육성 교육이 일깨우고 있다. 이러한 인식 위에서는 결코 지도자 교육이 엘리트 교육으로 오해될 수 없는 것이라 우리는 지도력 함양과 지도자 육성의 교육이 시민 교육 차원에서 각 교과가 협동하여 체계적으로 수행할 필요가 다음의 이유 때문에 있다고 본다.

첫째, 지도자 교육은 국가경쟁력 강화 교육 차원에서 필요하기 때문이다. 유능한 지도자들을 많이 육성하는 것은 현대 국가 사회의 성장 발전에서 중요한 열쇠가 됨은 주지의 사실이다. 국가나 각종 공공 기관, 민간 기업 단체에 건전한 지도자 훈련을 받은 사람들이 많고 그 중에서 적합한 지도자가 선출될 때 조직은 더욱 강하고 크게 건전한 발전을 할 수 있다는 점에서 많은 지도자를 기르는 것은 다다익선으로 필요하다. 따라서 앞으로 영재 교육을 수학 과학 중심의 영재 교육이 아니라 다양한 인문 사회 예능을 포함한 영재 지도자 교육으로 발전시켜야 할 것이다.

둘째, 지도자 교육은 한국 민주주의 발전에 필요하기 때문이다. 민주주의 사회를 발전시키기 위해서는 각급 교육과정에서 참된 지도자를 기르는 교육을 하여 그런 교육을 받은 사람 중에서 대통령, 국회의원, 지방의회의원 등을 뽑을 수 있어야 한다. 이런 훈련이 안 되다 보니 각종 선거는 선동적 타락 선거로 전락되어 우리나라 민주주의의 성장에 해를 끼치고 있다. 그동안 한국은 수많은 권력자들이 나왔지만 진정한 지도자로 남지 않고 후계 지도자를 키우는 데 인색하여 권력을 장기적으로 독점하여 불행한 기억들을 남김으로써 권력자들은 지도자는커녕 지배자로 전락하였는데 이는 정당정치에서 지도력 함양과 지도자 훈련의 정치적 전통이 일천한 때문이다. 아직도 대중 선동주의(포퓰리즘), 좌익 폭력주의의 위협을 받고 있는 한국 민주주의의 발전을 위해서는 민주주의 교육이 지도력 함양과 지도자 육성의 시민 교육으로 발전되어야 한다.

셋째, 현대 사회에서 개인의 성장과 발전을 위해서도 지도자 교육이 필요하기 때문이다. 조직의 목표를 세우고 이해하고 추진하며 나아갈 때 구성원 모두가 조직의 지도자와 과제의 책임자와 같은 마음의 자세로 수행하게 되면 그 조직이 성공적으로 목표를 도달할 수 있을 것이다. 지도자 관련 연구에서 흔히 지도자는 구성원과 독립되면서도 결국은 하나가 된다고 하는 것도 이런 이유 때문이다. 지도자는 정보를 독점하지 말고 구성원들에게 정보를 알려 주고 공개하라는 요청을 많이 받게 되는 것도 지도자와 구성원이 결국은 한 마음으로 분신같이 존재해야 하기 때문이다. 최근에는 많은 기업 조직이 팀제를 도입하여 팀장을 순환하며 근무하는 방법을 사용하여 자체 간부 훈련을 지도자 교육 차원에서 많이 하는 것도 이런 추세 때문이 아닌가 한다. 이러한 추세에 대비하여 초중등교육에서도 지도자와 구성원이 별개가 아니라는 전제 하에 개인이 지도자 입장에서 각종 교육을 받을 때 지도력의 어려움을 이해하고 건전한 비판력과 협동심을 기를 수 있게 되며, 반대로 지도자도 구성원들의 입장을 이해하게 되는 계기를 줄 수 있어 조직 구성원 상호 간에 대인관계가 원만해지고 상호 인격 성장에도 기여하게 된다.

오늘날 한국 사회는 지도자 문제로 많은 홍역을 겪고 있다. 북녘의 비정상적 권력이 독재의 폭정을 하는 것도 독재 지배자의 전형을 보여 주고 있고 남녘도 많은 정치 지도자들이 존경을 받지 못하고 있어 지도자난에 허덕이는 한국의 실상을 보여 준다. 그동안의 집권 정당들과 지도자의 장기 집권 야욕과 잘못된 지도자들로 인해 국가가 고통을 받아 온 경험이 있으므로 우리는 지도자 육성 교육을 아무리 강조해도 지나칠 것이 없다. 하물며 전 세계가 지도자 연구의 열풍을 보이는데 청소년기 성장 후에만 이런 교육을 할 것이 아니라 어려서부터 청소년들에게 지도력 교육을 한다면 우리의 미래가 그만큼 더 밝아질 것이라 하겠다.

이러한 관점에서 본고는 '지도력(리더십) 결핍'과 '지도자(리더) 부족' 시대에 오늘날 활발히 연구 관심사로 떠오른 '지도력 함양'과 '지도자 육성'의 문제를 국어교육에서 어떻게 수용할 것인지 특히 이 과정에서 국어교육이나 화법교육의 역할은 교육과정에서 어떻게 강화되어야 할 것인지를 모색하여 본다. 특히 현재 개정 중인 7차 교육과정에서도 지도자 육성과 지도력 함양의 방향은 거의 고려되고 있지 않아 구태의연한 교육과정으로 흐르기 쉬우며 다양한 지도력을 요구하는 21세기의 시대적 요구에 뒤진 교육과정이 되기 쉽다는 점에서 이 문제에 대한 환기를 요구하고자 한다.

2. '지도자, 지도력' 관련 용어

'지도력, 지도자' 문제를 다루기 위해서는 관련 용어를 먼저 살펴보도록 한다. '지도력, 지도자'의 동의 외래어로 '리더십, 리더'라는 용어는 다음 예처럼 '표준국어대사전'(1999)에 올라 있다.

> 리더십(leadership) : 「명」 무리를 다스리거나 이끌어 가는 지도자로서의 능력. '지도력', '통솔력'으로 순화.
> 리더(leader) : 「명」 조직이나 단체 따위에서 전체를 이끌어 가는 위치에 있는 사람. '지도자'로 순화.

사전에서는 '리더십'을 '지도력, 통솔력'으로, '리더'를 '지도자'로 순화한다고 하였는데, '통솔력'을 인정한다면 '통솔자'도 순화어로 인정할 만하다. 그런데 '지도력, 지도자'라는 말이 권위주의 시대에 잘 쓰인 한자어라는 점에서 감정적 가치가 다르므로 사회과학 분야는 물론 생활어 속에서도 군소 조직의 지도력과 지도 책임자를 거론할 때는 외래어인 '리더십, 리더'란 말을 더 선호하는 경향이다. 실제로 이들 용어가 쓰이는 분포에서 모두 일치하는 것은 아니다. 가령, '팀 리더, 치어 리더'에서는 '팀 지도자, 치어 지도자'란 말이 어색하다. 특히 '지도자'란 말은 정치 분야에서만 주로 권위적 의미로 쓰이는 경향이라 '리더'보다 좁게 쓰인다.

본고에서는 순화어인 '지도력, 지도자'를 쓰되 관행의 '리더십, 리더'도 인용 필요에 따라 혼용하도록 한다. '리더십'은 '지도력, 통솔력'이란 말로 대표 번역이 가능하지만 그 밖에도 '영향력, 감화력' 따위로도 번역될 수도 있다. '지도력, 지도자'란 용어가 주는 의미는 다소 권위적, 특수적, 귀족적, 상류층 중심적인 측면이 있으나 오늘날 지도력은 군림하는 권위적 지도력, 카리스마적 지도력을 가리키기보다는 조직을 위해 희생적으로 봉사하고 남을 배려하는 솔선수범의 지도력을 추구하여 봉사적 지도력(servant leadership)을 지향하고 있는 것이 현실이다. 이에 따라 진정한 지도력(leadership)과 군림하는 지배력은 구별하여, 군림하는 지배력은 리더십이 아니라 헤드십(headship)이라고 구별하여야 하며 헤드십은 역사상 해악을 끼친 악인들의 산물이라고 보기도 한다(박기현 2005). 비민주적이고 독재적 집단일수록 군림하고 지배하려는 헤드십만 존재하므로 참다운 지도력을 찾아보기 어렵다. 현대의 장기 독재자들인 김일성·김정일의 세습 독재나 쿠바 카스트로의 독재 등은 제왕학에 근거한 헤드십이라 할 수 있다. 많은 이들은 지도력과 지배력을 혼동하는데 우리는 헤드십(지배력)의 가치를 부정적 의미로 보고 리더십(지도력)의 가치를 긍정적으로 바라보고자 한다.

아울러 우리는 "따르고 봉사하며 실행하는 힘"이라는 뜻에서 '수행력'(followership)[4]의 개념을 세우고자 한다. 현대 지도력 연구는 '리더십'과 '팔

---

4) 'followership'은 'follower'가 '추종자(追從者), 따르는 자'로 번역되므로 '추종력(追從力), 따르는 힘'이라고 번역할 수 있다. 그런데 '추종(追從)'이란 단어는 국어에서 '맹목적 추종'이라는 단어와 빈도 높게 쓰이면서 다소 부정적 가치어로 쓰이는 문제가 있어서 '추종'이란 단어 대신 '따라〔隨〕 행한다〔行〕'는 뜻에서 '수행력(隨行力)'으로 번역하여 본다. 마찬가지로 '리더, 팔로워'는 '지도자, 수행자'라고 번역하지만 '이끄는 이, 따르는 이'라는 번역도 가능하다. '수행'은 한자 동음이의어가 다음과 같이 여럿 있는데 우리는 다음 '수행03'을 followership의 번역어에 쓴다. 만일 수행력(隨行力)이 수행력(遂行力)과 혼동을 준다면 '추종력'(追從力)이란 단어도 가

로워십'(followership)을 반의 관계로 구별하는 측면도 있지만, 이 둘이 결국은 별개가 아니고 하나로 통하는 측면도 있다고 본다. 즉 지도력에서도 카리스마적인 권위적 지도력(authoritative leadership)보다도 봉사적 지도력(servant leadership)을 강조하는 경향이 있으므로, 지도자란 구성원을 잘 섬기고 따르는 것이라고 볼 수 있어 결국 지도자가 구성원의 군림자, 지배자가 아니라 구성원의 뜻을 헤아려 좇아 수행하는 수행자가 되고, 구성원은 지도자를 잘 따르는 역할을 하는 것이므로 참된 수행자가 되는 것이야말로 역설적으로 진정한 지도자가 되는 기초라 보는 것이다.

따라서 우리는 지도력과 수행력은 별개가 아니고 서로 통한다는 전제 아래에서 지도자 교육이 이루어져야 한다고 본다. 특히 그동안 지도력 함양과 지도자 육성 교육이 중요함에도 권위적 지도력만 생각하는 경향 때문에 참된 지도력 교육이 적극적으로 도입되지 못하였다는 점에서 지도력과 수행력이 대립적이 아니고 동질적이라는 공동체 구성원의 가치관이 먼저 확립되어야 진정한 지도력 함양 교육이 이루어질 것이다.

3. '지도자, 지도력'의 개념과 요소

지도력에 대해서는 수많은 정의가 있지만 지도력에 대한 논의는 지도력에 대한 용어 정의보다도 지도력의 요소가 무엇인가가 더 중요하며 이 요소의 총화를 지도력에 대한 정의로 보아도 된다. 대체로 지도력이란 "공동

능할 것이다.
수행01(修行) : ① 행실, 학문, 기예 따위를 닦음. ②〔불교〕 부처의 가르침을 실천하고 불도를 닦는 데 힘씀. ③〔종교〕 생리적 욕구를 금하고 정신과 육체를 훈련함으로써, 정신의 정화나 신적(神的) 존재와의 합일을 얻으려고 하는 종교적 행위.
수행02(遂行) : 생각하거나 계획한 대로 일을 해냄. ¶업무 수행 / 전쟁 수행
수행03(隨行) : ① 일정한 임무를 띠고 가는 사람을 따라감. 또는 그 사람. ¶수행 일꾼 / 수행 취재. ② 따라서 실행함.

 리더와 말 말 말

체의 목표 설정과 추진 수행 능력, 타인에 대한 영향력, 목표 달성을 위한 행동 유발력" 등이라 할 수 있다. 현대는 지도력의 개념도 다변화하여, 전통적 지도력이 다른 사람을 이끌어 조직의 목적을 달성하게 하는 힘이라고 한다면 현대의 미래형 지도력은 남을 이끄는 것이 아니라 다른 사람이 잘하도록 돕고 섬기는 지도력이라고 한다. 이는 성경에서 '누구든지 첫째가 되고자 하면 뭇 사람의 끝이 되며, 뭇 사람을 섬기는 자가 되어야 하리라'(마가복음 9 : 35)는 구절에 압축되어 있기도 하다(양창삼 2004). 더욱이 직업 영역별로 다양한 지도력이 요구되는 만큼 우리는 포괄적 정의를 내릴 수밖에 없는데 '지도자'란 "목표 설정, 동기 유발, 목표 수행, 목표 성취를 이루는 선도자"란 점에서 '지도력' 곧 '리더십'을 정의한다면 "공동체가 지향할 가치 있는 목표를 설정하고, 구성원들에게 목표 성취의 동기를 유발하며, 구성원들이 목표를 수행할 수 있도록 이끌거나 밀어주며, 공동체의 최고선을 성취하게 하는 힘"이라고 정의할 수 있다. 결국 각 교과 교육에서 수행하는 지도력 함양과 지도자 육성 교육이란 이러한 정의를 구현하기 위한 교과별 노력이 되어야 할 것이다.

다음으로 지도력의 특성이나 요소를 국어과와 관련하여 살펴볼 필요가 있다. Plowman(1981)은 지도력의 특성을 다음과 같이 16가지로 들었다(김미옥 외 2005 재인).[5]

의사결정력, 이타주의, 설득력·혁신성, 타인 필요에 대한 민감성, 촉진자로서의 능력, 목표 지향성, 의사소통 능력, 통합성, 조직 운영 능력, 자원 동원력, 모험심, 카리스마, 풍부한 지식, 인내심, 책임감, 창의성

이 중에 국어과가 관여할 수 있는 것은 '의사결정력, 의사소통 능력'을 들 수 있는데 이들은 화법 과목이 특히 기여할 수 있는 요소들이다.

---

5) 이 부분에 나오는 리더십에 관한 요소별 이론은 김미숙 외(2005)에 나오는 연구를 참고하였다.

Mariotti(1999)도 지도자의 특성을 '동기(motivation), 위험 극복 능력(risktaking), 책임성(responsibilty), 자신과 타인을 위한 높은 기대 수준(expectations), 간결하고 유창한 자기표현(self-expression)'으로 들었는데 국어과와 관련되는 것은 '간결하고 유창한 자기표현 능력'을 들 수 있다.

Greenleaf(1998)는 봉사적 지도력(servant leadership)의 요소로 다음을 든다.

경청(listening), 연민(empathy), 치유(healing), 각성(awareness), 설득(persuasion), 개념화(conceptualization), 예견(foresight), 청지기 정신(stewardship), 사람들의 성장을 위한 노력(commitment to the growth of people), 공동체 구축(building community)

이 중에 '경청, 설득, 개념화'는 국어과에서 기여할 영역이다. '경청'과 '설득'은 화법 영역의 소관이고, '개념화'는 사물의 본질과 현상을 정확히 이해하고 언어적으로 설명하는 것이므로 언어의 역할이 요구된다.

Stephen Covey(1989)는 '성공하는 사람의 습관 7가지'에서 '주도적이 되어라, 목표를 확립하고 행동하라, 소중한 것부터 먼저 하라, 상호 이익을 추구하라, 경청한 다음에 이해시켜라, 시너지를 활용하라, 심신을 단련하라'고 제시하고 있는데, 이 중에 '경청한 다음에 이해하라'는 국어과나 화법과가 기여할 언어적 방법이라 할 만하다.

김미숙 외(2005 : 21~22)에서는 지도력의 발달 요소로 '지도력 정보, 지도력 태도, 커뮤니케이션 기술, 의사결정, 스트레스 관리, 대인관계 기술'을 들고 있는데 이 중에 '커뮤니케이션 기술, 의사결정'은 국어과가 기여할 요소이다. 또한 김미숙 외(2005)는 국내외 지도력 관련 문헌 100가지를 분석하여 지도력의 구성 요소를 광범위하게 조사하였는데 그 내용을 재요약하면 다음과 같다. 밑줄 부분은 언어 능력과 관련되는 것이다.

1) 대인관계 기술 : 폭넓은 대인관계, 인기, <u>유머</u> 등
2) 창의성 : 새로운 관찰력, 사고와 행동의 유연성, 다양성, 통찰력 등
3) 비전, 목표 제시 : 타인에 동기유발능력, 계획력, 기회 분별력, 비전 방향

목표 제시, 환경 변화에 대한 직관력, 기획력, 모임 선도력, 희망, 타인
격려, 주도, 분명한 목표, 예견력, 미래적 사고

4) 타인 배려 및 존중 : 친절과 온유, 이해, 포용력, 연민, 타인의 요구와 감
정 배려, 환경에 대한 민감도, 지도자와 추종자의 관계, 경외, 판정에 대
한 수용과 치료, 비폭력 성향

5) 과제 책임감 : 책임감, 성실, 부지런함

6) 협동심과 팀워크 : 협동, 협력, 팀워크, 단체 활동의 참여 능력(향유)

7) 사회에 대한 헌신 봉사 : 사회봉사, 지역봉사, 공동체 세우기, 공공이익
추구 등

8) 지적 능력 : 지능

9) 자신감 : 신뢰, 자부심, 용기, 적극성, 자기 확신, 자기충족, 절제, 자긍
심, 신념, 소신, 밝은 성격, 자율, 자발성

10) 도전정신 : 개혁 변화, 물리적 위험정도, 담대함, 혁신, 위기감수

11) <u>의사소통능력 : 대인관계 표현 기술(소통표현, 쓰기, 고급 어휘력)</u>, 명확
<u>성, 경청</u>

12) <u>문제 해결력</u> : 결단력, 순발력, <u>전략적 사고, 냉철한 분석력, 비판적 사</u>
<u>고력,</u> 단체 결정력 등

13) 조직 관리 능력 : 조직력, 적응력, 독립성, 지도자 책임 분담력, 조직개
선능력 등

14) 도덕 및 인품 : 정직, 공평, 가치관, 도덕적 행위, 인성, 인격, 윤리성,
양심, 개성, 합리성, 충성심, 신용도, 모범성, 공사구분, 공정, 통합력

15) 전문성 : 업무 지식, 경험, 전문성, 학구적 성취력, 정보력

16) 자기절제 및 관리능력 : 대인기술(스트레스 조절), 자기행동화, 균형, 인
내, 행동관리, 교육경향, 감정 성숙도, 자기이해, 사회적 성숙도, 탐구

17) 카리스마 : 동기유발력, 단체에서의 주도력, 영향력, 지배력, 설득력, 우
군 확보력

18) 열정 : 육체적, 정신적 에너지, 열망, 흥미, 위임 감각

19) 국제적 역량 : 국제적 식견, 국제 감각, 외국어 능력

20) 기타 : 외모, 체력, 인맥, 부모 솔선수범, 기대, 개성, 성별, 개성, 산뜻
한 인상, 가정환경

이 중에서 우리가 국어과나 화법과가 기여할 요소로는 언어 표현 능력인 11) 의사소통 능력과, 언어 사고력인 12) 문제 해결력을 들 수 있다.

그런데 구체적인 지도력 훈련 프로그램 속에 들어가면 국어과가 기여할 일이 더 분명히 알 수 있으니 정미정 외(2003)에서 제시한 다음과 같은 지도자 육성 프로그램의 표준 모형을 보면 프로그램 속에 밑줄 부분은 국어과가 기여할 일이라 할 수 있다.

1) <u>자신감과 지도력</u> : <u>발표력 증진, 자기소개, 감정 표현, I can 코스, 인터뷰, 심리조절과 성격변화, 모노드라마,</u> 지도력 계발 교육, 사회, 회의 진행
2) <u>토론과 논술 : 나의 주장 평기, 상대방 공격하기, 내 주장 방어하기, 논리적으로 오류 지적하는 법, 조별 토론, 패널 토론, 시사토론 및 NIE 교육, 토론과 논술의 연계 교육</u>
3) 체험 학습 : 교실 교과서 학습 벗어나 현장에서의 관찰, 조사, 수집, 견학, 탐방, 실습, 수련, 노작, 봉사, 환경보호 등의 직접 체험
4) <u>에티켓 교실</u> : 마음가짐, <u>인사 예절, 초대 및 방문 예절, 언어, 행동 예절,</u> 식사 예절, 가정생활 예절, 공중 예절, 대인관계, 글로벌에티켓, 효
5) 이벤트 교실 : 다양한 게임 놀이, 장기자랑을 통한 정서함양, 생활 활력, 자신감, 협동심 키우는 프로그램
6) 특강 교실 : 전문가 특강
7) 캠프 교실 : 방학 종합 합숙 프로그램, 인성, 독립심, 자신감, 지도력, 대인관계, <u>발표력, 창의력, 논리력, 표현력, 집중력, 탐구력, 문제해결능력,</u> 공동체 의식, 환경적응력 키움

위 모형을 보면 지도자 훈련의 핵심인 자신감과 지도력 훈련의 중심은 대부분 언어활동에 집중되어 지도자 훈련의 핵심이 국어과에서 감당할 사항이라고 해도 과언이 아니다. 또한 4)의 에티켓 예절만 해도 도덕과가 더 가깝지만 예절의 상당수가 언어 예절이라 국어과의 '표준화법' 교육에서 포함되어야 할 사항이다. 특히 비언어적 표현과 같은 신체언어는 국어과에서 더 구체적 지도가 필요하다.

이상의 논의를 보면 국어과는 이미 충실하게 지도력 함양 교육에 기여해 오고 있다고 볼 수도 있다. 단지 지도력 함양이나 지도자 육성이라는 분명한 목표 같은 것이 설정되지 못한 채 단순한 언어활동만 하고 있는 것이 문제라 할 수 있다.

이처럼 지도자 육성 교육이 현재 학교 교육과정에서 공식적으로 명문화한 것은 없으나 최근 들어 활발히 강화되고 있는 영재 교육은 지도자 육성 교육의 특수 유형으로 볼 수 있다. 영재 교육과 지도자 교육은 그 특성에서 구별되는 측면도 있으나[6] 통합 연계하여 접근할 수도 있다. 흔히 영재 교육은 수학, 과학 영재를 가리키는 것으로 좁게 해석되는 편인데 영재 교육에서는 미국의 Gifted Program, Honours Program처럼 영재를 넓게 해석하여 문학, 외국어, 예능 등으로 넓게 해석할 수도 있다. 따라서 전문성과 창의성을 특징으로 하는 다방면의 영재를 길러 그들 영재가 지도력도 갖추게 하여 다방면의 지도자를 겸하게 하는 '영재형 지도자'를 육성한다면 그 효과가 클 것이므로 영재 교육은 지도력 교육으로 발전시켜 '영재형 지도자' 육성 또는 '영재 지도력' 교육으로 통합할 수 있다고 본다(김미숙 외 2005). 그러나 여전히 영재 지도력 교육은 우수한 능력을 가진 지적 분야의 소수 특수학생만을 대상으로 한 특수교육으로 오해될 수 있으므로 바람직한 지도력 함양, 지도자 육성 교육을 모든 학생에게 보편화하려면 새로운 차원의 접근을 필요로 한다.

---

6) 김미숙 외(2005)에서는 전술한 20개 요소를 가지고 전문가나 일반인을 상대로 일반적인 지도력과 영재형 지도력의 중요한 차이가 무엇인지를 인식 조사를 하였는데 그 차이를 순서대로 보이면 다음과 같다.
① 바람직한 지도력 특성 순위 : 전문성, 비전과 목표 제시, 문제 해결력, 도덕성 및 인품, 타인 배려 및 존중, 조직관리 능력, 대인 관계 기술, 창의성, 과제 책임감, 의사소통능력, 협동심 및 팀워크, 자기 절제 및 관리 능력, 자신감, 열정, 지적 능력, 사회에 대한 헌신, 도전 정신, 카리스마, 국제적 역량, 기타
② 영재 지도력 특성 순위 : 창의성, 전문성, 사회 헌신, 문제 해결력, 비전과 목표 제시, 타인배려 및 존중, 도덕성 및 인품, 도전정신, 국제역량, 과제책임감, 지적 능력, 자기 절제 및 관리 능력, 협동심 및 팀워크, 열정, 대인 관계 기술, 조직관리 능력, 의사소통능력, 자신감, 카리스마, 기타

4. 지도자 교육의 전제

이미 전술하였듯이 지도자 교육이 소수 영재나 우수 간부 학생들을 대상으로 한 특수 교육으로 비치지 않게 하기 위해서는 다음과 같은 세 가지 전제가 필요하다.

(1) 지도자는 봉사자이며 지도력은 이끄는 힘과 밀어주는 힘을 아우른다.

우리나라의 경우 지도자 육성 교육의 장애는 지도자를 군림하는 지배자로 보아 온 역사적 피해 의식 또는 지도자에 대한 불신과 부정 의식이므로 이를 극복하기 위해서는 지도자를 봉사자로 보는 봉사적 지도자(servant leader)의 개념이 필요하다. 서구 사회는 '노블리스 오블리주'(noblesse oblige)라는 문화가 형성되어 온 전통이 있어 지도자를 희생과 봉사의 자리로 인정하는 경향이 크나 우리 사회는 지도자란 독재자나 지배자로 비치는 불신 의식이 커서 지도자를 봉사자로 보는 의식 교육이 전제되어야 한다. 이를 위해서는 '봉사적 지도력'을 강조하여야 한다.

그동안 한국 사회는 봉사적 지도력이 국가 지도력으로 정착되지 못해 정치 지도자들에 대한 불신이 사회 지도층과 사회의 권위 전반에 대한 불신으로 이어져 한국 사회 성장에 부정적 결과를 초래하고 있다. 경제적으로도 자본주의와 자유민주주의를 바르게 인식하지 못하고 사회주의나 평등주의를 선호하는 의식이 국민성에 상당히 강한 것은 60, 70년대의 성장 제일의 경제개발 정책이나 정경유착이 가져온 부정적 현상이거니와 이로 인한 정치 지도자와 정치인에 대한 불신, 기업과 기업인에 대한 부정적 인식은 오늘날까지도 한국 사회의 악순환과 병리 현상으로 자리 잡고 있다. 또한 이러한 의식은 남북 분단과 좌우 이념 대립을 광복 후 60년이 되도록 청산하지 못하는 한 원인으로도 작용하고 있으며 청소년의 건전한 국가관 형성에도 악영향을 끼치고 있으므로 이러한 국가 지도력에 대한 의식 개혁은 모든 교과에서 전면적으로 수행해야 할 것이다.

다행히 국민성의 의식 변화로 점차 봉사적 지도력의 인식이 높아지면서 지도자들에 대한 도덕적 기대가 커지는 것도 자연스러운 추세이다. 우리나라의 입시에서도 봉사 정신의 중요성을 인식하여 봉사 평가를 반영하기 시작한 것도 이러한 인식의 확산을 볼 수 있으나 학교 봉사 교육은 아직 지도력 함양 차원의 교육으로는 승화되지 못하고 있다. 최근 대학가에 교양강좌로 '부자학'을 신설해 사회에 베풀 줄 아는 넉넉한 마음을 가지는 진정한 부자가 되는 법을 가르치는 것은 이러한 봉사적 지도력을 향한 인식의 변화라 할 수 있다. 따라서 앞으로 전체 교육과정에서는 봉사적 지도력을 기본 이념으로 하는 지도자 교육을 광범위하게 도입하여야 할 것이다.

(2) 지도자(이끄는 이, leader) 교육은 수행자(따르는 이, follower) 교육과 동질적이다.

교사나 학생, 학부모들에게 지도자 교육은 곧 수행자 교육이며 영재나 간부나 받는 선택된 자들만의 특수 교육이 아님을 인식시켜야 한다. 더욱이 지도자 교육은 지능적으로 우수한 영재 학생이나 천성적으로 활달한 간부 학생과 같은 소수 학생들을 위한 교육보다도 대다수 보통 학생들의 잠재 능력을 계발하여 지도자로 세울 수 있도록 한다는 취지가 지도자 교육의 중심 목표가 되고 일반화되어야 한다. 또한 학습 지진아나 지도력이 떨어지는 내성적인 학생들이야말로 치료적 차원에서 지도자 교육을 적극적으로 도입할 수 있는 방안을 모색하여 그들에게 자신감을 고취하고 학습과 인생의 목표를 적극적으로 설정하도록 돕고 도전할 수 있도록 격려하는 교육으로 인식이 되어야 한다.

또한 지도자란 군림하는 자가 아니고 구성원의 뜻을 따라 주는 것이 진정한 지도자라고 보는 봉사적 지도력의 전제하에 이끄는 일과 밀어 주는 일이 궁극적으로 하나가 되며 지도자는 수행자가 되고 수행자는 누구나 지도자가 될 수 있는 것임을 깨닫는 교육이 되어야 한다. 이러한 인식의 체험을 위해 지도자 교육에는 모두가 지도자가 되어 보고 지도자의 어려움을 이해하는 과정을 포함하여야 하며 동시에 지도자를 돌아가며 할 때, 수행자의 위치에서 지도자를 바라보는 체험을 함으로써 지도자는 수행자를 이해하고 수행자는 지도자를 이해하는 것이 진정한 지도자 교육이라는 것을 전제하여야 한다.

(3) 지도자 교육은 전 교과의 분업과 협동의 교육이어야 한다.

지도자 교육은 전 교과가 각 교과 특성에 맞게 분업으로 수행하며 궁극적으로 종합하여 효과를 낼 수 있는 협동 교육으로 이루어져야 한다. 이는 물론 모든 교과가 지도자 교육이라는 구호를 절대 지상 목표로 표방하라는 것을 의미하지는 않는다. 교육과정이 지향하는 교육의 목표가 우리나라의 교육과정 목표에도 드러나 있지만[7] 개인의 정체성 확립, 공동체 의식 (애국애족, 시민정신), 가족애, 생명 존중, 교양의 함양, 전문 직업 기술의 체

---

[7] 우리나라의 현행 교육과정은 교육과정 서두에 '추구하는 인간상'이라는 제목으로 다음 내용을 기술하고 있다: "우리나라의 교육은 홍익인간의 이념 아래 모든 국민으로 하여금 인격을 도야하고, 자주적 생활 능력과 민주 시민으로서 필요한 자질을 갖추게 하여 인간다운 삶을 영위하게 하고, 민주 국가의 발전과 인류 공영의 이상을 실현하는 데 이바지하게 함을 목적으로 하고 있다."
이러한 교육 이념을 바탕으로, 이 교육 과정이 추구하는 인간상은 다음과 같다.
　가. 전인적 성장의 기반 위에 개성을 추구하는 사람
　나. 기초 능력을 토대로 창의적인 능력을 발휘하는 사람
　다. 폭넓은 교양을 바탕으로 진로를 개척하는 사람
　라. 우리 문화에 대한 이해의 토대 위에 새로운 가치를 창조하는 사람
　마. 민주 시민 의식을 기초로 공동체의 발전에 공헌하는 사람

우리는 위 '가~마'의 끝에 나오는 표현인 추구하는 사람, 발휘하는 사람, 개척하는 사람, 창조하는 사람, 공헌하는 사람이야말로 이들을 종합하면 한 마디로 '지도자'라고 볼 수 있다. 그런 점에서 우리의 교육과정은 지도자의 덕목을 추구하는 인간상으로 설정하고 있다고 할 수도 있다. 그러나 '마'처럼 공동체의 발전을 언급하고 있으나 "공동체를 위하여 희생하고 봉사하는 지도력을 갖춘 사람"의 측면은 미약하다고 본다. 전체적으로 위 표현들에는 공동체 인간형의 중요 덕목인 '희생과 봉사'라는 단어가 빠져 있기 때문이다.

득, 평생 학습 태도, 예술 애호, 자연 보호, 문화 다양성 인정과 타문화 이해 등 다양한 목표를 지향한다고 할 때 '지도력 함양'도 그런 목표 중의 하나로 당당히 설정하여야 할 것이다.

지도력 함양을 위한 각 교과의 노력은 국어과의 경우 '설득, 경청, 자기 표현 능력, 토의 토론 사회 능력, 조정 능력' 등 언어적 지도력 계발에 기여할 수 있다. 외국어과는 지도자의 국제 감각과 문화적 시야를 넓힐 수 있다. 사회과는 국가관이나 공동체의 작동 원리와 다양한 변수를 이해하고 조절할 수 있는 능력을 기를 수 있다. 역사과는 지도자의 역사의식을 형성하고, 과학 교과는 지도자로 하여금 생명 존중과 자연 물질계의 중요성 인식 및 과학적 사고 형성에 기여하며, 음악, 미술 교과는 지도자의 정서 형성에 기여할 수 있다. 체육과는 지도자의 심신의 균형과 강인한 체력 형성에 기여할 수 있다. 따라서 모든 교과는 교재 구성에서 위와 같은 지도자 교육에 도움이 될 소재를 찾아 배치하면 될 것이다.

5. 교육과정에서의 지도자 교육

주지하다시피 지도력과 지도자에 관한 사회적 관심이 많이 나타나고 있는데 교육과정에서는 어떠한가. 1~7차 교육과정을 보면 '지도력 함양'을 위한 교육 내용은 찾아보기 어렵다. 도덕과나 사회과가 사회생활과 관련하여 이에 관심을 가질 분야라 할 수 있는데 그동안의 교육과정에서는 지도력 함양 및 지도자 육성 교육에 관한 특별한 언급이 없다. 국어과 교육과정에서도 이런 배려는 전혀 보이지 않는다. 미래형 교육과정으로 2005년에 새로 한국교육과정평가원이 개발한 사회, 도덕, 국어과 신교육과정 개발 시안에서도 이런 지도자 육성, 지도력 함양의 교육과정은 전혀 나타나지 않고 있다. 단지 사회과에 보면 두 군데에 '지도자' 관련 사항이 검색되어 보이는데 지엽적 표현으로 나타났을 뿐이다.

〔사회과 2005 신교육과정 개발 시안〕

1) 초등 3학년 사회과(64쪽) 다음 부분에 '지도자'란 부분이 보임(밑줄 필자).

2. 공공 생활과 주민 참여

ㅡ여러 집단, 의사결정, 규칙과 법, 선거와 지도자, 공공기관과 주민단체, 참여와 자원봉사

2) 초등 5학년 사회과(171쪽) 부분에 '지도자'란 부분이 보임.

⑦ 조선 후기 새로운 세상을 만들기 위해 노력한 대표적인 조상들의 삶과 생각을 실학자, 민란의 지도자들을 중심으로 알아본다(171쪽).

1)은 선거 관련 부분에 '지도자'란 말이 보이는 것으로 민주주의에서 지도자 선출이 매우 중요하므로 선거 부분 학습과 지도자 관련 학습은 앞으로도 중요한 소재이므로 당연히 들어간 것이라 하겠다. 2)는 국사 교육 부분인데 조선 후기의 민란 지도자를 거론하고 있어 다소 뜻밖이다. 권위적 사회의 지도자 개념이 아니라 민중의 지도자에 대해 먼저 거론하고 있기 때문에 어찌 보면 2) 부분은 민중 사관의 측면에 치우친 내용으로 볼 수도 있다.

이처럼 공교육과정의 교육과정에서 지도자 육성과 지도력 함양 부분에 무심한 반면 일부 학교에서는 학생회 간부나 학급 간부들의 간부 훈련 수준에서 특수하게 수행하는 형태로 나타나고 있다.[8] 이처럼 지도력 교육이나 지도자 교육이 교육과정에서 용어로 명시적으로 드러나지 않음은 외국의 교육과정에서도 마찬가지 현상으로 보인다. 우리가 영국, 미국, 뉴질랜드, 중국, 일본의 공식 교육과정 문서를 검토한 결과에서도 지도력에 관한 교육이 명시적으로 밝혀진 경우를 찾지 못하였기 때문이다. 그러나 미국의

---

8) 이러한 특별 프로그램의 예로 중앙선거관리위원회 선거연수원에서 2006년 7월 "고등학교 학생회장들에게 건전한 민주시민의식과 지도력을 심어줌으로써 앞으로 우리나라를 이끌어갈 지도자로 성장할 수 있도록 미래지도자 정치캠프"를 운영하고자 전국 고교 학생회장 100명을 대상으로 2박3일의 합숙 교육을 한다는 선발 공고를 낸 것을 들 수 있다(선관위 홈페이지 참고). 이는 아직도 지도력 훈련을 학생회장 정도나 받는 교육으로 생각하는 발상의 결과이다.

경우는 전술하였듯이 우수 학생 육성 프로그램인 Gifted Program, Honours Program이나 토의 토론 교육, 자원봉사, 스포츠 활동 등에서 토론 교육이나 지도력 함양의 훈련이 자연스레 이루어져 우리가 지도자 육성 교육에서 뒤처질 수밖에 없다.

또한 지도자 교육의 일환으로 볼 수 있는 역사상의 위인 독서 교육 같은 것이 위인전 읽기나 박물관, 기념관 방문 등을 통해 우리보다 강조되는 측면이 있는 데 반해 우리는 국어과의 위인전 읽기 같은 전기문 지도도 교육과정에서 분명한 강조점이 드러나지 않으며 위인에 대한 기념관이 풍부하게 갖추어져 있지 못한 것이 현실이다.[9] 광복 후 교육과정들에서는 다음과 같이 초등학교에서부터 전기문 읽기 교육이 있어 왔으나 여러 문학 장르 중의 하나로 거론된 것일 뿐 지도자 훈련이나 지도력 함양 차원이 아니고 문학 교육이나 독서 교육 차원에서 이루어졌을 뿐이다.

1차 교육과정:

초등학교 : 국어과 읽기의 주요한 주제－15. 민족과 인류 문화에 기여한 위인의 전기(傳記)

중학교 : (ㄱ) 문학 및 예술. e. 일기, 전기 기록

• 일기나 전기 기록 등을 바르게 읽는다.

• 일기나 전기를 읽고, 그 배경이 되는 사태나 생활을 생각한다.

---

9) 우리는 인물 중심의 기념관이 흔치 않다. 삼국시대 이래 건국 영웅이나 숱한 전쟁을 거치며 나온 구국 영웅에 대한 기념관도 드물다. 국가주의에 기초해 다소 과장된 공명심에 의해 형성되는 서구형 기념관 문화보다도 우리는 가문의 명예를 기리는 제사 문화가 중심이라 현충사, 충장사, 충렬사 등처럼 충신들의 넋을 기리는 사당(祠堂) 문화가 지배하여 이러한 차이를 보인다고도 볼 수 있다. 그런 점에서 우리도 역사상 유명한 인물을 기리는 지도자 교육의 현장으로 사당을 활용할 필요가 있지만 모든 유물을 집합한 서구의 기념관 문화도 교육적으로 유의미하다는 점에서 많은 지도자와 인물에 대한 기념관 문화를 부정할 필요는 없다. 300년 역사도 안 되면서 숱한 대통령 기념관을 가지고 있는 미국을 볼 때, 삼국, 고려, 조선의 역대 군왕이나 건국 대통령 이승만, 경제 입국 대통령 박정희의 공과를 다 아우를 수 있는 기념관이 없는 것은 비교된다. 또한 북한이 인민은 굶어죽는데도 김일성의 생가와 기념관과 시신을 호화롭게 가꾸고 우상화하는 것도 비교된다.

• 자서전(自敍傳)이나 자기 집의 역사를 써 본다.

7차 교육과정에서도 다음 부분에 '전기 읽기'가 명시되어 있으나 7차 교육과정에 단 한 번 나오는 수준일 뿐이다.

7차 교육과정, 초등 3학년, '문학'
(1)항 【심화】 전기를 읽고, 동화와 서로 비교하여 그 차이점을 말한다.

이러한 전기문 읽기 교육은 초등학교 과정을 중심으로 1~7차 교육과정에서 1회성으로 간단히 나오는 수준이다. 고교 단계에 오면 인물 심화 연구 차원으로 승화되지 못하고 전기(傳記) 교육은 거의 언급되지 않아 위인전 읽기는 초등 수준의 교육으로 치부되는 경향도 있다. 비록 위인전 읽기가 초등 단계에서 아동의 역할 모델 설정을 위해 중요하므로 그런 측면이 있으나 중고교생 단계에서도 직업 인물 모델의 설정이 본격적으로 이루어져야 한다는 점에서 직업 교육 측면에서 직업상으로 따라야 할 성공적 또는 실패 경력의 전문가들을 발굴하여 역할 모델의 발견과 사례 연구를 위한 교육이 이루어져야 한다. 이런 상황에서 우리는 국어과가 기여할 수 있는 지도자 육성과 지도력 함양 교육의 방향을 다음에 제시하고자 한다.

6. 국어과 교육이 기여할 수 있는 지도자 교육

우리는 지금까지 지도자 교육이 봉사적 지도력 함양을 통한 지도자 교육이 되어야 할 것과 전 교과가 협력하여야 함을 주장하였다. 특히 국어과는 지도자의 언어 능력 계발을 위해 기여해야 한다고 보았다. 이제 구체적으로 국어과가 기여하고 체계적으로 기획하여야 할 지도자 교육이 무엇인지를 살펴보도록 한다. 우리는 국어과가 기여할 지도자 교육의 내용은 크게 두 가지라고 본다. 하나는 지도자의 언어 능력 계발이고 다른 하나는

 리더와 말 말 말

전통적 지도자라 할 수 있는 인물들, 즉 학습자에게 지도자 모형을 제공하는 위인 교육이라고 본다.

6.1 언어 능력 계발 교육

지도자는 언어 능력에서 그 성패가 좌우되므로 언어 능력에서 탁월하여야 한다. 우리는 이미 전술한 지도력의 요소를 소개하면서 지도자의 언어적 요소를 추출한 바 있는데 간결하게 통합하여 재정리하면 다음과 같은 것을 들 수 있다. 우리는 이들을 지도자가 갖추어야 할 주요한 언어 능력이라고 본다.

(1) 경청, (2) 설득과 논증 능력, (3) 사물에 대한 언어 개념화 능력, (4) 자기표현 능력, (5) 토의 토론 및 사회 협상 능력, (6) 표준어 능력, (7) 유머 감각, (8) 정직한 언어 등

(1) 경청

개인 간 대화에서도 상대를 이해하고 설득하는 대화의 기술은 상대의 말을 먼저 잘 듣는 것이라고 한다. 이러한 경청이야말로 끊임없이 발전시켜야 할 의사소통의 기술이다. 하물며 공동체 내부에서 지도자는 말을 많이 하기보다 많이 듣는 경청의 자세를 중요한 덕목으로 갖추어야 한다. 구성원의 의견과 고통을 듣고 이해할 수 있어야 하기 때문이다.

'廳'(청)이란 한자도 귀[耳]를 왕[王]처럼 여기고 일심(一心)으로 들으라는 뜻의 파자 풀이를 보여 준다. 논어에는 "五十而知天命 六十而耳順 七十而從心所欲 不踰矩"라 하여 '耳順'의 경지를 말하는데 이는 경청의 철학을 가리킨다고 할 수 있다. 우리나라는 물론 동서고금의 역사는 많은 지도자들이 참모나 민심의 여론을 듣지 않다가 패망하였음을 기록하고 있다. 이는 경청의 내용이 무엇인가에 따라 지도자와 지배자가 구별됨을 뜻한다.

지배자들은 아첨하는 무리들의 말은 너무나 잘 경청하고 쓴 소리에는 귀를 닫는 경우가 많으므로 지도자 교육에서의 경청이란 비판을 경청하라는 뜻으로 볼 수 있다. 그런 점에서 국어과에서는 경청의 원리를 반영하는 교육과정을 설계하여야 한다. 구체적 현실 생활의 사례로는 주의 깊게 듣는 태도의 원리와 방법을 제시하고, 역사적 사례로는 충신의 직언을 경청하지 않고 간신의 아첨과 모함을 듣다가 몰락한 지도자들을 사례 연구할 수 있고 '사간원'(司諫院)과 같은 경청을 위한 역사적 제도 등에 대해서 다룰 수 있어야 한다. 그러나 현재 교육과정에서는 '경청'이란 용어나 개념을 도입하지 않고 있고, 다음 항목 정도를 경청과 관련지을 수 있다.[10]

(1학년 듣기) (1) 【심화】 주의를 기울여 들었던 경험을 이야기하여 보고, 듣기의 필요성에 대하여 이야기한다.

(3학년 듣기) (5) 주의를 집중해서 듣는 태도를 지닌다.

(5학년 듣기) (5) 끝까지 듣는 태도를 지닌다.

【기본】 상대가 말하는 내용에 동의하지 않거나 내용에 흥미가 없어도 끝까지 듣는다.

반박하기에 앞서 상대의 의견을 이해하려고 노력한다.

【심화】 상대의 말을 끝까지 듣는 태도의 중요성을 토론한다.

(8학년 듣기) (5) 상대의 비판을 이해하려는 태도를 지닌다.

(9학년 듣기) (4) 말하는 이에 적절히 반응하면서 듣는 태도를 지닌다.

〔고교 선택 〈화법〉 과목〕

㋐ 내용을 예측하며 듣기, 요약하며 듣기, 상대의 처지에서 듣기, 내용의 신뢰성, 타당성, 객관성, 공정성, 적절성, 효율성 등을 따져 보며 듣기 등을 한다.

㋨ 상대의 말을 적극적으로 들어 준다.

이상에서 어느 정도 경청에 관한 것을 찾을 수 있으나 대체로 '주의를 기울여……, 주의를 집중하여……, 끝까지 듣는……' 정도의 표현으로 경

 리더와 말 말 말

10) 경청에 관한 국어교육 현장 관련 논의는 임칠성 외(2002) 참고. 최근에는 박노환(2002), 윤치영(2005)처럼 경청에 관한 경영 분야의 책도 많이 나오고 있다.

청의 태도를 요구할 뿐, 이들은 음성적 차원의 경청이라는 좁은 의미만을 보여 주고 있다. 따라서 현대에 듣기의 방법으로 많이 권장되는 반영적 경청(reflective listening)이나 치유 상담으로서의 경청의 방법들을 활용하는 실제적 훈련이 이루어지고 있지 못하므로,[11] 경청을 단순히 일상 대화 수준의 경청을 넘어 조직 내부에서 지도자와 구성원 사이에 제도적으로 확립하는 방안 등 거시적으로 경청의 개념을 도입, 강화할 필요가 있다.

경청 기술과 관련하여 말하는 사람이 잘 활용하는 기법은 적절한 '질문'이다. 궁금한 것을 묻고 재확인하는 과정도 경청 과정에서 필요한 일이다. 이러한 질문 기술은 오늘날 '질문 리더십'이라 하여 지도자에게도 중요한 기술로 지적되고 있다(최요한 역, 2006). 지도자는 구성원에게 항상 질문을 던지는 기술이 필요하다는 것으로 이 부분은 교사 학생들 간에 질문-응답의 활발한 상호작용이 없는 우리나라의 교실을 생각할 때 학습의 기본 방법이기도 하지만 지도자들이 갖추어야 할 중요한 기술이란 점에서 화법 교육에서 어려서부터 교육과정에서 비중 있게 다루어 체득시키는 노력이 요구된다.

(2) 설득과 논증 능력

지도자 교육에서 설득은 대부분 강조하는 요소이다. 지도자가 목표를 설정한 후 성취하려면 구성원을 설득하고 동기 유발을 하여 나아가야 하므로 설득은 매우 중요하다. 현재 교육과정에서는 말하기의 실제에서 '정보를 전달하는 말하기, 설득하는 말하기, 정서를 표현하는 말하기, 친교의 말하기'와 같은 '내용' 중심의 네 가지 방식을 중심으로 설정하고 있고, 듣기·읽기·쓰기 영역의 실제에서도 '정보, 설득, 정서, 친교'를 네 가지 틀로 설정하고 있다.[12] 그런데 막상 학년별 교수요목에 들어가면 '설득'을

---

11) 6차 교육과정의 중 1-2 교과서에는 듣기 관련 학습으로 '주의 집중하며 듣기, 상대를 인정하며 듣기, 내용 판단하며 듣기'라는 것을 편성하였는데 상대를 인정하며 듣기 같은 것은 경청에서 상당히 중요한 개념을 제시하여 바람직한 모습을 보여 준다.

다루는 것은 다음 5, 6학년 말하기와 쓰기에만 보여 초등학교에서만 다루고 있고, 중고교 7~10학년에는 말하기, 듣기, 읽기, 쓰기 영역의 교수요목 어디에도 '설득'이란 용어는 물론 '설득' 자체를 다루고 있지 않아 화법 교육과정의 치명적 오류를 보여 주므로 '설득'의 중요성을 간과하고 있다.

> (5학년 말하기) (2) 【기본】 조사나 관찰을 통하여 상대를 설득하는 데 필요한 내용을 선정해 말한다.
> (6학년 말하기) (2) 【기본】 면담을 통하여 상대를 설득하는 데 필요한 내용을 선정해 말한다.
> (3) 타당하고 설득력 있는 근거를 제시하며 의견을 제시한다.
> 【기본】 설득력 있는 근거의 요건을 알고, 이를 바탕으로 자기의 의견을 제시한다.
> 【심화】 토론에서 설득력 있는 근거를 제시하며 상대방의 주장을 반박한다.
> (6학년 쓰기) (3) 【심화】 타당하고 설득력 있는 근거를 제시하며 주어진 글의 주장을 반박하는 글을 쓴다.

더욱이 고교 선택 과목의 경우 '독서, 작문' 교과에서도 설득하는 글 읽기와 쓰기를 다루고 있는데 '화법' 교과에서는 전혀 다루고 있지 않아 화

---

12) 우리의 교육과정에서 '내용' 유형에 따라 말하기, 듣기, 읽기, 쓰기의 실제를 이러한 '정보, 설득, 정서, 친교'의 네 가지 틀로 제시하기 시작한 것은 5차 교육과정부터이다. 5차 교육과정에서는 '말하기의 실제'를 다음과 같이 분류하고 있다.
   1) 정보 전달을 위한 말하기
   2) 설득을 위한 말하기
   3) 친교 및 정서 표현을 위한 말하기
   4) 일상적인 말하기의 태도 및 습관
이 분류는 '듣기, 읽기, 쓰기의 실제'에서도 같은 방식을 보인다. 이것만으로도 우리의 교육과정에서 '설득'의 문제를 다룬 것은 오래 되지 않았음을 알 수 있는데 그나마 '대화, 연설, 토의, 토론, 면담, 회의, 발표, 심포지엄' 등의 '장면' 중심 화법 교육에 치우치다 보니 아직도 설득 교육의 방법과 전략은 제대로 구현되고 있지 않은 것이다. 한국 사회의 병폐인 설득과 타협, 조정의 부족은 유교적 권위주의 탓으로 볼 것만도 아니며 교육의 부재 탓이라 하는 것이 현실적 원인이라 하겠다.

 리더와 말 말 말

법 교육은 설득 교육을 포기하고 있다고 해도 과언이 아니다. 고교 '화법' 과목의 경우 '화법의 실제'에서 다루는 것은 (1) 대화, (2) 연설, (3) 토의, (4) 토론, (5) 면담이라는 전통적인 '장면' 중심의 편성을 하여, 독서, 작문 교과가 (1) 정보 전달을 위한 글쓰기·읽기, (2) 설득을 위한 글쓰기·읽기, (3) 정서 표현을 위한 글쓰기·읽기, (4) 친교를 위한 글쓰기·읽기, (5) 정보화 사회에서의 글쓰기와 읽기라는 '내용' 중심 편성을 한 것과 대조된다. 따라서 화법 교과는 앞으로 '대화, 연설, 토의, 토론, 면담, 발표'와 같은 화법 장면에 따른 교육 외에 '정보 전달, 설득, 정서, 친교'와 같은 화법 내용에 따른 화법 교육도 비중 있게 병행하여 다루어야 할 것이다.

그동안 화법 교육의 부실은 화법 교과 자체에 대한 대학입시 평가 과목 상의 홀대도 문제이거니와 그 내용에서도 대화, 연설, 토론, 토의, 면담 등과 같은 장면 중심 화법에만 함몰된 채 정보 전달, 설득, 정서, 친교 화법과 같은 내용 장르 중심의 내용과 전략을 전혀 다루지 않은 데 기인하는 것으로 진단할 수 있다.

다음으로 설득 교육에서 수반해야 할 사항이 논증 능력이다. 논증은 언어적 논증, 철학적 논증, 수리적 논증, 과학적 논증 등으로 분류될 수 있으나 국어과에서는 언어적 논증을 중심으로 다루되 철학적 논증을 참고하면 될 것이다. 설득을 하려면 합리적 논리로 설득을 하여야 하므로 논증 능력은 설득의 기본 방법으로 논리적, 합리적 언어생활의 기초가 되므로 논리적 언어 능력이라고 해도 된다. 현재 우리가 논증이라 함은 학문적으로는 논리학, 화용론의 여러 개념인 전제, 함의, 추론, 논법(귀납, 연역법, 삼단논법)과 같은 개념을 훈련할 수 있도록 도입하는 일이 될 것이다.

그런데 국어과 교육에서는 7차 교육과정의 경우 '논증'이란 개념을 공통교육과정에서 다루고 있지 않으며 선택과목에서도 작문 교육과정에서만 집필의 양식 차원으로 다루고 있을 뿐 화법 교육과정에서는 전혀 다루고 있지 않다. 과거의 1~6차 교육과정에서도 초중고교 국어과 필수 교육과정에서도 다룬 바 없고 선택과목에서는 역시 1981년에 고시된 4차 교육과정

선택과목인 국어 Ⅱ의 '작문', 92년에 고시된 6차 교육과정의 선택과목인 '독서', '작문' 교과에서나 다음과 같이 나올 뿐이다.

4차 교육과정 : 국어 Ⅱ의 '작문'
자) 산문의 진술 방식에는 설명, 논증, 묘사, 서사 등이 있음을 알고, 이에 따라 한 개의 문단이나 한 편의 글을 짓는다.
6차 교육과정 : 선택 '독서'
(나) 설득하는 글 읽기
① 설득을 위한 글을 읽고, 글의 내용 및 특성을 파악한다.
② 논증을 위한 글을 읽고, 글의 내용 및 특성을 파악한다.

6차 교육과정 : 선택 '작문'
(다) 논증 및 설득을 위한 글쓰기
① 설득을 위주로 하는 다양한 형식의 글을 쓴다.
② 논증을 위주로 하는 다양한 형식의 글을 쓴다.

따라서 그동안 국어교육과정에서는 고교 선택 과정에서나 제한적으로 도입하고 논증의 문제를 초등학교, 중학교 같은 저학년에서는 어렵게만 보고 도입하지 않았다. 아마도 논증은 수학적 개념으로 인식하는 경향이 더 강한 때문이 아닌가 한다. 이처럼 언어적 논증 교육이 결여된 결과 국민의 국어생활이 감정적, 감성적, 때로는 선동적으로 잘 흐르고, 비논리적, 비합리적 담론이 많은 이면에는 국어교육의 방관이 있었다고 하겠다. 물론 그동안 우리의 교육과정에는 '논증'을 명시한 교육은 전무하다시피 하였지만 '논리적 언어생활'을 언급한 것은 초등학교 과정부터 일부에서 있어 왔다.

1차, 초등, 5학년 읽기 : 7. 과학적인 문장의 논리성(論理性)에 대한 관심을 갖게 한다.
3차, 초등, 5학년 말하기 : (가) 말하기의 기능을 더욱 충실히 하여 상대방이나 상황에 알맞게 말할 수 있게 하고, 또 말하기 모임에 참가하여 논리에 맞게 말할 수 있게 한다.

4차, 초등, 국어과 교과 목표 : 1) 말과 글을 통하여 생각과 느낌을 바르게 표현하고 이해하며, 논리적인 사고력을 기르게 한다.

2차, 중학, 3학년 말하기 : 3. 논리적인 이야기의 내용을 전개시킬 줄 알도록 한다.

3차, 중학, 1학년 말하기 : ⑮ 논리에 맞게 말하기

4차, 중학, 3학년 듣기 : (2) 말하는 이의 논리가 바른지 판단하며 듣는다.

1차, 고교, 단원 예시 : 2. 언어와 논리(論理)

3차, 고교, 국어과 목표 : 나. 국어로 표현된 논리와 정서 등을 깊이 이해하게 하여, 사고력, 판단력 및 창의력을 기르고 풍부한 정서와 아름다운 꿈을 가지게 한다.

4차, 고교, 말하기 : 나) 상황에 따라 논리가 분명하게 말하거나 정감 있게 말한다.

6차, 고교, 듣기 : (10) 내용 조직의 논리성, 표현의 정확성 및 적절성 등을 고려하며 듣고, 이야기의 전달 효과를 평가한다.

6차, 고교, 선택 문법 : ④ 논리적이며 응집성이 있는 담화를 생성한다.

대체로 이상에서 말하는 논리는 인과적 구성이나 연대기적 시간 구성에 따른 문장 조직의 논리에 중심이 놓인 것이 대부분이고, 화법에 나타나는 언어 논리 가령, 언어 병리, 비논리의 문제라든가, 가정과 증명과 같은 추론적 논증에는 미치지 못하였고, 이러한 언어 논리 문제가 국어교육의 연구로 깊이 있게 천착된 연구도 찾아보기 어렵다.

4차 통일 문법 교육과정에서는 선택 교과인 '문법'과에 언어 논리와 가까운 내용인 '문장의 의미'를 다루는 방안이 논의되었으나 너무 어려울 수 있다는 우려 때문에 문법에서도 제대로 도입되지 못하였다. 따라서 현재까지도 문법 교육에서 의미가 어휘 의미에 국한되고 문장 의미를 제대로 도입하고 있지 못함은 재고를 요한다. 국어 의미 영역에 전제, 함의, 추론,

논법 등의 내용이 어렵다고만 느껴 거부할 것이 아니라 언어생활의 논리, 가령 억지 논리에 속하는 사실의 과장과 축소, 논리의 비약과 모순 등의 언어 현상을 제시하고 개선하려는 노력을 초등학교 과정부터 일찍이 제시하여야 할 것이다.

언어와 논리의 관계가 본격적으로 관심을 끌기 시작한 것은 1993년도 대입수능부터 비판적 사고력 중심의 출제가 '언어' 영역에 나타나고 철학·논리학 전공 교수가 출제에 참여하면서부터라 할 수 있다. 그 후 철학이나 논리학 전공자들이 공교육이나 사교육의 입시 논술에 크게 참여하게 되었고 현재까지 논리 논술 관련 수험서들이 수험 시장을 형성하고 있다.

따라서 앞으로 우리는 국어교육 공통교육과정은 물론 선택과목에서도 독서, 화법, 작문 영역에서 설득 및 논증적 글 읽기, 설득 및 논증적 말하기와 듣기, 설득 및 논증적 글쓰기에 대한 교육을 강화해야 할 것이다.[13)]

(3) 개념화 능력

이것은 사물의 개념을 정확하고 간결하게 표현할 수 있는 능력을 말한다. 따라서 누구나 평소에 사물에 대한 정의를 정확히 내릴 수 있어야 하며 사물에 대한 설명이나 묘사가 간명하여야 한다. 하물며 지도자는 사태를 정확히 판단할 수 있는 촌철살인(寸鐵殺人)의 능력을 갖추어야 하고 때로는 정확한 표현으로 임기응변(臨機應變)에도 강해야 한다.

지도자는 조직이 나아가야 할 이상과 목표를 간결하고 감동적인 표현으로 압축하여 설정할 수 있어야 하며 반복적으로 고취하여야 한다. 대통령이 국가 목표를 설정하여 국민을 인도하려는 것이나 기업인이 회사의 성취 목표를 설정하는 것이나 가장이 가훈을 정하는 것이나 모두 목표 설정에서 언어를 통한 승패가 결정된다. 부정확한 말, 모호한 말, 상투적인 말

---

13) 다행히 국어교육에서 논리, 논증의 문제를 도입할 가능성을 보인 연구로 민병곤(2004), 유동엽(2004)이라든가 설득과 논증 문제를 같이 다룬 심영택(2004), 박재현(2004, 2005) 등이 나와 앞으로 구체적 교육적 적용의 가능성이 높아졌다.

을 하여 조직 구성원이 아무 감동을 느끼지 못하는 것은 바람직하지 못하다. 따라서 지도자는 정확한 언어 표현 능력을 갖추어야 한다. 이러한 개념화 능력을 위한 훈련은 국어과 교육과정들에서 특히 화법 교육과정에서조차 명료하게 제시되고 있지 못하다. 다음은 이에 대한 것들로 볼 수 있는 과거 1차 교육과정 이래의 사례들이다.

2차, 초등, 5학년 쓰기 : 10.어휘를 알맞게 골라 효과 있는 글을 쓰는 데 힘쓰도록 한다.
3차, 초등, 2학년 쓰기 : ⑤ 쓰기에 필요한 어휘를 늘리기
3차, 초등, 말하기 : ⑬ 상대나 상황에 알맞은 어휘 사용에 유의하여 말하기

1차, 중학, 1학년 말하기 : ⑤ 배워 안 말을 씀으로써 한층 더 어휘를 풍부하게 한다.
2차, 중학, 2학년 말하기 : 10. 일상 품위 있는 말을 골라 쓰며 어휘를 풍부히 하기에 힘쓰도록 한다.
3차, 중학, 1학년 말하기 : ⑪ 어휘를 늘리고 알맞게 활용하기

1차, 고교, 국어의 목적 : 3. 언어에 대한 개념을 명확히 하여 매일 매일의 생활에 당면하는 여러 가지 문제를 효과적으로 성의껏 해결할 수 있도록 한다.
6차, 고교, 읽기 : (5) 단어의 다양한 의미와 단어들 사이의 의미 관계를 알고, 여러 가지 방법으로 어휘력을 확장한다.
7차, 고교, 선택 작문 : 작문 내용 표현
① 표현하고자 하는 내용에 적합한 어휘를 선택한다.

그러나 대체로 어휘의 확장, 어휘 사용의 적합성을 거론하는 정도이며 개념화 능력이라는 심화된 차원으로 제시되지는 않았다. 앞으로 이러한 어휘 사용의 개념화 능력을 향상시키기 위해서는 다음의 노력이 요구된다.

첫째, 정확한 어휘 사용을 통한 어휘력 훈련이 요구된다. 이를 위해서는 어휘력을 늘려야 하는데 평소의 체계적 독서 훈련이 장기적으로 꾸준히 뒷받침되어야 할 것이다.

둘째, 국어사전을 통하여 평소 정확한 어휘 이해를 할 수 있도록 하여
야 한다. 이를 위해 국어사전을 활용할 수 있는 학습이 제공되어야 하며
유의어 사전 등을 이용하여 동일한 표현을 다양한 유의어로 변화를 주는
어휘 체험을 할 수 있어야 한다.

셋째, 동의어, 반의어, 다의어 등의 어휘 관계를 통한 어휘 학습을 함으
로써 어휘의 다양한 세계를 이해하고 실천할 수 있는 능력을 길러야 한다.

넷째, 한글 전용 교육으로 한자어 능력이 현저히 저하된 최근 학생들의
학력을 고려할 때 압축적 조어력에 의한 개념화 능력이 높은 한자어 교육
도 강화하여야 한다.

다섯째, 수사법 교육을 강화할 필요가 있다. 다양한 비유법, 강조법, 변
화법과 같은 수사법 학습은 이미 국어과 특히 작문 교과에서는 다루고 있
으나 화법 영역에서는 이를 충분히 수용하고 있지 못하다. 전통적 수사학,
문체론 교육이 퇴조하여 직유법, 은유법과 같은 초보적 수사법 이해 수준
에 머물고 있으므로 문체 교육, 수사법 훈련을 강화하여 다양한 창안
(invention) 교육을 제공하여야 한다.

(4) 자기표현 능력

자기표현 능력은 정확한 언어로 자기 의견이나 감정을 솔직하게 표현하
며, 감정을 절제하여 표현하고, 상대를 배려하면서 표현할 수 있는 능력이
다. 그러나 그동안 국어과에서는 어떤 이념이나 주제에 대하여 자기주장이
나 의견을 표현하는 논설문 차원의 표현 교육에만 치우치고 화법 차원의
개성 표현을 유도하는 표현 교육은 소홀하였다. 이러한 자기표현은 감성적
자기표현과 이성적 자기표현으로 나누어 볼 수 있다.

우선 감성적 자기표현 능력은 대체로 정서적 말하기, 읽기, 쓰기를 통하
여 강화할 수 있는 것으로 정서적 표현 교육은 문학교육과 같은 감성적
표현 교육과도 통한다. 그러므로 자기표현 능력을 강화하기 위해서는 평소
문학을 사랑하고 문학적 감수성을 풍부히 계발하여 문학적 표현을 구사할

수 있어야 한다. 이를 위한 구체적 훈련은 문학적 글쓰기나 연극 활동과 같은 것이다. 문학적 글쓰기에서는 자신이 창조하지 못하더라도 유명한 고전 시구나 고전 구절을 자유자재로 인용하는 것도 한 방법이다.14) 또한 연극 활동의 체험을 통해 다양한 인물 역을 수행해 보는 체험은 자기표현에 서툰 내성적 학생들을 적극적, 외향적 성격으로 변화하는 데 유용한 방법이다. 한편, 인터넷 세대들의 자기 표현력은 매우 개방적이라 자기표현이 과도한 점도 있으므로 자기표현의 조절과 절제도 요구된다.

이성적 자기표현 능력은 다양한 과목의 학습 활동 속에서 '시연'(示演, presentation)을 통해 발표력을 강화하는 교육에서 강화할 수 있다. '시연'의 개념과 이론적 방법을 교육과정에 도입하고 앞으로 교과서 개발 시에도 독립적으로 설정하여야 한다. 국어과의 관점에서는 '시연'의 '발표 전 준비, 발표 진행, 발표 후 반성'의 3단계를 설정하고 특히 발표 언어의 속도,

---

14) 최근 중국 지도자들이 연설과 인터뷰에서 중국 고전을 인용한 것이 언론에 회자된 적이 있다. 2006년 4월 14일 미국을 방문한 후진타오(胡錦都) 주석과 9월 5일 유럽을 방문한 원자바오(溫家寶) 총리의 예이다. 후진타오는 예일대학 연설에선 중국이 이상적으로 생각하는 국제질서에 대해 "강자가 약자를 못살게 굴지 않고(强不執弱) 부자가 가난한 사람을 모욕하지 않는다(富不侮貧)"는 옛 묵자(墨子)의 말을 빌려 이야기했다. 시애틀 방문에선 이백(李白)의 시 '행로난(行路難)'을 인용해 "바람을 타고 물결을 깨뜨리는 때가 오리니(長風破浪會有時) 높은 돛 바로 달고 창해를 건너리라(直掛雲帆濟滄海)"고 중국의 포부를 넌지시 비친 것이다(노무현과 후진타오, 조선일보, 강천석 칼럼, 2006.8.4).
원자바오(溫家寶) 총리는 지난 9월 5일 유럽 순방 인터뷰에서 '잠들기 전 무슨 책 읽기를 좋아하고, 어떤 문제로 종종 잠 못 이루는가'라는 질문을 받자, 대답 대신 옛 한시를 읊었다고 한다. 먼저 초나라의 충신 굴원(屈原)의 '이소(離騷)'의 한 구절이 "긴 한숨 쉬며 남몰래 우는 건, 고생하는 민생이 애처로워(長太息以掩涕兮 哀嘆百姓生活的艱難)"를 시작으로 "관저에 누워 대나무 소리를 듣자니, 백성들이 아파하는 소리 같네(衙齋臥聽簫簫竹 疑是民間疾苦聲)"[청나라 화가 겸 시인 정판교(鄭板橋)의 글], "깊이 생각하면 할수록 놀라움과 견고함을 주는 것이 두 가지 있으니, 하나는 내 위에서 항상 반짝이는 별과 하늘이며, 다른 하나는 내 마음 속의 도덕률이다"[칸트의 '실천이성비판' 구절], "왜 내가 항상 눈물을 머금고 있느냐면, 이 땅에 대한 사랑이 너무도 깊기 때문이다"[중국 현대 시인 아이칭(艾青)의 '나는 이 땅을 사랑해'의 구절] 등 6편의 명구를 읊어 국가와 인민 걱정으로 잠 못 이룬다는 말을 전하여 언론과 중국민을 감동시켰다고 한다.(원자바오 漢詩에 유럽이 감동, 조선일보 2006.9.8일자)

표현 어휘, 핵심 내용, 발표 내용의 중요도에 따른 시간 안배와 조직 구성, 전달 효과 문제를 다루는 교육이 되어야 한다. 아울러 시연 활동을 통해 다양한 사람들의 자기표현 방법을 관찰, 비평하고 장단점을 분별하여 자기 표현 능력을 발전시킬 수 있다.[15]

(5) 토의, 토론 및 사회, 협상 능력

토의, 토론, 사회(司會)에 관한 교육과정상의 설정이나 교과서 개발은 다음 1차 고교 교육과정의 예처럼 초기 교육과정 이래 지속적으로 설정 유지되어 왔다. 그만큼 민주사회를 위한 화법 교육에서 중요하기 때문이다.

1차 고교 교육과정, 말하기 : ⑤ 토의(討議), 토론(討論)〔이하 원문 외래어 표기는 그대로임〕

ㄱ. 민주주의 사회에서는 보다 더 나은 결론을 얻기 위하여 여러 사람이 의논을 하는 경우가 많다. 그러한 모임에 나가면, 먼저 그 장소의 분위기를 짐작하고, 이야기의 내용이 무엇인가를 잘 안 후에, 자기의 의견을 솔직하게 이야기하여야 한다. 그리하여 회의에 참석한 사람으로서의 책임을 다하는 한편, 사회자(司會者)가 되었을 때, 사회자로서의 책임을 다 하려면 어떻게 하여야 할 것인가에 대한 연구를 하다.

ㄴ. 토의의 형식으로는 꾸룹 디스컷숀(Group discussion), 디베이트(Debate), 패널 디스컷숀(Panel discussion), 심포쥼(Symposium) 등이 있다. 어느 것이나 그 목적은 진리를 탐구 하는데 있는 것이므로, 건설적인 의견을 서로 존중하여 시간을 낭비하는 일이 없도록 하여야 할 것이다.

ㄷ. 토의는 다른 교과의 학습에서도 많이 행하여지는 것이므로 그 기초적인 기술과 태도에 대한 훈련을 국어과에서 철저히 하여야 할 것이다.

위와 같은 상세한 내용은 그 후 교육과정에서 그대로 답습되어 왔으나 피상적 교과 지식만 제시된 채 훈련이 없어 유명무실한 교육의 대표적인

---

15) 조재윤(2004)에서도 프레젠테이션 교육의 문제점과 개선 방향을 제시한 바 있다.

사례가 토의, 토론 교육이다. 우리는 의회정치의 역사도 짧아 토의, 토론, 사회, 협상 능력에서 미숙하며 아직도 우리 사회의 파행 국회, 노사 분규, 폭력 데모의 현실은 우리가 갈등 조정과 협상 능력에 매우 후진적 수준임을 보여 주고 있다. 사회는 각종 토의, 토론, 회의, 협상을 할 일이 폭주하는데 국민공통 교육과정의 말하기, 듣기 교육은 이를 대응하지 못하고, 선택 과목의 화법 교과는 최저 선택과목으로 고전하고 있다.

이러한 토의, 토론 교육도 현행 7차 교육과정에서는 다음과 같이 6학년에서야 비로소 설정되어 있다. 그러나 민주적 의사 수렴 결정과정인 토의, 토론, 사회, 협상은 저학년부터 어려서 분산 제시하여 체득시켜야 한다. 중등 단계에서는 8학년에 토의 문화를 다루고 있는데 실제적 훈련을 심화시키면서 토의 문화를 다루어 청소년기에 어려서부터 민주사회의 기본 규칙을 체득시켜야 할 것이다.16)

7차, 초등, 6년 말하기 :
(6) 여러 가지 말하기 규칙을 지키며 말하는 태도를 지닌다.
【기본】 회의, 토의, 토론이 원만히 진행되도록 그 상황에서 규정된 말하기
　　　　규칙을 지킨다. 진행자가 되어 회의나 토의, 토론을 원만히 진행한
　　　　다.

7차, 중학, 8학년 말하기 : (5) 말하는 이의 의견을 존중하면서 말하려는 태도를 지닌다.
【기본】 말하는 이의 의견을 존중하면서 토의나 토론이 원만히 진행되도록
　　　　기여한다.
【심화】 말하는 이의 의견을 존중하지 않아서 토의나 토론이 파행적으로 진
　　　　행된 예를 찾아보고, 그 문제점과 폐해를 말한다.

특히 지도자는 갈등 당사자들의 의견을 수렴하고 협상, 조정하는 사회

---

16) 이주행(2004)은 토론 교육의 내용과 방법을 새롭게 다루고 있다.

자 역할이 중요하다. 그런데 교육과정에서 토의, 토론은 설정하고 있으나 '사회' 기능, '사회자' 역할에 대해서는 7차 공통 교육과정에 전혀 나오지 않고, 선택과목인 '화법'에 사회자에 대해 언급하는 수준이라 우리 교육과정이 '사회'의 중요성을 간과하고 있다. 동시에 현대 사회에서 중시되는 '협상'의 개념을 초등 고학년이나 중학 단계에서 도입하고, 갈등 조정, 협의, 협상 요령을 구체적으로 교육하는 방안도 도입해야 한다.

(6) 표준어 능력

어느 부문의 지도자들에게서든 표준어 구사 능력은 공동체 구성원들을 향한 의사소통의 기본 예의이다. 지도자의 발음이 구성원들에게 알아듣기 불편하거나 거부감을 주면 바람직하지 못하다. 우리나라도 지역 갈등이 적지 않은 만큼 표준어 교육은 필요하다. 국제화 사회에서 이중언어 능력이 갈수록 중요하여 조기 외국어교육을 부과하는 추세이거니와 하물며 동일 언어 내부의 방언차는 심각한 것이 아니므로 국가 공통어에 대해서 표준어와 방언을 이중 언어처럼 구사할 수 있도록 함은 바람직한 태도이다. 특히 앞으로 남북 분단의 후유증으로 인한 언어 이질화 극복을 위해서는 한 세대를 두고 강력한 표준어 정책을 준비할 것을 요구하고 있다. 따라서 정부의 의지, 가정의 부모와 학교의 교사들의 동기 부여와 학생 본인의 노력으로 조금만 노력하면 표준어 수준에 도달하게 지도할 수 있다. 우리의 표준어 교육도 다음과 같이 1차 교육과정부터 강조되어 왔고 현 교육과정에서도 으레 다루고 있는 요소이다. 그러나 교육 현장에서 표준어 교육의 훈련과 성과가 있었다는 증거는 없다.

> 1차, 초등, 국어과 목표 : (전략)…… 특히 국어과는 국가의 요청에 따라 문맹을 없애고. 표준어를 확립시켜 이를 보급하는 데 의의가 있다. 우리 나라는 아직 음성 표준어. 표기법, 문법 등 각 분야에 과학적인 표준이 확립되지 못하였으나. 방언이나 어법에 극단적인 대립이 없는 단일 어족으로서 문자 조직이

간단한 산 글을 가지고 있는 만큼, 이 국민학교 시대에 적어도 언어생활의 기반(基盤)을 닦고 표기법 통일과 어법에 대한 초보적인 지식은 갖게 하여야 한다. 이것이 곧 국어 순화 향상의 큰 터전이 될 것이다(이하 생략).

7차, 초등, 5학년 말하기 : (5) 공식적인 말하기 상황에서 표준어를 사용하여 말한다.

【기본】 표준어와 방언의 가치를 알아보고, 공식적인 말하기 상황에서 표준어로 말한다.

【심화】 우리 지역의 방언을 조사하고, 그에 대항하는 표준어를 찾는다.

현행 7차 교육과정은 5학년부터 표준어 교육을 설정하고 있으나 표준어 교육의 동기 부여가 없고 구체적 표준어 교육의 교육 철학과 실천 방안이 없어 유명무실한 상태이다. 그리고 표준어 교육은 어릴수록 좋으므로 5학년보다 더 일찍 1학년부터 실질적 표준어 교육의 실천이 이루어져야 한다. 표준어 교육을 바르게 실천하려면 표준어 교육의 국민 공감대가 있어야 하고 국어 교사들의 자각이 있어야 한다. 그러나 국립국어연구원(1997, 2001)의 표준어 실태조사에서 전국 교사들의 표준어 인식 상태가 거의 전무한 상태로 드러났듯이 교사의 자각이 없으니 표준어 교육이 이루어지지 않고 있다.[17] 학습자가 방언만을 성장시까지 그대로 쓰도록 부모, 교사 모두 방치하고 본인도 표준어 구사의 동기가 없으면 그가 장차 굳어진 방언으로 직업을 얻는 일이나 조직의 지도자로 성장하는 데 불이익을 받을 수 있다는 점에서 표준어 구사는 개인의 장래와 권익에 관련되는 문제이다.[18]

(7) 유머 감각

지도자의 언어 감각은 유머가 있어야 한다. 굳어진 분위기를 밝게 반전시키고 낙심한 조직을 격려하여 낙관적으로 선도할 수 있어야 한다. 모욕

---

17) 우리는 표준어 교육이 필요한 이유로 ① 소통의 효율성, ② 고부가 가치성(경제가치가 큰 표준어가 경제가치도 큼), ③ 국민 통합성, ④ 권익 보호성(지역 출신자에 대한 불이익을 예방)을 든 바 있다(졸고 2004).
18) 표준어 문제는 박갑수(2004), 졸고(2004) 참고. 발음 교육은 김평원(2004) 참고.

과 조롱에도 마주 분노하지 않고 여유로 응대하고 사랑의 언어로 제압할 수 있는 지도자는 어느 시대나 존경받게 된다. 지도자는 과거 권위주의 시대의 지도력과 달리 탈권위주의 시대의 지도력을 갖추기 위해 더욱 유머 능력을 갖추어야 한다.

우리의 교육과정에서는 '유머'라는 단어는 1~7차 교육과정 중에서 7차 교육과정의 초등 1학년 과정에 단 1회 나온다. 이는 '유머'가 국어과의 교육 요소로는 매우 낯선 요소라는 뜻이다.

7차, 초등, 1학년 듣기 : (4) 즐겨 듣는 습관을 지닌다.
【기본】 말놀이, 유머, 수수께끼 등을 즐겨 듣는다.

그런데 7차 교육과정의 '유머'를 초등 1학년이 어느 정도 이해할 것이며 1학년생에게 요구한 유머가 과연 무엇일지 의문이다. 유머야말로 오히려 긴장과 갈등이 많은 성인들의 언어생활에서 소용되는 것이다. 비교적 대인관계에서 큰 갈등이 적은 청소년, 그것도 초등 1학년에게 유머를 언급한 것은 부적절하게 보인다. '유머'와 유사한 '해학'은 다음 1, 2, 4차 교육과정에서 단 3회 등장하며 '해학'은 주로 고전문학 관련 사항으로 등장한다. 1990년대 이후에 유머나 해학은 우리 국어교육에서 거의 방기되어 있고 현행 교육과정에서 '해학'은 용어조차 나오지 않는다.

1차·2차, 고교, 읽기 : ㄷ. 고전을 내용적(內容的)으로 검토하여, 사상(思想), 정취(情趣), 신앙(信仰), 기지(機智), 해학(諧謔) 등에 대하여 연구한다.
4차, 중학, 2학년 문학 : (5) 희곡에서 해학적 분위기와 행복한 결말을 즐긴다.

따라서 우리는 유머나 해학도 국어교육에서 가치 있는 언어생활의 요소임을 인식하고 특히 '해학'을 고전문학의 특징으로만 가두어 두지 말고 현대 언어생활에서 지도자가 갖추어야 할 중요한 능력으로 재생시킬 수 있도록 교육과정에 적절히 배치하여야 한다.

(8) 정직한 언어[19)

　정직한 말을 기초로 신용 사회가 형성되듯 지도자의 정직한 언행도 신뢰의 기본이다. 정직한 언어의 문제는 국어과나 도덕과 중 어디에서 다루어야 할지 다소 모호하지만 두 교과에서 모두 다루어 공통으로 강조하면 될 것이다. 그동안 1~7차 국어과 교육과정에서는 '참말―거짓말'의 문제가 7차 고교 선택 '화법' 과목에서 단 1회 나온다.

　　7차, 고교, 선택과목 '화법' : ㉣ 참말과 거짓말, 할 말과 못할 말을 구별하여 말한다.

　이처럼 공통 교육과정에서는 전혀 말의 정직성 문제를 다루지 않음은 국어교육을 지나치게 가치중립적 기능적 도구 교과로 판단한 탈가치적 국어 교과관에 기인한 때문으로 보인다. 그 결과 화법교육을 한다면서 중요한 내용 덕목 사항인 거짓말의 위험성, 정직의 중요성, 바른 충고의 중요성을 인식하는 것과 같은 가치 관련 지식 내용에 대해서는 전혀 다루지 않아 왔다. 대체로 이런 덕목은 도덕 교과의 소관으로 생각한 결과로 보이는데 우리는 국어과도 '참말―거짓말'과 관련한 일정한 지식 내용의 제공이 필요하다고 보며 그래야 내용과 형식이 조화를 이룬 국어교육, 화법교육이 이루어진다고 본다.

　'참말―거짓말'의 문제와 비슷하게 중요한 것으로 '충고 직언'의 뜻인 '바른말'의 문제도 교육과정은 소홀하고 있다. 오히려 7차 교육과정은 '바른말'을 '문법적 바른말'로만 이해하여 다음과 같이 제시하고 있다.

　　7차, 초등, 3학년 국어지식 : ⑷ 바른말을 사용하려는 태도를 가진다.
　　【기본】 바르지 않은 말을 사용한 경험과 관련지어 바른말을 써야 하는 이유를 말한다.

---

19) 이 부분은 이미 졸고(2005)에서 탈지식적, 탈가치적 교육의 문제를 논하면서 다룬 바 있다.

【심화】주위 사람이 쓰는 바르지 않은 말을 찾아 바른말로 고친다.

그러나 국어사전은 '바른말'을 '도덕적 참말'의 뜻으로만 풀이하고 있어 대조적이다.

> 바른말 : 이치에 맞는 말. ¶바른말을 여쭙다 / 바른말을 할 용기가 없다. / 신하가 임금에게 바른말을 간했다. / 말이야, 바른말이지 누가 그런 싸구려를 좋아하겠니? 바른말 하는 사람 귀염 못 받는다 : 남의 잘못을 따지고 곧은 이야기를 하는 사람은 모두들 꺼려한다는 뜻으로, 남의 비위를 건드리는 말은 삼가라는 말.(표준국어대사전)

따라서 국어 화법교육에서도 '이치에 맞는 말하기, 충고(忠告), 직언(直言)'을 뜻하는 '도덕적 바른말'에 대한 개념, 전략 등은 전혀 다루고 있지 않아 이런 교육과정이라면 한국 학생들은 이치에 맞는 말하기, 충고와 직언하기의 요령을 배우지 않아 온 것이 된다. 실제로 우리는 충고를 하거나 듣는 데 미숙하여 충고를 둘러싼 문화적 갈등이 많다. 우리나라 정치권력의 불행인 독단, 오기의 독재정치는 간신을 가까이 하고 충신을 멀리하며 지도자가 쓴 소리를 듣지 못하고 잘못된 참모들의 장막에 둘러싸인 결과이거니와 지도자는 물론 국가적 불행을 계속 반복해 온 우리 역사를 생각할 때 정직한 언행은 물론 바른말, 쓴 소리를 용감히 하고, 잘 들어주고 그런 사람을 용납, 격려, 보호할 수 있는 의식 개혁이 필요한데 이러한 노력은 도덕과뿐만 아니라 국어과도 당연히 기여해야 할 부분이다. 더욱이 탈지식, 탈가치 교육은 화법 교과를 교언영색(巧言令色)의 기교만 가르치는 교과로 오해하게 만들 것이라 바람직한 방향이라 할 수 없다.

지금까지 우리는 국어과가 기여할 수 있는 지도자의 언어 능력 계발을 위해 강화해야 할 구체적 요소를 살펴보았다. 다음은 지도자 교육을 위해 유명한 위인들을 가르치는 것을 살펴본다.

 리더와 말 말 말

6.2 위인 교육

국어교육에서 할 수 있는 지도자 교육의 두 번째 방식은 지도자의 생애를 전기문(傳記文) 형식으로 학생들에게 제시하는 교육이다. 흔히 전기문 교육 또는 위인 교육이라 할 수 있는 것으로 아동 교육에서는 가장 전형적이고 중요한 교육이다. 우리나라에서도 학교교육에서는 국어과, 도덕과, 역사(국사 및 세계사) 과목을 중심으로 여러 인물들의 이야기가 교과서에 등장한다.

우리가 교육에서 인물을 중시함은 모든 교육이 인간 교육이므로 청소년들이 모방할 대상으로서의 인간의 제시가 중요하기 때문이다. 지도자 연구는 인물에 관한 연구이므로 역사 연구와도 통한다. 동양의 전통 역사서인 기전체(紀傳體) 사서에는 유명 인물들의 열전이 있고, 서양에서도 일찍부터 인물사 연구를 시작하여 상당한 성과를 내놓았다. 그러나 한국사에서는 인물의 생애가 간략하게 정리된 인물 사전이나 인물 연구서들이 적고 인물사 연구도 많이 부족한 형편이다.[20] 더욱이 국어과에서 전기(傳記) 교육을 어떻게 할 것인가의 연구는 매우 드물다. 따라서 우리는 지도자 교육과 전기 교육을 연계하여 생각해 볼 필요가 있다.

(1) 교과별 위인 교육의 특성

국어 교과서가 보여 주는 위인 교육은 크게 세 가지로 나뉜다. 첫째, 위인전, 실록물(다큐멘터리), 수필 형식으로 인물에 대한 전기나 그의 글의 일

---

20) 국내에서는 한국 고전 문학의 가전체 문학이나 '임경업전' 같은 영웅전의 '전'(傳) 문학 연구는 있으나 현대적 관점에서의 전기(傳記) 문학 연구서들은 찾아보기 어렵다. 그러나 일본에서는 일찍이 松本亦太郎 外(1935)의 '偉人論及人硏究'가 인종, 성별, 국가, 지능 등에 따른 위인 연구를 보여 주며, 雄山閣史學部 編(1938)의 '傳記硏究參考書'에서는 역사학 관점에서의 전기 인물 연구 방법론을 다루고 있다. 국내의 전기 문학 교육을 위한 연구도 드물어 고순(1973), 이문희(1998) 정도를 볼 수 있다.

부를 제재로 보여 주는 방식이다. 이 경우도 인물의 생애를 직접 요약하거나 생애의 일부 시기를 보여 주는 방식이 있는데 위인의 자서전에서 발췌해 오는 방식도 있고 후대 작가가 전기문을 쓴 것에서 발췌하는 방식이 있다. 또는 생애와 무관하게 위인의 글만을 소개하여 자연스레 위인의 생애와 사상을 접하게 만드는 경우도 있으며, 단순히 다른 설명이나 논설문에서 인용되는 인물이 위인에 해당할 때 그 위인에 대해 짧게나마 배우게 하는 방법도 넓게 보면 위인, 인물 교육이라 할 수 있다.

둘째, 인물 교육의 또 다른 방식은 소설, 우화 등의 문학 작품이 제공하는 가상의 인물(우화의 경우는 동식물)인 작중 인물(주인공, 보조인물, 기타 인물 등)이 사건 전개에 따라 보여 주는 성격을 통해 교훈하는 바를 들 수 있다. 우리가 수많은 작품 속의 인물을 보며 다양한 인물 유형의 전형을 찾을 수 있는 예로 '홍길동전, 흥부전, 춘향전, 심청전' 등의 고전이나 허다한 현대 문학의 작품들에서 주인공이나 보조 인물들에서 다양한 성격의 행로를 보게 되는데 이 역시 위인, 인물 교육의 사례라 하겠다.

셋째, 국어 교과서의 집필자들도 어느 정도 저명한 문인, 원로 학자, 저명인사의 글을 싣는다는 점에서 집필자들도 인물 교육의 효과를 보여 준다. 그러나 위 첫째나 둘째 유형은 큰 변동 없이 유지되어 오고 있으나 셋째의 경우는 다소 변화도 나타난다. 명문 중심의 글보다도 대중성 있는 인물을 세우고, 생활 중심의 실용문을 싣다 보니 당대의 아나운서(7차 중1 국어 : 촌스러운 아나운서, 이금희 아나운서), 기자(7차 고교 국어 상권 : 식탁에 느림의 물결, 선재희 기자), 익명의 노인(7차 고교 국어 상권, 육십에 배운 한글) 등이 실리기도 하는데 이는 저명 문인이나 원로를 내세운 과거와는 달라진 태도이다. 특히 7차 중학 '국어'와 '생활국어'에서는 원로 중심의 글을 탈피하여 다양한 문종의 현대문을 수록하였고 특히 어문교육 전공자들의 국어 기능에 대한 설명체 글들이 많아지면서 어문계 필진의 참여가 많아지고 필진 연령도 젊어졌는데 학습자에게 젊은 언어 감각으로 다가가는 노력이라는 평가도 가능하지만 교과서의 글에 대한 권위가 떨어진다는 비판을 받을 수도 있다. 특히 어문계 전공자들의 글이 많은 것은 중학 교재들에서 말하기, 듣기, 읽기, 쓰기, 문법에 대한 지식형 설명의 글이 많아진 때문으로 보이는데 이는 국어 교과서를 재미없게 만드는 한 원인으로 작용하여 앞으로 교과서 개발시 개선을 요한다. 현행 중학 '생활 국어'는 단원 제목에서도 '말하기, 듣기, 읽기, 쓰기' 관련 제목을 그대로 노출하는 경우가 많으므로, 학생들로 하여금 제목을 보고 흥미를 느끼며 학습 동기를 줄 수 있는 글감 내용 중심의 제목으로 바꾸어 국어에 대한 흥미를 높이도록 해야 할 것이다.

이상에서 살핀 대로 국어과의 위인 교육은 '위인(지도자), 작품의 작중 인물, 교재 필자'의 세 종류를 모두 다채롭게 보여 주는 장점이 있어 가장 대표적이고 종합적인 위인 교육을 한다고 볼 수 있다. 반면에 도덕 교과는 첫째의 유형과 같은 위인의 도덕적 덕목 중심의 기술을 하는 것이 특징이고 문학의 작중 인물을 보여 주는 것은 우화 차원에서나 보일 수 있을 뿐 도덕 교재의 본령은 아니며, 국어 교재처럼 교재를 집필한 기명 필자를 보여 주는 경우도 드물다.

역사과는 국어과, 도덕과와 달리 철저히 역사적 실존 인물만 등장하며 인물과 사건 중심으로 제시하는 것이 특징이다. 특히 역사과는 많은 사람을 다루다 보니 인물에 대한 깊이 있는 천착은 어렵고 국어과와 같은 문학을 통한 작중 인물 방식은 역사 소설, 역사 드라마, 역사 영화와 같은 방식이 부차적으로 참고될 뿐이나 역사 교과서의 본령은 아니다. 역사 교재는 기명 필자도 보여 주지 않아 철저히 집필 사관에 대한 익명의 보장을 받는다.

한편, 국어과의 위인 소개 방식은 도덕, 역사과와 중대하게 다른 측면을 가져야 한다. 하나는 국어교육이 언행을 다루는 교과라는 점에서 위인을 다룰 때는 언행에 관한 것을 반드시 포함하여 다루는 것이 필요하다는 점이다. 만약 이런 특성을 보여 주지 않는다면 도덕, 역사과의 위인 교육과 별 차이가 없다. 또 다른 하나는 위인을 소개하는 문체의 특징이 주는 효과를 가르쳐야 한다. 위인을 과대하게 우상화하지도 않고 지나치게 폄하하지 않으면서 솔직한 고백과 사실과 진실에 기초한 기록만을 보여 줄 수 있는 문체의 글을 보여 주어야 한다는 점에서 자서전이나 전기문을 쓰기도 어렵고 쓴 것들이라도 교육적 가치가 있는 것을 찾기가 쉽지 않거니와 이 분야 연구와 자료 발굴이 필요하다.

다음으로 국어, 도덕, 역사 교과는 제시하는 위인의 유형이 다르다. 국어과와 도덕과는 대부분 인류 역사와 한국사에 기여한 선인(善人)들을 제시하는 데 반해 역사과는 역사상의 선인과 악인을 모두 등장시켜 교훈을 얻도록 하는 장점이 있다.

이상과 같은 교과별 특성 속에서 국어과는 광복 이후 교육과정에 따라 편성한 교과서에서 숱한 실존 인물, 작중 인물, 단원 필자들을 등장시켰다. 따라서 국어과는 지도자 교육을 이미 이러한 방식으로 해 온 것이다.

(2) 광복 후 국어 교과서가 지향한 인간형

전술한 대로 국어과에는 위인, 작중 인물, 필자의 세 부류 인물이 등장한다. 광복 후 교과서들이 어떤 인물들을 등장시켰는지 살펴보는 작업은 전면적으로 검토하여야 하나 우리는 초중고교 단원에 나타나는 전기의 주인공과 인용 작품의 필자 중에 역사적 저명 인물을 위인으로 보고 정리하였다.[21] 먼저 위인들의 인명과 성격이 분명히 드러나는 고등학교 국어의 단원 목차 사례로 1차 교육과정기인 1956년에 나온 '고교 국어' 1 학년

---

21) 이 작업을 위해 1~7차 교육과정의 중고교 국정 교과서에만 나오는 제목과 필자 목록을 검토하였는데 검색 자료는 서울대 국어교육연구소의 학술진흥재단 연구 사업인 '기초 근현대 어문교육 연구'(교과서 분과) 사업의 교과서 단원 제목, 필자 색인 자료의 도움을 받았다. 이 작업을 위해 수고한 조희정, 김혜정 연구원 등의 노고에 감사하는 바이다. 1~7차 중고교 교과서와 달리 초등학교 교과서 제목과 필자에 대한 전면적 검토는 위 연구에서 빠졌는데 이는 초등 국어 교과서들은 저명 인사의 명문 문체를 그대로 실으면 학생들에게 어려워 저명인사의 글보다 교재 개발자들이 익명의 단편적 설명체로 쓴 글이 많아 중고교 국어 교재의 제목, 필자 제시의 편집 방식과 체제가 다르기 때문에 구별한 때문이다. 대신 우리는 7차 초등 1~6학년 국어 '읽기' 교과서만을 검토하여 거기에 등장하는 위인들을 수집하였다.

교재의 단원 목차를 보자.

고운 음성과 바른 말—말하기·듣기 학습의 중요성	박창해
방송 용어의 특성	이희승
메모광	이하윤
문장도	이은상
어린이 예찬	방정환
청춘 예찬	민태원
나무 국토 대자연(南無國土大自然)	이은상
예술의 성직	문일평
석굴암	현진건
혼자 앉아서	최남선
깨진 벼루의 명(銘)	최남선
이른 봄	정인보
아차산	이병기
젖	이병기
비	이병기
이 마음	이은상
단풍 한 잎	이은상
고지(高地)가 바로 저긴데	이은상
옥저(玉笛)	김상옥
십일면 관음 (十一面 觀音)	김상옥
백자부(白瓷賦)	김상옥
시조를 묻는 편지와 답장	김상옥 이병기
고전 문학(古典文學)에 대하여	조윤제
동명일기(東溟日記)	연안 김씨
토끼 화상	미상
'청구영언(靑丘永言)'에서	김천택

이 몸이 죽어 죽어 일백 번 고쳐 죽어	정몽주
이 몸이 죽어 가서 무엇이 될고 하니	성삼문
마음이 어린 후(後) l 니 하는 일이 다 어리다	서경덕
청산(靑山)은 어찌하여 만고(萬古)에 프르르며	이 황
쓴 나물 데운 물이 고기도곤 맛이 이세	정 철
들국화	정비석
낙엽을 태우면서	이효석
백설부	김진섭
겨울 밤	노천명
금잔디	김소월
오랑캐꽃	이원수
녹초(綠草) 청강상(晴江上)에 구레 벗은 말이 되어	서 익
신록 예찬	이양하
청포도	이육사
소설(小說)의 첫걸음	조연현
소설(小說)의 핀트	유진오
뽕나무와 아이들	심 훈

위 목차를 보면 필진이 대부분 문인, 어문학자들 중심으로 짜여 있고 역사적 인물도 주로 사대부 중심의 관리 겸 문인들이다. 내용 주제도 대부분 문학 작품 위주로 되어 문학적 인물들을 주로 이상적 인물로 보여 주었다. 따라서 이런 인물들의 글을 중심으로 배치함으로써 당시 국어 교과서 편찬자들의 지향점은 국어교육을 통해 '전통적 사대부형 인간형' 달리 말하면 '문학적 교양인'을 양성하는 교육을 한 것으로 볼 수 있다.

그 후대의 단원 내용도 대부분 이런 흐름을 유지하였고 5~10% 정도의 단원에서 문인이나 어문학자가 아닌 문사철(文史哲) 분야 전문가의 인문 교양의 글과 사회과학, 자연과학 관련 전문가들의 글이 일부 실렸는데 다음

도표는 그런 글의 제목을 모은 것이다. 이들은 논설문이나 설명문의 사례 차원에서 수록된 것으로 이들 중에 '김구, 신채호' 등과 같은 역사 인물과 당시의 유명 인사인 역사학자, 철학자, 과학자 등이 필자로 등장하며 최근 7차에는 빌 게이츠의 글(고교 국어 상권)도 등장한다.

지문 제목	지은이	교육과정	고교 학년
그랜드 캐넌	천관우	1차	2
예술의 성직	문일평	1차	1
토의를 원만하게 진행시키려면	올리버	1차	3
현대 생활과 신문	곽복산	1차	3
기미 독립 선언문(己未獨立宣言文)	민족대표33인	1차	3
思想과 生活	박종홍	2차	1
民族의 進路	김기석	2차	1
美術의 감상	이경성	2차	1
音樂과 人生	박용구	2차	1
先人들의 工藝	유홍렬	2차	1
科學技術의 發達과 우리 生活	이길상	2차	1
대통령 취임사	존 에프 케네디	2차	2
原子力과 우리의 生活	박익수	2차	2
機械文明과 人間의 尊嚴性	박종홍	2차	3
현대 생활과 우주 과학	권영대	2차	2
원자력과 우리의 생활	박익수	2차	2
나의 소원(所願)	김 구	3차	2
논설(論說) 두 편	신채호	3차	2
성취인(成就人)의 행동 특성	정범모	3차	3
경제 개발 전략의 기조(基調)	태완선	3차	3
창조적 지도력의 역할	이한빈	3차	3
인간의 존엄성과 성실	김태길	3차	3

지문 제목	지은이	교육과정	고교 학년
한국(韓國)의 미(美)	최순우	3차	1
백두산(白頭山) 천지(天池)에서	유달영	3차	1
홍도(紅島)의 자연(自然)	최기철	3차	1
한국 연해의 해황(海況)	정문기	3차	1
새마을 운동에 관하여	박형규	3차	2
기술적(技術的) 창조(創造)	이한빈	3차	3
성취인(成就人)의 행동 특성	정범모	3차	3
민족 문화의 전통과 계승	이기백	5차	국어(상)
학문의 목적	박종홍	5차	국어(상)
현대 사회의 과제	김형석	5차	국어(하)
전통과 창조	고병익	5차	국어(하)
현대 과학은 환경 문제를 해결할 수 있는가	윤순창	6차	국어(상)
정보 사회와 인간 생활	정범모	6차	국어(하)
사회 변동과 문화 변동	임희섭	6차	국어(하)
황소개구리와 우리말	최재천	7차	국어(상)
식탁에 느림의 물결	선재희	7차	국어(상)
빌 게이츠 @ 생각의 속도	빌 게이츠	7차	국어(상)
뉴미디어 시대의 슬픈 민주주의	김성기	7차	국어(하)
김치는 살아 있다	오철우	7차	국어(하)
역사 앞에서	김성칠	7차	국어(하)
민족 문화의 전통과 계승	이기백	7차	국어(하)
건축과 동양 정신	김수근	7차	국어(하)
우리의 미술	최순우	7차	국어(하)

이런 인문, 사회, 자연과학의 글에서 집필자나 등장인물을 통해 닮고 싶은 인물이나 지도자의 모형을 발견할 수도 있다. 그러나 국어과는 이상적

인간형으로 '문학적 교양인'(또는 '사대부형 인간형')을 주로 제시하였다고 볼
수 있다. 이는 지도자 교육에서 문학적 교양과 문학적 자기표현 능력을 중
시할 때 지도자의 한 자질을 형성하는 데 기여한다고 볼 수 있다.

(3) 역사적 인물의 유형

앞에서 다룬 문학적 교양인을 지향한 국어 교과서에서도 역사적 위인이
다수 등장하는데 그동안 1~7차 중고교 '국어' 교과서에서 1회 이상 등장
한 주요 역사적 인물의 목록은 다음과 같다. 단, 이 분류는 완벽할 수 없
으며 분류자의 주관성이 불가피하다. 가령, 유리왕은 '황조가'의 작자로 등
장하여 '군주형'(君主型)으로 분류한다면 포함되나 우리는 '성군형'(聖君型)
만 설정하여 이 분류에 빠진다. 한용운도 애국지사형 문인으로 넣었으나
종교인으로 넣을 수도 있을 것이다.

① 성군형 : 세종대왕
② 지조 충신형 : 성삼문, 정몽주, 길재, 박팽년
③ 무인 영웅형 : 을지문덕, 최영, 이순신, 김종서, 남이, 원술랑, 온달
④ 문인 사대부형 : 최치원, 정지상, 정철, 윤선도, 김부식, 허균, 이항복, 김만중
⑤ 사상가형 : 이황, 이율곡, 서경덕, 조식, 박지원, 정약용, 유길준
⑥ 여성 문인형 : 의유당, 황진이
⑦ 여성 지사형 : 논개, 유관순, 김마리아
⑧ 애국지사형 : 안창호, 김구, 이상재
⑨ 애국지사형 문인 : 이육사, 한용운, 윤동주, 이상화
⑩ 지사 학자형 : 신채호, 주시경, 정인보, 최현배
⑪ 종교인 : 충담사, 월명사, 일연
⑫ 전문인 : 허준
⑬ 예술인형 : 이중섭
⑭ 평민형 : 오륜행실도, 동국신속삼강행실도의 효자·열녀들
⑮ 외국 위인형 : 헬렌 켈러, 나이팅게일
⑯ 외국 사상가, 학자형 : 공자, 맹자, 노자, 장자, 한비자, 예수, 석가모니, 주
　　자(주희), 사마광, 소크라테스, 아리스토텔레스, 몽테뉴

⑰ 외국 지도자형 : 링컨, 케네디, 간디

⑱ 외국 과학자형 : 퀴리, 아인슈타인, 노벨, 빌 게이츠

⑲ 외국 예술인형 : 베토벤, 세잔느

⑳ 외국 문인형 : 두보, 안네 프랑크, 키츠, 예이츠, 워즈워드, 디킨슨, 페이
터, 존 러스킨, 알퐁스 도데, 빅토르 위고, 실러, 나타니엘 호손, 주쯔칭,
안톤 슈나크, 생텍쥐베리, 헤르만 헤세, 피터 빅셀, 가드너, 오비디우스,
장자크 상페, 마벤 토케이어, 폴 빌라드, 헬렌 니어링 등

물론 이 목록 외에 국어Ⅱ나 선택교과로 들어가면 더 많은 인물들이 등
장하지만 위는 대략적 경향을 보는 데 충분하다.

초등학교 '국어' 교과서의 경우는 초등 교육과정의 국어과나 도덕과 역
사 단원 등에 등장하는 위인들이 대개 위인전집들이나 시디롬 형태로 나
와 있다.22) 초등 교과서에서는 중고교와 달리 위인을 제시하는 방식도 달
라 단편적인 사례를 제시하는 방식이라 중고교 국어 교과서와 다르며 여
기서는 7차 국어 교과서(말하기 · 듣기, 읽기, 쓰기)의 '읽기' 1~6학년 교과서
에서 다룬 위인만 조사하였는데 그 결과는 다음과 같다.

---

22) '(주)지식공학'(2002)이 개발한 '한국사위인전 DB'에는 초등학교 교과서 전체에
등장하는 인물들을 집대성하였는데 그 인물은 다음과 같다 : 강감찬, 강소천, 계
백, 고종, 공자, 곽재우, 광개토 대왕, 광종, 광해군, 권율, 근초고왕, 기정진, 김
구, 김대성, 김덕령, 김유신, 김인후, 김정호, 김정희, 김좌진, 김천일, 김홍도, 나
운규, 나철, 남궁억, 단군 할아버지, 담징, 대조영, 도산 안창호, 마더 테레사, 마
해송, 명성황후, 무령왕, 무열왕, 무학 대사, 문무왕, 문익점, 민영환, 박문수, 박
승환, 박제가, 박중빈, 박혁거세, 백결, 백범 김구, 범일 대사, 베토벤, 사명 대사,
서산 대사, 석가모니, 석주명, 선덕 여왕, 선덕왕, 선조, 설총, 성덕왕, 성왕, 성
종, 세종대왕, 손기정, 신돌석, 신사임당, 신윤복, 신입, 안익태, 안중근, 안창호,
알렉산더, 양주동, 에디슨, 연개소문, 영조, 예수, 온조왕, 왕건, 왕인 박사, 원효
대사, 유관, 유관순, 유길준, 윤극영, 윤동주, 윤봉길, 윤석중, 윤선도, 윤회, 율곡
이이, 을지문덕, 을파소, 의상 대사, 의자왕, 이방원, 이봉창, 이상재, 이성계, 이
순신, 이승훈, 이이, 이준, 이중섭, 이천, 이항복, 이황, 장보고, 장수왕, 장영실,
장지연, 전봉준, 정몽주, 정선, 정약용, 정인보, 정인홍, 정철, 주시경, 지눌, 지석
영, 진흥왕, 최무선, 최영, 최제우, 최충, 최한기, 최현배, 태종 무열왕, 태종 이방
원, 파브르, 평강 공주, 플레밍, 한석봉, 한용운, 허준, 헬렌 켈러, 현제명, 혜초,
홍난파, 홍범도, 황희, 흥선 대원군

　　　　1-2 : 세종
　　　　3-1 : 강감찬　3-2 : 석주명, 오성과 한음, 방정환
　　　　4-1 : 유관순, 정약용
　　　　5-1 : 박제상, 김정호, 정몽주, 이방원　5-2 : 조식
　　　　6-1 : 이순신, 연오와 세오, 정약용, 수학귀신 로베르토
　　　　6-2 : 인조, 나폴레옹, 백범 일지(김구, 안창호, 윤봉길, 이봉창), 단군,
　　　　　　　이이, 이황, 박지원, 정약용

특히 초등학교의 경우는 우화가 많이 도입되어 동화를 통한 작중 인물이 주는 정직, 성실, 용기, 지혜 등의 덕목도 지도자 교육에 유용하여 실물의 위인 교육에서만 지도력이 함양되는 것은 아니다.

또한 지도자의 모형은 청소년기에 문학을 통해서도 형상화할 수 있으니 우리나라 교재에 단골로 나오는 허균의 '홍길동전'을 비롯하여, 다니엘 디포의 '로빈슨 크루소'(Robinson Crusoe) 이야기(7차 초등 5-1 읽기), 실러의 희곡과 로시니의 오페라로 알려진 스위스의 전설의 영웅담 '빌헬름 텔'(Wilhelm Tell) 이야기(5차 중 2-1) 등에서도 영웅형 지도자의 모형을 배울 수 있다. 국내외 문학 명작의 인물로는 '홍부와 놀부, 심청, 장발장' 등이 등장하기도 하며, 때로는 전통적 장인(匠人)들을 보여주기도 한다(6학년 2학기, 읽기 : 연 할아버지, 마지막 줄타기).

그동안의 위인 교육은 국어과의 경우, 가장 빈도 높은 인물로 이순신 같은 국난의 영웅, 정몽주·성삼문과 같은 지조의 충신, 정철·윤선도 같은 문인 사대부형, 이황·이율곡·조식·박지원·정약용·유길준 같은 사상가형, 김구·안창호 같은 애국지사형, 이육사·한용운·윤동주 같은 지사형 문인, 최현배 같은 지사형 학자를 이상적 위인들로 보여 주고 있다. 이러한　위인 교육은 훌륭한 인물을 선정한 점에서 이의를 달 것은 아니나 다음과 같은 점을 보완할 필요가 있다.

첫째, 위인 중에 산업 상공인, 과학 기술 전문가와 같은 실사구시형 위인을 교과서에 제시하는 경우가 거의 없다. 이는 21세기 산업 정보화 사

회를 지향하는 현대에 적합하지 않다. 물론 국난의 영웅은 아무리 강조해도 지나침이 없고 문인형 사대부들이나 사상가형들도 산업 정보화 사회에서 인문 교양의 보충을 위해서는 지속적으로 유지되어야 한다. 그러나 이들 인물들만을 초중고교에 반복하는 교육은 재고하여야 한다. 비록 우리의 산업 근대화의 역사가 짧은 탓이기는 하지만 근현대사의 사대부나 관료, 상인, 기업인들 중에서 부국강병, 사회 환원과 봉사에 앞장선 기업인과 같은 실사구시의 산업 과학형 지도자나 그에 관여한 평민 출신 인물들을 발굴하여 균형 있게 보충하여야 한다.[23]

둘째, 희생 봉사형의 사례가 거의 없다. 특히 봉사형 리더십을 강조하는 오늘날이므로 백성을 위해 희생하며 덕치를 베푼 군주나 지도자, 기업인, 일반인 등을 많이 제시할 필요가 있다. 대부분 '오륜행실도, 동국신속삼강행실도'에 나오는 충신, 열녀, 효자의 범위에서 희생과 봉사 정신을 보여주기는 하지만 현대사에서도 그러한 인물을 많이 발굴하고 다양한 제재의 모습으로 제시하여야 한다.

셋째, 다양한 분야와 직업상의 지도자형 인물을 발굴하여야 한다.[24] 현대 사회는 학문 분야가 다양하고 직업도 다양한 만큼 전통적인 군주, 장군, 사상가, 과학자를 중심으로 하는 위인, 지도자만으로는 곤란하다. 오히려 현대사의 각 분야와 직업군에서 성공과 실패의 경험을 통해 보여 줄 수 있는 인물들을 제시하는 것이 필요하다. 여성 지도자의 경우도 많이 보여 주어야 하는데 여성 문인에 치우쳤으므로 근현대 여성 인물 중에 많이 발굴해야 한다. 예술가도 한국 예술의 발전에도 불구하고 교과서에 제시한

---

23) 최근에 나온 '63인의 역사학자가 쓴 한국사 인물열전 1, 2, 3'(한영우 선생 정년 기념논총 간행위원회 편, 2003)은 한국사의 다양한 인물을 발굴하여 기술하고 있어 주목된다.
24) 위인전집을 내는 출판사들 중에 우리교육 출판사의 '쑥쑥문고' 같은 경우는 '물고기 박사 최기철 이야기', '새 박사 원병오 이야기', '거미 박사 남궁준 이야기', '큰소리꾼 박동진 이야기', '옥수수 박사 김순권 이야기', '아름다운 농부 원경선 이야기', '점자로 세상을 열다—박두성이야기', '이티 할아버지 채규철 이야기' 등의 다양한 현대 인물을 발굴하기도 하였다.

예술인은 드물다. 종교인도 유교, 불교적 인물들에만 치우쳐 한국의 근대화에 기여한 기독교 인물들에 대한 균형 있는 접근이 필요하다.[25]

넷째, 위인 지도자들에 대한 지나친 우상화 교육은 지양해야 한다. 지식의 절대화가 학문의 발전을 저해하는 장애물이듯, 위인과 지도자들에 대한 우상화는 지도자의 절대 무오류와 절대 순결이 불가능한데도 우리나라에서는 그것을 지나치게 강조하여 지도자의 성역화, 신비화, 절대화를 조장하고 오히려 지도자의 독재를 조장함으로써 그 결과 지도자의 부패로 이어져 지도자를 추방, 퇴출시키고 지도자들에 대한 실망으로 이어지는 불행한 역사를 반복해 왔음을 잘 알고 있다. 이런 지도자 우상화의 폐해를 우리가 북녘에서 지금도 보고 있고, 남녘의 장기집권 독재자들의 최후에서 보았거니와 위인전 교육에서 나타나는 위인 우상화 교육은 지도자를 범접할 수 없고 아무나 되는 것이 아니라는 편견을 갖게 하여 지도자 육성을 더욱 어렵게 하고 민주주의 발전에도 부정적 영향을 끼친다. 한 마디로 위인 지도자는 우리와 같은 평범한 욕망의 존재들이었으나 한 가지 재능을 찾아 삶의 동기와 목표를 부여하여 국가와 인류에 기여하게 되어 비범하면서도 평범한 인물이었다는 '열린 지도자관, 열린 위인관'을 바탕으로 교육하여야 한다.

이런 열린 관점을 통해, 지도자나 위인들의 성취가 위대하면서도 문제점을 잉태할 수도 있고, 그들의 인간성이 훌륭하면서도 인간의 죄성과 세속의 유혹에 취약할 수도 있었으나 그것을 회개하거나 극복한 인물임을 보여 주어 위인들의 장단점을 고루 보여 줄 수 있는 교재 편성이 되어야 한다. 그동안 우리의 위인 교육은 지나치게 우상화한 측면이 강한데 이는

---

25) 이 밖에 종교 사상적 주제의 글로는 다음 예가 있다.
　　3차 교육과정, 중 2-1: 논어, 맹자, 대학, 노자, 장자, 한비자
　　1, 2, 3, 4차 교육과정 고3 국어 / 6, 7차 교육과정 고교 국어(하): 주자(소학언해)
　　2차 교육과정, 중 1-2, 어머님의 은혜 / 3차 교육과정 중 2-1, 부모님의 은혜: 부모은중경 번역
　　3차 교육과정, 중 2-2: 지혜의 샘(잠언 5편), 구제에 대한 교훈(신약전서)

가문의 이름과 명예를 중시하는 한국적 명분 의식 때문이거니와 지도자의 절대 무오류주의, 우상화는 교육이 빠지는 오류 중의 하나라 하겠다.

이에 따라 우리의 교과서들이 성군형도 세종대왕에만 치우쳐 있는 것을 고쳐 역대 군주들 중에 '동명성왕(주몽), 광개토대왕, 장수왕, 왕건, 태조 이성계, 정조대왕' 등은 물론 역대 폭군이나 망국의 군주들의 리더십도 비판적 사례로 제시할 필요가 있다. 지도자, 위인 교육은 성공한 지도자, 위인 제시 교육만이 아니라 실패한 지도자나 위인들도 제시할 수 있어야 한다. 가령, 실패한 폭군들을 제시하여 그들의 언행의 포악성이라든가, 충신을 멀리하고 간신들에 둘러싸여 언로(言路) 소통에 실패한 것을 국어교육의 교훈으로 다룰 수도 있어야 한다. 국어과는 문학을 통해 작중 인물을 제시하는 교과라서 선인과 악인 등의 여러 작중 인물들을 보여 주어 교훈을 주듯 인물 제시의 교육에서 영웅, 선한 사람만을 소재로 할 필요는 없다. 적어도 악인을 적극적으로 제시하지는 않더라도 처음에는 성공적 지도자로 세워졌다가 나중에는 실패한 지도자로 끝나는 사례를 지도자, 위인 교육에서는 더욱 중시하여야 할 것이다.

특히 성군형 또는 군주형은 덕치(德治)만을 한 군주가 아니더라도 건국, 국가 발전에 기여한 군주를 발굴하고, 지도자들에 대해서도 초등학교, 중학교 단계에서는 장점을 중심으로 제시하더라도 고교 단계에서는 지도자들의 실패, 단점도 열어 놓고 제시하여 토론할 수 있어야 한다. 그런 점에서 대한민국 건국의 국부(國父) 이승만, 경제 개발의 지도자 박정희와 같은 지도자들에 대해서도 건국과 경제 근대화의 성공 측면과 장기집권의 폐단을 통해 공과(功過)를 모두 제시하고 수용하는 열린 지도자관을 가지고 접근하여야 한다.26) 우리는 여기서 구약성경의 객관적 인물 기술 태도를 참

---

26) 오늘날 우리 사회에서 이승만, 박정희 대통령에 대한 긍정과 부정의 인식이 극단으로 치우쳐 이념적 대립의 양상을 보임으로써 이들에 대한 부정이 대한민국의 정통성을 부정하는 성향으로 나타남은 국가적으로도 불행한 일이다. 이런 현상이 스탈린에 추종하여 남침을 감행한 반민족의 전범(戰犯) 김일성을 추앙하는 주사파 운동권들에 의해 사회 각계에까지 침투하여 청소년들에게 한국사와 대한민국 건국

고할 필요가 있으니 구약성경의 사무엘서, 열왕기(列王記), 역대기(歷代記) 부분에는 '다윗'(David)이란 인물이 부패한 인간에서 성화(聖化)해 가는 과정을 추호도 우상화하지 않고 적나라하게 기록하고 있다. 즉, 그가 목동 생활을 하다가 골리앗을 물맷돌로 쓰러트리고 물리쳐 국난의 영웅으로 추대되고 왕이 된 후 한때 방탕하여 전쟁터에서 싸우는 부하 장군을 전선에서 죽게 하고 그 부인을 왕비로 취하는 부도덕한 행동을 하였으나 '나단'(Nathan)이란 선지자를 통해 패륜의 죄악성에 대한 경고를 받고 크게 회개한 후 이스라엘의 회개한 지도자로 남게 되는 이야기가 적나라하게 기록되어 있는데 그러한 다윗이 오늘날까지 적나라하면서도 위대한 인물로 교육되고 있음을 반면교사로 삼아야 한다. 이러한 태도는 미국의 경우에도 건국의 국부 워싱턴이나, 그 후 케네디, 클린턴 대통령들에 이르기까지 많은 지도자들이 추문(醜聞)에도 불구하고 공과(功過)가 토론되면서 모두 지도자로 수용되는 모습에서도 찾을 수 있다.

넷째, 국어과에서는 인물들의 이야기를 더 많이 늘려야 한다. 전기문 교육이라는 장르는 수많은 문종 중의 하나인 지엽적 장르일 수 있으나 국어교육을 인간교육이라 한다면 성공자이든 실패자이든 인물을 더 많이 보여 줄수록 좋은 것이고 특히 국어교육의 인물교육은 인물의 언행을 보여 주는 교육이 되어야 한다면 더 많은 사람들의 언행의 이야기를 넣어야 한다.

초등학교에는 그런 대로 전통적 방식의 위인을 제시하고 있으나 중고교 교과서에서는 지도자를 중시하는 시대, 다양한 지도자를 많이 배출하여야 하는 시대인데도 위인의 제시에 다소 소홀한 면이 있다. 가령, 7차 중학교의 '국어, 생활국어'는 종래보다 국어과의 교과서가 두 권으로 늘어나 학습량은 배로 늘어났음에도 불구하고 위인 제시는 읽기, 문학 교재인 '국어'에만 집중하여 나타난다. 국내 인물은 '채규철(바보 의사 이야기 : 중 1 - 1),

---

이중섭(화가 이중섭 : 중 1-2), 이육사(지사의 길, 시인의 길 : 중 3-1), 온달(온달 : 중 3-2), 황희(단벌 정승 황희 : 중 3-2)', 국외는 '헬렌 켈러(모든 사물에는 이름이 있다 : 7차 중 1-1), 노벨(노벨상 이야기 : 7차 중 1-2)'에 불과하며 온달, 황희, 헬렌 켈러, 노벨은 이미 초등학교 단계에서 알려진 인물이라 신선함이 떨어질 것으로 보인다. 위인 소개에 비해 헤르만 헤세, 생텍쥐베리 등의 외국 문인 작품은 상대적으로 많은 편이다.

무엇보다도 쓰기, 말하기, 문법 교재인 '생활국어'에는 위인이나 인물에 대한 내용이 거의 전무한 불균형을 보여 준다. 이에 따라 '생활 국어'의 말하기·쓰기 교육은 위인 학습과 무관하고 위인은 읽기 교육에서만 하는 것으로 오해 될 수 있으므로 자서전 쓰기, 인물 조사 보고, 인물 탐방기, 인물 토론 등의 다양한 방법을 '생활국어'에서도 도입하여야 한다.27)

다섯째, 국어과와 도덕, 사회 역사과의 위인을 다루는 방법과 내용은 차이가 있어야 할 것이다. 위인을 많이 등장시키는 도덕과 국사, 세계사 교과와 국어과는 같은 방식으로 다루어서는 안 될 것이고 지도자의 언행, 언어 능력, 문학적 교양, 위인의 문집 등을 집중하여 다루도록 하여야 할 것이다. 그런 점에서 초등학교 국어 읽기 6-1에 나오는 조선 인조(仁祖)의

---

27) 우리의 경우 위인 전기 학습에 관한 연구 방법론은 미약한 편인데 미국의 위인 전기 학습은 'Biography Study'라 하여 확립되어 있는 편이다. 가령, 〔Read Write Think〕(www.readwritethink.org)라는 사이트는 2002년에 구축된 것으로 'International Reading Association'(IRA)와 'The National Council of Teachers of English'(NCTE) 등과 협력 관계로 교사나 학습자에게 인터넷 기반 교육 자료를 무료로 제공하는 사이트이다. 이들 자료에서는 역할 놀이(role-play) 같은 것을 통해 위인 전기 학습을 한다. 또한 'www.sparknotes.com'의 온라인 학습 가이드에서도 위인 전기 학습의 안내를 받을 수 있고(www.sparknotes.com/biography), 세계 인물 검색 사이트로 기존 백과사전들 외에도 'Biographical Dictionary'(http://www.s9.com/) 같은 것도 있다.
한국 학습자를 위해서도 한국학중앙연구원이 개발한 '한국의 역사와 인물'(엠파스의 '디지털 한국학'에 연동 : http://kdaq.empas.com/koreandb/history/ kpeople/), 디비코리아 커뮤니티에서 운영하는 http://www. org/)의 역사 인물박물관 등이 도움되는데 이런 사이트들에서는 인물 선정 근거 같은 것을 밝히지 않은 경우가 많아 아쉽다.

이야기나 나폴레옹의 이야기도 역사적 사건의 인물로 더 적합하다는 점에서 국어과에서 다루는 게 적당한지를 검토하여야 하고 국어과에서 다루더라도 국어교육의 주제인 '언행 교육'의 관점을 집중하여야 할 것이다. '인조의 고민'이란 글은 인조가 척화파와 주화파의 팽팽한 논쟁을 듣고 고민에 빠졌는데 결국 척화파의 의견에 따라 청나라의 요구를 무시하고 친명 정책을 유지하다가 당한 병자호란을 소재로 하고 있으나 언어와 소통의 문제를 다루는 것으로 발전되지 못하였다.

'나폴레옹은 침략자인가 영웅인가' 라는 글은 나폴레옹이 세계를 지배하려는 자기의 야심을 실현하기 위해 많은 나라의 국민들에게 전쟁의 고통을 안겨 주었기 때문에 영웅이 아니라 침략자로 보아야 한다는 내용이라 역사 교재로 적합하다. 단지, 나폴레옹이 국민의 소리를 듣지 않아 문제라는 지적을 한 점은 경청하지 않는 지도자의 말로를 보여 주는 화법 교육의 요소로 보아 긍정적 측면도 있다.

따라서 위인 교육은 도덕, 사회 역사과가 위인들의 생애 전반을 다루는 데 치중한다면 국어과는 위인들의 생애를 다루더라도 위인들의 언어 능력, 소통의 혁신, 언행의 일치, 그들의 문집, 그들이 내세운 이념의 언어 측면을 부각하는 교육으로 특성화하여야 할 것이다.

7. 맺음말

지금까지 우리는 지도자(리더)와 지도력(리더십)의 중요성이 높아가는 시대를 맞아 우리의 국어교육도 이와 무관할 수 없음을 지적하였다. 특히 새로운 교육과정을 개정 중에 있으면서 지도자 육성 및 지도력 함양 교육에 무관심한 것을 지적하였는데 앞으로 영재 교육과 통합적으로 '지도자 육성 교육, 지도력 함양 교육'의 방안을 신 교육과정에 반영해야 할 것이다.

이를 위해 국어교육에서는 지도자의 제1 능력인 언어 능력의 계발 교육을 강화하고 청소년기의 닮고 싶은 모형을 보여 주기 위하여 필수적인 위인 교육을 강화할 것을 밝혔다. 언어 능력 계발을 위해서는 (1) 경청, (2) 설득과 논증 능력, (3) 사물에 대한 언어 개념화 능력, (4) 자기표현 능력, (5) 토의 토론 및 사회 협상 능력, (6) 표준어 능력, (7) 유머 감각, (8) 정직한 언어 등의 실천을 강화하여야 한다. 이들 요소들은 기존 국어교육에서 외형적으로는 진행해 왔지만 실제로는 훈련이 없는 상태이다. 가령, 7차 교육과정에서 '설득' 교육은 초등학교 5, 6학년에만 나오고 중고교에는 전무한 상태라 설득 교육을 포기한 허점을 보이고 있다. 이처럼 현재의 화법 교육은 부실한 상태인데 개정 교육과정에도 백화점식 나열만 이루어져 구태의연한 상태이므로 경청, 설득, 논증, 수사법, 어휘력 훈련 등을 집중하여 강화하는 실질적 방안을 모색하여야 한다.

다음으로 위인 교육은 도덕, 역사 교과와 협조하되, 국어교육이 언행교육인 만큼 국어과의 특성을 살리는 위인 교육이 되려면 지도자의 언행을 소재로 한 교육을 강화하고 인물 선정 등에서도 여러 개선이 필요함을 지적하였다. 그동안 국어교육에서 전기문 교육을 해 왔으나 국어 교과서의 글감과 필자들이 주로 문인들이나 어문계 학자들이라 '전통적 사대부형 인간형', 즉 '문학적 교양인'을 육성하는 교육에만 치중하였으므로 앞으로의 위인 교육은 다양한 위인, 지도자 인물군을 발굴, 소개하여 문학적 교양 위에서 실사구시형 인간형을 육성하여야 할 것이다.

앞으로의 개정 교육과정에서는 위에서 지적한 화법 교육과정의 결함을 개선하고 국어교육 및 화법 교육이 지도자 육성, 지도력 함양 교육에도 기여할 수 있도록 우리는 '언어 능력 계발 교육'과 '위인 교육'을 보다 정교하게 구체화하는 방안을 계속 모색하여야 할 것이다.

〔본고는 "민현식(2006), 국어교육에서의 지도력(리더십) 교육 시론, 화법 연구 9집, 한국화법학회"를 일부 수정 게재한 것임〕

 **참고문헌**

고 순(1973), 어린이용 한국 위인전에 관한 일연구, 이화여대 석사논문.

구자억 외(2002), 동서양 주요국가들의 영재교육, 문음사.

국립국어연구원(1997, 2001), 국어 교사의 표준어 사용 실태 조사 (Ⅰ)(Ⅱ), 국립국어연구원.

김 성 역(존 맥스웰 저)(2005), 당당한 리더로 키우는 청소년 리더십, 비전코리아.

김광수 역(제임스 헌터 저)(2002), 서번트 리더십1(내 안의 위대한 혁명), 시대의 창.

김광수 역(제임스 헌터 저)(2006), 서번트 리더십2(실전 매뉴얼), 시대의 창.

김미숙·조석희·윤초희·진석언(2004), 중학생 영재의 지적·정의적 특성에 따른 효과적인
　　　교수 학습 전략 탐색, 한국교육개발원 연구보고서.

김미숙·전미란·김현진(2005), 영재의 리더십 육성을 위한 기초 연구 및 프로그램 개발(1) :
　　　영재 리더십의 사회적 기대와 구성 요인 분석, 한국교육개발원 연구보고서.

김원석 역(스티븐 코비 저)(1992), 성공하는 사람들의 7가지 습관, 김영사.

김충남(2006), 대통령과 국가 경영 : 이승만에서 김대중까지, 서울대학교 출판부.

김평원(2004), 포먼트(formant) 및 표준 발음법을 통한 국어 발음 교육 연구, 서울대 석사논문.

노영희(2003), 초등학교 아동을 위한 리더십 훈련 프로그램 개발 기초 연구, 숙명여대 석사논문.

노태조(1992), 국문 전기 연구, 정훈출판사.

민병곤(1996), 고등학교 국어과 말하기 평가 연구, 서울대 석사논문.

민병곤(2004), 논증 교육의 내용 연구 : 6, 8, 10학년 학습자의 작문 및 토론 분석을 바탕으
　　　로, 서울대 박사논문.

민현식(2004), 표준어 정책과 표준어 교육, 화법연구 6, 한국화법학회.

민현식(2005), 국어교육과 국가경쟁력, 국어교육 117, 한국어교육학회.

박갑수(2004), 표준어 정책의 회고와 반성, 새국어생활 2004 봄호, 국립국어연구원.

박기현(2005), (악인들의) 리더십과 헤드십, 김 & 정.

박내회(1987), 현대 리이더십론 : 이론과 기법, 법문사.

박노환(2005), 경청으로 시작하라, 삶과 꿈.

박성익·조석희·김홍원·이지현·윤여홍·진석언·한기순(2003), 영재 교육학 원론, 교육과
　　　학사.

박재현(2004), 한국의 토론 문화와 토론 교육, 국어교육학 19, 국어교육학회.

박재현(2005), 설득 메시지 조직의 교육적 원형, 선청어문, 33, 서울대학교 국어교육과.

박재현(2006), 설득 담화의 내용 조직 교육 연구, 서울대 박사논문.

신응섭 외(2002), 리더십의 이론과 실제, 학지사.

심영택(2004), 설득의 원리와 전략 및 설득 논법에 관한 연구, 화법연구 6, 한국화법학회.

양창삼(2004), 예수 리더십, 진흥출판사.

염철현(2004), 교사의 리더십, 문음사.

원훈의 역(1999), 듣기 이론, 박이정출판사.

위인전편찬위원회(2002), 한국사 위인전, (주)지식공학.

유동엽(2004), 論爭의 不一致 調停 樣相에 관한 硏究, 서울대 박사논문.

윤관희 역(조이스 허기트 저)(2006), 경청, 사랑플러스.

윤정일·이훈구·주철안(2004), 교육 리더십, 교육과학사.

윤치영(2005), 설득 경청 논박의 기술, 일빛.

이문희(1998), 偉人 逸話의 自己投影 學習과 아동의 도덕성 계발과의 관계, 한국교원대 석사논문.

이연택(2003), 토론의 기술 : 포용의 리더십과 대화법, 21세기북스.

이주행(2004), 토론 교육의 내용과 방법, 화법연구 6, 한국화법학회.

이준형(2002), 리더와 리더십, 인간사랑.

이현미(2004), 한국의 영웅론 수용과 전개 : 1895~1910, 서울대 석사논문.

임칠성 외(2002), 국어 선생님, 듣기수업 어떻게 하십니까? : 국어 교사를 위한 듣기 수업과
        평가의 이론과 실제, 역락.

정미정 외(2003), 영재아를 위한 리더십 교육 상담 사례 및 지도 방안, 건국대 영재교육연구회
        자료.

정영벽(2005), 논쟁 대화의 원리와 책략에 관한 연구―마태복음에 나타난 예수의 대화를 중심
        으로―, 경원대 박사논문.

조재윤(2004), 프레젠테이션 교육의 문제점과 그 개선 방향, 화법연구 6, 한국화법학회.

조천제 역(켄 제닝스·존 슈탈―베르트 공저)(2004), 섬기는 리더, 넥서스 Biz.

최요한 저(마이클 J. 마쿼트 저)(2006), 질문 리더십, 흐름출판.

하병학(2003), 토론과 설득을 위한 우리들의 논리, 철학과 현실사.

한국교육과정평가원(2005), 국어과 교육과정 개정(시안) 연구 개발.

한국교육과정평가원(2005), 사회과 교육과정 개정(시안) 연구 개발.

한영우 선생 정년기념논총 간행위원회(2003), 63인의 역사학자가 쓴 한국사 인물열전 1·2·3,
        돌베개.

황주홍·고경민(2002), 지도자론 : 한국의 리더와 리더십, 건국대학교 출판부.

松本亦太郎 外(1935, 昭和10), 偉人論及人硏究, 偉人傳 全集 24, 東京 : 改造社.

雄山閣史學部 編(1938, 昭和13), 傳記硏究參考書. 第3卷, 國史參考總書 1, 東京 : 雄山閣.

Britt, Albert(1969), The Great Biographers, Ayer Publishing.

Chance, P. L. & Chance, E. W.(2002), Introduction to Educational Leadership and Organizational Behavior: Theory into Practice, Eye on Education.

Davies, B., Ellison, L. & Bowring-Carr, C.(2005), School Leadership for the 21st Century: Developing a Strategic Approach, RoutledgeFalmer.

Davies, B.(Ed.)(2005), The Essentials of School Leadership, Paul Chapman Educational Publishing.

Greenleaf, R. K.(1991), Trustees as Servant, The Robert Greenleaf Center.

English, F. W.(Ed.), The SAGE Handbook of Educational Leadership: Advances in Theory, Research, and Practice, Sage Publications, Inc.

Leithwood, K., Louis, K. S., Anderson, S. & Wahlstrom, K.(2004), How Leadership Influences Student Learning, Center for Applied Research and Educational Improvement and Ontario Institute for Studies in Education.

Mariotti, J.(1999), The Role of a Leader, Industry Week 248, Penton Media, Inc.

Plowman, P. D.(1981), Training Extraordinary Leaders, Roeper Review 3, Roeper City and Country School.

ㄱ

ㄴ

ㄷ

ㄹ

ㅁ

박경현 _ 경찰대학 교수

이석주 _ 한성대학교 교수

이주행 _ 중앙대학교 교수

민현식 _ 서울대학교 교수

이충우 _ 관동대학교 교수

김혜숙 _ 동국대학교 교수

박재현 _ 인하대학교 강사

나은미 _ 한성대학교 교수

리더와 말 말 말

저　자　박경현 이석주 이주행 민현식
　　　　이충우 김혜숙 박재현 나은미

인　쇄　2006년 12월　6일
발　행　2006년 12월 12일

펴낸곳　도서출판 역락
등　록　1999년 4월 19일 제303-2002-000014호
펴낸이　이대현
편　집　이태곤 권분옥 박소정 이소희

주소 서울 성동구 성수2가 3동 301-80
전화 02-3409-2058, 2060
팩스 02-3409-2059
홈페이지 http://www.youkrack.com
e-mail youkrack@hanmail.net

값 17,500원
ISBN 89-5556-521-6-13320

*잘못된 책은 바꿔 드립니다.